古代日本神話と水上交流

Akiko Donomae
堂野前彰子 著

三弥井書店

目次

序章　川の文学

一　「交易」の定義

『古事記』冒頭で、天之御中主神《あめのみなかぬし》や高御産巣日神《たかみむすひ》、神産巣日神《かみむすひ》に次いで現れるのは、宇摩志阿斯訶備比古遅神《うましあしかびひこぢ》という神である。その神は、「葦牙の如く萌え騰る物によりて成れる」とあるように、春になって芽吹いたばかりの葦の生命力を宿した神であり、それは古代日本の水辺によく見られた情景の神格化でもあった。

続く国生み神話でも、海に浮かぶ島々の誕生に仮託して描きだされているのは、いわば当時の海洋図であって、海神に底津綿津見神、中津綿津見神、上津綿津見神と三柱あることからすると、古代人が海に対して並々ならぬ興味をもっていたことがわかる。そのように水辺を語ることからはじまった古代日本神話では、当然のことながら水上交流が語られることが多く、船を利用した水上交通による人やモノの交流・交換、すなわち「交易」が、その底流にあるといえる。「交易」という概念なくして、古代人の世界を明らかにすることはできないと考えるゆえんである。

ここで「交易」と聞いて、おそらく多くの人は首をかしげることだろう。交易という言葉が、古代日本神話には似つかわしくないからである。交易といえば、特に外国貿易を連想し、品物と品物を交換しあう取引を想定するのが普通である。あるいは、日本史に詳しい人ならば交易雑物を思い起こし、織物や海産物、砂金、麦などを諸国から調進させることだと考えるかもしれない。

しかし、今本書で交易としているのは、かぎ括弧つきの「交易」である。いわゆる現代人が考えるところの交易でも調のような租税でもなく、モノの交換やそれによって生じる関係のことを指している。文化人類学の定義ではあるが、マルセル・モースによれば、見返りや報酬を期待することなく行われた贈与は、必ず贈与によって返礼される。その贈与がより良いもの、より高価なものへとエスカレートしていくことによって、社会的地位や立場の優劣も決まるという[1]。卑近な例を示すと、友人から贈り物をもらったなら、私たちは返礼としてそれよりも少し高価なものを贈るだろう。少しだけ高価なものを贈ることによって、自分の方が優位になった気分を味わうのである。そのような贈り物の応酬が、人間関係を築いていく上での潤滑油であり、その時、贈り物には贈り主の様々な思惑が付随している。「贈与」とは、単なるモノの贈与・返礼ではなく、むしろ感情の贈与・返礼であり、いわば社会システムだということなのだろう。それをさらに進めてマーシャル・サーリンズは、近親者に多い「一般化された互酬」、等価交換である「均衡のとれた互酬」、敵対関係に多い「否定的な互酬」の三つに「贈与」を分類し、分析を加えている[2]。

その分類法を援用して、本書では「交易」を次のように捉えてみたい。物々交換という「交易」では対等の関係を、納税や朝貢という「交易」では服従の関係を築くのであり、豊饒もまた、神から一方的に与えられる贈与[3]、すなわち「交易」であると。そしてそのような「交易」において最も重要なことは、それは必ず対外的なところでしか行われないということである。家族間でモノの売買をしないように、「交易」の相手は共同体の外部にある。

交易のはじまりである沈黙交易は、言葉を介さない交易であり、なぜ言葉を交わさないのかといえば、言葉が通じないからではなく接触しないことに意味があるからだ。相手を知れば、元の持ち主や作り手の魂がそのモノに付随してしまい、魂の付随したモノは交換にむかず、したがってモノと魂を分離するべく、古来市には神がいた。モノは神によって魂と切り離され無化され、次の持ち主のものとなると考えられていたのである。つまり、交易相手を見知らぬ異人として扱うことで、はじめて「交易」は成立するのであった。

二　瀬戸内海航路と日本海航路

そのように「交易」を定義すると、古代日本神話の中にも「交易」を読み解くことは可能であろう。『肥前国風土記』彼杵《そのき》郡の土蜘蛛が、服従を示すために美しい玉を献上するのも「交易」であるし、アマテラスとスサノヲの天之真井での誓約もまた一つの「交易」だと考えることもできる。あるいは、斉明紀の蝦夷征伐では、まさに沈黙交易がなされようとしている瞬間が描かれていて、朝廷軍が海岸に積み上げた絹織物を蝦夷の老翁たちは一旦もって帰るものの、再び戻ってきてそれらの品物を返してしまい、その結果、阿倍比羅夫による征伐はなされた。等価交換という交易が成立しないばかりに対等の関係は築かれることがなく、蝦夷は征伐されたのである。征伐も一種の「交易」と見做しうるのであれば、記紀神話や『風土記』の伝承の中に、一体どれほど多くの「交易」の関係を見出せるだろう。神功皇后の新羅征伐も斉明天皇の百済救援も、そのような「交易」の延長線上にある。そしてその「交易」の多くは、瀬戸内海航路、日本海航路など水上交通を利用したものであったことを指摘しておこう。四方を海に囲まれた日本において、船は「浮く宝」（『日本書紀』）と称されているように、主な交通手段であった。

先にも触れたように、そもそも国生み神話でイザナキとイザナミから生まれてくるのは、淡路島、四国、隠岐、九州、壱岐、対馬、佐渡、本州、吉備児島、小豆島、大島、姫島、五島列島であり、瀬戸内海に浮かぶ島々が多くその名を連ねている。しかもその生まれてくる順をみると、淡路島から瀬戸内海を西へと向かい、九州を経て韓半島に到っており、韓半島へと向かう瀬戸内海航路をなぞらえているかのように見える。なぜそのような世界観を語ったのかといえば、『古事記』成立当時、瀬戸内海航路が最も重要な水上交通であり、大和朝廷の版図が瀬戸内海を中心に広がっていたからであろう。古代日本において、瀬戸内海航路を掌握したものこそが王であった。

また、韓半島や大陸との間に横たわる日本海は、それら地域との断絶を示すのではなく、交流を促すものであった。『日本書紀』に語られるツヌガアラシトの来朝ルートは、穴門から出雲、敦賀へと到るルートであるし、その水上の道を反対に敦賀から穴門へと神功皇后は向かい、新羅征伐に赴いている。日本海航路は日本と韓半島とを結ぶ重要な航路であって、それは当時の人々が実際に船に乗って往来していた証に他ならない。韓国の仏教説話集『三国遺事』の中にも、新羅の漁師だった延烏郎《ヨノオラン》が岩に乗って日本に辿り着き、日本の王になったという伝承が伝えられている。『日本書紀』神代第八段一書第四においても、スサノヲが高天の原を追放されて初めに降り立ったのは新羅とあり、出雲と新羅は距離的にも心理的にも近かったことがわかる。

ここで不思議に思うのは、そのように重要な瀬戸内海航路と日本海航路は、別々に機能していたのかということである。瀬戸内海と日本海が接するのは関門海峡であれば、二つの航路はそこでしか結ばれないのだろうか。瀬戸内海と日本海を結ぶ物流や人々の移動は、関門海峡でのみなされたのか。そうではあるまい。それら二つの

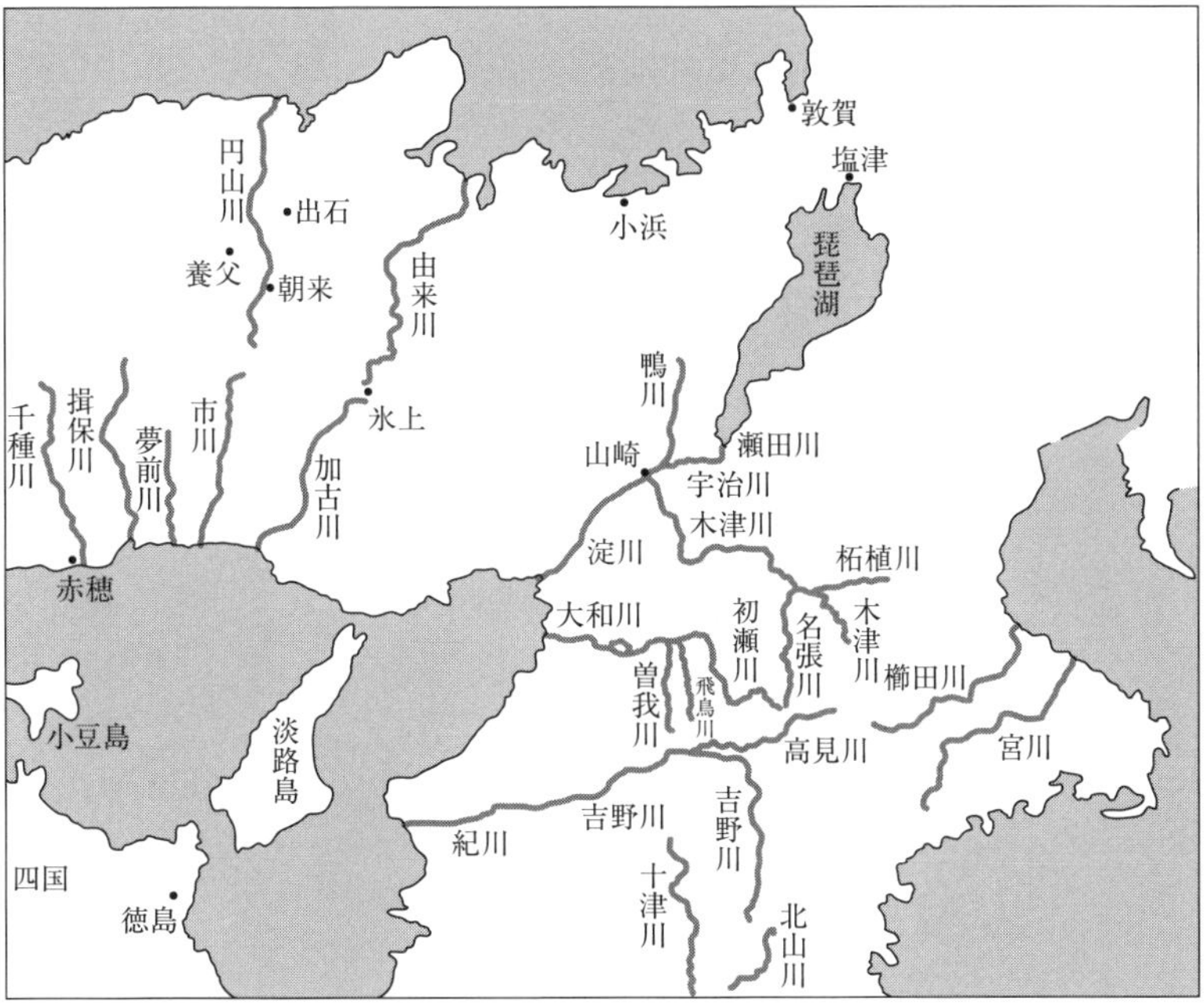

瀬戸内海と日本海を繋ぐ水系

海を結ぶ水上の道が、他にもあったはずだ。

河川に注目し地図を眺めてみると、瀬戸内海と日本海を繋ぐ水系があることに気づかされる。中国山脈が背骨のように東西に連なっている西日本は、その山脈を水源とする川がそれぞれ南流、あるいは北流して瀬戸内海や日本海に注ぎこんでおり、その反対方向に流れる川の水源が限りなく接近しているところが幾つかある。そのような河川を介して、瀬戸内海と日本海は繋がっていたのではなかろうか。そういえば播磨に渡来したアメノヒボコは、『播磨国風土記』の記述によると揖保川を遡って養父に到っているが、『日本書紀』では自らが住むべき場所を求めて、近江、若狭を経て但馬に到っている。『播磨国風土記』が瀬戸内海経由を示しているとすれば、『日本書紀』は日本海経由を示しているのであり、その両方の記述があるということは、瀬戸内海からも日本海からも但馬に入るルートがあったからに違いあるまい。

すでに古代神話の中で、瀬戸内海と日本海を繋ぐ河川交通は語られていたのである。

三　瀬戸内海と日本海を繋ぐ三つの水系

それでは実際に瀬戸内海と日本海を繋ぐ水系には、どのようなものがあるのだろうか。古代日本において重要であったと思われる水系を、大きく三つ想定してみたい。その三つの水系とはすなわち、西から順に①「加古川—氷上郡—由良川」水系、②「琵琶湖—宇治川—淀川」水系、③「浜名湖—天竜川—諏訪湖—姫川」水系の三つである。

まず第一の「加古川—氷上郡—由良川」水系は、兵庫県を東西に分けるようにして流れる加古川と、丹後半島の付け根、栗田湾《くんだ》に注ぐ由良川によって二つの海を繋ぐルートである。加古川と由良川は、本州で最も低い分水嶺（標高九五m）である氷上郡石生の水分れで近接している。ある家の屋根の北側に降った雨は加古川に流れ、南側に降った雨は由良川に流れるとされるような分水嶺で、明治時代には堀を作って二つの川を繋ぐ計画もあったらしい。佐原真もまた、「加古川—由良川」水系は二百メートルの等高線を越えることなく瀬戸内海沿岸から日本海沿岸に到達できる唯一の道であり、それらの川にそって銅剣形石剣が分布していると指摘する。[4] 先に触れたアメノヒボコの彷徨は、この水系より西側の、市川・揖保川と円山川を利用したルートであるが、いずれのルートにしても播磨が瀬戸内海と日本海を繋ぐ交通の要になっていることに変わりはない。

第二の「琵琶湖—宇治川—淀川」水系は、古代日本文学のみならず、あらゆる時代の文学作品に描かれることの多い水系で、他の多くの河川と絡みあって、広範囲に及ぶ水上交通網を形成している。琵琶湖から流れ出した瀬田川（宇治川）は、京都市内を南北に流れる鴨川と、三重県青山高原に源を発する木津川の二つの川と山崎で合流して淀川となり、かつてその河口にあったという河内湖に注いでいた。しばしば起こる洪水を防ぐために、仁徳天皇によって河内湖湾口に難波堀江が築かれたらしく、『万葉集』巻二十・四三六〇には、「敷きませる　難波の宮は　きこしをす　四方の国より　奉る　御調の舟は　堀江より　水脈引きしつつ　朝なぎに　楫引き上り　夕潮に　棹さし下り　あぢ群の　騒き競ひて」と、瀬戸内海を運ばれてきた貢納物が堀江を経由して難波宮に運び込まれるさまがうたわれている(5)。その河内湖には大和盆地を横断して流れる大和川も注いでいて、河内湖を介して淀川水系と大和川水系は繋がっていた。大和川は、重阪《へさか》峠を水源とする曽我川や高取山を水源とする飛鳥川、さらに生駒山の麓を流れる富雄川に廣瀬で南北に枝分かれし、大和川本流は上流で初瀬川と名を変えて、三輪山の裾を取り巻くようにして流れている。水源は初瀬山である。その初瀬川の支流吉隠川の水源の近くをかすめるように流れる芳野川《ほうの》は、宇陀川と合流した後名張川とも合流し、さらに月ヶ瀬で琵琶湖水系の木津川の本流と一つになる。木津川水系と大和川水系も、支流の水源近くでは近接している。

　また、重阪峠や高取山など竜門山地の南側を流れる吉野川は、和歌山県に入ってからは紀ノ川と呼ばれて紀伊水道に注ぎ、吉野川本流と分かれて東流する高見川は、伊勢湾に注ぐ櫛田川同様、高見山を水源とする。紀伊半島を横断する紀ノ川（吉野川）や櫛田川によって、紀伊水道と伊勢湾も繋がっていた。それを利用した交流があったことは、アマテラスを祭る神社が、伊勢神宮と和歌山県日前《ひのくま》神社にあることからもうかがえる(6)。このように大和盆地を囲むようにして河川網が東西南北に複雑に入り組んでおり、その地理的環境を思えば、なぜ古代の王朝が飛鳥を都として栄えたのか、その理由は明らかである。

　最後に、畿内から東に目を向けると、第三の「浜名湖―天竜川―諏訪湖―姫川」水系が目に留まる。浜名湖は、

「遠つ近江（遠江）」という名が示すように、琵琶湖を想起させる水上交通の要衝であり、すぐそばをかつて暴れ川であった天竜川が流れている。高い山々の間を縫うようにして南北に流れる天竜川は諏訪湖を水源とし、その諏訪湖の近くから北流して姫川が日本海に注いでいる。弥生時代の遺跡は姫川周辺よりもむしろ千曲川やその支流犀川流域の方が多く、玉作工房跡が発掘された吹上遺跡（弥生中期）が青田川・内川扇状地の末端にあることからすると、信濃と深く結びついているのはむしろ千曲川や関川水系であって、[7]「諏訪湖―姫川」ルートを想定することはできないという見解もある。しかし、古代日本神話に千曲川や関川の水系を語る伝承を見出すことができないとすれば、文学研究の立場としては、姫川ルートを想定せざるを得ない。しかも興味深いことには、この「浜名湖―天竜川―諏訪湖―姫川」という本州を縦断する水系は中央構造線に重なっていて（先に挙げた紀ノ川、櫛田川ルートも中央構造線に重なっている）、言語的にも文化的にも日本を東西に分けているという。この水系に沿ってオホクニヌシの子タケミナカタは出雲から諏訪湖に逃げてきたのであり、オホクニヌシが姫川河口の糸魚川に住むヌナカワヒメを妻問いしたのも、翡翠を得るためのみならず諏訪湖に到る河川交通を掌握しようとしたからかもしれない。神話や伝承を注意深く読むならば、瀬戸内海および太平洋と日本海を繋ぐ水系を見出すことは容易であり、水系に注目して再度神話を眺めたなら、今までとは異なった世界が見えはじめる。

四　都を中心とした「川の文学」

このように、これら三つの水系は古代日本神話の深層にあってその世界観を支えていたのであり、それぞれの川には担わされた文学観のようなものがあった。古京飛鳥を中心としたその文学的な世界観について、最後に東西南北の方位観とともに簡単に述べておきたい。

飛鳥から西に向かう道は、大和川に沿って難波へと向かう難波路で、現代に置き換えて言えば国道一号線にあたる。難波京は迎賓館としての役割も担っていたため、この道は「公」の道であって、そこを往来する官人たちがうたうのは極めて「公」的な歌である。例えば、西海道節度使として赴く藤原房前に贈った高橋虫麻呂の歌（巻六・九七一〜二）のように、官人を送る華々しい歌が主流であり、別れの涙にくれるような歌は少ない。

二つ目として挙げる南西の道は、離宮があった玉津嶋に通うための道であり、吉野川、紀ノ川に沿って南下していく。玉津嶋が離宮であったからか、官人たちも「公」でなく「私」にうたうことが多かったようで、玉津島の海岸に出て白玉（真珠）を拾い、愛しい妻の土産としようという極めてプライベートな歌や、早く妻のいる家に帰りたいと愚痴をこぼした歌も残されている。また、玉津嶋からは南海道に繋がっており、罪を得て南の国々に流されていく際の、恋人同士が離れ離れになる悲しい歌や、謀反の罪をきせられて若くして殺害された有間皇子の歌の場もこの道の延長線上にある。難波路に同じく官人が利用した官道ではあるけれど、それとは異なり、時に旅を楽しみ、時に公務を恨み、別れや死を前にして嘆くこともあるのが紀伊への道である。

真南にあたる熊野に向かう道は、東征にあたり神武天皇が通った道である。神武天皇は大阪湾から東進して直接大和に入ろうとするけれど、ナガスネヒコの抵抗にあい、進軍することができないでいる。そこで東に向かっていくのは太陽に弓矢を向けるからいけないのだ、南中の太陽を背負って入るのがよいとして、大阪湾を南下して熊野に到り、熊野川から北山川を経、吉野川沿いに吉野まで北上する。まさにこの道は、天皇が太陽神の末裔であるという神話を象徴する道である。やがて熊野ではなく、途中にある吉野がその神話的イメージを引き継いで聖地化され、天皇を現人神と称える柿本人麻呂の吉野離宮の歌（巻一・三六〜三九）がうたわれることになる。天皇を現人神と称える背後には、このような神話的な世界観や方位観があった。

次に挙げるのは東の道で、高見川や櫛田川に沿う道である。その道の終着点である伊勢は、アマテラスが鎮座する宗教的な聖地にして東国への入り口であり、この地からヤマトタケルは東国に向け出兵していく。その伊勢に向かう道としては、宇陀川や名張川、木津川に沿うようにして大和から北上していく道もあり、この道もやがて木津川の支流柘植川に別れを告げ、加太峠を越えて伊勢に到る。壬申の乱で天武天皇が東国に兵を求めて下っていく時の道であり、聖武天皇が天平十二（七四一）年の彷徨時に辿る道でもある。さらに『倭姫命世記』でヤマトヒメがアマテラスの鎮座地を求めて巡行していく道でもあって、東へと向かう道は、櫛田川に沿う道にしろ伊賀経由の道にしろ、宗教的な道であった。ただし、伊賀経由の道には少しきな臭い、東国出兵や挙兵というものがつきまとっていることを付け加えておこう。

そして、最後に挙げる北への道は、琵琶湖水系を利用したもので、恭仁京のあたりから木津川に沿い琵琶湖へと到る道である。近江には大津京が、宇治には宇治の仮宮があったため、多くの官人たちがここで歌を残している。天皇の行幸に従った時の歌であれば、勿論「公」的な歌ではあるが、「公」的な道か「私」的な道かと問われれば、少し微妙である。例えば、柿本人麻呂の近江荒都歌（巻一・二九〜三一）は、北陸へと旅する途次でうたわれたというが[8]、何の目的で人麻呂は北陸に向かったのだろうか。琵琶湖を船旅していく数多くの歌は、一体どのような場面で詠まれたというのだろう。歌や題詞の中にその理由が語られることはなく、決して想像の域を出るものではないけれど、思うに、それは交易のためではなかったか。『日本霊異記』中巻第二十四縁には、楢磐嶋という男が大安寺の銭を借りて敦賀に交易をしに行く説話が残されている。敦賀は越国守であった阿倍比羅夫が蝦夷征伐に向かう時の出航地で、その蝦夷征伐では、すでに触れたように沈黙交易がなされようとしていた。古代においては、東北の国々が交易の相手であったのだと推測する。

交易といえばもう一つ、『日本書紀』欽明天皇即位前紀に、秦大津という男が伊勢に交易をしに行ったという話がある。伊勢もまた東国の入り口であり、東には常陸国のようなフロンティアが広がっている。交易とは対外的なものであるから、畿内や早くに服属した西方の国々に対して交易という表現はあまり見られない。反対に東北や東国など、統治下におさめつつある国々と交易をしたと語られるのも、交易の外部性を考えれば当然のことではある。

また、この北への道は、反逆者が逃れて行く道でもあった。崇神天皇の庶兄建波邇安王《たけはにやす》は謀反をおこし、山城で木津川を挟んで天皇軍と対峙し、敗れて死んでいく。新羅征伐より帰還してきた応神天皇を殺害しようとした忍熊王《おしくま》も、難波から逢坂に逃げたものの逃げ切れずに琵琶湖に入水した。歴史時代になってからは、反乱を起こした藤原仲麻呂は越国に逃れて再起を図ろうとし、逃れきれずに高島の三尾で斬首されている。彼らが北を目指すのは、その先に大和朝廷の外部である東北の国々が控えているからだろう。外部へと繋がる北の道は、反逆者が辿る道、謀反に失敗して死んでいく道でもあったのである。そのような暗さがこの道にはある。

以上、「交易」や河川交通について概略を述べた。このように、古代における人々の移動の多くは、おそらく河川や河川に沿った道を利用していたのであり、それぞれの道には託された文学的なイメージもあった。本書は、このような水系やそれを利用した「交易」に注目し、新たに古代人の世界観について考えたものである。

注

（1）マルセル・モース（有地亨訳）『贈与論』、草勁書房、一九六二年。
（2）マーシャル・サーリンズ（山内昶訳）『石器時代の経済学』、法政大学出版、一九八四年。
（3）中沢新一はこれを「純粋贈与」と名づけている（中沢新一『愛と経済のロゴス』（カイエ・ソバージュ3）、講談社選書メチエ、二〇〇三年）。
（4）佐原真「大和川と淀川」（『古代の日本』5近畿）、角川書店、一九七〇年。
（5）中大輔「文献にみえる古代の運河・津」（鈴木靖民・川尻秋生・鐘江宏之編『日本古代の運河と水上交通』）、八木書店、二〇一五年。
（6）直木孝次郎「大和と伊勢の古代交通路—高見峠越えについて—」（『飛鳥奈良時代の研究』）、塙書房、一九七五年。
（7）『上越市史』通史編1、二〇〇四年。
（8）伊藤博『万葉集釈注』一、平凡社、一九九五年。

第一部

瀬戸内海と王権神話

第一章　日向神話の「韓国」——その背景としての日韓交流——

はじめに

韓国の書物に「倭」が登場することがしばしばある。例えば『三国史記』新羅本紀の冒頭で、始祖赫居世《ヒョッコセ》と王妃閼英《アリヨン》の誕生が語られたそのすぐ後に、赫居世八（紀元前五〇）年の出来事として倭人の襲来が語られている。始祖の誕生と並行して語られるということは、倭人襲来がいかに新羅にとって重要な問題であったかということのあらわれであり、両国の関係を考える上でとても興味深い。その後南解次次雄《ナムヘチャチャウング》十一（十四）年にも、「兵船百余隻」を従えて押し寄せてきた記事があり、倭人が船団を組んで新羅沿岸まで攻め寄せてきた伝承は枚挙にいとまがない。そのたびごとに新羅を攻めあぐねた倭人は空しく帰国し、時には国交を結び人質を送ることもあって、両国の関係は倭人襲来と和平の繰り返しであったことが理解できる。

あるいは、赫居世三十八年に馬韓に遣わされた瓠公は、その出身が明らかではないとされながらも、もと倭人で瓠《ひさご》を腰に下げて海を渡って来たので瓠公と名乗ったといい、第四代脱解《タルヘ》王に至っては、倭国から東北一千里のところにあった「多婆那国」で生まれたと語られる。その「多婆那国」とは、『三国遺事』において「龍城国」

と記されていることからすると、海神の国のような異界として捉えるべきではある。[1]そうではあるが、「タバナ」という音の連想からか、但馬国や肥後国玉名郡など具体的に日本のどこかに比定されることもあり、[2]となれば新羅王に倭人の血が混ざっていることになろうか。それが史実とは到底思われないけれど、少なくとも倭国を基点としてその位置が示されているということは、倭との交流がすでになされていたからに違いなく、新羅の始祖伝承の中に「倭」は深くその影を落としている。

一方、日本でも『新撰姓氏録』に稲飯命《いなひ》（記では稲氷命）は新羅の祖とあり、今までの研究では否定的ではあるものの、そのような系譜語りは新羅王家と天皇家の深い結びつきを暗示しているのだろう。記紀の中で「新羅」が語られることも多く、その初出は『日本書紀』神代第八段一書第四で、天上界を追放されたスサノヲがはじめに天降ったところとして語られる。その他に「新羅」が登場するのは、垂仁天皇の時代に来朝したアメノヒボコ（ツヌガアラシトとも）や神功皇后の新羅征伐であり、新羅征伐では帰還してすぐに応神天皇が誕生したことからすると、日本にとって新羅に攻め寄せることには、あたかも母胎回帰のような意味があったのかもしれない。母の国へ追放されたはずのスサノヲが新羅に降臨したという一書もまた、そのような幻想から生まれたものなのだろう。いつも攻め寄せていくのは日本の側であったことも、日本にとって新羅が母なる国であったことの裏返しということか。

このように、韓国の書物に描かれた「倭」と日本の記紀に描かれた「新羅」は、同じコインの裏表の関係にあるように思われてならない。そこでこの章では、日向神話に語られる「韓国」の意味を探ることを中心に、『三国遺事』に描かれた「倭」と比較することから、両国の間になされた交流について考えてみたい。

一　記紀神話に語られた「韓国」

『古事記』天孫降臨のくだりに、ニニギノミコトが発した言葉として、次のような文言がある。

此地は韓国に向ひ、笠沙の御前を真来通りて、朝日の直刺す国、夕日の日照る国なり。故、此地は甚吉き地。（『古事記』上巻・邇邇芸命）

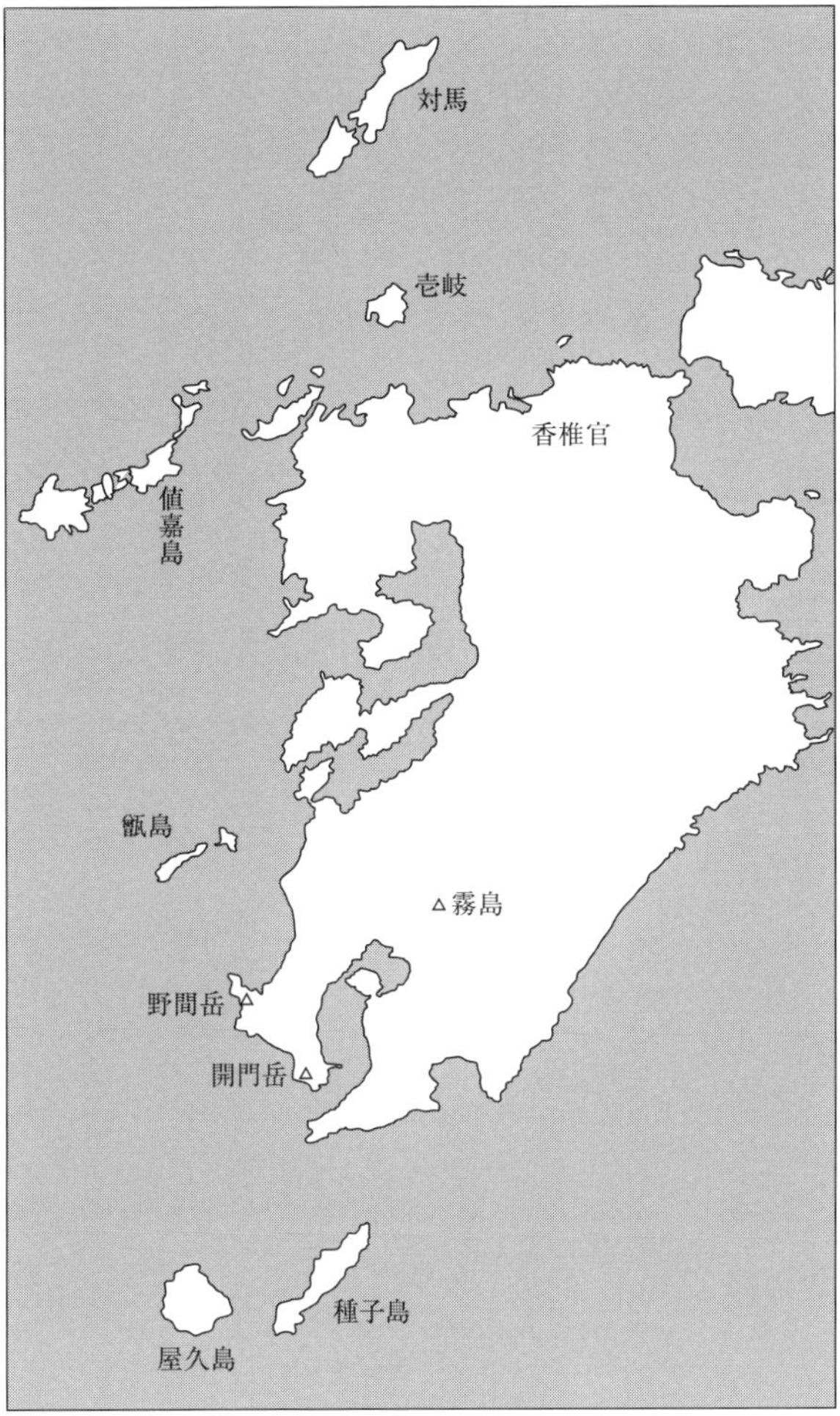

日向神話関連図

ここにいう「韓国」とは、西郷信綱によれば『日本書紀』の「膂宍《そしし》の空国《むなくに》」の「空国」のことであり、背肉のごとき不毛荒芒の地の意でいわゆる朝鮮半島を指すのではないという。[3] それは、その次の「笠沙の御前を真来通りて」が字句通りに解釈したのでは意味をなさないというのに同じであって、『日本書紀』の記述こそが本来語られるべき内容であったとする。そもそも「笠沙の御前」とは薩摩半島にある野間岳のことであれば、韓国に向かいあっていると語られること自体が理屈に合わず、神々の遍歴に関する詞章が「宮を作るべき地」を探した結果「吉き地」に至ったという型であることを考えあわせると、「韓国より笠沙の御前を真来通りて、詔りたまひしく」と読み替えるべきだとも述べている。

確かにこの文言は、文脈からすると不可解な点がある。『日本書紀』の記述が何の矛盾も孕んでいないことからすると、西郷の言うことにも頷ける。しかし、天孫降臨の大事な場面でなぜそこに至ったのかを語る時、「空国」とあるべきところを音が似ているという理由だけで「韓国」と表記したとは思われず、やはり「韓国」は韓半島を指していると考えるべきだろう。新編日本古典文学全集『古事記』の頭注にも、支配がいずれ韓半島に及ぶことを視野に入れて、古代朝鮮を「韓国」と表記したとある。(4)

では「韓国」は本当に韓半島を指している言葉なのだろうか。その言葉に込められている意味とは何であろう。それを考えるにあたり記紀における「韓国」の用例を調べてみた。

「韓国」の用例は『古事記』では上記一例のみであったため、『日本書紀』を探してみると全部で六か所に「韓国」の表記があった。その最初は仁徳天皇即位前紀で、倭（畿内の意）の屯田《みた》が山守の所領であった理由を尋ねるために、韓国に派遣されていた吾子籠《あごこ》を召したというくだりである。その文脈からは具体的な国を特定することはできないけれど、吾子籠が派遣されていることからすると、日本の統治下もしくは友交関係にあった国を指していることは明らかであり、広く韓半島にあった国の総称であると考えることもできる。

その次の用例は雄略天皇七年是歳条で、朝貢を怠った新羅を討つべく命じられた時、西漢《かふちのあや》才伎《てひと》歓因知利《かんいんちり》が韓国には自分より巧みな者がいるのでそれを召して欲しいと進言した言葉の中にある。ここでもやはり先の例に同じく、日本と友好関係にあった国の意であった。

　次に「韓国」が語られるのは継体天皇二十四年是歳条で、毛野臣を呼び戻すため加羅に遣わされた目頰子《めづらこ》に向かってうたわれた歌の中に「韓国を　如何に言《ふ》ことそ　目頰子来る　むかさくる　壱岐の渡を　目頰子来る」とあり、四例目の欽明天皇二十三年七月条でも、捕虜になりながら最後まで勇猛であった調吉《つきのき》士《し》伊企儺《いきな》の妻を詠んだ歌に「韓国の　城の上に立ちて　大葉子は　領布振らすも　日本へ向きて」とうたわれる。その前後の文脈からすると、この「韓国」とは日本の統治下にあったとされる任那や加羅を指していると思われるのだが、ここでは歌語として「韓国」という言葉が用いられていることに留意しなくてはなるまい。歌語ということは、おそらく現実世界に存在する具体的な国名を指すのではなく、韓半島における友好国の意と広く捉えるべきなのだろう。

　その他の「韓国」の用例は、天武紀および持統紀に記載される人名の二例であるため、上記四例から考えると、「韓国」とは具体的にどこの国とは特定できないものの、日本と友好関係にある国をいい、広義には韓半島にある国の総称であったと考えられるのであった。

　では、そのような友好国としてのイメージを持つ「韓国」が、『古事記』に語られる「韓国」なのだろうか。やがて日本の支配が及ぶ韓半島の国々に向かいあっているから、それゆえにこの地は宮を造るのにふさわしい場所だというのだろうか。しかし、それでは「笠沙の御前を真来通りて」という言葉がもっている、東を指向するベクトルとは合わないように思われる。「笠沙の御前を真来通りて」という文言は、海上から野間岳を山あてとしてみた景色に違いなく、その野間岳の先には天孫が天降った高千穂が聳えているという心象風景を描いている。それは薩摩半島の西の海から船に乗ってきた人々がはじめてみた景色であり、それ以来王権が東を指向するようになった原風景でもあるとしたら、やがて支配が及ぶことを予告して、予定調和的に「韓国」と表記したりはしないだろう。

そこで再度『日本書紀』を調べてみると、もう一例「韓郷」と表記された「カラクニ」の用例があった。それは神代上第八段一書第五の、スサノヲが紀伊国に天降る時、「韓郷」には金銀の宝があるのに、我が子が治める日本に「浮宝」(船)がないのは良くないとして、抜いた髯や胸毛、尻毛、眉から杉、檜、柀、樟をなしたというくだりである。「韓郷の嶋には、是金銀有り。若使《たとひ》吾が児の所御《しら》す国に、浮宝有らずは、未だ佳からじ」という詞章は、仲哀天皇の熊襲征伐の際、神功皇后に憑依した神の言葉「眼炎く金・銀・彩色、多に其の国に在り」に類似し、そのような詞章の類似や、第八段一書第四でスサノヲがまず新羅に天降ったとあることからすると、この「韓郷」とは「新羅」と同義ではなかったか。「韓国」とは本来新羅を指して発せられた言葉であり、その背後には神功皇后の新羅征伐が想定されているのであって、日向神話と新羅との深い関係がこの「韓国」という言葉には秘められていたのである。

二　神功皇后新羅征伐の意味

このように、天孫降臨神話の「韓国」という言葉が神功皇后の新羅征伐への布石であったとするのなら、熊襲征伐に来たはずの神功皇后が新羅に向かうのも当然のことである。改めて『古事記』の当該部分を示そう。

> その大后息長帯日売命は、当時神を帰せたまひき。故、天皇筑紫の訶志比宮に坐しまして、熊曽国を撃たむとしたまひし時、天皇御琴を控かして、建内宿祢大臣沙庭に居て、神の命を請ひき。ここに大后神を帰せたまひて、言教へ覚し詔りたまひしく、「西の方に国有り。金銀を本として、目の炎耀く種種の珍しき宝、

多にその国にあり、吾今その国を帰せたまはむ。」とのりたまひき。ここに天皇答へて白したまひしく、「高き地に登りて西の方を見れば、国土は見えず。ただ大海のみあり。」とのりたまひて、詐をなす神と謂ひて、御琴を押し退けて控きたまはず、默して坐しき。ここにその神、大く忿りて詔りたまひしく、「凡そこの天の下は、汝の知らすべき国にあらず。汝は一道に向ひたまへ。」とのりたまひき。ここに建内宿祢大臣白しけらく、「恐し、我が天皇、なほその大御琴あそばせ。」とまをしき。ここに稍にその御琴を取り依せて、なまなまに控きましき。故、幾久もあらずて、御琴の音聞こえざりき。すなはち火を挙げて見れば、既に崩りたまひぬ。

（『古事記』中巻・仲哀天皇）

熊襲の国を撃とうとして香椎宮（福岡県福岡市）にいた時、仲哀天皇に琴を弾かせて神功皇后に神が言寄せていうには、「西の方に国があり、金銀をはじめとして目の輝くような宝がその国には多くある。今その国を帰服させよう。」と。すると天皇は「高い所に登って西の方を見ても国土は見えない。ただ大海のみが見える」といい、偽りをいう神だといって琴を弾くのをやめてしまった。すると神は多いに怒り、「この国はおよそお前が治める国ではない。死の国へと向かいなさい」といった。神功皇后が琴を弾くように促すと、不承不承琴を弾きはじめたものの、すぐに琴の音が途絶えてしまったので灯りをともして見ると、天皇はすでに息絶えていたという。

ここで「西方国」とあるその国は、『日本書紀』では「眼炎く金・銀・彩色、多に其の国に在り。是を栲衾新羅国と謂ふ」とあり、新羅を指している。しかし実際に香椎宮から新羅が見えるはずもなく、仲哀天皇は偽りをなす神だとしてその託宣を信じなかった。そのために命を失うことになるのだが、ここで新羅が見えるかどうかという言説は、実際の地理を指していうのではあるまい。国を統治し君臨する王にとって領土拡大は使命であり、宝の多くある豊かな国を望み見る力は王に求められた資質であった。それは『万葉集』巻一・二の舒明天皇（息

長足日広額天王）の国見歌で、

大和には　群山あれど　とりよろふ　天の香久山　登り立ち　国見をすれば　国原は　煙立ち立つ　海原は　鷗立ち立つ　うまし国ぞ　蜻蛉島　大和の国は（『万葉集』巻一・二）

と香久山からは見えるはずもない海や鷗を幻視するのと同じである。王である者には、実際には見えない広大な領地を見はるかすことができるのであり、それが見えないということは、仲哀天皇には王としての資質がなかったということである。

そしてここで注目すべきは『日本書紀』の神の言葉で、「天皇、何ぞ熊襲の服はざることを憂へたまふ。是、膂宍の空国ぞ。豈、兵を挙げて伐つに足らむや」と、熊襲を「膂宍の空国」としていることである。それは先に挙げた天孫降臨のくだりで、『日本書紀』（神代下第九段）においてニニギノミコトが発した言葉「膂宍の空国を、頓丘から国覓ぎ行去りて、吾田の長屋の笠沙碕に到ります」の中にもあった。そこでは、高千穂に天降ったニニギノミコが吾田（薩摩国）に到るまでに国覓《くにま》ぎした土地のことであり、薩摩や大隅といった九州南端の地域、すなわち隼人が住む国を指していた。(5) つまり「空国」とも呼ばれる熊襲とは、天降った日向、薩摩、大隅を含んだ九州南半分の総称であって、それは『古事記』の国生み神話において「身一つにして面四つあり」と、九州を筑紫国、豊国、肥国、熊曾国の四つに分けていることにもうかがえる。

このように神功皇后新羅征伐は、背肉のように貧しい「空国」ではなく、海の向こうにある金銀財宝豊かな新羅こそ帰服させるべき国であり、その「新羅」は天皇が目指す最終目的地であるという論理構造になっている。それは、高千穂に降臨して「空国」を国覓ぎし、笠沙の御前に到ったという『日本書紀』に語られる天孫降臨と同じ論理であり、興味深いことは、それら伝承が語られる舞台が前者は九州北部、後者は九州南部と異なりながらも、豊かさの象徴として「新羅」が語られていることである。
ではなぜ天孫降臨神話において、「新羅」を暗示する「韓国」が語られるようになったのだろうか。

三　日向神話の構造

日向神話とは、大きく分けて二つの部分からなるものである。その二つとはすなわち、高千穂に天降ったニニギノミコトが、笠沙の御前でアタツヒメ（アタカシツヒメ、別名コノハナサクヤヒメ）と出逢い、ホデリノミコト・ホスセリノミコト・ホヲリノミコトという三人の子供を得たという前半と、ホヲリノミコトが失くした鉤を求めて向かった海神の国でトヨタマヒメと結ばれ、帰還して兄を服従させたという後半の二つである。前半は天孫族と国つ神の娘との婚姻をモチーフとした神婚譚であり、後半は異界を訪れ試練を乗り越えて王が誕生する異界訪問譚ということになろうか。このような二部構造は出雲神話も同じであって、スサノヲが出雲の鳥髪山に降臨し、稲の化身であるクシナダヒメと結ばれる神婚譚と、オホクニヌシが根の国を訪問し、スセリビメと宝を得てこの世の王となって帰還する異界訪問譚から出雲神話も構成されている。記紀神話の構造は、出雲神話にしろ日向神話にしろ、神婚譚と異界訪問譚の繰り返しだということなのだろう。

しかし日向神話には、出雲神話にはない問題がある。前半と後半ではその舞台となる地域が異なっているのである。前半のアタツヒメとの婚姻譚は、アタツヒメという名が示している通り阿多（薩摩半島）が舞台であり、後半の海神国訪問譚は、トヨタマヒメを祭神とする海神神社のある対馬が舞台だとされている。前半と後半ではその舞台とする土地が異なっていて、しかもかたや南九州、かたや日本海に浮かぶ対馬と離れている。したがってそのような地理関係を説明するために、日向というのは九州北部糸島半島の付け根にある日向峠のことであり、日向神話のふるさとは糸島市平原であるとする説が唱えられることもある。(6) 霧島こそが高千穂の比定地であり、その近くに笠沙の御前を求めようとする説もある。それは日向神話の舞台を一つの地域に求めるがゆえに生じた歪みであり、そもそも前半のアタツヒメ伝承は薩摩半島を中心とした神話、後半のトヨタマヒメ伝承は対馬に伝えられた神話であると分けて考えれば、矛盾を抱えることもあるまい。

記紀神話自体が、様々な地域に伝えられていた地方の神話を吸い上げ、それをもとにして一つの物語に作り上げられていることは、今までの研究によって明らかにされているところであって、日向神話もその例外ではない。ホヲリノミコトの別名はヒコホホデミノミコトといい、それが神武天皇の諱ヒコホホデミと同じであることから、ホヲリノミコトと神武天皇は同一人物であった可能性があり、本来ニニギノミコトの降臨から神武東征は繋がっていたと津田左右吉は指摘する。(7)「笠沙の御前を真通りて」という文言が示しているのは、その後神武天皇が目指す東の方位であり、神武天皇が日向にいた時、阿多の小椅君の妹阿比良比売を娶ったというのも、ニニギノミコトとアタツヒメの婚姻の焼き直しに他ならない。さらにそれをうけて中村明蔵は、天孫と山の神の娘との婚姻からそのまま皇代にまで繋がっていた神話が、新たに阿多隼人系の神話が導入されたため、海神の娘との婚姻を語るようになったと推論し、隼人・南島世界の神話が朝廷神話に吸収されることによって、天皇が隼人・南島地域を統治する歴史的正当性を得たと述べている。(8) 確かに、本来は山の神の娘との婚姻譚から神武東征まで一続きであった神話に、後から海神国訪問譚が挿入されたことによって、山の世界に加え海の世界をも統治する王が誕生したのであり、ここに天・地・海にまたがる神話世界が展開されてはいる。ただし、海神国訪問譚は隼人が伝えてきた伝承ではなく、海神を祖神とする阿曇連の伝承であり、(9) 日向神話とは阿多を舞台とした隼人の神話と対馬を舞台とした海人の神話の二部構造であったと考えてみたい。

そしてその全く異なる地域の神話が日向神話として一つに統合されたのは、それら地域の間に交流があったからではなかったか。阿曇氏と隼人の類似性はすでに滝川政次郎や喜田貞吉らによって説かれてきたことであり[10]、そのような交流のあった証が、『肥前国風土記』松浦郡の伝承にも残されている。

昔者、同じき天皇（引用者注：景行天皇）、巡り幸しし時　志式嶋の行宮に在して、西の海を御覧すに、海の中に嶋あり、烟気多に覆へりき。陪従、阿曇連百足に勒せて察しめたまひき。爰に、八十余りあり。就中の二つの嶋には、嶋別に人あり。第一の嶋は名は小近、土蜘蛛大耳居み、第二の嶋は名は大近、土蜘蛛垂耳居めり。自余の嶋は、竝に人あらざりき。ここに、百足、大耳等を獲りて奏聞しき。天皇、勅して、誅ひ殺さしめむとしたまひき。時に、大耳等、叩頭て陳聞ししく、「大耳等が罪は、実に極刑に当れり。万たび戮殺さるとも、罪を塞ぐに足らじ。若し、恩情を降したまひて、再生くることを得ば、御贄を造り奉りて、恆に御膳に貢らむ」とまをして、即て、木の皮を取りて、長蚫・鞭蚫・短蚫・陰蚫・羽割蚫等の様を作りて、御所に献りき。ここに、天皇、恩を垂れて赦し放りたまひき。更、勅したまひしく、「此の嶋は遠けども、猶、近きが如く見ゆ。近嶋と謂ふべし」とのりたまひき。因りて値嘉といふ。…彼の白水郎は馬・牛に富めり。或は一百余りの近き嶋あり、或は八十余りの近き嶋あり。西に船を泊つる停二処あり。一処の名は相子田の停といひ、廿余りの船を泊つべし。一処の名は川原の浦といひ、一十余りの船を泊つべし。遣唐の使は、此の停より発ちて、美弥良久の埼に到り、即ち、川原の浦の西の埼、是なり、此より発船して、西を指して度る。此の嶋の白水郎は、容貌、隼人に似て、恆に騎射を好み、其の言語は俗人に異なり。

（『肥前国風土記』松浦郡）

景行天皇が値嘉島を巡幸した時、西の島々から煙が上っていたので阿曇連百足を派遣したところ、そこには八十の島があって、その中の二つの島にそれぞれ土蜘蛛の大耳と垂耳が住んでいることがわかった。百足がその二人を捕らえてきたのでその場で殺そうとすると土蜘蛛たちは命乞いをし、もし助けてくれたならば今後贄を献上すると約束して、木の皮で作った鰒を差し出した。そこで天皇は二人を赦し、この島は遠いけれど近くにあるように見えるとおっしゃって値嘉島と名づけた。また、そこに住む海人は馬や牛を多く持っており、その姿は隼人に似て弓を好み、その言葉も肥前国の人々とは異なっていたという。

ここに語られる値嘉島は東シナ海に浮かぶ島のことであり、百四十からなる五島列島のいずれかの島を指している。その島から遣唐使が旅立ったとあるように、値嘉島は南島諸島との交流の基点にもなっていて、その島に住む海人の容姿が隼人に似ていたということは、薩摩半島との交流があった証である。

また、土蜘蛛大耳がその罪を赦されるべく差し出した鰒のミニチュアは、手先がとても器用で、工芸品を作る技術を彼らが持っていたことを示している。『延喜式』によれば、畿内に移住させられた隼人たちの役務のひとつに竹細工があり、主に大嘗会に用いる竹器の製作にあたっていた[11]。実は現在身近にある竹林は人工的に増やされたものであって、古代から中世初期にかけては、温暖な南九州を除いて全国的には広がっていなかったらしい[12]。それを全国に拡大していったのが畿内隼人であり、例えば、阿多隼人が強制移住させられた奈良県五条市阿陀の竹林はその事例の一つであるという[13]。大耳が差し出したミニチュアは木の皮で作られたものであって竹細工ではないけれど、そのような工芸品を作る技術は誰もが持っていたものではなく、南九州に住んでいた隼人にのみ伝えられていた技術であったのだろう。もしかしたら大耳は、値嘉島に移住してきた隼人であったのかもしれない。

つまり、『肥前国風土記』の伝承が示すように、当時隼人と九州北部との間には交流があり、そのような交流や移住を通じて、薩摩半島のアタツヒメ伝承と対馬のトヨタマヒメ伝承は一つの神話に形成されていったのだろう。それが贄の献上とともに宮中に伝えられ、日向神話になったのだと想像してみたい。淡路島のイザナキ・イザナミ神話や、伊勢のアマテラス神話が、記紀神話に組み込まれていったように。

そのように考えてみると、天孫降臨のくだりで語られた「韓国」という言葉は、薩摩半島に古くから伝えられていたアタツヒメ伝承の中にはなかったに違いない。まさに韓半島に向かい合う対馬の地理的な環境を示す「韓国に向かい」という文言は、トヨタマヒメ伝承がアタツヒメ伝承に接続された時混入したのではなかろうか。そしてそれは図らずも、南島諸島から渡って来た人々が海からみた「笠沙の御前を真来通りて」という風景と融合し、還東シナ海をとりこんだ、新たな世界像を生み出すことになったのである。

四 『三国遺事』に描かれた「倭」

では、『三国遺事』の中に描かれた「倭」からは、どのような世界像を見出すことができるのだろうか。

『三国遺事』に描かれた「倭」の用例を紀異に探してみると、「日本」という表記を含め七か所にあった。その初出は馬韓条の「九夷・九韓」を挙げるくだりで、九夷の第八に「倭人」、九韓の第二に「日本」とある。また靺鞨・渤海条では、新羅は北に靺鞨、南に倭人、西に百済があって、それらがいつも害をなしているとあり、太宗春秋公条では、百済が高句麗・倭国と通じて新羅に侵攻してきたと語られ、南扶余条では「倭」は南に接する隣国として登場する。上記の四例から、「倭」は国境を接した敵対国として語られていることがわかる。それは記紀神話において、「韓国」が統治下にある国や友好国のようなイメージを持って語られていることとは、なんと異なっていることだろう。元聖大王条（巻二紀異第二）でも、日本王は新羅を撃とうとするが新羅に万波息笛があると知って退却しており、「日本」という表記で語られる場合であっても、「倭」は常に国境を脅かす隣国として語られていた。

また、最も詳しく倭との関係が語られているのは奈勿《ナムル》王条（巻一紀異第一）で、倭王の求めに応じて人質として差し出した美海（未叱喜《みしき》）を、堤上が命がけで新羅に連れ戻したという話である。原文を引用すると長くなるので、要約して示そう。

高句麗に人質にとられていた宝海を提上が連れ戻した後、新羅王はもう一人の弟美海がいまだ日本にいて帰ってこないことを嘆いた。それを聞いた提上は恭しく拝礼して宮廷を退き、そのまま美海を救出するために倭国に向かった。提上を追いかけてきた妻が港についた時にはすでに船出した後で、妻は夫の船に向かい声の限り呼んだ。倭国に渡った提上は、新羅王によって父や兄が殺されたので逃れてきたと偽って倭王に近づき、すっかりそれを信じた倭王は提上のために住まいを用意した。常々提上は美海につき従がって浜辺で魚や鳥を獲り、獲たものを献上したので、倭王はそのような二人を嬉しく思い、疑うことはなかった。深い霧が立ち込めたある明け方、提上は美海を逃し、自らは倭国に留まった。美海を逃したことを知った倭王はなぜ逃がしたのかと尋問し、それに提上が答えていうには、自分は新羅の臣下であって倭国の臣下ではない、何の役にたたなくなったとしても、決して倭の臣下にはならない、と。拷問にも屈しなかった提上は殺され、新羅の人々はそれをきいて提上を称えたという。

この話に描かれているのは、ただ敵対するだけの倭の姿ではない。勿論人質を差し出すのであれば、友好国といえるような良好な関係ではないものの、新羅から逃れてきたと偽った提上を信じて住まいを与えるなど、倭は柔軟な態度を示している。高句麗にも倭国にも人質を送らなければならなかったことからすると、新羅はまだ自国の保全に不安があった建国途中にあり(14)、高句麗、百済、前秦に囲まれた新羅の状況を推し量ることもできる。倭と敵対すれば後方から百済や高句麗が押し寄せてくるかもしれない、そのような苦しい状況に新羅はあった。ここに語られているのは、もはや神話的な世界観とはほど遠い、極めて現実的で政治的な倭との関係である。

しかしその一方、拷問されても臣下にならなかった提上は、捕虜になりながらも最後まで勇猛であった調吉士伊企儺を彷彿とさせ（欽明紀）、夫との別れを惜しんだその妻大葉子は提上の妻に類似しており(15)、この二つの伝承のプロットは同じだといえるだろう。

あるいは「倭（日本）」が語られる七例目になる延烏郎《ヨノオラン》・細烏女《セオニョ》の伝承もまた、記紀のツヌガアラシト伝承と同じプロットとなっている。岩に乗って流された延烏郎が、日本に来て王になったというのは、『日本書紀』でツヌガアラシトが日本に聖王がいると聞いて渡って来たことを想起させ、新羅の太陽と月が光を失ったので帰国するよう求められた代わりに贈った絹は、ツヌガアラシトが帰国する際倭王から与えられ、その後国庫に収められた赤織の絹を連想させる。ツヌガアラシトは王にはならず、やがて帰国する点では異なるけれど、伝承が語られる視点が正反対なだけで、そのプロットはほぼ同じである。

同じモチーフということであれば、『三国史記』列伝巻五に語られる于老《ウロ》の伝承は、記紀のヤマトタケルによる熊襲征伐と同じモチーフを持っているといえる。于老の伝承とは、不用意に発した言葉が災いとなって倭人に焼き殺された于老の、その恨みをはらすために妻が倭国の使者を偽って接待し、酔ったところを捕らえ焼き殺したという話である。ここで語られる、饗宴を開き欺いて敵を討つという方法は、『古事記』景行天皇条でヤマトタケルが熊襲退治をした時の戦術に等しい。ヤマトタケルもまた、新室宴の日に女装して紛れ込み、宴たけなわの時に剣を抜き、熟した瓜を断ち切る如くクマソタケル（熊襲の首長）を斬り殺してしまった[16]。ヤマトタケルによる熊襲征伐の方法は宴の最中での欺きであり、そのような欺きは記紀によく見られる戦術の常套手段であったとしても、于老伝承とヤマトタケル伝承のモチーフの類似は、偶然の一致とは思われない。なぜなら、七二〇年の隼人の反乱で、七か所の城に立て籠もり抵抗していた隼人を、傀儡舞によっておびき寄せ討ち取ったと『八幡宇佐宮御託宣集』に語られているからである。

この傀儡舞とは、おそらく本来は宇佐に移住してきた新羅系渡来人が行っていた鎮魂儀礼であり、隼人平定後に、隼人鎮魂のために放生会とともに宇佐八幡で行われるようになった神事である。現実に隼人の鎮魂に新羅の習俗が用いられたように、伝承の中では熊襲征伐に于老の妻が復讐に用いた方法が用いられるのである。その背景には、新羅と隼人・熊襲を結びつけるような交流があったに違いなく、その交流の中心に存在しているのが宇佐八幡宮およびそれを奉斎した秦氏ではなかったか。

永藤靖によれば、宇佐八幡宮の中で中心となる最も古い祭神は比売大神であり、本来それはヒメコソと呼ばれた地方神にして、宇佐地方に定住した秦氏が奉祭した神だという[17]。また、八幡の「幡」とは船舶の「幡」であり、それを織る技術としての「機」のことでもあって、そのような神御衣を織る巫女の系譜が『三国遺事』の細烏女にも見出せることから、日本海を中心とした新羅系渡来人のネット・ワークの存在を指摘している。沖の島の祭祀遺跡から見つかった金箔を施した機織のミニチュアは、幡と機を結びつける海人たちの存在を物語っているのだろう。そしてこのような新羅系渡来人のネット・ワークによって、記紀神話と新羅の伝承に同じモチーフがもたらされたのであった。

むすび—日光感精神話に言及して

現代の私たちは八幡宮といえば宇佐八幡だと考えがちであるが、霧島にある式内鹿児島神宮は正八幡（大隅八幡宮）ともいい、八幡神がはじめに現れたところだとされている。『今昔物語』では、はじめに大隅国に現れた八幡神は、次に宇佐に遷り、最後に石清水に跡を垂れたと語られ、『八幡愚童訓』にも、継体天皇の御代、震旦国（中国）の大王の娘大比留女は七歳の時朝日に感精して王子を生み、それを怪しんだ王臣達によって空船に乗せられ流された子が大隅の磯に着いて八幡となったとある。(18)このように日光に感じて妊娠する話は、南は南西諸島から対馬、韓半島に至るまで広く分布しており、(19)例えば記紀のアメノヒボコ伝承がそれに該当する。

しかし、何よりもこの伝承に類似しているのは、対馬に伝わる天童伝承（天道信仰）であろう。その伝承によれば、昔、宮中の女院は不義の疑いによりウツロ舟に乗せられて流され、豆酘《つっ》内院の浜に漂着した。すでに懐妊していた女院は子を出産し、その子が成長して天童法師になったという。この二伝承の類似はすでに柳田国男によって指摘されていて、(20)対馬の沿岸にはこれに類似した伝承が多く残されているという報告もある。(21)さらに永留久恵は、『三国史記』新羅本紀第一二敬順王条にも中国皇帝の娘の話として類似伝承が残されていることから、ウツロ舟伝承は対馬だけの問題ではないと述べている。(22)

日光感精神話ということであれば、『三国史記』や『三国遺事』に語られる朱蒙伝承もその話型にあたり、ウツロ舟による漂着に注目するのなら、済州島に伝わる三姓穴神話（三乙女と駒や牛、五穀の種子が入っていた木函が東海の海から漂着する）や脱解王（卵から生まれた脱解王は船・櫃に乗って海岸に漂着する）も類話となる。また、ウツロ舟の形状は、ホヲリノミコトが海神宮に向かう時に乗った「无間勝間《まなしかつま》（無目籠）」や瓠公が腰にぶら下げていたという「瓠」に同じであり、そのような類話の広がりから永藤は、対馬は韓半島とヤマトの間の交易的な役割を果たしていたと指摘するのだが[23]、南島諸島から九州南部や対馬を経て韓半島へと至る、広範囲に及ぶ伝播の道も、浮かびあがって見えてくるだろう。

この章では、日向神話における言説に注目したため、伝承の伝播を担ったのは九州北部を本拠地として活躍した阿曇氏や、宇佐を中心とした新羅系渡来人のネット・ワークに限定して述べてきたが、日光感精神話やウツロ舟伝承まで視野を広げて考えるのならば、東シナ海を包括するような海人のネット・ワークを日韓伝承の比較から見出すこともできる。そのような海を中心とした交流・交易圏こそが、伝承の伝播の担い手であり、還東シナ海ともいうべき国々の繋がりが、古代人が思い描いた世界像なのではなかろうか。

注

（1）三品彰英『三国遺事考証』上、塙書房、一九七五年。
（2）水野祐によれば、「タバナ」の「タバ」は韓国語で峠、「ナ」は国の意で、日本古代の中心地である奈良や京都からみれば丹波国は高く険しい峠を越えていく「峠の国」にふさわしいという（水野祐「古代の丹波・丹後」（『古代社会と浦島伝説』下、雄山閣出版、一九七五年）。
（3）西郷信綱『古事記注釈』第二巻、平凡社、一九七六年。
（4）山口佳紀・神野志隆光校注・訳『古事記』（新編日本古典文学全集）、小学館、一九九七年。
（5）隼人には吾田隼人と大隅隼人があり、ここではその総称。
（6）原田大六『実在した神話』、学生社、一九九八年。
（7）津田左右吉『日本古典の研究』上、岩波書店、一九四八年。

(8) 中村明蔵「隼人と海人をめぐる諸問題」(『熊襲・隼人の社会史的研究』)、名著出版、一九八六年。
(9) 次田真幸「海幸山幸神話の形成と阿曇連」(伊藤清司・大林太良編『日本神話研究3 出雲神話・日向神話』)、学生社、一九七七年。
(10) 滝川政次郎「猪甘部考」上・下(『日本歴史』272号・273号)、一九七一年一月・二月。/喜田貞吉『日向国史』上、名著出版、一九七三年。
(11) 『曾の隼人』、霧島郷土史研究会、二〇一三年。
(12) 沖浦和光『竹の民俗誌』、岩波新書、一九九一年。
(13) (12)に同じ。
(14) (1)に同じ。
(15) 夫との別れを惜しみ、その無事の帰還を願って袖を振る伝承は、『肥前国風土記』松浦郡条にも残されていて、大伴狭手彦が任那に派遣される際、弟日姫子は褶振峯に登りヒレを振っている。
(16) 『日本書紀』では、景行天皇の寵愛を受けた姉市乾鹿文は、自ら進んで父クマソタケルに酒を飲ませて酔ったところを殺害したと語られる。
(17) 永藤靖「ヒメコソノ神と幡―筑紫文化圏のネット・ワークから伝承を読む―」(『文芸研究』106号)、明治大学文学部紀要、二〇〇八年。
(18) 谷川健一編『日本の神々』1九州、(白水社、一九八四年)の「鹿児島神宮」(中村明蔵)の項。尚、『八幡愚童訓』とは、鎌倉時代中期・後期に成立したと思われる八幡神の霊験・神徳を説いた寺社縁起のこと。
(19) 宮古島の口承伝承の中にも、日光感精神話が残されている。
(20) 柳田国男「うつぼ舟の話」(『柳田国男全集』11)、ちくま文庫、一九九〇年。
(21) 永留久恵「対馬の民俗信仰」(谷川健一編『日本の神々』1九州)、白水社、一九八四年。
(22) (21)に同じ。
(23) 永藤靖「古代対馬と神々の交易」(『文芸研究』第112号)、明治大学文学部紀要、二〇一〇年。

【参考文献】

小島憲之・直木孝次郎他校注・訳『日本書紀』一～三（新編古典日本文学全集）、小学館、一九九四年・一九九六年・一九九八年
井上光貞監訳『日本書紀』Ⅰ～Ⅲ、中央公論社、二〇〇三年
高木市之助・西尾實他監修『風土記』（日本古典文学大系）、岩波書店、一九五八年
松村武雄『日本神話の研究』第三巻下、倍風社、一九五五年
吉井巌『天皇の系譜と神話』Ⅱ、塙書房、一九六七年
三品彰英『日本神話論』（三品彰英論文集第一巻）、平凡社、一九七〇年
松前健『日本神話の形成』、塙書房、一九七〇年
喜田貞吉『日向国史』上、名著出版、一九七三年
田中卓『神話と史実』（田中卓著作集1）、国書刊行会、一九八七年
中村明蔵『神になった隼人』、南日本新聞社、二〇〇〇年
北郷泰道『古代日向・神話と歴史の間』（みやざき文庫）、鉱脈社、二〇〇七年
北郷泰道『海にひらく古代日向』（みやざき文庫）、鉱脈社、二〇一〇年
中村明蔵『隼人の実像』、南方新社、二〇一四年
後藤四郎「大化前後における阿曇氏の活躍」（『日本歴史』第226号）、一九六七年
平野仁啓「海佐知毘古・山佐知毘古の神話の構造と機能―庶民の神話の王権への変容―」（『文芸研究』第64号）、明治大学文学部紀要、一九九〇年
古賀登「ホヲリノ命考」（『神話と古代文化』）、雄山閣、二〇〇四年
『海を越えたメッセージ』（伊都国歴史博物館図録）、伊都国歴史博物館、二〇〇四年
『玄界灘を制したもの』（平成20年秋季特別展）、伊都国歴史博物館、二〇〇八年
『大隅国建国がもたらしたもの』（大隅国建国一三〇〇年記念事業シンポジウム資料集）、霧島市教育委員会、二〇一三年

第二章　「箕」の機能 ―海幸彦・山幸彦伝承と隼人―

はじめに

記紀神話をはじめ古代日本文学において、しばしば箕が語られることがある。例えば『日本書紀』では、山幸彦が自らの剣をつぶして作った千本の鉤は箕に盛られていたし、神武東征の折、弟猾《おとうかし》は敵を欺くために箕をかぶって老嫗（老女）に変装している。

そもそも箕とは風力で実と殻を分ける竹製の農具のこと、神に供える米の良否を選び分ける呪具にして、その極上物を神に供える器でもあり、古来箕には呪的な力があると信じられていた。(1)よって民俗儀礼では歳神や田の神の神座ともなったのだが、果たしてこの箕には稲作と関わる道具にして祭具という意味しかないのだろうか。その語られる場面を考えると、どうもそれ以外の機能が箕にあるように思われてならない。

そこでこの章ではそのような箕の機能に注目し、山と海が深く関わって一つの世界をなしている古代人の世界観について考えてみたいと思う。

一　農具としての箕

箕が登場する話を古代日本文学に探してみると、『古事記』と『万葉集』には例がなく、[2]『日本書紀』では上巻第十段と神武天皇条に、『播磨国風土記』では飾磨郡（一例）、宍禾郡（一例）、賀茂郡（三例）と、全部で七例を数えることができる。

では、それらの伝承の中で、箕はどのようなものとして描かれているのだろうか。はじめに、箕が語られることが最も多い『播磨国風土記』の用例からみてみよう。宍禾郡飯戸《いひべ》阜および賀毛郡下鴨の里条では、次のように語られている。

飯戸阜　国占めましし神、此処に炊ぎたまひき。故、飯戸阜といふ。阜の形も檜・箕・竈等に似たり。（宍禾郡）

下鴨の里に、碓居谷・箕谷・酒屋谷あり。昔、大汝命、碓を造りて稲舂きし処は、碓居谷と号け、箕置き し処は、箕谷と号け、酒屋を造りし処は、酒屋谷と号く。（賀毛郡）

これら二伝承で語られているのは、脱穀の際に用いられる農具としての箕である。檜や竈と並んで挙げられ、碓、箕、酒の順番で語られていることからすると、稲を碓で舂いて脱穀し、箕を用いて選別した後、蒸して酒にしていたのだろう。多くの川が葉脈のように流れる播州平野は水に恵まれ、稲作に適した沃土であったらしい。『播磨国風土記』では、多くの里が「中の中」以上の土地の評価を与えられ、稲や米に関する伝承も多い。例えば揖保郡では、アシハラシコヲがアメノヒボコの勢いに恐れをなして飯粒をこぼしてしまい、その飯粒が丘となったという伝承が伝えられ、宍禾郡には伊和大神が稲を舂いたので稲舂前、その糠が飛び散ったので粳前と名づけられたという伝承が残されている。

また、その稲は米としてそのまま食されていたのみならず、酒の原料にもなっていた。下鴨の里のくだりにも酒屋を造ったとあるように、その酒は時に豊饒への感謝のしるしとして（揖保郡萩原の里）、時に荒ぶる神の御心を鎮めるものとして（揖保郡意此川）、神に捧げ供えられていたようだ。酒に関連する伝承もまた『播磨国風土記』には十二例と多い(3)。

このように稲や酒に関する伝承が多く残されていることが、播磨国の特徴であり風土であった。常陸国の場合、稲作に適した土地という点では同じであっても、その開墾された田から収穫された稲について語られることはほとんどない。ヤマトタケルによって作られた井戸や開墾に関わる伝承が多く、開墾そのものに焦点が当てられているといえようか。一方播磨国では開墾された田ではなく、収穫された豊かな実りに対して眼差しは向けられており、その文脈の中で農具としての箕が語られている。

では次に挙げる、飾磨郡伊和の十四丘の地名起源譚では、箕にはどのような意味があるのだろうか。

昔、大汝命のみ子、火明命、心行甚強し。ここを以ちて、父の神患へまして、遁れ棄てむと欲しましき。乃ち、因達の神山に到り、其の子を遣りて水を汲ましめ、未だ還らぬ以前に、即て発船して遁れ去りたまひき。ここに、火明命、水を汲み還り来て、船の発で去くを見て、即ち大きに瞋怨る。仍りて波風を起して、其の船に追ひ迫まりき。ここに、父の神の船、進み行くこと能はずして、遂に打ち破られき。この所以に、其処を船丘と号け、波丘と号く。琴落ちし処は、即ち琴神丘と号け、箱落ちし処は、即ち箱丘と号け、梳匣落ちし処は、即ち匣丘と号け、箕落ちし処は、仍ち箕形丘と号け、甕落ちし処は、仍ち甕丘といひ、稲落ち し処は、即ち稲牟禮丘と号け、冑落ちし処は、即ち冑丘と号け、沈石落ちし処は、即ち沈石丘と号け、綱落ちし処は、即ち藤丘と号け、鹿落ちし処は、即ち鹿丘と号け、犬落ちし処は、即ち犬丘と号け、蚕子落ちし処は、即ち日女道丘と号く。その時、大汝の神、妻の弩都比売に謂りたまひしく、「悪き子を遁れむと為て、返りて波風に遇ひ、太く辛苦められつるかも」とのりたまひき。この所以に、号けて瞋塩といひ、苦の齊といふ。

（『播磨国風土記』飾磨郡伊和の里）

火明命は強情で行いが荒々しいので、父大汝神はそれを憂いて子を棄てることにした。火明命が因達の山（今の八丈岩山）の水を汲みにいっている隙に、父神は帰ってくるのを待たずして船出してしまう。それを知った火明命はいたく怒って波風を起こし、父の乗っている船を破壊した。その船が壊れた所を船丘、波が打ち寄せた所を波丘と名づけ、以下船の荷が落ちたことに因んで、琴丘、箱丘、匣丘、箕丘、甕丘、稲牟礼《いなむれ》丘、冑丘、沈石《いかり》丘、藤丘（綱）、鹿丘、犬丘、日女道丘（蚕）と名づけたという。

この伝承の主眼である父と子の対立や、捨て子による国土生成に関してはすでに永藤靖が論じており、(4)今ここで改めて取り上げることはしまい。火明命に関しても、書紀に語られるニニギノミコトの子とは同名異神ともいわれているが、(5)同風土記伊和の里条に尾張連長日子の墓に関する伝承があることから、火明命と尾張連の結合があったという吉井巖の指摘を付しておくに留めよう。(6)今ここで注目したいのは、船荷として登場する品々である。琴、箱、箕、甕、稲、冑、碇、綱、鹿、犬、蚕は、一般的に考えて、航海中の船に乗せる荷にしてはあまりに奇妙ではないか。

おそらくこれらの荷は当時の生活用品であり、この船はまさに『旧約聖書』に語られる「ノアの方舟」のようなものなのだろう。火明命の怒りによって引き起こされた波風は、『旧約聖書』で地上の悪しき人間を滅ぼすために神が起こした洪水に等しく、大洪水によって世界が洗い流された後、再び生活するために必要な品々が「ノアの方舟」に積まれていたように、大汝命の船にも生活必需品が積まれている。大汝命がどこから来て、どこへ去ろうとしているのか語られることはないけれど、この伝承の背景には船に乗って播磨へと移住してきた人々の記憶があるのかもしれない。中世の琉球漢文説話集『遺老説伝』にも、様々な作物の種子を船に積んで肥沃な島に移住していく話が残されている。(7)

ではこれら荷のそれぞれが意味しているものは、一体何であろうか。

はじめに落下した琴は、音色を楽しむための楽器というより、神の託宣をうかがう際に使われた祭具であったと思われる。その次に落下した箱や櫛笥もまた、道具類をしまう器であると同時に魂を閉じ込める意を持つ呪具であり、(8)箕にも稲を脱穀する農具の他、神饌をのせる聖なる器としての意味があった。甕にしても水や酒などを貯蔵するために用いた道具であり、かつ神事に用いる酒を醸すためのものでもあって、古代においてまず求められていたのは、神との対話を可能にする祭具や神事に必要な道具であったのだろう。そのような古代人の世界観が、これら落下物に垣間見られる。

次に落下した稲は、酒の原料ともなることから神事との関わりを示しつつ、一方で栽培植物としての稲そのものでもあり、冑は武器、碇や綱は船を港に留めおくためのものであった。鹿は食用肉の総称であるシシの意ですなわち狩猟を意味し、その狩において活躍するのが次の落下物の犬である。蚕に関しては、『万葉集』にも「飼ふ蚕（巻十二・二九九一）」とあってすでに養蚕が行われていたらしく、繭から紡がれた絹は織物となった。このようにこれら落下物は、稲作を生活の中心として、時に船に乗って海に出、時に狩猟を行い、養蚕にも携わっていた古代人の生活を反映していた。

ところが、このように古代人の生活を思い描いてみると、急にいびつに偏った世界像が目につきはじめる。稲作にしろ狩猟にしろ養蚕にしろ、陸での生活に必要なものは語られているのに、海での生業については何も語られていない。これらの落下物が船に積まれていたことからすれば、そもそも移住してきた人々は航海術に長けていた人々であったに違いなく、それが碇や綱という落下物として示されているとしても、あまりに海とのかかわりが希薄である。海と陸を繋ぐような重要な何かを、見落としてしまっているのではないか。

その疑問を解く手がかりは、冒頭にも触れた『日本書紀』海幸彦・山幸彦伝承の中に残されていた。

二　塩作りと「箕」

『日本書紀』第十段正文では、箕は次のような場面に登場する。

兄火闌降命、自づからに海幸有します。弟彦火火出見尊、自づからに山幸有します。始め兄弟二人、相謂ひて曰はく、「試に易幸せむ」とのたまひて、遂に相易ふ。各其の利を得ず。兄悔いて、乃ち弟の弓箭を還して、己が釣鉤を乞ふ。弟、時に既に兄の鉤を失ひて、訪覓ぐに由無し。故、別に新しき鉤を作りて兄に与ふ。兄受け肯へにして、其の故の鉤を責る。弟患へて、即ち其の横刀を以て、新しき鉤を鍛作して、一箕に盛りて与ふ。兄忿りて曰はく、「我が故の鉤に非ずは、多にありと雖も取らじ」といひて、益復急め責る。故、彦火火出見尊、憂へ苦びますこと甚深し。行きつつ海畔に吟ひたまふ。時に塩土老翁に逢ふ。老翁問ひて曰さく、「何の故ぞ此に在しまして愁へたまへるや」とまうす。対ふるに事の本末を以てす。老翁の曰さく、「復な憂へましそ。吾当に汝の為に計らむ」とまうして、乃ち無目籠を作りて、彦火火出見尊を籠の中に内れて、海に沈む。即ち自然に可怜小汀有り。是に、籠を棄てて遊行でます。

（『日本書紀』神代第十段）

ある時山幸彦は、海幸彦とそれぞれの道具を交換して狩に出かけたものの、思うように獲物を獲ることができず、そればかりか兄の大事な鉤をも失くしてしまった。そこで自分の太刀をつぶして新しい鉤を作り、その鉤を箕に盛って差し出したという。ここで箕に鉤を盛ったのは、神に捧げる贄を箕に盛る習慣があったからで、献上するという意味がこの行為にはあった。

あるいは、箕が稲の脱穀に際し用いられる農具であれば、すでに稲作農耕がはじまっていたことの証と捉え、農耕と海の暮らしが接点を持っていたと考えることもできるだろうか。古来日本において、海の世界と山の世界は密接な関係にある。それが海幸彦と山幸彦が兄弟として語られる前提であり、古代人の世界観であった。

しかし、本当に箕には、それ以外の意味がないのだろうか。

そこで次に「盛る」という行為に注目し、『古事記』応神天皇条の秋山下氷壮夫と春山霞荘夫伝承について考えてみたい。その伝承もまた、兄が弟に服従するという同じプロットを持っている。

故、この神の女、名は伊豆志袁登売神坐しき。故、八十神この伊豆志袁登売を得むと欲へども、皆得婚ひせざりき。ここに二はしらの神ありき。兄は秋山の下氷壮夫と号け、弟は春山の霞荘夫と名づけき。故、その兄、その弟に謂ひけらく、「吾伊豆志袁登売を乞へども、得婚ひせざりき。汝はこの嬢子を得むや。」といへば、「易く得む。」と答へて曰ひき。ここにその兄曰ひけらく、「もし汝、この嬢子を得ることあらば、上下の衣服を避り、身の高を量りて甕酒を醸み、また山河の物を悉に備へ設けて、うれづくをせむ。」と云ひき。ここにその弟、兄の言ひしが如く、具さにその母に白せば、すなはちその母、藤葛を取りて、一宿の間に、衣褌また襪沓を織り縫ひ、また弓矢を作りて、その衣褌等を服せ、その弓矢を取らしめて、その嬢子の家に遣はせば、その衣服また弓矢、悉に藤の花になりき。ここにその春山の霞荘夫、その弓矢を嬢子の厠に繋けき。ここに伊豆志袁登売、その花の異しと思ひて、将ち来る時に、その嬢子の後に立ちて、その屋に入る即ち、婚ひしつ。故、一りの子を生みき。ここにその兄に白して曰ひしく、「吾は伊豆志袁登売を得つ。」といひき。ここにその兄、弟の婚ひしつることを慷慨みて、そのうれづくの物を償はざりき。ここに愁ひてその母に白しし時、御祖答へて曰ひけらく、「我が御世の事、能くこそ神習はめ。また現しき青人草習へや、その物償はぬ。」といひて、その兄の子を恨みて、すなはちその伊豆志河の河島の一節竹を取りて、八目の荒籠を作り、その河の石を取り、鹽に合へてその竹の葉に裹みて、詛はしめて言ひけらく、「この竹の葉の青むが如く、この竹の葉の萎ゆるが如く、青み萎えよ。またこの鹽の盈ち乾るが如く、盈ち乾よ。またこの石の沈むが如く、沈み臥せ。」といひき。かく詛はしめて、烟の上に置きき。

（『古事記』中巻・応神天皇）

誰とも結婚しようとしない伊豆志袁登売をめぐり、兄の秋山下氷壮夫は弟の春山霞荘夫に次のように話をもちかけた。もしお前がそのヲトメを得たのなら、自分は着物を脱いで、身の丈ほど酒を醸し山河のものを供えて祀ってやろう、と。弟が母に相談したところ、母は一晩のうちに藤葛で袴や襪沓《したくつくつ》を織り、弓矢を作った。弟がそれらを身に着けて求婚しに出かけていくと、たちまちそれらは藤の花になり、弟はめでたくヲトメと結ばれて一人の子が生まれた。ところが、兄は約束を破って賭けたものを支払おうとはせず、したがって母は目の粗い荒籠を作り、その上に塩をまぶして竹の葉に包んだ石をのせて呪詛した。すると兄は病み枯れてしまったので母に許しを乞い、呪詛をといてもらったという。

この伝承では「箕」という言葉こそ語られてはいないものの、呪詛する際、竹の葉に包んだ塩や石をのせた荒籠は、箕と同じ機能を持っている。呪詛という負の行為であったにせよ、荒籠に盛ったのは神に供えるためであったからであり、それを供えた竈の上はそもそも火の神を祀る聖なる場所であった。西郷信綱はこのくだりに関して、そのような神聖な場所には神への供物であっても置くべきではなく、通常とは逆のことがなされているがゆえに、それは呪詛であったと解している。(9)

また、呪詛という点からすると、塩もまた呪詛に関わるものであった。『日本書紀』武烈天皇条では、真鳥大臣が謀反の嫌疑をかけられ死んでいく時に塩を呪い、呪い忘れた角鹿の塩のみ天皇は口にすることができたと語られる。本来神への供物として捧げられ、清めの機能をもつ神聖な塩であればこそ、呪詛の力も強かったのだろう。

では一体なぜ、塩と竹製品が対のようにして語られるのだろうか。想像するに、塩を作る際、水分をきるザルとして箕や籠が用いられていたのではないか。後の時代のことではあるが、ミヅクリやミナオシとも呼ばれていたサンカは、別名シヨオケヅクリ、シヨケンシとも称した。このシヨオケとはシオケ（塩笥）のこと、目のこまかいザルを指すらしい。現在でも中部地方の西側から近畿、山陰、九州にかけての各地には方言としてシオケが残っており、それは塩を容れる器のことでもある。(10) 箕が塩作りの道具であったから、塩は箕や籠という竹製品に盛られていたのである。

実際に塩をいれる容器として籠が用いられている例を示そう。

三十一年の秋八月に、群卿に詔して曰はく、「官船の、枯野と名くるは、伊豆国より貢れる船なり。是朽ちて用ゐるに堪へず。然れども久に官用と為りて、功忘るべからず。何でか其の船の名を絶たずして、後葉に伝ふること得む」とのたまふ。群卿、便ち詔を被けて、有司に令して、其の船の材を取りて、薪として塩を焼かしむ。是に、五百篭の塩を得たり。則ち施して周く諸国に賜ふ。因りて船を造らしむ。是を以て、諸国、一時に五百船を貢上る。悉に武庫水門に集ふ。
（『日本書紀』応神天皇三十一年）

これは『日本書紀』応神天皇三十一年に語られる、いわゆる枯野伝承と呼ばれるくだりである。伊豆から貢納された官船枯野は、老朽化して船としての用途にたえられなくなったため、解体してその船材を薪にして塩を焼いた。するとその薪で五百篭の塩が得られたという。

「五百篭の塩」とあるように、古代において塩は「篭」を単位として数えられるものであった。潮を操って進む船から塩がとれ、その塩は籠という竹製品に容れられるのである。ここには潮が塩に通じるというアナロジーと、山の木材で造られた船と海水から塩が作られ、その塩は山の竹で編まれた篭に盛られるという、山と海の関係深さが語られている。

そういえば、先に挙げた『日本書紀』第十段でも、山幸彦が海神宮を訪問する際、「無目籠《まなしかたま》」という、目のつまった籠に乗って海神の宮に向かっていたではないか。古代日本において塩が同音の潮に通じることは、塩土老翁が海の道を示す道先案内人であったことにも明らかであり、塩作りの道具であったからこそ、無目籠は「可怜小汀《うましをはま》」（記では「味し御路」）に至る潮路を進むことができたのだろう。

三　塩の機能

ところで、先に挙げた『日本書紀』武烈天皇条の伝承で、謀反の疑いのあった真鳥大臣が塩を呪ったのは、人が生きていく上で塩が必需品であったからではあるが、塩にはもう一つ大事な機能があった。

安相の里と称ふ所以は、品太の天皇、但馬より巡り行でましし時、道すがら、御冠を徴したまはざりき。故、陰山の前と号く。仍りて、国造豊忍別命、名を剥られき。その時、但馬の国造阿胡尼命、申し給ぎ、此に依りて罪を赦したまひき。即ち、塩代の田廿千代を奉りて名有つ。塩代の田の佃、但馬の国の朝来の人到来たりて、此処に居りき。故、安相の里と号く。

（『播磨国風土記』飾磨郡）

応神天皇巡行の折、播磨国造である豊忍別命は、刀の鞘を地につきたてて占有を示さなかったので罪に問われた。それをみた但馬国造の阿胡尼《あこね》は、同じ罪に問われかねないことを案じ、「塩代の田」を献上してその名を保つことができた。その時、「田の佃《たつくり》」という塩田の技術者が安相（朝来）から来たので、その地を安相と名づけたという。

ここで注目すべきは「塩代の田」である。「塩代」とあることから、罪を赦されるために塩が御饌料として献上されていることがわかり、どうやら塩とは罪のかわりに支払われるべきものであったらしい。

あるいは『続日本紀』養老六年九月庚寅条には、西海道を除く七道の沿道諸国のうち、一部の近国に対して調を銭で納めようとさせたが、若狭、志摩、淡路はその対象から除外されたとあり、それらの地域が除外されたのはその地の塩が特殊であったからだと指摘されている[11]。しかし、貨幣に代わって納められたことを思えば、塩の特殊性とは貨幣に代わりうるものであったことだろう。塩とは神に捧げられる供物であり、かつ生活必需品であり、そうであるから貨幣と等価のものとなりえたのである。

また、山間部である安相（朝来）に塩田があったとは考えにくく、この「田」とは水田のことであると解釈されているのだが[12]、果たしてそのような解釈でいいのだろうか。ここにいう「田」とは、新編日本古典文学全集『風土記』では「塩田」と訓じられているように海岸部の「塩田」に同じく、塩が採れるところという意ではなかったか。『播磨国風土記』には、山間部の池や沼から海水が湧き出ているという伝承が、揖保郡（塩阜）、讃容郡（塩沼の村）、宍禾郡（塩の村）の三郡に残されており、おそらくそれらは塩分を含んだ温泉や鉱泉の類であった。塩は海岸の塩田でのみ作られるわけではない。温泉や鉱泉からも塩分は採取できるし、また、山間部であればこそ、「塩」の価値は高かったのだろう。時代はくだるが『遠野のくさぐさ』にも次のような伝承がある。

昔、駒木の海上に名を阿万と呼ぶ女長者（或は長者をカゼンといふと）ありき。巨万の富を有し、常に館の山（駒木館）は崩れても我が家は潰れぬと豪語せりと伝ふ。此の地方に射利の徒あり、何とぞ女長者をして其の財を蕩尽せしめて、己れの奇貨となさんと巧み、食塩を水に溶せしを示して欺きす丶めて、大槌より海水を搬運せしめ、製塩に従事すること丶なしぬ。海上といへる地名是より出で、其の塩竈を築ける処、今も塩竈と呼びつ丶あり。斯かる業は素より収支の償ふべきにあらねば、忽ちにして家産を傾け畢んぬとなり。

或は云ふ、海水を実際に搬びしに非ず、清水をば海水なりと詐り、其の労銀を欺き取れるなりと。

（伊能嘉矩『遠野のくさぐさ』第一束二五）

駒木の海上（遠野市松崎町）に住む女長者は、ある男にそそのかされ、製塩事業に手を出した。大槌から海水を遠野まで運んできて製塩しようとしたのだから、当然その事業は失敗して家産は傾いた。海岸よりはるばる海水を運ぶ労力と手間を考えれば、それが事業として成立するはずもないとわかりそうなものの、なぜ女長者は製塩事業に手を出したのか。海水の運搬を考えてなお、採算のとれるものに思えた理由は何であろう。おそらく製塩事業であったから女長者は騙されたのであり、山間部であればこそ塩の価値は高く、塩はまさに貨幣と同等の価値を持っていたのだと想像する。

四　山と海を繋ぐもの

ここで再び、冒頭で取り上げた『播磨国風土記』飾磨郡の十四丘伝承に戻り、伝承のプロットを改めて整理してみよう。

すでにみたように、琴丘、箱丘、匣丘、箕丘、甕丘、稲牟礼丘、冑丘、沈石丘、藤丘（綱）、鹿丘、犬丘、日女道丘（蚕）の順に、祭具、稲に関わるもの、戦、航海、狩、養蚕が語られていた。前半は稲および神事、後半は航海や狩猟に関するものが並んでいるのだが、箕に塩作りの道具としての機能をみる時、生活必需品を列挙しているに過ぎないように思われたこの伝承が、箕によって結ばれた一つの世界観を語っていることに気づくだろう。神事に使われる箕は本来稲作に関わる農具であり、その一方塩作りの道具でもあれば海の生業とも関係が深い。また、その材料である竹は山に生育しているという意味において山の民との関わりを暗示しており、後の時代のサンカと呼ばれる箕作り集団はまさに山に住む漂泊民であった。「箕」を結節点に山と海の暮らしは繋がっているのであり、そのような複合的な生業が、海に囲まれた日本という国の特質でもある。海人は海人、農耕民や山の民とは別の分類で、それぞれの生業を守って生きていると考えられがちではあるけれど、そのような棲み分けは、古代日本においてなされてはいなかったのだろう。むしろ海と山とが交わるところに稲作文化が発展していったのであり、海幸彦と山幸彦は兄弟であったことを忘れてはなるまい。

最後にもう一つ付け加えておくと、『日本書紀』第九段一書第六に、天上界から「笠狭の御碕」に降り立ったニニギノミコトは「長屋の竹嶋」（野間岳）に登ったとあり、ここに竹を想起させる地名がある。第十段一書第一でも、山幸彦が海神の宮に向かうくだりに「老翁、即ち嚢の中の玄櫛を取りて地に投げしかば、五百箇竹林に化成りぬ。因りて其の竹を取りて、大目麁籠を作りて」とあって、竹から籠が作られていることが語られている。山幸彦・海幸彦伝承の背後には竹細工を生業とする人々の暮らしがあり、その人々とは、弟に服従した兄海幸彦、すなわち隼人であった。『延喜式』にあげられている隼人の職掌の中には、天皇の護衛や遠出の際の先払い、隼人舞の披露に加え、竹細工の製作や納品がある。箕や荒籠などの製作は、まさに隼人に課された労働であった。

そしてそのような竹細工の奉納が服従を意味することは、前章でも取り上げた『肥前国風土記』松浦郡の、値嘉島に住む土蜘蛛の大耳が木の皮で鰒を作ったという伝承にもうかがえる。木の皮であわびを作ったのは、贄として献上する見本であったからではあるまい。そのようなすぐれた細工を作る技術を大耳が持っていたことを示しているのであって、隼人が竹細工を納品するのに同じであったろう。

勿論、竹器製作と隼人の関係に関しては否定的な意見も多い。竹器の製作がかりに極めて専門的な技術を要するものであったとしても、その技術は縄文時代晩期以来、ほぼ日本全域においてみられることから、隼人が竹籠の製作に独自の技法をもって参加していたとは考えられず、集団をなして移住してきた隼人に生活指導すべく竹細工の製作が奨励されたのだという見解もある。[13] あるいは、隼人司で実際に竹細工に従事したものはごく僅かであり、隼人の職掌といえるほどのものではないという指摘もあって、[14] 隼人だけが竹細工に長けていたわけではないのかもしれない。それはサンカだけが箕作りをしたわけではないことに同じである。誰でもが箕を作ることはできる。

とはいえ、例えば奈良県五条市阿陀の竹林は、強制移住させられた阿多隼人によってもたらされたものであり、古代から中世初期にかけては、温暖な南九州を除いて全国的に広がっていなかった竹林を、人工的に増やし全国に拡大していったのは隼人であったという。[15] そのような竹林と隼人の関係からすると、竹器の製作は隼人に独占されるべき特殊な技術ではなかったにせよ、本来は隼人に伝えられた伝統的な技術ではなかったか。

そうであるから、箕や籠といった竹製品が日向神話に多く語られているのであり、それは海で生活していた人々が陸にあがり、稲作を生業としつつも、塩作りや竹細工に従事したことの記憶でもあったのだろう。箕にはそのような機能や意味があったのだと想像している。

注

(1) 石上堅『日本民俗大辞典』、桜楓社、一九八三年。
(2) 厳密にいうと、『万葉集』には「行箕の里」という地名の表記に「箕」の文字が使われているのだが、それには箕としての意がないため用例のうちには加えなかった。
(3) 上記以外に、賀古郡南毗都麻伝承、飾磨郡含藝の里・酒山、揖保郡意此川、同佐岡、同酒井野、同萩原の里、宍禾郡庭音の村、同伊和の村、託賀郡荒田に酒にまつわる伝承が伝えられている。
(4) 永藤清「もう一つの創生神話―『播磨国風土記』における〈落下〉のモチーフ―」(『日本神話と風土記の時空』)、三弥井書店、二〇〇六年。
(5) 秋本吉郎校注『風土記』(日本古典文学大系)、岩波書店、一九五八年。
(6) 植垣節也校注・訳『風土記』(新編日本古典文学全集)、小学館、一九九七年。
(7) 『遺老説伝』では、兄妹や夫婦が船に乗って島に移住していくさまが描かれることが多く、中でも第一一六話では、釣をしていて偶然流れ着いた島に移住すべく、五穀や諸菜の種をのせた船を用意している。その時、夫婦の僕は主人に石臼を家に忘れてきたので取りに帰って欲しいと頼むのだが、五穀を脱穀する石臼が生活必需品であったことがわかり興味深い。
(8) (1) に同じ。

（9）西郷信綱『古事記注釈』第四巻、平凡社、一九八九年。
（10）森田誠一「サンカ（山窩）考―熊本県上益城郡における―」（谷川健一・大和岩雄編『山の漂泊民』）、大和書房、二〇一二年。
（11）吉永荘志（美浜町歴史シンポジウム記録集7『若狭国と三方郡のはじまり』）、二〇一三年。尚、塩については第二部第二章「角鹿の塩」で詳しく述べている。
（12）（5）に同じ。
（13）小林行雄「隼人造籠考」（三品彰英編『日本書紀研究』一）、塙書房、一九六四年。
（14）中村明蔵『熊襲・隼人の社会史研究』）、名著出版、一九八六年。
（15）沖浦和光『竹の民俗誌』、岩波新書、一九九一年。

第三章　移動する神と人
―『風土記』に描かれた「餅の的伝承」―

はじめに

『豊後国風土記』速見郡に、いわゆる「餅の的伝承」と呼ばれる次のような伝承がある。

田野。此の野は広く大きく、土地沃腴えたり。開墾の便、此の土に比ふものなし。昔者、郡内の百姓、此の野に居りて、多く水田を開きしに、糧に余りて、畝に宿めき。大きに奢り、已に富みて、餅を作ちて的と為しき。時に、餅、白き鳥と化りて、発ちて南に飛びき。当年の間に、百姓死に絶えて、水田を造らず、遂に荒れ瘀てたりき。時より以降、水田に宜しからず。今、田野といふ、斯其の縁なり。

（『豊後国風土記』速見郡）

田野と呼ばれる土地は肥沃であったため、その地を開墾した百姓は非常に富み、奢り高ぶっていた。餅を作って弓矢の的にしたところ、その餅は白い鳥となって飛んでいってしまい、以後その百姓は死に絶えて田が荒れたという伝承である。

今までこの伝承は、富を得た百姓が奢って餅を的にしたために神罰を受けたのだと解されてきた。「遂に荒れ廃てたりき。時より以降、水田に宜しからず。」とあるのは、ひとえにその百姓の傲慢な態度に原因があったからで、白い鳥すなわち稲魂に見放された土地について語るものだという。確かに「百姓死に絶えて」とあれば、そのような解釈がなされるのも当然ではある。

それは本当だろうか。神が去って人は残りその土地が荒廃するということは、起こり得るのだろうか。神だけが去ることがあり得るかどうか。

結論から先に述べれば、神だけが去ることはあり得ないだろう。神が去るということはその神を奉祭していた人々も移動したということであって、神だけが移動することはない。おそらくこの伝承が語りたいのは、神とともに人々が移動していったことであり、人々がその地を去ったなら荒野となるのは必然であって、田が荒廃した原因は人々の移動にあったと読み解けるのである。

鶴見和子によれば、柳田国男が定義した漂泊は定住と相反する対概念であり、漂泊民とは、「山人」と呼ばれるところの山の民や、職工人をも含んだ境界に住む人々だという[1]。彼らは土地に縛られない自由さを持つがゆえに交易の担い手でもあって、富を蓄積する商人でもあり得たのだが、税を納めないために身分は低く、社会的には貶められた存在であった。

しかし、それは網野善彦によって提唱された、いうなれば中世の常識であり[2]、どんなに遡っても奈良時代までにしか当てはまらない概念ではなかろうか。律令国家成立以前の日本において、漂泊民と定住民の区別は曖昧であり、何をもって漂泊とするのかといえば、与えられた口分田を捨てた逃亡にはじまる。よって、その対概念である定住という言葉も古代においてその概念は不確かであって、当時日本に存在したのは移住を繰り返す人々であったと想像する。

そのような観点からこの伝承を解釈すれば、今までとは異なった、移動する人々の世界が見えてくるだろう。この章では移動する神と人々に着目して、田の開墾と荒廃について考えてみたい。

一 「餅の的伝承」が意味するもの

冒頭に示した『豊後国風土記』の「餅の的伝承」には、同工異曲の伝承が『山城国風土記』逸文と『豊後国風土記』逸文にも伝えられている(3)。その一つ『山城国風土記』逸文の伊奈利社縁起譚では、次のように語られている。

風土記に曰はく、伊奈利と称ふは、秦中家忌寸等が遠つ祖、伊侶具の秦公、稲梁を積みて富み裕ひき。乃ち、餅を用ちて的と為ししかば、白き鳥と化成りて飛び翔りて山の峯に居り、伊祢奈利生ひき。遂に社の名と為しき。其の苗裔に至り、先の過を悔いて、社の木を抜じて、家に殖ゑて祷み祭りき。今、其の木を殖ゑて蘇きば福を得、其の木を殖ゑて枯れば福あらず。
（『山城国風土記』逸文）

秦伊侶具《いろぐ》は、稲梁を積みあげるほど裕福だったので餅を弓の的とした。すると餅は白い鳥となって飛び立ってしまい、山の峯で再び姿を変えて「伊奈利」（稲）になったという。ここでは先に挙げた『豊後国風土記』の「餅の的伝承」とは異なり、白い鳥が飛び立った行き先までが語られていて、白い鳥は稲魂であったことがわかる。また、餅から白い鳥へ、白い鳥から再び稲へという変化は、稲が各地に伝えられていくことを語っているのであり、稲とは白い鳥によって運ばれ、伝えられていくものだと考えられていた。と同時に、稲の精霊が宿る土地でなければ豊饒が約束されないことも示されており、それはまた別の「餅の的伝承」のバリエーションである『豊後国風土記』逸文の伝承に、より明確に語られている。

…アトハムナシキ野《ニ》ナリタリケル《ヲ》、天平年中《ニ》速見《ノ》郡《ニ》スミケル訓邇《ト》云ケル人、サシモヨクニギハヒタリシ所ノアセニケルヲ、アタラシトヤ思《ヒ》ケン、又コ、ニワタリテ田《ヲ》ツクリタリケルホドニ、ソノ苗ミナカレウセケレバ、オドロキオソレテ、又《モ》ツクラズステニケリ《ト》云ヘル事アリ。（『豊後国風土記』逸文）

かつて豊かな田地であった野を、再び耕し田としたが、植えた稲は皆枯れてしまったとある。稲魂が去ってしまった土地では、もはや稲は育たないものらしい。

あるいは、この伝承を、富裕になった人が奢り高ぶったために没落した話と解するなら、富とは共同体外部からもたらされ、一定以上蓄積されたならば再び外部へと去っていくものだと考えられていたこともわかる。共同体は個人に富が集中することを許さず、ある水準を超えた富を「穢れ」として外部へと放出するのであり、ここには富の循環や富の持っている外部性が語られている。

そしてその富の背後には、秦氏が存在していることを忘れてはなるまい。伊奈利社伝承では「秦中家忌寸等が遠つ祖、伊侶具の秦公」の話として伝えられているように、「餅の的伝承」はおそらく秦氏が持っていた伝承なのだろう。『風土記』において「餅の的伝承」が山城に伝えられているのは、そこに秦氏が多く住んでいたからであり、それは史料に辿ることもできる。(4)

つまり、稲作の先進技術を持っていた渡来人が、多くの富を得たものの、やがて没落していった話が「餅の的伝承」であり、技術者集団の渡来譚としてこれを読み解くことができるのであった。

二　「穂落とし伝承」と豊饒

ところで、伊奈利伝承の後半、稲から変化した白い鳥が再び稲へと戻ったことに注目するならば、稲種が鳥によってもたらされる「穂落とし伝承」の変形として、この伝承を捉えることもできるだろうか。本来「穂落とし伝承」とは、水鳥がくわえてきた穂が落ちて稲が伝わっていく伝承のことをいうのだが、その例としてよく挙げられる『倭姫命世記』では、伊雑の葦原でしきりに「白き真名鶴」が鳴くので見に行くと、一茎に千穂が実っていたと語られる。(5) そこには天上界からもたらされた稲の豊饒幻想があり、どうやら「穂落とし」伝承もまた、富を語るもののようだ。

それでは、「穂落とし伝承」に語られる富とは、一体どのようなものなのだろうか。例として石見国三瓶山に伝わる、次のような民間伝承を取り上げてみよう。

ソシモリ（韓国）にいた五穀の神オオゲツヒメは荒ぶる神に切り殺されたが、その末娘である狭姫は五穀の種を持ち、羽の赤い雁の背にまたがって親三瓶と子三瓶の間の峯に辿り着いた。狭姫は多根の里に水稲の種を蒔き、小豆原に雑穀の種を蒔き、大水原には水を用意したので農作物は豊かに実った。

この伝承を伝える地域では、狭姫の「サ」は「サン」で「三つ（ミツ）」すなわち水（ミズ）のことであり、狭姫は水の守り神だとされている。(6) この狭姫の「サ」は水であるという解釈はとても魅力的なもので、三瓶山がこの辺りの水源であれば、狭姫は水を掌る女神であったのかもしれない。しかしここで語られている狭姫は、五穀の種を持ち帰った穀霊神である。とすれば狭姫の「サ」は、まず何よりも五月雨や五月の「サ」に同じく、稲を意味する「サ」と解すべきだろう。

また、その「サ」は鉄の意でもあった。三瓶山は古名佐比売《さひめ》山と称し、その山を神体とする佐比売山神社には大己貴命《おほなむち》、少彦名命、須勢理姫を主神に、金山彦命、面足命《おもだる》、惶根命《かしこね》、天御中主命、伊邪那岐命、伊邪那美命が配祀されている。金山彦命が祭神として名を連ねていることからも、この神社が踏鞴や鍛冶と関係を持っていることは容易に推測でき、事実この地方は、良質の山砂鉄を用いた製鉄が盛んであった。[7] つまり鳥に乗って飛来し、稲種をもたらした女神は、水を掌る技術にも製鉄の技術にも長けていたことになる。

それは『播磨国風土記』讃容郡に登場する、大神との田植え競争に勝った賛用都比売にも当てはまる。

讃容といふ所以は、大神妹妋二柱、各、競ひて国占めましし時、妹玉津日女命、生ける鹿を捕り臥せて、其の腹を割きて、其の血に稲種きき。仍りて、一夜の間に、苗生ひき。即ち取りて殖ゑしめたまひき。爾に、大神、勅りたまひしく、「汝妹は、五月夜に殖ゑつるかも」とのりたまひて、即て他処に去りたまひき。故、五月夜の郡と号け、神を賛用都比売命と名づく。今も讃容の町田あり。即ち、鹿を放ちし山を鹿庭山と号く。

（『播磨國風土記』讃容郡）

大神とその妻の女神は、どちらがその土地を占有するかを決めるために、田植え競争をした。女神が生きた鹿を捕えその腹を割き、その血に浸した稲種を植えたところ、その稲種は一夜のうちに成長して苗となった。大神は「五月夜に植えたことだ」と言ってその地を去り、それゆえに、その地を五月夜の郡と名づけ、その女神を賛用都比売と呼ぶようになった。今もそこには町田があり、その鹿を放っていた山を鹿庭山と名づけたという。

この賛用都比売はおそらく稲の女神であり、稲が急速な成長を遂げたのは、鹿の血に浸すという呪術ゆえのことではあった。そしてそれは何よりも、神聖な「一夜」、すなわち「五月夜」という特別な時間になされたからであって、[8] 五月夜の田植えはまさに早乙女の田植えに繋がっている。五月夜、早乙女の「サ」は稲を示す「サ」であり、賛用都比売の「サ」なのである。

また、鹿を放ったとある鹿庭山《かにはやま》からは鉄が採れるらしく、賛用都比売もまた狭姫同様、稲の女神にして鉄の神でもあった。[9] 稲作のあるところには、農具の原材料となる鉄とそれを農具に作りかえる高度な製鉄技術があり、それこそ「サ」が稲とも鉄とも解釈される所以であろう。つまり、狭姫が水を掌る女神であったように、「サ」という言葉には、稲作をするにあたり必要な先進技術すべての意が込められているのであった。

三　荒ぶる神の正体

そのように「サ」が、稲作に必要不可欠な全ての先進技術を暗示しているとすると、『播磨国風土記』揖保郡佐比岡の伝承で、なぜ荒ぶる神を鎮魂するのに「佐比」（鍬）を用いたのか、その理由も明らかとなるだろう。

佐比と名づくる所以は、出雲の大神、神尾山に在しき。此の神、出雲の国人の此処を経過る者は、十人の中、五人を留め、五人の中、三人を留めき。故、出雲の国人等、佐比を作りて、此の岡に祭るに、遂に和ひ受けまさざりき。然る所以は、比古神先に来まし、比売神後より来ましつ。ここに、男神、鎮まりえずして行き去りましぬ。この所以に、女神怨み怒りますなり。然る後に、河内の国茨田の郡の枚方の里の漢人、来至たりて、此の山の辺に居りて、敬ひ祭りて、僅に和し鎮むることを得たりき。此の神の在ししに因りて、名を神尾山といふ。又、佐比を作りて祭りし処を、即ち佐比岡と号く。

（『播磨国風土記』揖保郡）

揖保郡神尾山には出雲の大神と呼ばれる荒ぶる神がいて、出雲国の人がそこを通過すればその半数を殺した。先に来た男神を追いかけて女神はこの地に来たけれど、男神がそこに鎮座することなく他所へと移ってしまい、取り残された女神が交通妨害を行った。出雲国の人がその荒ぶる神を鎮めようとして「佐比」を祀ったものの、鎮まることがなかったので枚方の漢人が来て祭祀し、神はようやく鎮まったという。

ここで注目すべきは、播磨国の伝承であるにも関わらず、出雲国や河内国が登場することである。出雲国の神がこの地に鎮座して交通妨害を行い、出雲国の人々がその被害にあうことからすると、この地は出雲国へと通じる街道沿いにあったのだろう。

そして、それは人々の往来を語っているだけではあるまい。男神を追いかけて女神が来たという語りからすれば、この二神を奉祭していた人々は出雲国と播磨国とを往来していたのではなく、むしろ移住してきたのだと考えるべきである。その人々は、荒ぶる女神を鎮めるために「佐比」を祀ったのだから、おそらくは鍬を用いる農耕民であったろう。まさに鍬を用いての農耕は、当時では画期的革新的な農耕技術でもあった。

鉄製農具が先進技術であったことは、『播磨国風土記』飾磨郡手苅丘の伝承で、鎌を用いず手で刈ることを技術の遅れと捉えていることからもわかる。鉄製品を用いての農耕は革新的であり、「佐比」を祀って鎮魂しようとした出雲人とは、鉄製農具を用いて開墾をする最先端技術者にして稲作農耕民であったのである。

また、出雲人が祭祀しても女神が鎮まらなかったので、枚方の漢人が来てこの神を鎮魂したと語られるのは、彼らが開墾技術に優れた渡来人であったからだろう。出雲の人より優れた技術を持っていたために、漢人は荒ぶる女神を鎮めることができたのであり、それは『播磨国風土記』揖保郡伊勢野の神伝承にもうかがえる。

伊勢野と名づくる所以は、此の野に人の家ある毎に、静安きことを得ず。ここに、衣縫の猪手・漢人の刀良等が祖、此処に居らむとして、社を山本に立てて敬ひ祭りき。山の岑に在す神は、伊和の大神のみ子、伊勢都比古命・伊勢都比売命なり。此より以後、家々静安くして、遂に里を成すことを得たり。即ち伊勢と号く。

（『播磨国風土記』揖保郡）

伊勢野は人が安静にすむことができないところだったので、山本に社を建て、衣縫の猪手・漢人の刀良等の祖がその神を祀った。するとそれより後は、静かに暮らすことができたという伝承である。

ここに語られるのもいわゆる交通妨害の伝承であり、人々がこの地を通過していったことがわかる。しかもその荒ぶる神は出雲の神の子であり、その神を祭祀したのも猪手や漢人という百済からの渡来人であったことも、[10]佐比岡伝承と共通している。伊勢からきた神が渡来人によって鎮められ、それに因んで地名が名づけられるということは、一度は伊勢から、一度は渡来人の以前の居住地からと、二度に渡って移住がなされたからであり、播磨国外部からの移住は繰り返されていたのであった。

四　移動する人々

ここで改めて『播磨国風土記』を見渡すと、実に多くの人々が移動していることに気づかされる。隣国の出雲国、伯耆国、因幡国、但馬国をはじめ、讃岐国からの人々の移動は目をひくほどに多い。伊予国、豊国、筑紫国からの移動もあれば、阿曇連百足など海人族が播磨国に移動してきたこともわかる。「韓人」や任那国主の子孫の移住、あるいは新羅王子といわれているアメノヒボコの渡来は、韓半島からの人々の移動を語っているに違いなく、これほどまでに多くの人々が移動するということは、この国が強国と強国の間に位置しているからかもしれない。

しかしそれ以上に、河川によって内陸と海とを結ぶこの国の地理的環境が、多くの移動の民を受け入れる素地になっているのではなかろうか。河川は交通網であると同時に、田地を潤し沃土をもたらす水源でもある。播磨平野を毛細血管のようにめぐる河川は、モノのみならず人々をも運んでいくのであり、移動手段であるとともに人々に豊饒をもたらす源でもある。そうであるから、交易の担い手であるはずの海人族が、一方ではその地の開墾に携わっていて、例えば揖保郡石海《いはみ》の里において阿曇氏は、百枝の稲を献上したのでその地の開墾を命じられたと語られる。そこには農業か交易かという分業は存在していない。移動の民はすなわち交易の民でしかないという図式は通用しないだろう。

そしてその移動の民の最たるものが渡来人であったことはいうまでもない。飾磨郡には讃岐国から渡来した漢人の話や韓人山村等の祖が開墾した話が伝わり、揖保郡には応神天皇の命によって渡来人勝部《すぐりべ》が開墾した伝承がある。[11] 揖保郡で里の名となった少宅《をやけ》とは秦氏の一族であったといい、開墾技術者集団としての秦氏は移住を繰返していたのだろう。[12] そのいずれにおいても渡来人が移り住んで開墾に携わっていたことは明らかで、それは渡来人こそが優れた稲作農耕技術を持っていたからに他ならない。

さらに、彼らの大半は自主的に移動してきたのではなく、王権の側からの要請によって、半ば強制的に移住させられたのだと考えられることを指摘しよう。開墾にはその技術に優れている渡来人が必要不可欠であり、そのような技術者集団の入植は租税の徴収を目的とした律令国家の政策であった。揖保郡の河内国や大和国からの移住はそのような強制移住と捉えるべきであり、「川内の国泉」より和気氏が移住したことに因んだ地名や、呉の勝という人物が「韓国」より渡来してきたことに因んだ地名が揖保郡に残されているのも、渡来人が開墾の技術を持ってその地に移住してきた痕跡である。そういえば播磨国号起源譚である揖保郡萩原の伝承で、新しく開いた井戸は韓の清水と呼ばれている。韓の清水と名づけられたのは、井戸掘削の技術を韓からの渡来人が伝えたからだろう。

そのように優れた稲作農耕の技術を持った渡来人は、定住することなく移住を繰り返していったと考えられ、なぜ「餅の的伝承」において田が荒廃しなければならなかったかといえば、ごく単純に考えて人々が移動していったからであった。

そしてその移動の原因は、託賀郡荒田伝承において、天目一箇神という鉄の神が父と知ったために、その田地が荒廃したと語られることに端的に示されている。人々は農具となる鉄を求めて移動していったのであり、移動しなければならなかった原因は、稲作民ではなく産鉄民としての側面にあったのではないか。苦労して開墾した田地を捨て移動していくのは、稲作民であると同時に製鉄に携わる職掌集団であったからだと想像する。先進技術を持った稲作農耕民は、決して定住民ではなかったのである。

むすび

今までの研究では、移動する人々とは境界に生きる人々であり、特殊技術を持った職掌集団だとされてきた。すなわち稲作農耕民以外の人々が移動する交易の民である、と。しかしそのような理解は律令体制の枠組みから見たものでしかないだろう。稲作が広まっていくその過程には、稲作技術を持った人々の移住の繰り返しがある。なぜなら、稲作農耕とは稲種と農具さえあれば簡単にできるものでもなければ、一夜にして伝授されるものでもなく、開墾に関する技術だけが単独で普及されていくことはありえないからである。たとえ後になってからは王権の要請であったとしても、本来は新天地を求めて移住していった人々が稲作を広めていったのではなかったか。そのような稲作農耕民の移住を語るものとして、開墾と荒廃の物語として、「餅の的伝承」を解釈したいと思う。

注

（1）鶴見和子「漂泊と定住と―柳田国男のみた自然と社会とのむすび目―」（『漂泊と定住と―柳田国男の社会変動論―』）、筑摩書房、一九七七年。
（2）網野善彦『無縁・公界・楽―日本中世の自由と平和―』、平凡社ライブラリー、一九九六年。
（3）他に『豊後国風土記』逸文、『山城国風土記』逸文に二つと、全部で四つの伝承がある。
（4）加藤謙吉『秦氏とその民―渡来氏族の実像―』、白水社、二〇〇九年。
（5）『倭姫命世記』（国史大系第七巻）国史大系刊行会、一九三六年。
（6）谷川健一編『日本の神々』７山陰、白水社、二〇〇〇年。
（7）（6）に同じ。
（8）拙稿「神話としての「一夜孕み」」（『日本神話の男と女』）、三弥井書店、二〇一四年。
（9）永藤靖「鹿の血と鉄」（『日本神話と風土記の時空』）、三弥井書店、二〇〇六年。
（10）ここで祭祀された伊勢都比古・伊勢都比売は、『伊勢国風土記』逸文に「伊賀の安志の社に坐す神、出雲の神の子、出雲建子命、又の名は伊勢都彦命」とある。
（11）飾磨郡漢部の里多志野の地名も、応神天皇が漢人に開墾するよう鞭で示し命じたことに因るという。
（12）少宅の里も以前漢人が住んでいたので漢部と呼ばれていたらしく、渡来人の移住が繰り返されていたことが理解できる。

【参考文献】

大和岩雄『秦氏の研究』、大和書房、一九九三年

関晃『古代の帰化人』（関晃著作集第三巻）、吉川弘文館、一九九八年
平野邦雄「秦氏の研究（一）」（『史学雑誌』70‐3）、一九六一年
平野邦雄「秦氏の研究（二）」（『史学雑誌』70‐4）、一九六一年

【付記】

伊奈利社の起源譚で白い鳥は山の峯に飛んでいって再び稲になった。なぜ稲は山頂に生えなければならなかったのだろうか。そこに焼畑農業を見出すにしても、それが山頂である必然はない。おそらく、稲は天上界という異界からもたらされるものだという幻想がそこにはある。『播磨国風土記』揖保郡において、女神の名に因んで命名された飯盛山や、稲を積んだので名付けられた稲種山が語られるのも、宍禾郡に稲春岑、賀毛郡に飯盛嵩という、稲に因んだ山があるのも、富の象徴としての稲が山頂にもたらされたと幻想されているからだろう。実は、稲に因んだ山名の背後には、「穂落とし伝承」が隠されているのである。「餅の的伝承」で「稲粱を積みて富み裕ひき」と語られているように、稲積とは豊かさの象徴であった。そのように「餅の的伝承」を解釈しうる可能性を示しておきたい。

第四章　神武の来た道
―丹と交易―

はじめに

天より日向の高千穂に降ったニニギノミコトの末裔カムヤマトイハレビコノミコトは、天の下をくまなく治めるにふさわしい場所を求めて東征を開始する。筑紫、豊国、阿岐国、吉備を経由して難波に到ったが、ナガスネヒコの抵抗にあい痛手を受けたため進路を変え、紀伊、熊野を経て吉野から宇陀へと入り、畝火の白檮原宮で即位して神武天皇となった。

このようにして『古事記』中巻は、人の時代を語りはじめる。天から降るという垂直の移動が神代の中心であったとすれば、人の世は東へ向かうという水平方向の移動に象徴されるということになろうか。神武東征において神々の世は、時間的にも空間的にも切り離された過去となり、「今」に繋がる物語が新たに紡ぎだされるのであった。

ところでこの東征には大きな疑問がある。東方へと向かっていたカムヤマトイハレビコノミコトが、ナガスネヒコの抵抗にあったからとはいえ、なぜ熊野へと大きく迂回しなければならなかったのか。敢えて山深い熊野から吉野を経て大和へ入る必要はあったのだろうか。

この章はそのような疑問から発して意図されたものである。神武天皇の東征の道をたどってみればそこには隠された意味があり、王としての資質とは何であるかが明らかとなるだろう。

一　吉野の水銀

改めて神武東征の物語を見てみよう。

高千穂の宮に居たカムヤマトイハレビコノミコト（以下表記を統一して神武天皇とする）は、「何地に坐さば、平らけく天の下の政を聞こしめさむ。なほ東に行かむ」と言って、同母の兄とともに日向を発ち、宇佐へと向かった。そこでウサツヒコとウサツヒメの歓待を受け、筑紫の岡田宮に一年滞在した後、阿岐国の多祁宮には七年、吉備の高島宮には八年留まり、サヲネツヒコを水先案内として難波へと到る。難波ではナガスネヒコと戦い、兄イツセノミコトが痛手を負ったため難波を避け迂回すべく南下するのだが、紀国でイツセノミコトは崩御する。その後神武天皇は熊野に到り、高倉下の助けと八咫烏の案内を得て吉野に入り、贄持の子や尾のある国つ神（井氷鹿と石押分の子）と出会う。宇陀から磯城へと戦いの場を移しながら、ナガスネヒコをはじめとする服従しない土着民を討ちとって大和を平定した神武天皇は、畝傍の白檮原宮で天下を治めた。

ここで神武天皇が辿ったところを地図に落としてみると、筑紫、宇佐、安芸を経て吉備から難波へと到る瀬戸内海航路が浮かび上がって見えてくる。当時の交通事情を考えれば、徒歩よりはるかに速い船が主な交通手段であったことは明らかであり、瀬戸内海航路という水上の道が本州を縦断し韓半島へと続く幹線路であった。まさにその道を通って神功皇后は新羅征伐に赴き、天智天皇は白村江へと向かっていったのであり、またそれは大宰府に下る官人たちが辿る道でもあった。国生み神話においても、淡路島、四国、吉備の児島と生まれてくる十四の島々は瀬戸内海を往来する水上の道を示しており、古代においていかに海上交通が重視されていたのかを理解することができる。

このように神武東征の道は古代主要幹線路を示すものであったのだが、その東西を結ぶ動線が、難波からは南へと下る道を選ぶことになる。伝承では、難波のナガスネヒコの抵抗にあったためとするけれど、果たしてそれだけの理由なのだろうか。

そもそも神武天皇が東を目指したのは、西端である九州では東方にのみ国土が広がっていたからではある。あるいは、神仙思想では東に蓬莱山があるとされ、太陽の昇る方角に移動することが他の民族の神話や歴史にも見出せることからすると、(1)東に理想郷があるのだという思想が人類の遺伝子に組み込まれていたからかもしれない。いずれにせよ、「東」を指向することにおいて、神武天皇は力を得ることができたのだろう。洋の東西を問わず国家とは、移動することにおいて力を得、成立していくものであった。

しかし難波でナガスネヒコの抵抗にあってからは、「吾は日神の御子として、日に向ひて戦ふこと良からず。故、賤しき奴が痛手を負ひぬ。今者より行き廻りて、背に日を負ひて撃たむ。」と、聖なる方位である「東」を捨て、太陽を背負う「南」の方位を選んでいる。ここには日の出の太陽から南中の太陽へと崇拝の対象を変える方向転換があって、それが神武天皇率いる集団の勢力の成長過程を示しているようにも思われるのだが、果たしてそのような象徴的な意味だけをこの方向転換に読み取るべきなのだろうか。もし単純に迂回することが目的であるのなら北から攻め入ることもできたはずである。それにも関わらず、太陽神の子である論理を持ち出して、南から攻め入ることを主張するその背後には、南中の太陽の威力をかりるという論理だけでなく、実はもっと征伐において重要な何か、例えば東征そのものの動機のようなものが隠されているのではなかろうか(2)。

そこで注目したいのは、吉野である。熊野で夢に託宣を受け、国を平定する横刀と道案内の八咫烏を得た神武天皇は、吉野で贄持之子や尾ある人に出会い、宇陀へと導かれていく。贄持之子に関しては、その名義が神や天皇のための食糧を持参する意味であることからすると、その土地の神々が服従していったことを物語っているのは明らかである。では井より出できた尾ある人や岩を押し分けて出できた尾ある人は、一体何者なのだろうか。

おそらく、その字義の通り、井戸を掘削していた人ではなく鉱石を採掘する人々であったろう。水量豊かな吉野の地で水源としての井戸を掘る必要はあるまい。井が光り、岩を押し分けて登場するという表現は、まさにその採掘する様子であり、どのような鉱石を採掘しているのかといえば、それは水銀であったと思われる(3)。松田壽男によれば、吉野の川上村はかつて井光といい、地下には水銀鉱脈があるらしい。さらに興味深いことにはその村には伊藤姓が多く、かつては井頭と表記していたという。「尾ある人」という描写も、昔の採鉱者が腰から尻の部分に円座のような尻当てを紐で吊り下げていたからだと指摘している(4)。

吉野といえば『万葉集』では天皇賛美と結びつき、吉野川の豊かな水量とその清らかさが尊ばれ、その美しさが天皇統治の恒久であることに繋がっていた。柿本人麻呂を始めとする宮廷歌人によってうたわれた吉野賛歌は、自然描写に主眼があるのではなく統治の永遠であることを願い、当然そうであろうという願いのもとにうたわれた。しかしここに登場する吉野は、贄持之子の筌で魚をとるさまから食糧をもたらす川の豊かさはうかがえても、その清らかな水や美しさに言い及ぶことはなかった。天皇の統治を誉め称える具体的な描写がないばかりか、天皇と対等であろうとする「尾ある人」の姿を見出すことができる。ここに後の吉野賛歌に繋がるような思想はないだろう。このくだりにおける吉野の描写からすると、吉野はまず水銀の産地として認識されていたと思われるのである。

二　三つの丹生川上神社

ここで少し東征の道順を戻り、熊野から吉野へと到る道について考えておきたい。古代において主な移動手段は船であり、贄持之子に出会う場所が吉野川であることも思い起こせば、おそらく熊野から吉野へと到るためには水路を利用したのだろう。当然のことながら、日向から難波までの移動も船を使ったと考えられる。もしそのように水路を利用したと考えてよいのであれば、一行は熊野を流れる井戸川を遡り、その本流となる北山川を経て吉野川へと到ったのではないか。あるいは、ここにいう熊野が今の新宮とするなら、新宮川からその本流の北山川を遡り、吉野川から吉野へと向かったのかもしれない。いずれにせよ、本流北山川添いに吉野へ到る道は、今いうところの東熊野街道であり、その道と伊勢街道が交差するあたりが吉野となる。

この道程で興味深いのは、伊勢街道と交差する少し手前に丹生川上神社上社があり、その丹生川上神社には、吉野川流域に上・中・下の三社が存在することである。下社はそれより西の五条で吉野川と合流する丹生川沿いに鎮座しており、さらにその西には同じく丹生川と呼ばれる川があって、それはまっすぐ西へと流れて橋本の少し先、丹生官省符神社[5]のあたりで吉野川（紀の川）と合流する。高野山を巡るようにして流れるその川は、その名の通り丹の産地である丹生の地を貫いている。また、丹生官省符神社の祭神である丹生都比売は丹の神であり、高野山を下ってきたところに鎮座する丹生都比売神社の祭神でもあって、その丹生都比売神社は全国の丹生都比

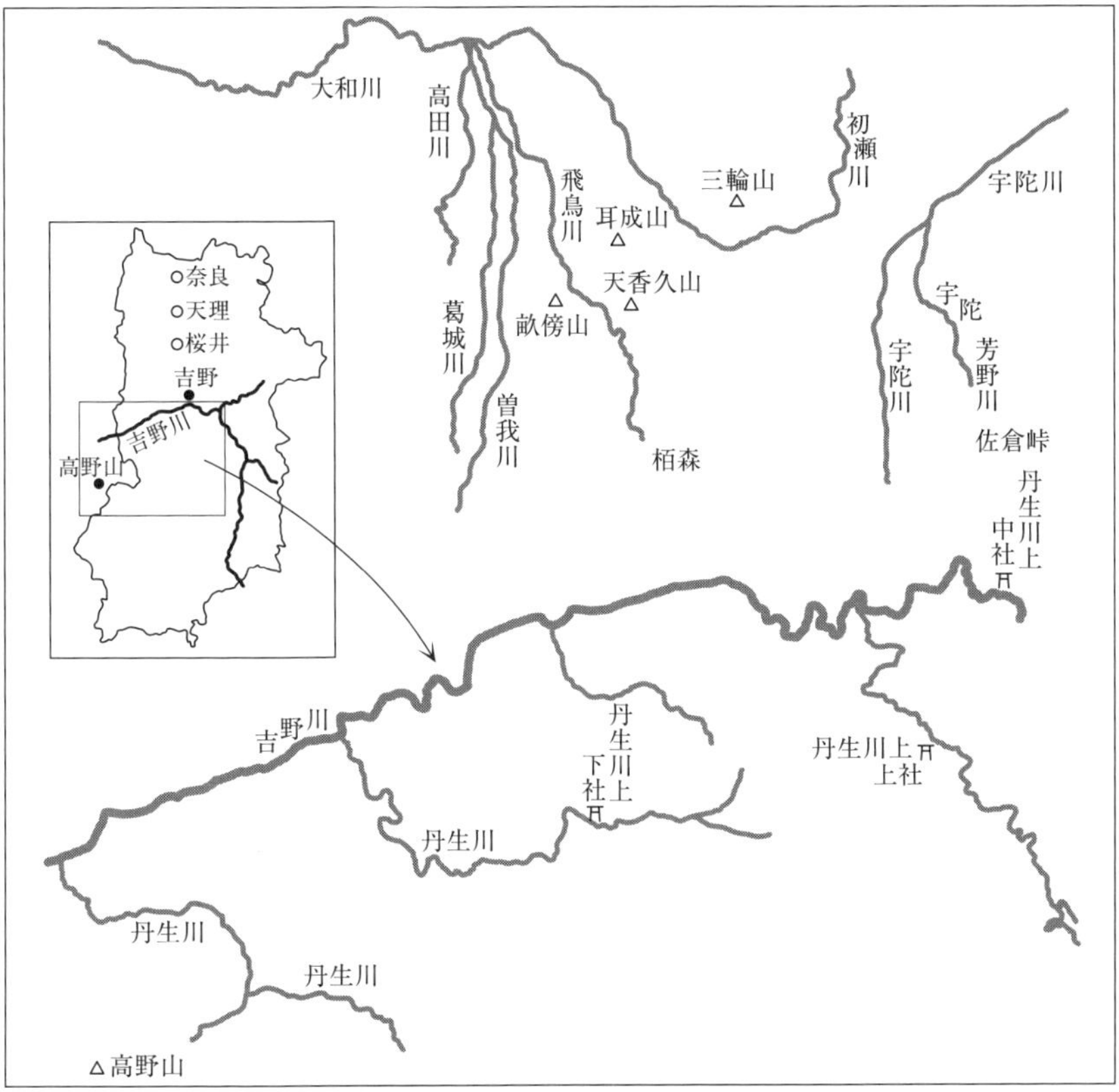

丹生川上神社図

売神社の総本社にあたる。(6) この丹生都比売神社と丹生官省符神社にはもう一柱共通する高野御子《たかのみこ》大神という祭神があり、『金剛峯寺建立修行縁起』や『今昔物語』（巻第十一第二五）によれば、その神は密教の道場とする地を求めていた空海の前に狩場明神として現れ、高野山へと先導したという。(7)

もう一つの丹生川上神社である中社は、上社よりもさらに東で吉野川と合流する高見川沿いに鎮座しており、高見川は櫛田川とも合流して伊勢湾へと注いでいる。その伊勢に到る道は先に挙げた伊勢街道でもあり、この紀伊半島のつけ根を横断するように流れる「吉野川―高見川―櫛田川」という川の流れは中央構造線に一致していて、その水域は水銀の産地でもあった。つまり太陽を背負って熊野からまっすぐ北上する道は、吉野で紀伊と伊勢を結ぶ道と交差し、その紀伊と伊勢を結ぶ道は水銀の産地を貫通する丹の道でもあった。

そして記紀の記述によれば、神武天皇はその丹の道に導かれるようにして丹生川上神社中社のあたりからまっすぐ北上し、佐倉峠を越えて宇陀へと向かったのである。(8)

故ここに宇陀に兄宇迦斯、弟宇迦斯の二人ありき。故、まづ八咫烏を遣はして、二人に問ひて曰ひしく、「今、天つ神の御子幸でましつ。汝等仕へ奉らむや。」といひき。ここに兄宇迦斯、鳴鏑をもちてその使を待ち射返しき。故、その鳴鏑の落ちし地を、訶夫羅前と謂ふ。待ち撃たむと云ひて軍を聚めき。然れども軍を得聚めざりしかば、仕へ奉らむと欺陽りて、大殿を作り、その殿の内に押機を作りて待ちし時に、弟宇迦斯、まづ参向へて、拝みて曰しけらく、「僕が兄、兄宇迦斯、天つ神の御子の使を射使し、待ち攻めむとして軍を聚むれども、得聚めざりしかば、殿を作り、その内に押機を張りて待ち取らむとす。故、参向へて顕はし白しつ。」とまをしき。ここに大伴連等の祖、道臣命、久米直等の祖、大久米命の二人、兄宇迦斯を招びて、罵詈りて云ひけらく、「汝が作り仕へ奉れる大殿の内には、おれまづ入りて、その仕へ奉らむとする状を明し白せ。」といひて、すなはち横刀の手上を握り、矛ゆけ矢刺して、追ひ入るる時、すなはち己が作りし押に打たえて死にき。ここにすなはち控き出して斬り散りき。故、其地を宇陀の血原と謂ふ。

(『古事記』中巻・神武天皇)

佐倉峠を越えた神武天皇は、宇陀でもエウカシ（兄宇迦斯）の抵抗にあうものの、オトウカシ（弟宇迦斯）の密告により難を脱することができた。その時殺されたエウカシの流した血がその地を赤く染めたので、宇陀の血原と名づけたという。おそらくその大地が赤く染まったのは、血によってではなく水銀によってであろう。(9) 今も宇陀市菟田野町には大和水銀鉱山があり、『万葉集』にも「大和の宇陀の真埴のさ丹付かばそこもか人の我を言なさむ」（巻七・一三七六）とうたわれている。どうやら宇陀は古くから有名な水銀の産地であったようだ。

そもそも吉野から大和へと向かう際、持統天皇が吉野行幸時に利用した芋峠でも高取へと続く壺坂峠でもなく、宇陀へと抜ける佐倉峠を越えていく道を神武天皇が選んだのは、宇陀が水銀の産地であったからではなかったか。神武東征の道は、実は丹に導かれた道であったのである。思えば難波自体、丹とは深い関係にあった。『万葉集』巻六・九三二の難波行幸時の歌に、「白波の千重に来寄する住吉の岸の埴生ににほひて行かな」という歌がある。これには類歌が二首あり、[10]そのうちの一首でも「馬の歩み抑へ留めよ住吉の岸の埴生ににほひて行かむ」（巻六・一〇〇二）と「住吉の岸の埴生」が詠みこまれている。残る一首にしても「草枕旅行く君と知らませば岸の埴生ににほはさましを」（巻一・六九）と「岸の埴生」がうたわれていて、難波行幸時の清江（すみのえ）娘子による作歌であれば、岸の埴生は住吉の埴生を指しているのだろう。『万葉集』にうたわれる埴生とはおそらく丹のことであって、難波周辺の住吉の浜では埴生が採れたことが理解できる。[11]あるいは同母の兄イツセノミコトが難波のナガスネヒコの矢を受け、その血を洗ったことによって名づけられた血沼海（茅渟海）とは大阪湾のことを指すのであれば、やはり難波は丹を連想させる地名であったといえる。

ここで誤解を招かぬようつけ加えておくと、巻六・九三二、一〇〇二番歌原文に「黄土」と表記されているように、この血の「赤」は黄色を帯びた赤土、すなわちベンガラのことであって、丹と呼ばれる水銀とは異なる酸化鉄のことだと考えるのが一般的ではある。[12]血に染まった海が血沼海となったという地名起源譚に関しても、難波の枕詞「押し照る」が西日に染まる難波の景であることを考えると、赤く輝く海の色を血に譬えたに過ぎないのかもしれない。[13]血の「赤」がすなわち丹の色であるとは断定できないだろう。とはいうものの、難波は「赤」

という色と無関係にはなく、なぜ難波において「赤」が強調されるのかといえば、それが神武天皇の辿った丹の道を暗示するからではなかろうか。生々しい戦いの場で流された血は、血原にしても茅渟にしても神武東征の苦難を意味すると同時に丹の鉱脈を暗示するものであって、しかもその丹の「赤」は光り輝く太陽の色、太陽神の末裔である天皇家を象徴する色であったのである。

三　貨幣としての丹

このように丹に導かれるようにして吉野、宇陀へと向かった神武天皇は、オトウカシの服従を得てなお苦戦を強いられた。『古事記』によると、忍坂（磯城郡忍坂村）では土蜘蛛ヤソタケルを討ち、その後ナガスネヒコとエシキ、オトシキを征伐し、先に天降っていたニギハヤヒが神武天皇のもとに降伏してきたため、ようやく大和を平定することができたという。

『日本書紀』においてはその平定していく様子が『古事記』より詳細に語られていて、丹を用いた祭祀が行われる場面がある。宇陀を平定した神武天皇は菟田の高倉山の山頂に登って見渡したところ、国見丘の上にヤソタケルがおり、男坂・女坂・墨坂にはその兵士が配置され、エシキの軍勢もまた磐余村に満ち溢れていることを知った。そこで天皇は誓約をして眠りにつき、天つ神の託宣を得る。その託宣のいうところには

天香山の社の中の土を取りて、天平瓮八十枚を造り、并せて厳瓮を造りて、天神地祇を敬ひ祭れ。亦厳呪詛をせよ。如此せば、虜自づからに平き伏ひなむ。

とあり、天皇はその教えに従ってシイネツヒコとオトウカシに天香山の土を取りに行かせ、八十瓮を作って次の

ような祭祀を行った。

…二の人、其の山に至ることを得て、土を取りて来帰る。是に、天皇、甚に悦びたまひて、乃ち此の埴を以て、八十平瓮・天手抉八十枚・厳瓮を造作りて、丹生の川上に陟りて、用て天神地祇を祭りたまふ。則ち彼の菟田川の朝原にして、譬へば水沫の如くして、呪り著くる所有り。天皇、又因りて祈ひて曰はく、「吾今当に八十平瓮を以て、水無しに飴を造らむ。飴成らば、吾必ず鋒刃の威を仮らずして、坐ながら天下を平けむ」とのたまふ。乃ち飴を造りたまふ。飴即ち自づからに成りぬ。又祈ひて曰はく、「吾今当に厳瓮を以て、丹生之川に沈めむ。如し魚大きなり小しと無く、悉に酔ひて流れむこと、譬へば柀の葉の浮き流るるが猶くあらば、吾必ず能く此の国を定めてむ。如し其れ爾らずは、終して成る所無けむ」とのたまひて、乃ち瓮を川に沈む。其の口、下に向けり。頃ありて、魚皆浮き出でて、水の随に噞喁ふ。時に椎根津彦、見て奏す。天皇大きに喜びたまひて、乃ち丹生の川上の五百箇の真坂樹を抜取にして、諸神を祭ひたまふ。此より始めて厳瓮の置有り。

（『日本書紀』神武天皇即位前紀戊午年九月）

神武天皇は八十瓮を用いて「水無し飴」を造り、それが「飴」となったならば武力を用いずに平定できるといい、また厳瓮《いっへ》を丹生川に沈め魚が酔ったように浮きあがってきたならば、天下を治めることができるだろうと言挙げした。厳瓮を川に沈めると、その言葉通りに魚はみな浮きあがり、水のまにまに流れていった。この「水無し飴」とは本来掌と指で握り固めた食物などをいうのであるが[14]、おそらくは飴のような状態の水銀のことであり、この丹生川上で行われた祭祀は水銀を用いたものであったろう[15]。神武天皇は水銀の毒性を知っていたのである。

さてここで、実際に祭祀を行った場所がどこに比定できるのかという問題がある。水飴を造り祈った菟田川の朝原と、厳瓮を沈めて祭祀した丹生川は同じ場所であったかどうか。同じでないにせよそれらは近接していなければならないだろう。

しかし朝原という地名を今にとどめているのは、宇陀郡榛原町雨師《あめし》の丹生神社西に位置する朝原のみで、この地を流れる笠間川は東方で宇陀川に合流するものの、その笠間川が古代に丹生川と呼ばれていたことを立証するものはないという。(16) したがって、先にも触れた丹生川上神社の中社こそが、この神事を行った場所であるとその社伝にはある。(17) おそらく、その時の神武天皇の状況を考えてみるならば、敵兵に満ち溢れている雨師の丹生神社で祭祀を行うことは難しく、神武東征の道における重要性を考えても丹生川上神社中社のほうがふさわしいように思われる。この神事の後、忍坂で偽りの宴を催してヤソタケルを欺き殺害し、磯城でも弟の密告により兄磯城を討った。「丹生の川上」における神事が示したそのままに、神武天皇は武力を行使することなく大和を平定することができたのであった。

それでは神武天皇は、丹生川上での神事のような祭祀に用いるためだけに、水銀を求めてはるばる九州から移動してきたのであろうか。

古代における水銀の用途は、①呪的意味、②染料、③防腐、④顔料、⑤薬、⑥黄金の抽出、の六つを挙げることができる。(18) まず一つ目の呪的意味とは、呪術の道具として用いられることで、例えば先の丹生川上での神事がそれに当てはまる。次に挙げる伝承からも、丹にマジカルな力があったことがうかがえるだろう。

播磨の国の風土記に曰はく、息長帯日女命、新羅の国を平けむと欲して下りまし時、衆神に祷ぎたまひき。爾の時、国堅めまし大神のみ子、爾保都比売命、国造石坂比売命に著きて、教へたまひしく、「好く我がみ前を治め奉らば、我ここに善き験を出して、ひひら木の八尋桙根底附かぬ国、越売の眉引きの国、玉匣かがやく国、苫枕宝ある国、白衾新羅の国を、丹浪以ちて平伏け賜ひなむ」と、此く教へ賜ひて、ここに赤土を出し賜ひき。其の土を天の逆桙に塗りて、神舟の艫舳に建て、又、御舟の裳と御軍の着衣とを染め、又、海水を攪き濁して、渡り賜ふ時、底潜く魚、及高飛ぶ鳥等も往き来ふことなく、み前に遮ふることなく、かくして、新羅を平伏け巳訖へて、還り上りまして、乃ち其の神を紀伊の国菅川の藤代の峯に鎮め奉りたまひき。

（『播磨国風土記』逸文）

新羅征伐に向かった神功皇后は、爾保都比売命の託宣に従がって、船体を赤く塗り赤い矛を船上に逆さに立て、軍兵には赤い衣を身に着けさせたので、新羅を無事に平らげることができたという。この伝承から丹を用いた戦勝祈願のさまがわかり、丹が勝利へと導くような呪的意味を持っていたことが理解できるだろう。

ここで船体に丹を塗ったのは、着衣を赤く染めたように丹が②染料であったからであり、古代において官船は赤く染められていた。と同時に、水銀には船材の腐食を防ぐ③防腐効果があり、古墳の内部や棺に丹を塗布したのもその効果のためであった。

また『魏志』倭人伝に「朱丹を以てその身体に塗る、中国の粉を用うるが如きなり」とあるように、顔や体に④顔料として丹を塗っていた。その赤い色が魔除けとしての呪的な意味を持っていたからであり、肌を白くするための化粧品として用いられることもあった。水銀には代謝を促し一時的に肌を白くする作用があって、そのような効果も含め、不老不死や病気の治癒のための⑤薬として服用することもあったらしい。例えば『史記』には秦の始皇帝の遺体安置場の近くには水銀の川や海が作られたと記され、『旧唐書』などによれば、唐の皇帝は永遠の命を願い、水銀を摂取し命を落としたという。

そして何よりも水銀の用途として考えなくてはならないのは、⑥の水銀を媒介として黄金を抽出することである。それはアマルガム法と呼ばれ、他の金属と結びつきやすい水銀の性質を利用した抽出方法であった。ただ古代日本においては、大仏などの鍍金が水銀の主な用途であり、黄金抽出にはあまり利用されていなかったと思われる。

というと、神武天皇は黄金を得るために水銀を求めたように聞こえてしまうが、果たして未成熟な国家であった当時、神武天皇がどれほどの価値を黄金に見出していたかというとそれは甚だ疑問である。農具や武器に利用できる鉄と比べ、硬度が低い黄金は農具などには向かず、決して生活必需品とはいえないものであった。黄金とはいつの時代、どの地域においても装身具や祭具に用いられるのが主な用途であって、王の権威を象徴するものではなかったか。

神功皇后の新羅征伐を思いおこしてみよう。熊襲平定のために九州に出兵した仲哀天皇は、神の託宣に「金銀を本とし、目の炎耀く種種の珍しき宝、多にその国にあり」と新羅国に多くの金銀があることを告げられた。ところが西の海を見てもそのような国は見当たらず、仲哀天皇は偽りをなす神だとして神を冒涜する。すると神罰がくだり、仲哀天皇は崩御した。この時注目しなければならないのは、神が新羅征伐をすすめる理由には、それまでの国内征伐とは違った論理が働いていることである。

記紀において天皇が国内征伐に向かう時はいつも、その理由は服従しない人々を平定するためだと語られる。それに反して海を越え異国へと出兵していくこの場合、それはその国に金銀財宝が多く眠っているからだという。平定ではなく財宝の略奪を神は勧めているのであり、その神の言葉に仲哀天皇が従わなかったのは、単に神が指し示す方向に島影が見えなかったからではあるまい。むしろその出兵の理屈に同調できなかったからではないか。

つまり、仲哀天皇は金銀財宝に価値を見出せなかったのであって、当時の日本の国家はまだそのような成熟度に達していなかったのだろう。金銀財宝に価値を見出すこと自体がいわば異国の理屈であり論理であり、もし日本において金銀を求めることがあったとしたら、それは対外的な場面で貨幣的な価値をもって交換する場合に限られていたのではなかったか。そしてそのような貨幣的な価値をもって対外関係において流通していたのは、金銀ばかりではなく、珠や銅鏡、絹などの織物でもあり、丹でもあったと思われるのである。

『魏志』倭人伝によると、生口や班布（木綿やさらさの類）などを朝貢してきたことに応えて卑弥呼に下賜したものの中に、銅鏡や真珠、絹織物とともに丹がその名を連ねている。朝貢関係を示し魏の国力を見せつけるために、それらのものは与えられていた。興味深いことに、丹もまた絹織物や銅鏡同様に高価なものであったのである。

しかし、銅鏡や絹は倭国にはない珍しいものであったが、同書によれば丹や真珠は倭国からも産出しており、絹織物ほどそれらに希少価値があったとは思われない。『豊後国風土記』海部郡丹生郷条に「昔時の人、此の山の沙を取りて朱沙に該てき」とあり、時代は下るが『続日本紀』文武二（六九八）年九月条にも「乙酉、近江国をして金青を献らしむ。伊勢国は朱沙・雄黄、常陸国・備前・伊予・日向の四国は朱沙、安芸・長門の二国は金青・緑青、豊後国は真朱。」とあって、日本においても丹が採れたことがわかる。それでもなお丹が中国より与えられていたのだとしたら、両国の間を移動する、いわば貨幣的な価値をもったものとして丹が捉えられていたからではなかろうか。

そもそも交易というものは対外関係において発達する。家族間では売買が成立しないように、交換は共同体を越えてなされてはじめて成立するものである。そのような交換や交易の原理を考えれば、対中国関係においてこそ貨幣的なもののやりとりがなされるのは当然のことである。貨幣的な価値をもったものが両国間を移動することにおいて朝貢関係は築かれ、その関係はより強化された。布が等価交換物として流通するように、希少価値のある丹もまた実用に用いるばかりではなく、貨幣としての機能を持ち得たのではないか。

平安末期のことであるが、『参天台五台山記』の延久四（一〇七二）年三月十五日のくだりには、入宋するために成尋が乗った唐船には米・絹・袿・二重（かさね）・沙金・上紙・水銀が積まれていたことが記されている。[19] 同様のことが『扶桑略記』にも見え、[20] 渡航に直接使用しない絹や袿、砂金や水銀などは、宋での滞在費として交換に用いられたのだと考えられている。[21] 平安末期において、どうやら丹は貨幣的な価値をもって流通していた。そのようなことをも考え合わせると、古代においても丹に貨幣的な価値を見出せるように思われてくるのだ。

勿論神武天皇は実在した天皇とは思われないため、その東征が中国のどの時代に該当するなど、歴史時間に置き換えて考えることには無理があり、『魏志』倭人伝の記述が神武天皇の時代に一致するなどというつもりはない。ただ、『魏志』の時代から水銀が貨幣的な価値をもって中国との間を行き来していたとしたら、その事実が神武東征における丹の伝承の背景にあったと考えてみたいのである。国内では流通経済が未発達な段階にあったとしても、東アジアという市場の中では、そのように未開の日本でさえその流通経済の環の中にあって、国内の人々が未だ価値を見出さない丹や黄金がその対外関係においては貨幣的な価値を持って流通していたのではないか。丹の「赤」が古代日本においてマジカルな意味を持ち、太陽神の子である天皇を象徴したものであったということに加え、丹の防腐効果や薬としての現実的な効能もあって、さらに貨幣的な価値をも丹は持っていたと、そのような丹を神武東征の物語のうちに読み取ってみたいのである。

むすび

神武天皇東征の物語には太陽神の子としての論理があるということは、記紀を読んだ人であれば誰でもが気づくことである。吉野や宇陀が丹の産地であり、神武天皇が戦勝祈願として行った祭祀が丹を用いたものであるということもまた、すでに指摘されている。丹が古墳の壁面や棺に塗られ、古代人がその防腐効果を知っていたことも、中国においてはそれが不老不死の薬として服用されていたことも、それを媒介に金を抽出していたことも今や常識となっている。

ところが、神武天皇の東征の道が丹の道であり、丹を求めて移動したと思われることは指摘されてこなかった。丹に防腐効果があると知り、呪的な意味において丹を使用していたとしても、丹を求めて移動するほどに大量の丹を必要としたとは考えられなかったからだろう。当時の庶民が丹を必要としたとは思われず、丹の価値を認め、それを求めたのは王のみであったとすれば、丹の需要はさして多くなかったと考えるべきではある。

では国内需要が少なかったと思われる丹を、神武天皇は何のために求めたのか。

おそらく、丹が王権を象徴するものとなったからだろう。まさに光輝く太陽の色は丹の「赤」であり、太陽神の末裔を名告る天皇家にふさわしいものであった。

そしてそのように丹が王権を象徴するものとなり得たのは、丹が中国との間で貨幣的な価値を持って交換されていたらしいこととも無縁ではあるまい。中国において丹は古来不老不死の薬であり、遺体の腐敗を防ぐために も多くの水銀が必要とされていたことを思えば、丹がいわば輸出品のごとく貢納されたことがあったかもしれない。中国でも丹の産地は羌郡や越郡など辺境であったという[22]。中国に輸出するために丹を求めたとまではいわないけれど、想像以上に古代は交換経済が発達していたのではなかろうか。日本では貨幣という形を取るのは天武朝以降のことではあるが[23]、交換の媒介として銅鏡や真珠、翡翠の勾玉などが人々の間で用いられ、そのように実用性に乏しく希少価値があるものに貨幣的なものが芽生えはじめていたと思われる[24]。まさにそれら非実用的なものたちは、丹に同じく王の権威を象徴するものでもあった。
つまり丹にも貨幣的な価値があって、そのような価値があるからこそ、今度は王権を拡大していく神武東征の旗印にもなった。なぜなら王に求められている最も重要な資質とは、いかに国土を豊かにするのかということであり、それはすなわち人々を統制するカリスマ性でも軍を率いる武力でもなく、ものを流通させていく「交易」の力であったからである。流通を象徴するものとしての丹が、神武東征の物語の通奏低音であったのではなかろうか。

注

（1）例えば十三世紀末に書かれた韓国の仏教説話集『三国遺事』には、延烏郎と細烏女という夫婦が岩に乗って東方の日本に来て王および王妃となり、そのため韓国では太陽が昇らなくなったという伝承がある。歴史上ではアレキサンダー大王が東征を行っており、アジアの語源は太陽の昇る方位という意のアッシリア語である。
（2）西郷信綱は、熊野には荒ぶる神々が住む荒野のイメージがあって、そのような熊野を経て「名ぐはし吉野は」（巻一・五二）とうたわれた「よき」吉野を通過することが、神武東征の「国覓ぎ（住みよい土地を求めること）」であったと述べている（『古事記注釈』第三巻、平凡社、一九八八年）。また、その後熊野は補陀落渡海が行われたように、あの世に旅立つ聖地として幻想されるようになる。
（3）小島憲之・直木孝次郎校注・訳『日本書紀』一（新編日本古典文学全集）、小学館、一九九四年）の頭注に、「井が光るとは水銀坑のごときものをいう。「尾あり」とあるのは山人（鉱山師や木樵など）の尻当てを尾に見立てた」とある。
（4）松田壽男『丹生の研究―歴史から見た日本水銀―』、早稲田大学出版、一九七〇年。
（5）社伝によれば、丹生官省符神社は高野山金剛峰寺の荘園であった官省符荘の鎮守として、空海により創建されたという。
（6）志賀剛『式内社の研究』第一（神道史学会、一九六〇年）によれば、この神は『播磨国風土記』逸文の神功皇后新羅征伐の際、丹を出して船や矛などを染めて勝利へと導いたため、戦勝の後播磨国よりこの地に遷したという。尚、丹生都比売は、時代が下ると水神として祀られるようになる。

（7）『金剛峯寺建立修行縁起』と『今昔物語』とでは、空海が出会った猟師（狩場明神）が連れている犬が前者では白黒二匹、後者では黒二匹とあるなど細部に違いがある。

（8）『奈良県宇陀郡史料』、名著出版、一九七一年。尚、宇陀へと抜ける峠には他にも関戸峠などがある。また、角田文衛は、「宇陀の高城」は桜実神社と比定している（角田文衛「宇陀の高城」（橿原考古学研究所『近畿古文化論攷』）、吉川弘文館、一九六三年）。

（9）（4）に同じ。

（10）類歌とは『万葉集』巻一・六九、巻六・一〇〇二であるが、この他に「住吉の岸の埴生」を詠んだ歌として巻七・一一四六、巻七・一一四八の二首がある。

（11）伊藤博『萬葉集釋注』一（集英社、一九九五年）の六九番歌語釈による。

（12）（11）および澤瀉久孝『萬葉集注釋』巻第一（中央公論社、一九七七年）の六九番歌語釈に埴は赤や黄の粘土で顔料に用いたとあり、（4）によるとその赤い粘土はベンガラを含んだ赤土のことであるという。

（13）『時代別国語辞典』上代編（三省堂、一九八三年）によると、「押し照る」が難波にかかる説明として、①「襲立浪急（オソヒタテルナミハヤ）」とする説、②「押し並べて光る波」とする説、③「日の押し照らす打ひらきたる難波」とするなど諸説あるが、『万葉集』巻六・九七七に「直越のこの道にてしおしてるや難波の海と名付けけらしも」とあることから、生駒山から見た難波の海に日が照り耀いていたことが「押し照る難波」の語源であったと考えたい。

（14）小島憲之・直木孝次郎校注・訳『日本書紀』一（新編日本古典文学全集）、小学館、一九九四年）の頭注。

（15）（4）に同じ。

（16）『式内社調査報告』、第二巻、皇學館出版部、一九八二年。

（17）（16）に同じ。

（18）松田壽男『古代の朱』、ちくま学芸文庫、二〇〇五年。尚、松田は銅鏡の磨き粉としての用途も含めているが、そのような用法は江戸時代にはじまったと思われるため、ここでは用途から除いた。

（19）成尋原著・齊藤圓眞著『参天台五台山記』巻一第三、山喜房佛書林、二〇一〇年。

(20) 黒坂勝美編輯『扶桑略記』第二十九第六、吉川弘文館、一九九九年。
(21)(4)に同じ。
(22)(4)に同じ。
(23) はじめての貨幣は富本銭であり、藤原宮造営のために鋳造されたと考えられている(松村恵司『日本初期貨幣研究史略:和同開珎と富本銭・無文銀銭の評価をめぐって』、日本銀行金融研究所、二〇〇四年)。
(24) 拙稿「古代の玉—貨幣的なものの芽生え—」(『古代学研究所紀要』第四号)、明治大学古代学研究所、二〇〇七年。

第五章　歌垣考　—杵島曲の伝播と海流—

はじめに

『古事記』下巻仁徳天皇条に、速総別王と女鳥王の悲恋が次のように語られている。

兄仁徳天皇の恋の仲介として訪れた速総別王に、正妻の気性が激しい仁徳天皇ではなくあなたの妻になりたい、と女鳥王は言った。若い二人が一瞬にして恋に落ちるのは『古事記』の常であり、スセリビメと出会ったオホクニヌシも、トヨタマヒメと出会ったホヲリノミコトも一目で「目合」ってしまう。それは「見る」「見られる」という関係が、その人の本質を知るということと等価であった時代の、「見る」ことにおける呪力でもある。しかしそのような二人の恋は決して祝福されるものではなく、女鳥王は速総別王を待ってうたった歌を、ある晩こっそり訪れた天皇に聞かれてしまう。天高くはばたく隼よ、鷦鷯なんてとっておしまいなさい。その不用意にうたわれた歌によって速総別王は、謀反ありとして追われる身となった。二人は手に手をとり、険しい山道を登っていく。

梯立ての　倉椅山を　峻しみと　岩かきかねて　我が手取らすも

梯立ての　倉椅山は　嶮しけど　妹と登れば　嶮しくもあらず

（『古事記』下巻・仁徳天皇）

奈良県磯城郡の倉椅山から宇陀郡の蘇邇に到った時、二人は追手の軍に追いつかれ殺されてしまった。

この悲恋はさして長いエピソードでもなく、しかも磐姫皇后の嫉妬に苦しむ女性たちの物語が綴られる仁徳記にあっては、決して目立つものではない。にもかかわらず、なぜか人々の心に深く刻まれる。

それは、この話と同工異曲の『日本書紀』では速総別王が主体であるのに反して、ここでは女鳥王が主体となっており、反逆伝承から悲恋伝承へと変化を遂げているからだろうか[1]。皇位簒奪に加担したのみならず、天皇の機を織るべき立場にありながら拒否した「己れの巫女性への背反」という二重の罪を犯してまで恋に生きた女鳥王の物語は[2]、指摘されるまでもなく悲恋物語以外のなにものでもない。あるいは、「采女的皇妃達の世界」において、天皇を拒否すること自体が死を意味した時代に「自我の主体性を貫き通す女性」像が作り出されているからだろうか[3]。「ムラレベルにおける駆け落ち物語」が「国家レベル」としての反逆物語へと読み換えられるべき『古事記』にあって、あえて歌垣的享受への読み換えが意図されているという興味深い論考もある[4]。

しかし私がこの物語にひかれるのは、もっと単純に高貴な二人が若さゆえに盲目となった悲恋であるからであり、それ以上に、なぜ二人が伊勢に向かったのかという疑問があるからだ。飛鳥から倉椅山を経て蘇邇に到ったということは伊勢を目指していたに違いなく、直木孝次郎によれば、速総別皇子が殺された「蒋代《こもしろ》野」はその屍が埋められた「廬杵《いほき》河」（雲出川）に沿う地であり、「曾爾村―雲出川」は伊勢と大和を繋ぐ古代交通路として重要であったという[5]。それにしても、伊勢に行けば二人の恋は成就したのだろうか。大津皇子が姉の大来皇女に会いにいった背景には伊勢に鎮座するアマテラスの力に頼るという願いもあったように、ここでもアマテラスが守ってくれると二人は信じたのだろうか。

この章はそのような疑問から発し、伊勢にどのような神話的な意味が担わされているのか、速総別王伝承に語られる歌の伝播ルートに注目して考えるものである。

一 「杵島曲」という歌の型

伊勢がはじめて記紀に登場するのは神武東征時の歌の中であり、「神風の伊勢の海の大石に」とその地名がうたわれている。それ以降は神武記の伊勢の船木氏、孝昭記の伊勢の飯高君など出身地名として語られるのみで、伊勢が神話の舞台となるのは垂仁天皇二十五年、アマテラスが鎮座すべき地を求めて彷徨ったくだりである。はじめ宮中に祀られていたアマテラスは、その威力が強すぎるとして豊耜入姫命《とよすきいりひめ》により笠縫村に遷し祀られたが、その年、豊耜入姫命から倭姫命に託されて菟田、近江、美濃を廻った後に伊勢の地に落ち着いた。伊勢が選ばれたのは、そこが常世に最も近い理想郷であったからであろう。「是の神風の伊勢国は、常世の浪の重波帰する国なり。傍国の可怜し国なり」というアマテラスの言葉そのままに、伊勢は太陽が昇る聖なる方位として位置づけられ、聖地となった。神武東征でも東が志向されていたように、太陽の御子である天皇家にとって東は特別な意味を持っていた。

その伊勢を、追われる身の二人は目指したのである。現実世界では叶わぬ恋がそこでは成就すると信じたとでもいうのか。そのようにして伊勢は、願いを叶えてくれる理想郷、異界として描かれるようになった。というと、伊勢が聖地となったのはそこが大和から向かって東に位置していたからであって、それは机上で考え出されたものだということになる。勿論記紀神話にみる方位観、世界観は、記紀という書物の中で成立したものであればフィクションでしかないのかもしれない。

しかしそれならば、『肥前国風土記』逸文の杵島山の伝承に

あられふる　杵島が岳を　峻しみと　草採りかねて　妹が手を執る

という、速総別王と女鳥王の歌によく似た歌が残されているのはなぜなのだろう。同じ発想の歌が大和と肥前の地で偶然同時に詠まれ、伝承されていったのだろうか。

そうではあるまい。『万葉集』にも、

霰降り吉志美が岳をさがしみと草取りはなち妹が手を取る　（巻三・三八五）

という歌がある。これは「仙柘枝《やまびめつみのえ》の歌三首」の冒頭を飾り、左注にいわく「吉野の人味稲《うましね》、柘枝仙媛《つみのえやまびめ》に与ふる歌」であり、吉野の漁夫に拾われた山桑の枝が仙女となりその妻となったという伝承の一場面をうたったものである。

一読してわかるように、この歌は『肥前国風土記』逸文の歌にほぼ同じ表現となっている。「杵島山《きしま》」という地名を「吉志美《きしみ》が岳」に変えたのみのようなこの歌が『万葉集』にも残されているのは、これらの歌にある共通の型があったからだろう。山があまりに険しいので草をとることができずに恋人の手をとったという歌の型があって、その地名を入れ換えそれぞれの土地に伝承されていったのではなかろうか。そのように考えたのなら、「吉志美が岳」が現実の地名に比定できないことにも頷ける。「キシマ」をも歌の型として受け入れ、現実にはない「吉志美が岳」が歌の中に作り出されたに違いない。

ともあれ、まずこれらの歌には型があり、その型にのっとって歌はうたわれた。型があるからこそ類似した歌が遠く離れた地にも残される。型とは歌が流布していく力のことでもあったのだ。

ではこれらの歌に共通する型とは、どこでどのようにして生じたのだろうか。改めて『肥前国風土記』逸文を

引用してみよう。

杵島の県。県の南二里に一狐山あり。坤のかたより艮のかたを指して、三つの峰相連なる。是を名づけて杵島と曰ふ。坤のかたなるは比古神と曰ひ、中なるは比売神と曰ひ、艮のかたなるは御子神と曰ふ。郷閭の士女、酒を提へ琴を抱きて、歳毎の春と秋に、手を携へて登り望け、栄飲み歌ひ舞ひて、曲尽きて帰る。歌の詞に云はく、

あられふる　杵島が岳を　峻しみと　草採りかねて　妹が手を執る。（是は杵島曲なり。）

（『肥前国風土記』逸文）

三つ連なる峰は、ヒコ神、ヒメ神、御子神といい、その山に里人は春秋に登り飲食して歌舞したという。その時うたわれた歌が先にも挙げた「あられふる杵島が岳」の歌で、それは「杵島曲」と呼ばれるものであった。そして伝承を素直に解釈すれば、それは本来杵島を舞台としてうたわれた歌垣の歌だと考えるべきだろう。(6) つまり「杵島曲」とは歌垣でうたわれた歌の型のことであり、それは肥前にはじまったと考えられるのである。

二　常陸の嬥歌

ところで歌垣は常陸国では嬥歌《かがひ》と呼ばれ、広く行われていた。嬥歌と思われる描写を『常陸国風土記』に探すと、筑波郡筑波岳、行方郡大井、香島郡童子女松原、久慈郡密筑《みつき》の里、久慈郡山田の里、茨城郡高浜の条があり、その中でも嬥歌が行われた場所として有名なのは、『万葉集』巻九（一七五九・一七六〇）にも「嬥歌会を為る日に作る歌」と題された歌が残されている筑波山であろうか。「高橋虫麻呂が歌集の中に出づ」とされるその歌からは、

「裳羽服津《もはきつ》」に男女が集い、「人妻に我も交はらむ」という嬥歌のさまがうかがえる。それは本来豊作を予祝し豊年への感謝をする儀礼的行事であり、第一次の場として厳粛な国土賛歌がうたわれた後、第二次の場で歌舞飲食して性の解放が行われたとされる習俗であった。(7) 例えば『常陸国風土記』香島郡童子女松原の伝承で恋人たちが松となったのは、嬥歌の場をはなれて恋を語ったからであり、次の年の実りを約束する嬥歌は、その時その場においてのみ神に許された神事であって、性の交わりが稲の受精に等しいと考えていた古代人の世界観を示すものでもあった。人の生の営みは稲の生長に重ねられて捉えられていた。

そのような嬥歌の習俗が常陸に色濃く残され記録されるに至ったのは、当時の常陸が開拓されて豊かな稲作地帯へと姿を変えていったことと無縁ではあるまい。フロンティアであった常陸であればこそ、豊穣を願う神事としての嬥歌／歌垣は受け入れられた。それればかりかむしろ積極的に取り入れられ、嬥歌／歌垣の習俗はどの集落においても、時に土蜘蛛たちの間においてさえも根づいていったのではなかろうか。

『常陸国風土記』行方郡板来村の伝承には、建借間命《かけかしま》が土蜘蛛を征伐する際、敵を欺く為に浜辺で催した七日七夜の宴において「杵島の唱曲」がうたわれたとある。その七日七夜の宴は「舟を連ね、桃を編み、蓋を飛雲へし、旌を張虹り」て行われ、琴や笛の音色は「天の鳥」という称辞が冠せられるほどに美しく、その調べに誘われた土蜘蛛は、男も女も一家全員浜に出て宴会を楽しんだという。その時を待って建借間命は土蜘蛛をことごとく焼き滅ぼしたというのだが、その宴のさまはまさに嬥歌／歌垣を思わせる。嬥歌／歌垣の場で「杵島の唱歌」はうたわれたのであり、常陸に伝えられたのは、「杵島曲」という歌の型のみならず歌垣の習俗であったのだろう。

そのような肥前から常陸への伝播は、『肥前国風土記』逸文杵島の記述と『常陸国風土記』筑波郡の記述の類似にもうかがえる。

それ筑波岳は、高く雲に秀で、最頂は西の峯崢しく嶸く、雄の神と謂ひて登臨らしめず。唯、東の峯は四方磐石にして、昇り降りは峡しく屹てるも、其の側に泉流れて冬も夏も絶えず。坂より東の諸国の男女、春の花の開くる時、秋の葉の黄づる節、相携ひ駢闐り、飲食を齎賷て、騎にも歩にも登臨り、遊楽しみ栖遅ぶ。其の唱にいはく、

筑波嶺に　逢はむと　いひし子は　誰が言聞けば　神嶺　あすばけむ。

筑波嶺に　廬りて　妻なしに　我が寝む夜ろは　早やも　明けぬかも。

詠へる歌甚多くして載車るに勝へず。俗の諺にいはく、筑波峯の会に娉の財を得ざれば、兒女とせずといへり。

（『常陸国風土記』筑波郡）

ここでは、「坂より東の諸国の男女」が春秋に飲食物を持って登山し、歌舞したと語られている。それは『肥前国風土記』逸文の杵島山のくだりに同じで、筑波山もまた男体山と女体山の二つの峰を持つ険しい山として描かれている。歌垣とは男女の歌のかけあいのことであったから、男女二つの峰を持つ山で行われたのだろう。山の描写の類似は偶然ではあるまい。『常陸国風土記』香島郡に「風俗の説」として「霰零る香島の国」とあるのも、本来は杵島に冠されていた称辞からの転用だと考えることもできるらしい(8)。歌垣といえば筑波山を連想する以前、歌垣としてまず想起されるのは肥前の杵島ではなかったか。歌垣の習俗は肥前においてはじまったのであり、肥前から常陸へとそれは伝播していったのかもしれない。

三　肥前から大和、常陸へ

さてここで、「杵島曲」という歌の型や歌垣の習俗の伝播が、どのようになされたのか整理してみよう。『古事記』速総別王の歌と『肥前国風土記』逸文「杵島曲」との類似から、肥前から大和へ歌垣の歌が伝播したと考えることができた。それは『万葉集』の「仙柘枝の歌三首」に、ほぼ同じ歌が残されていたからである。さらに「杵島曲」と呼ばれたその歌は『常陸国風土記』にも伝えられており、肥前から常陸へと伝播していったこともわかった。

ではその常陸への伝播はどのようにしてなされたのだろうか。

香島と杵島がともに軍事拠点であったことから、その間には直接の交流があったとする説がある。[9]『常陸国風土記』の行方の伝承で活躍する「建借間命」は神武記によれば火君（肥君）と同祖であり、そのような素性を持つがゆえに本国の「杵島曲」をうたったのではないかと栗田寛も述べている。[10]それに対し橋本雅之は、「杵嶋唱曲」を「鳴杵唱曲」と校訂し、杵を鳴らして歌をうたった意と解し、肥前の杵嶋の歌謡をうたったのではないとする。[11]確かに『常陸国風土記』の歌に限っては、そのような解釈が妥当ではあるけれど、『古事記』や『万葉集』の類歌があることからすれば、肥前から常陸への伝播を想定すべきだろう。[12]もし仮に肥前から常陸へ直接歌が伝えられたとすると、大和への伝播はその次になされたことになるのだろうか。「肥前—常陸—大和」という伝播を想定すべきなのか。

「肥前—常陸—大和」という伝播は、その地理から考えてあまりに不自然であり、やはり「肥前—大和—常陸」

という伝播を想定する方がごく自然であろう。実は大和から常陸への歌の伝播を想定する、もう一つの根拠がある。それを次に示そう。

郡より東五十里に笠間の村あり。越え通ふ道路を葦穂山と称ふ。古老のいへらく、古、山賊あり。名を油置売命と称ふ。今も社の中に石屋あり。俗の歌にいはく、

言痛けば　をはつせ山の　石城にも　率て籠らなむ　な恋ひそ我妹。（已下は略く）（『常陸国風土記』新治郡）

これは『常陸国風土記』新治郡葦穂山の伝承である。葦穂山には油置賣の陵墓ともされる石室があって[13]、その石室に籠る恋人たちの歌が伝わっていた。二人の仲が噂となったので、「をはつせ山」の石室にあなたとつれだって二人籠りましょう、だからそんなに恋こがれないで、とうたう歌は、油置賣命という「山賊」とは無縁な悲恋の歌である。不思議なことに「をはつせ山」には比定される山が、この近隣は勿論のこと常陸にはないという。同名の山は大和や信濃にのみ確認できるらしい。これは一体何を意味しているのだろうか。

この歌にも類歌が『万葉集』に残されている。

事しあらば小泊瀬山の石城にも隠らばともにな思ひそ我が背　（巻十六・三八〇六）

密かに交わった女が、親の叱責をおそれる優柔不断な男に贈った歌である。この歌の「小泊瀬山」の「泊瀬」は奈良県桜井のことであり、多くの挽歌に詠まれた葬地であった。「事しあらば」と人のうわさになって恋の行方がわからなくなったなら、いっそのこと「小泊瀬山」の「石城」に籠りましょうとうたう背後には、死をも恐れぬ女の覚悟が感じられる。この二首の類似からすると、『常陸国風土記』葦穂山の歌は三八〇六番歌の型を継承したと考えられ、その時、本来はその土地の名に置き換えられるべき「をはつせ」という地名すら残し伝えたのではなかろうか。

このように常陸には、歌の型を受容し、歌を語り継ぐような風土があった。そして歌の型も歌垣の習俗も常陸にはじまったものではないにも関わらず、いつのまにか歌垣といえば常陸を連想させるほどにまでなったのだろう。

それは、先に挙げた『万葉集』巻三「仙柘枝の歌三首」の冒頭歌が、左注に「ただし、柘枝伝を見るに、この歌あることなし」と、「柘枝伝」にはそぐわない内容となっていることの説明にもなる。「仙柘枝の歌三首」の直前には、丹比真人国人の筑波嶺の歌群が収められている。その歌にうたわれた筑波嶺は歌垣で有名であったから、その連想で「霰降り吉志美が岳をさかしみと」という歌垣の歌が続けて収録されたのではないか。仙柘枝がやがて常世へ帰っていく結末も、「常世の国」であった常陸を彷彿とさせる。(14)

つまり『風土記』『古事記』『万葉集』に収められた歌の類似は、肥前、大和、常陸への伝播を示すものであり、そのような伝播を可能にしたのは、地名を入れ換えて人々の間に広まっていく「杵島曲」という歌の型であったと考えられるのであった。

四　歌の伝播と海流

最後に再び『古事記』速総別王と女鳥王の物語に戻ってみよう。

この章冒頭では、追われる身の二人がなぜ伊勢に逃げたのか、その理由を考えたいと述べた。伊勢が聖域であったから、叶わぬ恋の成就を願って逃げたのかもしれない、とも。しかしそのような机上で作り上げられた世界観だけが、彼らの逃避行を支えていたのではあるまい。彼らの逃避行を支えていたのは、東を志向することではなかったか。

それは、言い換えれば歌の型が肥前、大和、常陸へと伝播していくことである。物語の中の二人だけが、東を志向したのではない。その物語自身が東へと伝えられていくのである。速総別王と女鳥王の物語にうたわれている歌は、『肥前風土記』杵島山の歌の型を引き継いだものであり、その「杵島曲」という型は、『常陸国風土記』にも伝えられていた。歌の型は西から東へと伝わっていったのであり、都を経由することによって歌の型は洗練され、さらにその伝播力を増していったのかもしれない。そしてその伝播を担っていたのは、東流する海流ではなかったか。

神武東征もヤマトタケルの東征も、黒潮の流れを利用したものである。九州北部から瀬戸内海を経て紀伊半島を廻り、知多半島、駿河へと到る海流は、その先常陸に向かって流れている。東を志向するのは、それが太陽の昇る聖なる方位であるばかりでなく、海流の流れていく方向でもあったからだろう。

また『常陸国風土記』において、ヤマトタケルが活躍するという常陸独自の伝承が生まれたのは、常陸がフロンティアであり、「常世の国」という理想郷であると信じられていたからではあるが、そのような常世世界が中央の思惑とは無関係に常陸に成熟した結果であったことを忘れてはなるまい。政治とは無関係に、海流は伝承や歌を伝えていったのである。

むすび

速総別王と女鳥王が手に手を取って伊勢を目指したその背後には、東流する日本海流があった。伊勢の向こうに二人は常陸という東国を見たに違いなく、新天地での恋の成就を願ったのだろう。ヤマトタケルが常陸で王となったように、常陸は現実では叶わぬことが可能になる世界でもあった。それはまさに常世と呼ばれる世界であり、そうであるから二人は伊勢を目指したのだろう。伊勢が速総別王の伝承に語られるのは、そこが神話の世界観では常世に繋がっていたからであり、現実的にも常陸というフロンティアと結びついていたからではなかろうか。

注

（1）都倉義孝「女鳥王物語論―古事記悲劇物語の基本的構造について―」（『古事記・日本書紀Ⅱ』）、有精堂、一九七五年。
（2）居駒永幸「女鳥王物語攷」（『日本文学論究』53）、國學院国語国文、一九七五年。
（3）荻原千鶴「女鳥王―説話の発展とその周辺―」（『国語と国文学』59-11）、至文堂、一九八二年。
（4）遠藤耕太郎「女鳥王物語の享受―読み換えのダイナズム―」（『日本文学』53-12）、日本文学協会、二〇〇四年。
（5）直木孝次郎「大和と伊勢の古代交通路―高見峠越えについて―」（『飛鳥奈良時代の研究』）、塙書房、一九七五年。
（6）『肥前国風土記』の歌には「妹が手を取る」と女が先に立ち男がそれに従う「不合理」があるのに対し、『古事記』の歌では男が先導しそのような「不合理」がないことから、後者を前者の祖形とする説がある（中原勇夫「杵島山歌垣詠考―その軍歌的性格―」（『国語国文』27-11）京都帝国大学国文学会、星野書店、一九五八年）。女の手を取ってしまうというくだりは宴における「笑の種」に他ならず、不合理なものを合理化するのが改作の常道であって、さらに『古事記』の歌に本来歌垣の歌にあるはずもない敬語が使用されていることから、『肥前国風土記』の歌が本歌であるという土橋寛の指摘に従う（土橋寛『古代歌謡論』、三一書房、一九七一年）。
（7）伊藤博『万葉集釋注』五、集英社、一九九六年。
（8）秋本吉郎請校注『風土記』（日本古典文学大系）、岩波書店、一九五八年）の頭注。
（9）加藤正雄「杵島曲成立考」（『国語と国文学』51-6）、至文堂、一九七四年。

（10）栗田寛『古風土記逸文考証』、大日本圖書、一九〇三年。
（11）橋本雅之「常陸国風土記建借間命説話の杵嶋唱曲をめぐって」（『萬葉』第百二十一号）、一九八五年三月。
（12）上代文献を読む会編『風土記逸文注釈』（翰林書房、二〇〇一年）の「肥前国　杵島山」の項（斎藤安輝）。
（13）（8）に同じ。
（14）「柘枝伝」の主人公の漁師は「味稲」といって「稲」と関係深い名であることも、フロンティアとして開墾がすすめられた常陸を連想させる。

第二部　日本海と琵琶湖水系

第一章　『古事記』と交易の道
―小浜神宮寺「お水送り」神事―

一　お水送り

三月二日、暦の上では春でも小浜はまだまだ寒い。二〇一一年のその日も時に雪がちらつくほど寒かった。

三月二日は小浜神宮寺で「お水送り」が行われる日である。「お水送り」とは神宮寺の閼伽井で汲んだ水を鵜の瀬まで運び遠敷《おにゅう》川に注ぐ神事のこと、川に注がれた水は地下水脈をたどって東大寺若狭井に達するという。十日後、若狭井に到達した水は「香水」として本尊の十一面観音に捧げられる。東大寺の建立に尽力し初代別当となった良弁の出身地が一説では若狭と伝えられており[1]、出身地であればこそ「香水」を捧げることになったのだろう。越国に多くの東大寺荘園があることも、この神事のはじまりと何かしらの関係があるのかもしれない。

とはいうものの、若狭と奈良の関係は果たして良弁や東大寺だけの縁なのだろうか。水が再生や生命の根源を示すものであるだけに、もっと深い意味があるように思われてならない。水に象徴される若狭神宮寺と奈良東大寺の縁とは何か、なぜこのような神事ははじまったのか、その背景とはどのようなものだったのか。

天平宝勝四（七五二）年、良弁の弟子でインドからの渡来僧である実忠は、東大寺に招かれ二月堂を建立し、修

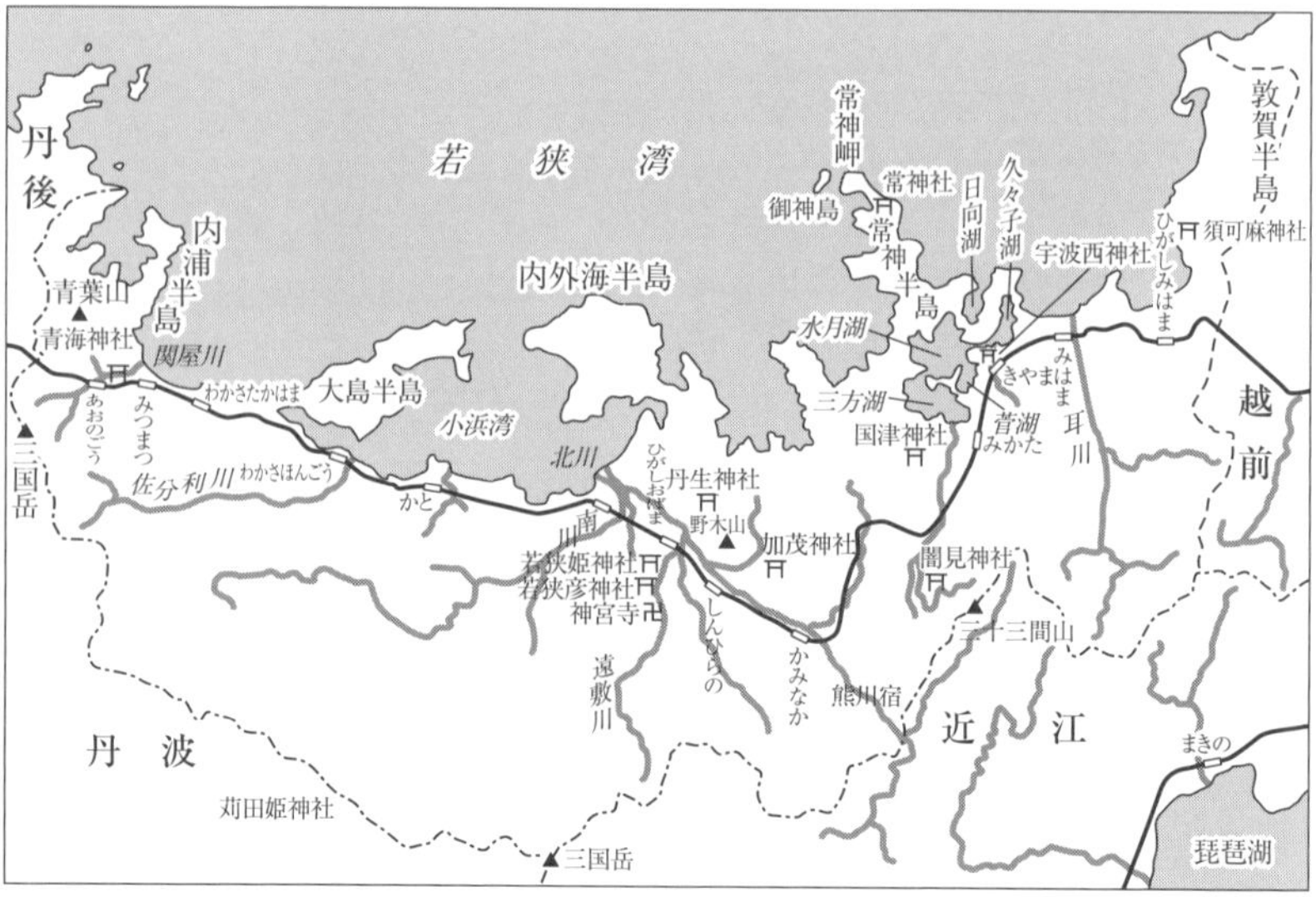

若狭の神社

二会を開いて全国の神々を招いた。勿論遠敷の神、遠敷明神も招かれたのであるが、漁に夢中で遅刻してしまった。そこで本尊に供える「香水」を毎年若狭から届けると約束したのがこの神事のはじまりだという[2]。

そもそもこの遠敷の神は若狭彦・若狭姫という二神であり、若狭彦は霊亀元（七一五）年、若狭姫は養老五（七二一）年に、ともに唐人のような姿で白馬に乗って下根来白石の里に降臨した。その時二羽の黒い鵜が二神を迎えたことに因んで鵜の瀬は名づけられ、それぞれ上社と下社に祭祀されたと伝えられている[3]。

興味深いことは、その若狭彦神社は彦火火出見尊、いわゆる山幸彦を、若狭姫神社の祭神は豊玉姫を祭神としていることである。若狭国の神社を調べてみると、他にも日向神話に登場する神々が数多く祀られていることに気づかされる。京都下賀茂神社より勧請されたという小浜市内の加茂神社には祭神を天津彦瓊瓊杵尊とする縁起が伝わり、国津神社は瓊瓊杵尊とその父忍穂耳尊を、式内宇浪西《うわせ》神社は鸕鷀草葺不合尊《うがやふきあへず》を祭神としていて[4]、若狭の地には日向神話の面影がある。それをどのように解したらよいのだろうか。

ごく単純に考えるのなら、日向神話の神々を奉祭する人々がこの地に移り住んだと考えるべきだろう。(5) 勿論ここでいう日向神話とは、いわゆる記紀にある天皇の始祖伝承としての日向神話ではなく、その母体ともなる、ある地域に伝えられた素朴な神話であり、そこに登場する神々のことである。古代において日本海が交通の主役であったことを思えば、海神の系譜に連なる神々を奉祭し航海に優れていた人たちが、海を渡ってきてここに住み着いたと考えるのは自然である。しかし、そのような人々がここに移住してきたことのみを、日向神話に登場する神々は語っているのだろうか。この日向神話ゆかりの神社を地図に落としてみると、一つの道が浮上して見えてくる。宇波西神社のある気山と若狭彦・若狭姫神社のある小浜は、ともに日本海航路の重要な津である。若狭の海から近江今津へと抜けていく、その道に沿ってそれらの神社は点在している。日向神話に登場する神々が示す一本の道は、日本海と琵琶湖を結ぶ道でもあったのだ。

二 若狭への道

ここで日本海から琵琶湖へ抜けていく街道について、少し述べておきたい。

敦賀に松原客館がおかれていたように、古代においては日本海交流の玄関口は敦賀であった。敦賀から深坂《ふかさか》峠を越え琵琶湖へ向かう最短の道は塩津路であり、それが当時の主な交通路であったが、(6) 冬の積雪時には通行不能になることなどから様々なルートが使われるようになったという。(7) 大浦から新道野《しんどうの》を越えて行く愛発《あらち》山路は新しくつくられた道で、四里半の塩津路より遠回りとなりかつ最高地点も五〇メートル高くなるけれど、傾斜面であ

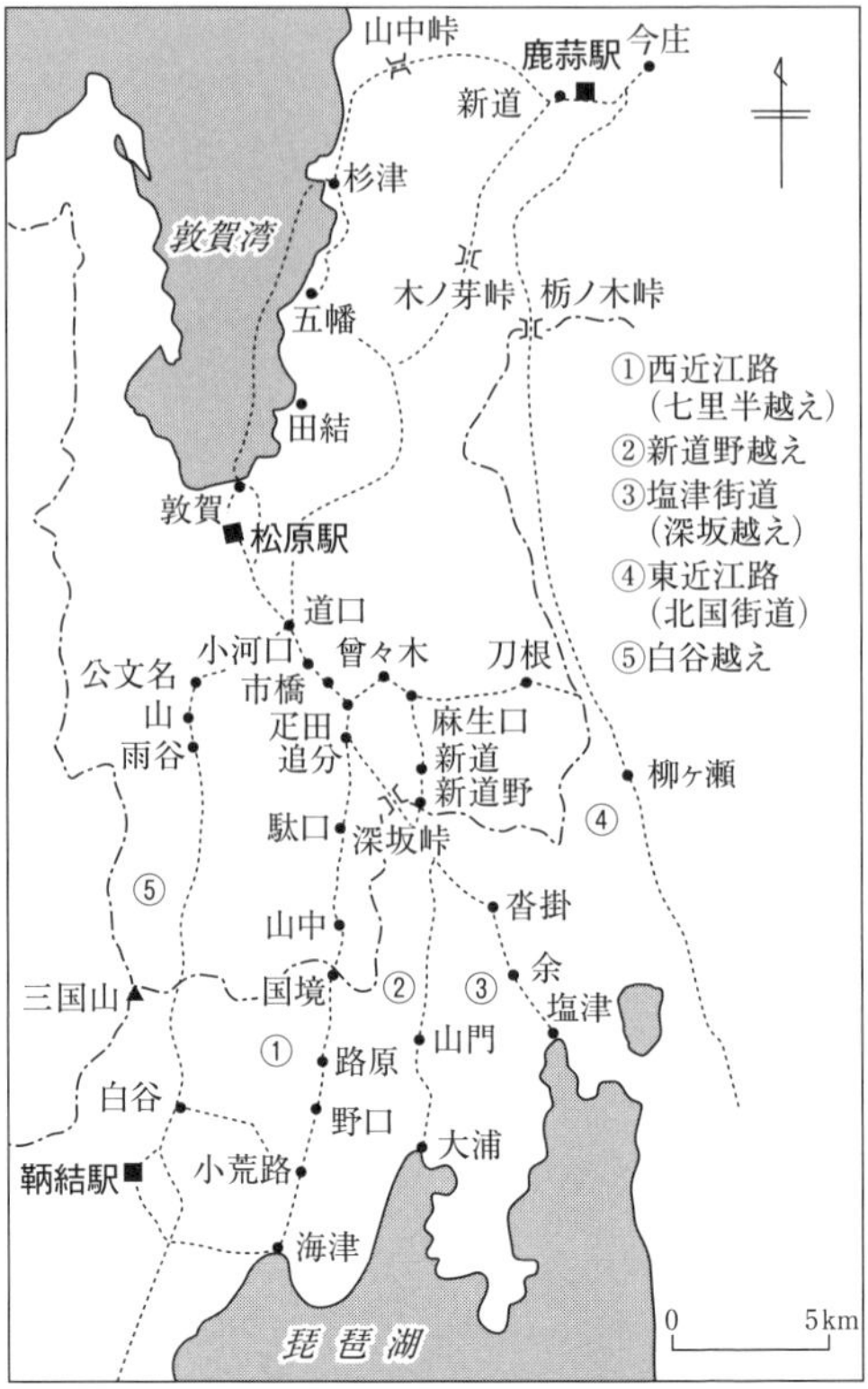

琵琶湖と越前を結ぶ古代の街道

ることから積雪が少なかったと考えられ、鞆結駅を経由して白谷を越えていく七里半の西近江路は、陸路を主とする官道であったと思われる。(8) 敦賀へ到る街道の中で最も東を走る東近江路は、琵琶湖東岸の内陸から柳ケ瀬を経由して敦賀へ向かう道で、今の北国街道にあたる。地図からだけでは読み取れない、傾斜といった地形や風向きなどの気候条件から、あるいはどの交通手段を利用するのかという違いによってそれらの街道は使いわけられていたのだろう。

そこに愛発関をめぐる諸問題も加わったからか、(9) 日本海から琵琶湖までの交通路として若狭からの道も頻繁に利用されていた。近江今津から若狭へと向かう、いわゆる鯖街道と呼ばれる若狭街道がそれである。その行程は九里半と塩津路の倍の行程ではあったが、近江今津から登りきった峠にある熊川宿からは、北川を下って若狭湾へ抜けることができる。馬よりも多くの物資を一度に運ぶ船が使える若狭街道は、距離は長くとも効率が良かったに違いない。交易という観点からすれば、水上交通を利用できる若狭街道が敦賀へぬける街道より魅力的であったはずだ。奈良時代の北陸道にあたる西近江路は、敦賀直行ルートを本路、若狭経由ルートを支路としてい

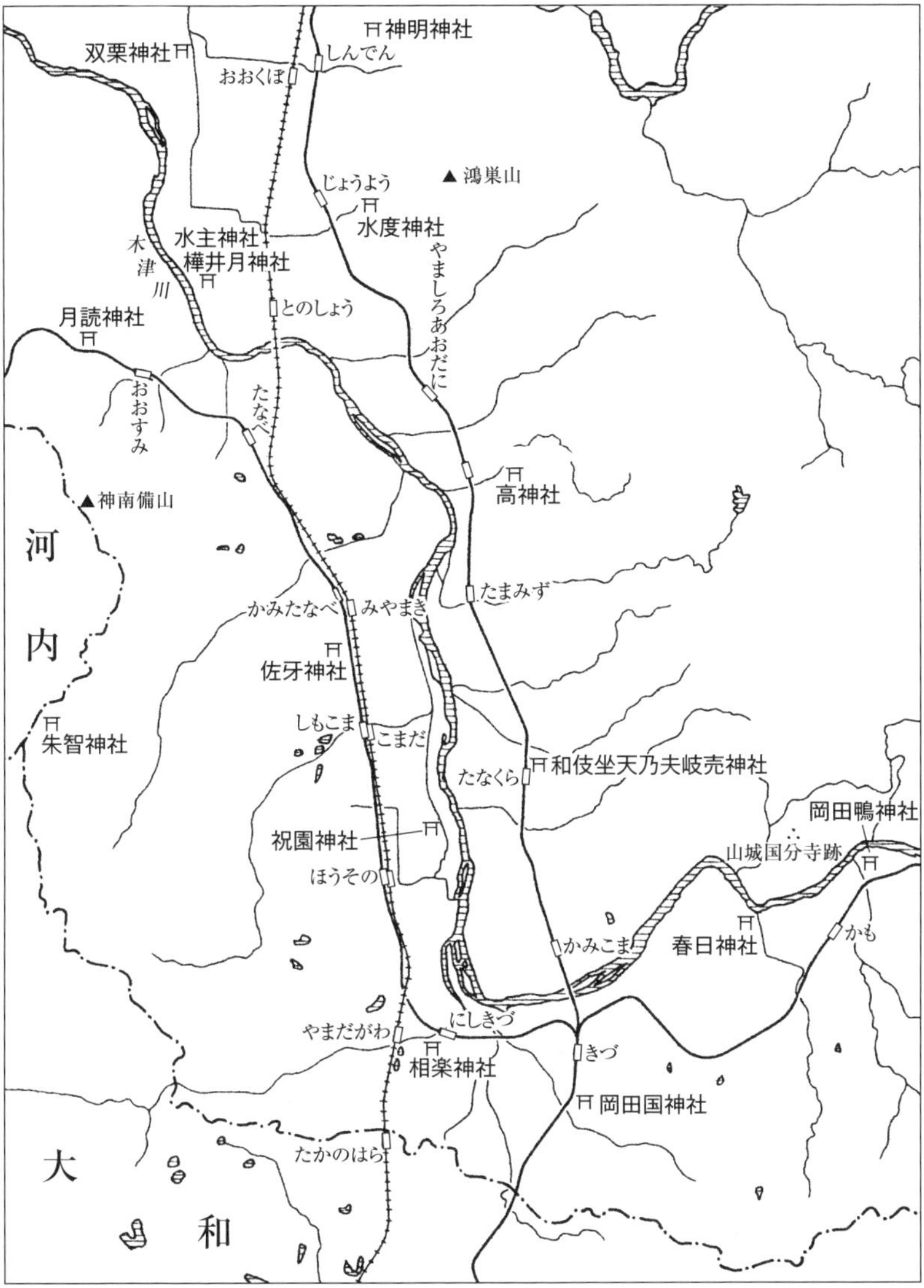
神明神社
双栗神社
しんでん
おおくぼ
鴻巣山
じょうよう
水度神社
水主神社
樺井月神社
木津川
やましろあおだに
とのしょう
月読神社
おおすみ
たなべ
神南備山
高神社
河内
たまみず
かみたなべ
みやまき
佐牙神社
しもこま
こまだ
朱智神社
たなくら
和伎坐天乃夫岐売神社
岡田鴨神社
祝園神社
山城国分寺跡
ほうその
かみこま
春日神社
かも
にしきづ
やまだがわ
きづ
相楽神社
岡田国神社
たかのはら
大和
山城月読神社と周辺図

たと考えられるらしい[10]。

そしてその九里半の若狭街道が、若狭姫の鎮座する下社、すなわち若狭姫神社の側を走っているのである。今は廃道となってしまったが、遠敷川を遡って朽木《くつき》へとぬける小浜街道ならば神宮寺や若狭彦神社、若狭姫神社のすぐ脇を通っている。日本海と琵琶湖を結ぶ水上交通の道の上に日向神話に登場する神々は鎮座していて、その背後には船の操縦に長けていた海人たちがいる。若狭の地に祀られている日向神話ゆかりの神々は、そのような水上交通による交易の担い手、海人の存在を物語っているのではなかろうか。

さらに興味深いことには、近江今津からその先、大和へと到る道の上にも点々と日向神話ゆかりの神々や海人たちの痕跡が残されている。山城国綴喜《つづき》郡の式内月読神社は月読神を祀る神社であり、大隅から強制移住させられた吾田隼人が奉祭することからその地は大住と名づけられたという[11]。その月読神社から夏至の太陽が昇る線上に位置する式内水度《みと》神社と式内水主《みぬし》神社はともに水をつかさどる神社であり、水度神社は高弥牟須比《たかみむすび》神と豊玉比売命を[12]、水主神社は日向神話の始祖火明命のこととされる天照御魂神をそれぞれ祭神としていて日向神話にゆかりがある[13]。潮の干満を知り月を読む海人たちがこれら三社に関わっていることは明らかであり、彼らが水をつかさどることは水主神社の「水主」という言葉に端的に示されているだろう。水主とは「水取」に等しく、清水を奉る主水司という伴造氏族名に由来するとも考えられていて[14]、その主水司の任にあたっていたのがこの水主神社と水度神社を祀る水主氏であった[15]。主水司の任には水主氏の他に賀茂氏が就いており、この水主神社周辺の地が賀茂別雷社領地であったということは[16]、賀茂氏と水主氏との関係の深さを示してもいる。

またこの水主神社に現在は合祀されている式内樺井月神社の「樺井」とは、『古事記』雄略天皇条でオケ・ヲケが逃れていく時に食事をした「山代苅羽井」であるとされている。この地で出会った老人が顔に入れ墨をして

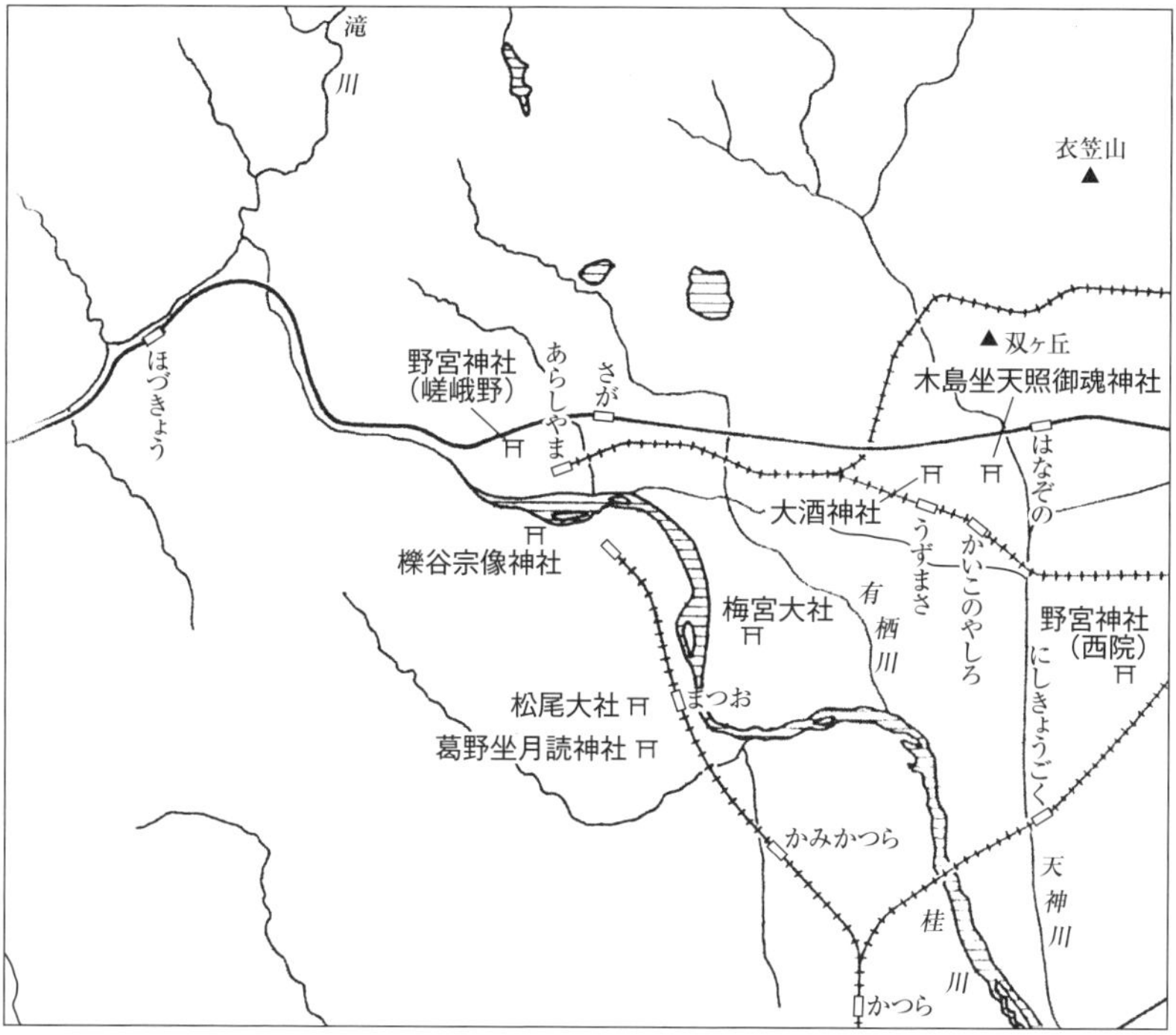

葛野月読神社と周辺図

いて隼人の風貌を思わせることを考え合わせると、山城の地を開拓した水主氏とは本来は海人であったと考えることもできる。おそらく、潮の干満を調節する「鹽盈珠《しほみつたま》・鹽乾珠《しほふるたま》」がやがて田の水の調整に用いられたように、海人たちの水をつかさどる能力が田を潤す技術として語られるようになったのだろう。水主氏が開拓に携わっていたことは、延喜臨時祭式の「祈雨神八十五座」の中に樺井月神社の名前があることにもうかがえる。稲作農耕が海外から伝えられたと考えられる民俗においては、最初の農耕地が海浜や河口の湿地帯であったことからもわかるように、海人の水の儀礼が農耕民の水の儀礼となって発展していくものらしい(17)。古代において海人の航海術は開墾技術に繋がっており、水をつかさどるという点において、海人族の移住と土地の開拓は無縁ではなかった。

つまり琵琶湖から大和へと南下していく道、宇治川を経由した木津川沿いに、日向神話に登場する神々を祭祀し水をつかさどる人々が移り住み、その地を開墾したと考えられるのである。そのような人々の移住の痕跡は、木津川周辺のみならず葛野の地にも見出すことができる。桂川を遡ったところに月読神を祀る式内葛野月読神社があり、その北東、桂川の支流の天神川沿いには天照御魂神を祭神とする式内木島坐天照御魂神社がある。この二社を地図に落としてみると桂川を挟んで対峙し、木島坐天照御魂神社は葛野月読神社からみて夏至の太陽が昇る線上にあることがわかる。この二社の、山城月読神社と水主神社に似た位置関係は単なる偶然なのだろうか。天照御魂を祭祀する式内社が他に大和と摂津に三社しかないことからすると、綴喜と葛野の間には河川を通じて交流があったと考えるべきだろう。桂川、宇治川、木津川が山崎で合流していることも思うと、それらの三つの河川間の往来は容易であったはずだ。

しかも『続日本紀』顕宗三年二月条によれば、葛野月読神社は人に憑いた神の言葉によってこの地へ勧請された経緯をもち、ここに壱岐の海人たちが進出してきたことを想定することもできる。日向の神々の源郷は、もしかしたら壱岐や対馬なのかもしれない。それは対馬海峡を勢力下におさめ北九州を本拠地とする阿曇氏が、韓半島情勢に詳しいことを理由に大和へ進出する際、水度神社周辺を拠点としたことからもいえるだろう[18]。北九州の海人と山城の関係は深い。いずれにせよ、日本海をテリトリーとした壱岐の海人や阿曇氏、そして強制移住とはいえ隼人をこの山城の地に見出すことができるのは、ここが河川交通によって発達したことを示している。

そしてそのように川沿いに移住してきたと考えられる海人たちは、何度も繰り返すように水をつかさどる人々であり、若狭、近江今津、大津を経て、宇治川、木津川をつたって行く道には、点々と海人たちが入植してきた跡を見出すことができるのである。その移住の道はすなわち水上交通の道であり、小浜神宮寺のお水送りで閼伽井の水がたどっていく道に他ならない。この神事の背後にはそのような水上交通があるだろう。「お水送り」の「水」の旅は小浜神宮寺と東大寺を結ぶ宗教的な道であると同時に、人々の移動した足跡を辿る道、モノや文化をもたらした水上交易の道でもあった。

三　敦賀と息長氏

それでは先に触れた日本海から琵琶湖へのもうひとつの道、敦賀からの道は、どのような道であったのだろうか。

武烈天皇即位前紀に、敦賀からの交易がうかがえる次のようなくだりがある。仁賢天皇の死後、平群臣真鳥と鮪が目にあまる振る舞いをし始めたので、皇太子は二人を討った。その時燃えさかる火の中で真鳥は塩を呪ったのだが、敦賀の塩だけ呪い忘れたために天皇の口に入るようになったという。

このくだりから、敦賀の塩がヤマトへ運ばれ、それを運ぶ交易の道が古くからあったことがわかるだろうか。敦賀が塩など贄を献上した御食国（ミケツクニ）であったことは、仲哀記で太子と気比大神が魚（ナ）と名を交換したくだりからも理解できる。若狭もまた魚やワカメなどの海産物を納めていた御食国であり[19]、塩を調として納めていたことが藤原京や平城京より出土した木簡に記されているという[20]。敦賀や若狭といった日本海に面した国からの道は、どうやら塩や海産物を運ぶ交易の道、御食国の貢進の道であったらしい。

ところで敦賀とはかつては角鹿と表記され、新羅から渡来したツヌガアラシトの「ツヌガ」から名づけられた地名である。その渡来した経緯は『日本書紀』垂仁天皇二年是歳条に詳しい。

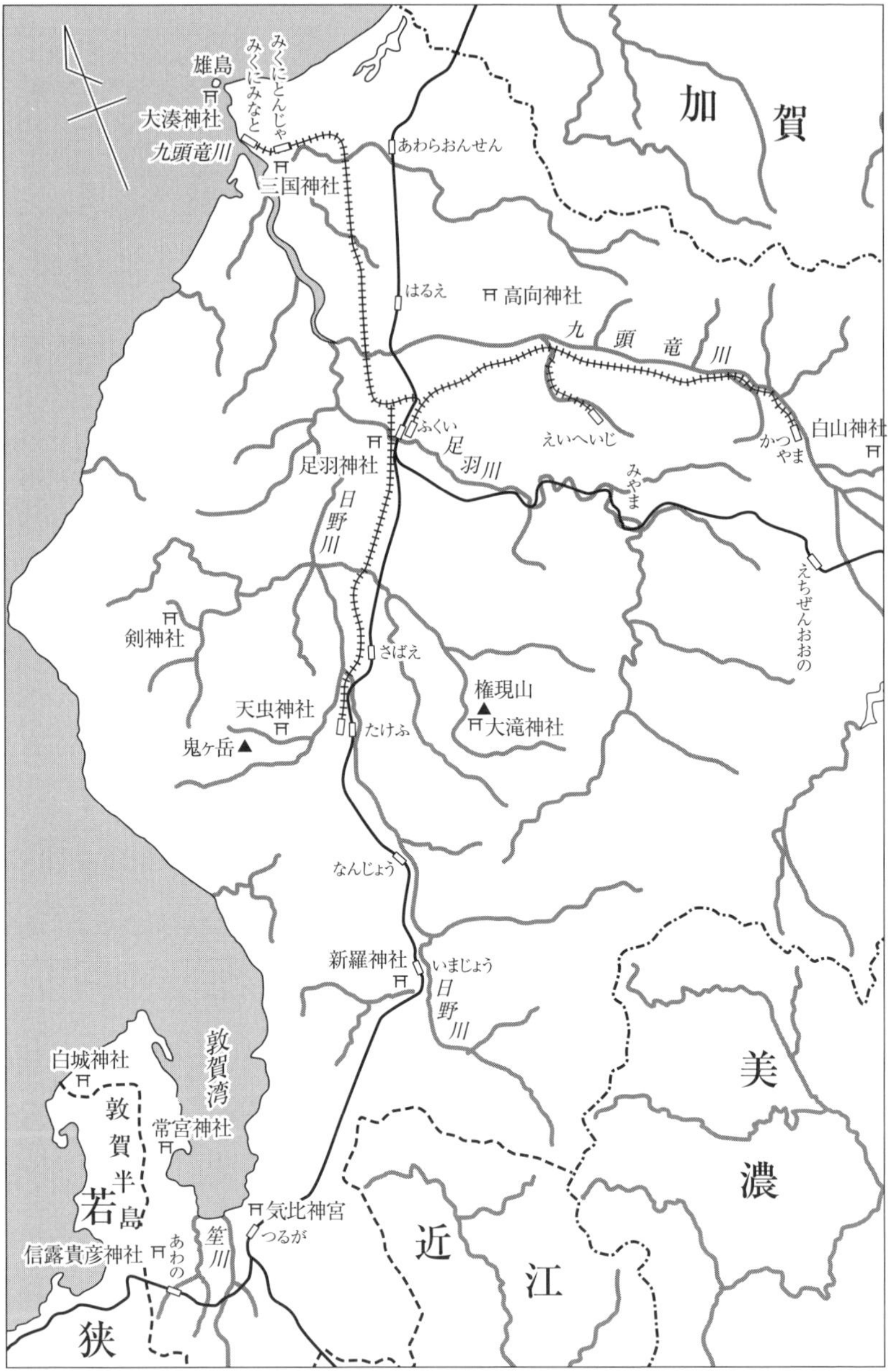
加賀
美濃
近江
若狭
雄島
大湊神社
九頭竜川
みくにとんじゃ
みくにみなと
三国神社
あわらおんせん
はるえ
高向神社
九頭竜川
ふくい
足羽川
えいへいじ
白山神社
かつやま
足羽神社
みやま
日野川
えちぜんおおの
剣神社
さばえ
権現山
天虫神社
大滝神社
鬼ヶ岳
たけふ
なんじょう
新羅神社
いまじょう
日野川
白城神社
敦賀湾
敦賀半島
常宮神社
気比神宮
つるが
笙川
あわの
信露貴彦神社

越前の式内社

昔、額に角がある人、すなわちツヌガアラシトは船に乗って現在の敦賀である越前国笥飯浦に漂着した。日本に崇神天皇という聖皇がいると聞き、韓半島南部にある加羅国から来朝したのであるが、崇神天皇が崩御していたため次の垂仁天皇に仕えることにした。三年仕えて故郷へ帰ることになった時、崇神天皇の名である御間城入彦五十瓊殖尊の「ミマキ」に因んで自国名を任那としたという。

おおよそ歴史的な事実を語っているとは思われないこの話の中で、ただ一つ、ツヌガアラシトなる神を祀っていた人々が新羅から敦賀に渡ってきたことは事実だろう。敦賀には新羅系の神社が多く残されているからである。新羅神社、白城神社、白木神社、白髭神社、信露貴彦神社などその表記は様々であるが、船が漂着したと思われる敦賀湾海岸部に沿ってそれらは鎮座している。

あるいは、神功皇后の新羅征伐の折、敦賀から出航したという記事が『日本書紀』仲哀天皇二年二月条に残されていることも、この地が新羅と深い関係にあることを物語っているだろう。

仲哀天皇と神功皇后は敦賀に行幸し、「笥飯の行宮」(気比神宮)を営んだ。その後天皇は熊襲征伐のため陸路山陽道を経て九州へ向かうが、神功皇后はしばらく気比神宮の奥宮である常宮神社にとどまり、二か月経ってから日本海を渡り山口県豊浦の宮で仲哀天皇と再会する。その後、神意に背いて熊襲征伐を行った仲哀天皇は亡くなり、神功皇后がその神の教えに従って三韓征伐を行ったという。

この伝承からわかることは、敦賀が新羅との往来の中心であり、その往来の中心に神功皇后がいるということである。新羅との交流は主に敦賀を通して行われていたらしく、その敦賀と近江を結ぶ街道の近江側の口、すなわち琵琶湖東岸を本拠地としていたのは、神功皇后の出身氏族とされる息長氏であった。その地にある息長古墳から出土した金銅製装身具や馬具が韓半島との交流を明示していること[21]、息長氏が渡来系氏族と深い関わりをもっていることからすると、この道での主な交易の担い手は新羅系を中心とした渡来人であったろう。そして彼らを管理統括していたのが息長氏ではなかったか。神功皇后の母が新羅国王の子アメノヒボコの末裔である葛城高額媛とすると伝えられていることも、息長氏と新羅の関係を物語っている。さらに想像をたくましくすると、もしかしたら敦賀から塩津へ抜け琵琶湖東岸を通っていく道は、渡来人によって開拓されたのかもしれない。

というと、息長氏がこの道を拓き管理していたように聞こえるかもしれないが、息長氏ははじめ琵琶湖北部の勢力に従属していたと考えられ[22]、六世紀になって畿内勢力との関係を深めながら琵琶湖東岸の支配権を握り、神功皇后伝承が形作られるようになったのだと思われる。木津川沿いの綴喜郡には、神功皇后の祖父である迦爾米《かにめ》雷《いかづち》王を祭神とする式内朱智神社があり、その背後の山は息長山と称されている[23]。その地には仁徳天皇以来の筒城宮があったとされ、その宮に継体天皇は奈良に入ることができず長くとどまったと伝えられている。竹の産地であるとはいえ、ここで採れる竹が「お水送り」に用いられていることも、川をつたって琵琶湖、日本海へと到る道を思わせるだろうか。どうやら息長氏ゆかりの地は、日本海から琵琶湖東岸を経て木津川沿いに広がっているようだ。

一方の琵琶湖西岸を通る若狭街道は、先に述べたように日向神話を奉祭する海人族によって発達し、その滋賀郡小野を本拠地とする小野氏やその同族である和邇氏によって管理されていたと考えられている。若狭姫神社の前の通りには「和邇」という地名が小字として残っており[24]、和邇氏が若狭街道を勢力下においていたことを裏付けている。和邇氏の本拠地は天理市櫟本《いちのもと》町和邇であり、同族の本拠地も奈良盆地東部から南山城に集中しているのだが[25]、「ワニ」とは「サヒ」で鉄のことだとする説もあるように[26]、和邇氏は比叡山の製鉄を担っていたらしい。和邇氏と同族の角山君が高島の地において山林の管理と鉄生産に携わっていたことからも、和邇氏が琵琶湖西岸の鉄生産に関わっていたことがうかがえるという。[27]

そしてその和邇氏の「ワニ」とは鮫のことであれば、鮫をトーテムにもつ和邇氏が航海術にたけていたことは想像に難くない。和邇氏はその名が示すがごとく、製鉄に携わりながら、その優れた航海術を生かして鉄の運搬を行うような交易を担っていたのではなかろうか。式内和邇神社が若狭や越前、加賀にも存在するのは、彼らが琵琶湖西岸を中心として交易を展開していったからだろう。

さらに息長氏同様に和邇氏ゆかりの地を南山城にまで見出せることは、南下して大和にいたるまでの水路を彼らが掌握していたことを示している。山城椿井大塚山古墳は和邇氏に関係がある墳墓で、大津と木津川を和邇氏が管理していたと考えられるという。[28]椿井古墳は三世紀末の古墳であれば、果たしてこれが和邇氏と関係があるとしてよいか疑問視する声もあるが、副葬品の中に鉄銛十数本、鉄ヤス数本、鉄製釣針一本が含まれていることから、被葬者は船と津の管理をしていたと考えられ、それが和邇氏であるどうかは別として、被葬者が木津川の水上交通を管理していたことは確かである。

ともあれ越前、若狭、琵琶湖西岸、南山城と、点ではなく線として和邇氏の足跡を見出せるということは、その線に沿って彼らが移動してきたからであり、和邇氏が琵琶湖西岸から大和にかけての交易の担い手であった何よりの証拠である。

このように、日本海から琵琶湖を経て河川沿いに大和へと繋がっていく道は、琵琶湖東岸は主に息長氏に、琵琶湖西岸は主に和邇氏によって管理統括され、交易がなされていたと考えられるのである。

四　入水する皇子

ここまで古代における日本海からの交易の道について考えてきたのだが、古代日本文学の中にもそのような交易の道を見出すことができる。仲哀記の次のようなくだりにも、交易の道は描かれている。

神功皇后は新羅征伐より帰還する時、人々の心が疑わしいとして、太子はすでに亡くなったと偽り、喪船に乗って帰ってきた。香坂王と忍熊王はそれを聞き、太子を待ち伏せて殺そうとしたものの、勝敗を占った誓約狩で香坂王は怒った猪に殺された。忍熊王はそれを見ても畏れをなさず、難波の吉師部の祖伊佐比《いさひ》宿祢を将軍として、丸邇臣の祖難波根子建振熊《たけふるくま》命を将軍とした太子軍と闘い、敗れて逃走する。

故、追い退けて山代に到りし時、還り立ちて、各退かずて相戦ひき。ここに建振熊命、権りて云はしめけらく、「息長帯日売命は既に崩りましぬ。故、更に戦ふべきこと無し。」といはしめて、すなはち弓絃を絶ちて、欺陽りて帰服ひぬ。ここにその将軍、既に詐を信けて、弓を弭し兵を蔵めき。ここに頂髪の中より、設けし弦を採り出して、更に張りて追ひ撃ちき。故、逢坂に逃げ退きて、対ひ立ちてまた戦ひき。ここに追ひ迫めて沙沙那美に敗り、悉にその軍を斬りき。ここにその忍熊王と伊佐比宿祢と、共に追ひ迫めらえて、船に乗りて海に浮かびて歌ひけらく、

いざ吾君　振熊が　痛手負はずは　鳰鳥の　淡海の湖に　潜きせなわ

とうたひて、すなはち海に入りて共に死にき。

故、建内宿祢命、その太子を率て、禊せむとして、淡海また若狭国を経歴し時、高志の前の角鹿に假宮を

造りて坐さしめき。
（『古事記』中巻・仲哀天皇）

謀反を起こした忍熊王は難波から山代（山城）へ逃れ、逢坂を越えて琵琶湖に到り、最後は入水して自らの命を絶つ。その後を引き継ぐかのようにして太子であった応神天皇は、近江、若狭を経て「高志の角鹿」（敦賀）に向かい、その地で戦略とはいえ喪舟に乗った穢れを祓ったという。

ここで不思議に思うことは、死の穢れを祓うためといいながら、なぜ応神天皇はわざわざ敦賀に向かうのか、ということである。

その理由は今まで定かではなかったが、応神天皇が息長足比売を母にもつことを思えば、敦賀に向かった謎は氷解する。日本海からの交易を担っていた息長氏にとって、敦賀はその交易の拠点となる重要な港であった。しかも敦賀はかつて新羅から渡来してきた人々が一番初めに上陸した地に違いなく、彼らにとってそこはまさに聖地であったと想像する。息長氏自身が渡来人であったかどうかそれは疑わしいけれど、彼らの中にも敦賀を聖地とするような考えがあって、太子応神の敦賀への旅は聖地へと向かう旅、ルーツを辿る旅ではなかったか。それは時間を逆走して遡る旅でもあり、聖地で禊をすることによって太子は応神天皇という王になったのである。

つまりこの伝承の背後に脈々と流れている「船・入水・禊」の「水」は、難波から山城、近江を経て敦賀へと到る道を示すとともに、王としての再生も可能にしているのだろう。この伝承の背後には「水」によって喚起された自らのルーツがあり、その「水」が再生の機能をもつことから物語を王の再生譚へと導いていく。「水」が示す誕生の記憶は一筋の道として再現され、王となって帰還する神話が紡ぎだされる。応神天皇が辿った一筋の道は、難波から琵琶湖を経て敦賀へと向かう交易の道でもある。敦賀が日本海交易の起点であり、神功皇后や応神天皇にとって大変重要な土地であったというだけでは理解できない神話的な再生機能が「水」にはあり、この近江から敦賀へと続く道には世界を活性化する力が秘められている。世界を活性化する力があるからこそ、その後その道は交易の道として発展していくのかもしれない。この近江と敦賀を結ぶ道には再生の機能があり、世界を活性化していく力があるものとして神話の中で語られているのである。

そしてそのような道の再生の機能は、琵琶湖で入水したはずの忍熊王が、実は逃れて若狭から敦賀へと到ったという幻想を生むことにもなる。忍熊王の従者倉見別の所領であるとされる若狭の式内闇見神社や越前の式内剣神社には、そのような伝承がまことしやかに伝えられていた(29)。

五　敦賀の蟹

では次に示す応神記には、どのような世界が広がっているのだろうか。

応神天皇は近つ淡海国に行幸する時宇治を通りかかり、木幡村で美しいヲトメ矢河枝比売と出逢う。矢河枝比売は求婚を受け入れて天皇と結ばれることになり、天皇は酒杯を手にとって歌をうたった。その歌に曰はく、

この蟹や　何処の蟹　百伝ふ　角鹿の蟹　横去らふ　何処に到る　伊知遅島　美島に著き　鳰鳥の　潜き
息づき　しなだゆふ　佐佐那美路を　すくすくと　我が行ませばや　木幡の道に　遇はしし嬢子　後姿は
小楯ろかも　歯並みは　椎菱如す　櫟井の　丸邇坂の土を　初土は　膚赤らけみ　底土は　丹黒き故　三
つ栗の　その中つ土を　かぶつく　真火には当てず　眉画き　濃に画き垂れ　遇はしし女人　かもがと
我が見し子ら　かくもがと　我が見し子に　うたたけだに　対ひ居るかも　い添ひ居るかも

（『古事記』中巻・応神天皇）

この歌の中に角鹿（敦賀）の蟹が登場し、はるばると敦賀から志賀を通り、宇治の木幡に来てそこでヲトメと出逢ったとうたわれる。

西郷信綱が指摘するように、まずこの歌があって散文が語られるようになったのだろう。とすれば、丸邇の比《ひ》布礼能意富美《ふれのおほみ》（丸邇は和邇に同じ）の娘矢河枝比売がここに登場するのも、埴土から連想された丸邇坂という地名によるのであって、木幡に和邇氏が多く住んでいた証にはならないのかもしれない(30)。

しかし、矢河枝比売が丸邇の比布礼能意富美の娘であることは、この歌の「丸邇坂」から発想されたものではあるまい。ここで和邇氏の娘が登場するのは、やはり宇治木幡が和邇氏と関係の深い土地であったからではないか。敦賀から志賀を経て宇治に到る道が蟹によって縷々と語られるのは、この歌の背景にその道を掌握していた和邇氏がいるからだろう。先に挙げた仲哀記で忍熊王の軍を山城で破った建振熊が和邇氏の祖であることも、和邇氏が山城の河川を掌握していたことを示している。その時反乱軍を助けた将軍が難波の氏族であったことからすると、勝利した和邇氏がその後難波から琵琶湖までの河川交通も掌中におさめたことは想像に難くない。その和邇氏の娘との婚姻は、和邇氏が掌握していた交易の道を勢力下におさめることでもあったのである。

そして宇治とは、琵琶湖から流れ出た瀬田川が宇治川となってくだり落ちる場所であれば水上交通の要であり、同時に境界をなす場所でもある。『日本書紀』孝徳天皇大化二年正月条に「北は近江の狭狭波の合坂山より以来を、畿内国とす」とある中の「合坂山」は陸路を利用する際の畿内と畿外の境であって、瀬田川から宇治川を利用する水路の場合畿内とよべるのは宇治以南ではなかったか。

例えば『日本霊異記』中巻第二十四縁にも、宇治はあの世の使いと出会う場所として描かれている。その説話には、大安寺の使いとして敦賀に商売をしに行った楢磐嶋が、その帰り、琵琶湖志賀の唐崎に船がさしかかった時に追いかけてくる三人の者に気づき、宇治橋で追いつかれたとある。この時楢磐嶋が船を利用していたことからすると、敦賀から志賀、そして宇治へと繋がる水路が交易に利用されていたことがわかるだろうか。しかしそれ以上に注目したいのは、宇治橋で三人の追跡者すなわち閻魔大王に命じられて楢磐嶋を迎えにきた鬼と出会うことである。唐崎を過ぎたところですでに三人に気づいているにも関わらず、なぜ宇治橋で追いつかれなければならなかったのか。それは宇治橋があの世とこの世の接点であり境界であったからに違いあるまい。

さらに境界としての宇治は、その後、嫉妬に狂った女が宇治川に浸り鬼になったという、橋姫伝承の舞台となることも付け加えよう。その伝承の背後には、流れの早い川の荒ぶる神を鎮魂するための儀礼、いわゆる人柱のような供犠の儀礼があったと思われるのだが、橋姫伝承が様々なバリエーションを生んでいくのは、やはり宇治が境界であったことと深く関係しているのだろう。

そのような境界の機能をもつ宇治であるからこそ、同じく境界であることを示す衢で応神天皇はヲトメと出逢うのである。しかもそのヲトメは交易を行う和邇氏の娘であった。交易とはモノの交換であれば本来境界でなされるものであり、こちら側のモノをあちら側に運ぶ担い手には、その境界を越えて行く力がなければならない。交易の担い手とはやすやすと境界を越えていく両義的な存在で、そのような交易のもつ両義的な意味がこのヲトメにも投影されている。両義的な意味をもつヲトメと境界の宇治で出逢う、そのような構造がこの伝承のうちにはあり、それを可能にしているのは日本海とヤマトを結ぶ交易の道であった。この妻問いの背後に交易というものがあって、それが示す神話的な空間がこの伝承の背後にも広がっているのである。

六　蚕と秦氏

どうやら交易の道には、移住してきた痕跡やモノ、人の流れを示すのみではなく、神話的な意味や機能もあるらしい。そのような意味をもつ交易の道は、仁徳記にも描かれている。
磐姫皇后は豊楽をしようとして、御綱柏を紀国に取りに行った。するとその間に仁徳天皇は八田若郎女を宮に招きいれてしまい、それを知った磐姫皇后は大変恨み怒り、取ってきた御綱柏を海に投げ入れ、宮には帰らずに川を遡って山城に到った。その時磐姫皇后は

つぎねふや　山代河を　河上り　我が上れば　河の辺に　生ひ立てる　鳥草樹を　鳥草樹の木　其が下に
生ひ立てる　葉広　五百箇真椿　其が花の　照り坐し　其が葉の　広り坐すは　大君ろかも（五八）

つぎねふや　山代河を　宮上り　我が上れば　あをによし　奈良を過ぎ　小楯　倭を過ぎ　我が見が欲し
国は　葛城高宮　吾家のあたり（五九）

とうたい、筒木の韓人、奴理能美《ぬりのみ》の家に入ってしまった。すると天皇は舎人、名は鳥山を遣わして磐姫皇后に歌を贈った。

山代に　い及け鳥山　い及けい及け　吾が愛妻に　い及き遇はむかも（六〇）

さらに口子臣を使いとして、次のような歌も贈った。

御諸の　その高城なる　大猪子が原　大猪子が　腹にある　肝向ふ　心をだにか　相思はずあらむ（六一）

つぎねふ　山代女の　木鍬持ち　打ちし大根　根白の　白腕　枕かずけばこそ　知らずとも言はめ（六二）

また、口子臣とその妹口比賣、奴理能美は三人で議って、磐姫皇后は三度姿をかえる虫、蚕を見に来たと仁徳天皇に告げた。すると仁徳天皇もその虫をみたいものだといって奴理能美の家の殿戸立った。

つぎねふ　山代女の　木鍬持ち　打ちし大根　さわさわに　汝がいへこそ　打ち渡す　やがはえなす　来入り参来れ（六四）

（『古事記』下巻・仁徳天皇）

とうたい、二人は和解したという。

ここでうたわれる歌が嫉妬のあまり宮中に帰らなかった磐姫皇后の心情にそぐわないことは、一読して明らかである。天皇の御世が末永く続くことを願った磐姫皇后の歌に続くのは、愛しい妻を思う仁徳天皇の歌である。歌には嫉妬深い皇后の面影はなく、むしろ互いに相手を想う気持ちがうたわれていて、夫婦の愛情深さが感じられる。これらの歌のやりとりに描かれているのは山城の自然やそこに暮らす農婦の姿であり、それはすなわち山城の風土である。この一連の歌と散文の内容が一致しないのは、すでに指摘されているように、本来は豊楽でうたわれたと思われる歌や皇后に向けてうたわれたと考えられる歌が物語に転用されているからだろう[31]。

それにしてもなぜここに山城が登場するのだろうか。宮を留守にした間に八田若郎女を入内した夫への怒りと失望は、「山代河」すなわち木津川を上ることとどのような関わりがあるのだろう。

おそらくその理由は、琵琶湖へと繋がる水上の道にある。それは一体どのような道であったのか。それを知るために、ここで『山城国風土記』逸文に伝わる賀茂伝承の冒頭部について考えなければなるまい。

山城の国の風土記に曰はく、可茂の社。可茂と称ふは、日向の曾の峯に天降りまし し神、賀茂建角身命、神倭石余比古の御前に立ちまして、大倭の葛城山の峯に宿りまし、彼より漸に遷りて、山代の国の岡田の賀茂に至りたまひ、山代河の随に下りまして、葛野河と賀茂河との会ふ所に至りまし、賀茂川を見迥かして、言りたまひしく、「狭小くあれども、石川の清川なり」とのりたまひき。仍りて、名づけて石川の瀬見の小川と曰ふ。彼の川より上りまして、久我の国の北の山基に定まりましき。爾の時より、名づけて賀茂と曰ふ。

（『山城国風土記』逸文）

はじめ日向の峰に降った建角身命《たけつのみ》はやがて葛城山の峰に宿り、その後山城の岡田賀茂に遷ってから川を下り葛野の加茂に鎮座し、さらに鴨川を遡って今の賀茂神社の地に定まったと語られる。この「山代河の随に下りまして」というのは、まさにこの神が河川を伝って移動していることを物語っている。勿論葛城鴨氏と山城鴨氏は、一方は国津神、一方は天津神であることから考えて本来無関係だろう。[32] 山城賀茂氏が始祖伝承を形成していくうえで、名族である葛城鴨君との関係を取り入れたのかもしれない。[33]

それに反して、摂津から三輪へと移り住んできた鴨一族は、その一部が葛城に移り住んで葛城鴨となり、また他の一部が藤原京造営に伴い山城岡田鴨の地に移住して山城鴨となったのであれば、本来同族であったとする説もある。[34] 鴨君すなわち賀茂朝臣は、河内、三輪、葛城と居住地を移す度に、その奉祭神を変えていったのだという。[35]

しかし、神を習合していくことはあっても、奉祭する神を捨てさることは果たしてあり得るのだろうか。彼らが同族であったと考えるよりは、異なる氏族が擬制的な血縁関係を結びつつ組み込まれて同族と称するようになったのだと考える方が良いのではないか。本来血縁関係にない氏族が同族であると語り継いでいく背景には、河川を用いた交易の、ギルドともいうべき連携があったに違いない。利害の一致から結ばれた交易連携が擬制的な血縁関係へと発展していって、いよいよ最後は同族として語られるようになったのだと想像する。利害の一致を求めた結果彼らは協力することになり、河川を利用した広範囲に及ぶ交易を行うようになったのではなかろうか。かつて移動してきた海人たちが担っていた交易は、その土地の有力者と結び付きながら発達して擬制的な血縁関係を築き、それがこの賀茂伝承冒頭の記述の中では神の移動として語られているのだろう。

ここで一つ付け加えておきたいことがある。この伝承で賀茂氏が祀っている雷神とは田を潤し雨を降らせる水神であり、鴨川上流を本拠地とする賀茂氏はそのあたりに水を分配する「水分り」で、宮廷に水と氷を調達する主水司であった(36)。その水をつかさどる力は、賀茂氏が河川沿いに移動してきたことから考えれば、船を操る技術にも通じているのだろう。一見農耕神のように見える雷神がここで象徴しているのは、その神が川沿いに移動していくことに示されているような、河川交通をつかさどる航海術でもあった。

話を本題に戻そう。木津川から鴨川にかけての水上交通や交易を円滑に行うために、擬制的な血縁関係が結ばれたのではないかと想定したのだが、その擬制的な血縁関係が磐姫皇后の山城への逃避行にも描かれている。難波にいた磐姫皇后が都に帰らずに逃れていくとしたら、淀川を遡って山城に到る水上の道を選ぶだろう。ましてやそれは出身氏族である葛城鴨氏が山城鴨氏と連携して管理していた水路である。山城は擬制的な血縁関係を結んだ「カモ」一族がその活動の中心を置いた交通の要衝であり、いわば彼らの庭でありテリトリーであった。そうであるから磐姫皇后は嫉妬に傷ついた心を癒すために、「カモ」一族に守られるようにして山城に来たのだろう。山城に来てはじめて磐姫皇后は、生まれ故郷の葛城を遥かに望み、懐かしく思うことができたのである。

また山城での仁徳天皇との再会は、応神記の矢河枝比売求婚の再現でもあろう。その典型的な妻問いをなぞることで、仁徳天皇と磐姫皇后の婚姻は再生されていく。山城の風土が詠みこまれた二人の歌のやりとりは山城における相聞であり、山城でなければ彼らの夫婦としての再会はあり得なかったのではないか。奴理能美の家で見た蚕は磐姫皇后の再生のみではなく、夫婦としての再生をも象徴しているように思われてならない。ここに丸邇臣口子が登場することも山城に和邇氏が多く住んでいたことの証であり、それもまた応神記の矢河枝姫への妻問いに通じていくものがある。

さらにその蚕が示すのは、それが伝来してきた道でもあったと考える。奴理能美は応神朝に百済から渡来し、仁徳記のこの功により綴喜郡筒木宮付近の土地を与えられ、養蚕に従事したという。その子孫は顕宗朝に絹を献上したことから調首の姓を賜っており、(37)山城の地で養蚕が行われていたことがわかる。

山城と養蚕の関係は、綺原に鎮座する式内綺原《かんばら》神社にもうかがえる。綺原神社の綺とは「旗」のことであり、神に献ずる衣を織る技術者集団にして養蚕技術者である綺氏《かば》が綺原座健伊那太比売命を祀ったものらしい。(38)「綺原」は「紙織《かわはた》」「神織《かむはた》」「綺田《かんだ》」「樺田《かばた》」「樺井」とも表記され、その神社と山背古道を挟んで隣接している蟹満寺は太秦広隆寺の支院であり、(39)秦氏の一族である秦和賀によって建立されたという。(40)この「カニハタ」という名前は加無波多（加波多）郷にあったからともいわれているが、それが「樺田」「樺井」とも表記されていたのであれば、秦氏の始祖ともされる綺氏(41)の住む地が樺井でもあったことになり、綴喜郡の樺井月神社との関係も想起されて興味深い。

このように養蚕に携わった秦氏の足跡を木津にも見出せるとなると、河川にそって発達した交易の道がほの見えてくる。先にも触れた蚕の神社として有名な木島坐天照御魂神社は桂川を遡ったところにあり、その神社を祭祀する秦氏の氏寺である広隆寺は、そのすぐ隣にある。ここでも綺原神社と蟹満寺の位置関係と同じように神社と寺が隣接していて、しかもその二社・二寺は秦氏ゆかりのものである。おそらく秦氏を通じて山城と太秦の間には交流があったのだろう。秦氏が新羅からの渡来人とすれば、新羅から太秦、山城へと到る秦氏一族の交易の道があったことにもなる。

勿論そのような蚕伝来やそれに携わった秦氏一族の足跡を、今ここで取り上げた『古事記』の伝承から直接辿ることはできない。ここに登場するのはあくまでも百済からの渡来人奴理能美であって、秦氏ではない。しかし、宮廷神まつりの火の奉仕に鴨県主と秦氏の童が加わっていることや、両氏が婚姻関係にある伝説が伝わっていることなどからすると、賀茂氏と秦氏の結びつきは強いといえる。(42) 賀茂氏との結びつきから秦氏を連想してもよいのなら、この伝承の背後に養蚕に携わった人々の交易の道も暗示されているように思われるのである。(43)

むすび

小浜神宮寺「お水送り」の「水」の旅を追いかけて、日本海から琵琶湖、山城を経て奈良へと到る水上交通の道を辿ってきた。その結果見えてきたのは、背後にある交易の世界である。はじめその道は、人々が河川に沿って移住してきた痕跡であった。その移住を示すものでしかなかった道は、やがて人やモノの往来する道となり、仏教や技術、伝承をも伝えていく道となっていった。伝承を伝えていく過程の中で、道は神話的な機能をもつようにもなる。それはルーツを示すとともに、今なお新しい技術や宗教、文化が伝わってきていることを示してもいた。

ここでは日本海からの交易の道とかつて日本海から河川沿いに移住してきた人々の痕跡を重ね合わせたが、必ずしも日本海から人々が入ってきたことを主張するものではないことを最後に付け加えておきたい。難波から淀川を伝って入ってきたとしても、木津川から琵琶湖へと向かって人々が移動していったとしても構わない。「日本海から」のといった時の「から」は、決してそのような人々の流れの方向を示しているのではない。日本海とヤマトを結ぶ交易の道が人々の移住や交流の上に築かれていることを指摘したい、ただそれだけである。自発的に生じた人やモノの流れは一方通行ではなく、そのような相互交流をここでは広く交易の道と呼び、そのような広義の「交易」を育む風土を「交易風土」と捉えてみたいのである。交易を生む土壌、交易を促す背景、交易をめぐる政治的な思惑、それらすべてを含んでそう名づけてみたいと思う。

この章で取り上げた『古事記』の伝承にも、交易を生んだ風土や交易のもつ境界的な性質が背景として描かれていた。河川沿いに展開された交易について注目したならば、小浜や敦賀、宇治、山城という風土が神話の中でどのような機能をもたされていたのか理解できるだろう。王権神話を語る『古事記』の中にも、王権神話に取り込まれる前の素朴な神話の残滓を見出すことができ、そのような神話を生んだ風土やそこに営まれていた人々の生活、交易の様相を知ることができると考えている。

また「交易」とはモノや人、文化の交流でもあり、伝承そのものが交易の対象となることもある。そのような「交易」の視点を導入すれば、今までにない新しい解釈も生まれ、さらに広がりをもつ神話世界へと私たちは誘われていくのではなかろうか。

注

（1）神宮寺由緒書による。
（2）伴信友『神社私考』（伴信友全集第二、一九〇七年）「若狭国官社私考上」の『東大寺要録』第四巻からの引用による。
（3）伴信友『神社私考』（伴信友全集第二、一九〇七年）「若狭国官社私考上」の神社縁起からの引用による。
（4）『日本の神々』8北陸、白水社、二〇〇〇年。
（5）あくまでも日向神話に登場する神々を奉祭する人々であって、南九州の日向から移住してきたとまでは断定しない。後述するように、むしろそれらの神々を奉祭していた人々の故郷は、日本海を中心とした地域であると考えている。

（6）門脇禎二『日本海域の古代史』、東京大学出版、一九八六年。

（7）『福井県史』通史編Ⅰ、一九九三年。

（8）（7）によると、駅馬制があることから官道と推測されるという。

（9）近江朝の防衛のために愛発関・伊勢鈴鹿・美濃不破の三関はおかれた。また（6）によれば、関は通常日の出から日の入りまで開かれ、天皇の死没、政争、戦乱など緊急事態が発生すると固関して通行不可能となったという。

（10）門井直哉「敦賀周辺の古代道路と地域認識」（鈴木靖民・荒井秀規編『古代東アジアの道路と交通』）、勉誠出版、二〇一一年。

（11）志賀剛（『式内社の研究』第三巻、雄山閣、一九七七年）によると、天平六年の戸籍から大隅隼人が移住したことがわかるという。また森浩一によれば、この地での横穴の出現から算出すると、その移住時期は六世紀後半と推定できるらしい（森浩一「近畿地方の隼人―とくに考古学の視点から―」（大林太良編『日本古代文化の研究　隼人』、社会思想社、一九七五年）。

（12）『延喜式』に「水度神社三座鍬靫」、『山城国風土記』逸文に「天照高弥牟須比命和多都弥豊玉比売命」とあって、その記述に違いがあるけれど、おそらく「三座」の「三」自身がすでに「高照」と「高弥牟須比命」を分けて解釈した結果であり、「天照高弥牟須比命」「和多都弥豊玉比売命」の二神が祭神だとする説に従う（『日本の神々』5山城・近江、白水社、二〇〇〇年）。

（13）水主神社由緒書による。また、『日本書紀』一書第八には「天照国照火明命、是尾張連が祖なり」とあり、『新撰姓氏録』には「水主直。火明命之後也」とある。

（14）佐伯有清「ヤタガラス傳説と鴨氏」（『新撰姓氏録の研究』研究篇）、吉川弘文館、一九六三年。

（15）『日本の神々』5山城・近江、白水社、二〇〇〇年。

（16）『式内社調査報告』第一巻（皇學館大學出版、一九七九年）によると、水主神社は水主氏の氏神であり、水度神社は水主氏によって創建された神社であるという。

（17）三品彰英「神武伝説の形成」（『日本神話論』三品彰英論文集第一巻）、平凡社、一九七〇年。

（18）後藤四郎「大化前後における阿曇氏の活動」（『日本歴史』二二六号）、吉川弘文館、一九六七年三月。

（19）（10）および、狩野久『日本古代の国家と都城』、東京大学出版会、一九九〇年。また、若狭における製塩遺跡調査報告書である『若狭大飯』（同志社大学文学部、一九六六年）によると、製塩遺跡は若狭海岸一帯に濃密に分布していて隣接する越前敦賀や奥丹後には稀であることから、「敦賀の塩」とは若狭産の塩を敦賀経由で運んだものではないかという。その仮説が正しいのなら、敦賀と近江を結ぶ道が調を都に運んだ官道と考えられる。
(20) 狩野久「若狭木簡の魅力」(『福井県史しおり』通史編1原始・古代)、一九九三年。
(21) 大橋信弥『日本古代国家の成立と息長氏』、吉川弘文館、一九八四年。
(22) (21)に同じ。
(23) (15)に同じ。
(24) (4)に同じ。
(25) 岸俊男「ワニ氏に関する基礎的考察」(『日本古代政治史研究』)、塙書房、一九六六年。
(26) 丸山竜平「近江製鉄試論―記紀からみた和邇・鉄・王権―」(『日本製鉄史論集』)、たたら研究会、一九八三年。
(27) 大橋信弥「近江における和邇氏の勢力―小野臣・都怒山君・近淡海国造―」(『古代を考える・近江』)、吉川弘文館、一九九二年。
(28) 水野正好「後期群集墳と渡来系氏族」(『古代を考える・近江』)、吉川弘文館、一九九二年。
(29) (4)に同じ。
(30) 西郷信綱『古事記注釈』巻四、平凡社、一九八九年。
(31) (30)に同じ。
(32) 西宮一民「神名の釈義」(新潮日本古典集成『古事記』)、新潮社、一九七九年。
(33) 『風土記逸文注釈』、翰林書房、二〇〇一年。
(34) 金井清一「葛城・岡田・葛野のカモについて」(『神田秀夫先生喜寿記念　古事記・日本書紀論集』)、続群書類聚研究会、一九八九年。また、神田秀夫「鴨と高鴨と岡田の鴨―山城国風土記佚文考―」(『国語と国文学』四三-四有精堂、一九六六年四月)や、肥後和男「賀茂傳説考」(『日本神話研究』河出書房、一九三八年)も、カモ氏はすべて同族としている。
(35) 金井清一「山城国風土記逸文の賀茂伝説について」(『上代文学』第七九号)、一九九七年十一月。
(36) 井上光貞「カモ県主の研究」(『日本古代国家の研究』)、岩波書店、一九六五年。
(37) 坂本太郎・平野邦雄監修『日本古代氏族人名辞典』、吉川弘文館、一九九〇年。

(38)『式内社調査報告』第一巻、皇學館大學出版、一九七九年。
(39)志賀剛『式内社の研究』第三巻、雄山閣、一九七七年。
(40)蟹満寺由緒書による。
(41)(39)に同じ。またカリハタは、山代刈羽田刀弁という妃の名として垂仁記にも登場する。
(42)上田正昭『日本神話』、岩波新書、一九七〇年。
(43)井村哲夫は、『万葉集』巻十三・三三一四~七の四首をとりあげて、当時山背国には養蚕・機織や鍛冶・鋳冶・鋳銅の技術があり、「蜻蛉領巾」と「まそ鏡」を代価として「馬」を買おうとする主人公夫婦の相談にはそのような「交易の道」としての山背路があったと述べている(井村哲夫『つぎねふ山背道』の歌—ある夫婦情愛問答歌の素材とその背景—」(『万葉』第一三二号)、万葉学会、一九八九年七月)。

第二章　角鹿の塩 ―古代日本海交易の様相―

はじめに

『日本書紀』武烈天皇即位前紀に、角鹿の塩にまつわる伝承が残されている。真鳥大臣は大伴金村に攻められ、難の逃れが難いことを知ると全国の塩に呪いをかけた。ところが、角鹿の塩にのみ呪いをかけることを忘れてしまい、それ以来、角鹿の塩だけが天皇御料となったという話である。

角鹿の塩だけが天皇のミケツモノとなったことは後世に見当たらず、この伝承にのみ伝えられていることである。したがってここに語られている角鹿の塩とは、一体どこで採れた塩なのかと様々に論じられてきた。例えば、若狭の塩が角鹿に運ばれ、そこから朝廷に献上された塩だから角鹿の塩なのだという解釈があるのだが[1]、その根拠は、若狭と角鹿はかつて一つの地域として認識されており、大規模に直轄地として塩の生産を行っていたのは若狭であって敦賀（角鹿）には製塩遺跡が極めて少ないことだという[2]。

しかし、何をもって「一つの地域」というのだろう。残念ながら古代日本文学の中に、そのような両地域の「同一性」を見出すことはできない。記紀風土記の中で角鹿と若狭が混同されることは決してなく、そもそも角鹿は越国に属していて若狭国ではない。都との距離を考えても、若狭の塩を都から遠い角鹿に一旦運び、そこから都に送ったとは思われない。『万葉集』に残された琵琶湖沿岸の歌にしても、琵琶湖東岸ではなく西岸の方が圧倒的に多く、しかもその西岸の旅の多くは高島の津で終わっていて、高島からは琵琶湖を離れ、陸路若狭へと向かっていったのだと思われる。そのようなことを考えあわせるのなら、古代において都から日本海へと向かう主流は、角鹿ではなくむしろ若狭と都を結ぶ道ではなかったか。ところが、古代日本文学において語られる頻度は、圧倒的に角鹿の方が多い。それはなぜだろう。

この章では、「角鹿」と「塩」をキーワードに琵琶湖水系や日本海に注目し、古代日本海の交易の様相について考えてみたいと思う。

一　ツヌガアラシトとアメノヒボコ

(一)『日本書紀』とツヌガアラシト

垂仁紀には、都怒我阿羅斯等(以下表記をアメノヒボコに合わせてツヌガアラシトという片仮名表記にする)に関する次のような伝承が残されている。長くなるが全文を示そう。

【資料1】『日本書紀』垂仁天皇二年是歳

Ⓐ是歳、任那人蘇那曷叱智請さく、「国に帰りなむ」とまうす。蓋し先皇の世に来朝て未だ還らざるか。故、蘇那曷叱智に敦く賞す。仍りて赤絹一百匹を齎たせて任那の王に賜す。然して新羅人、道に遮へて奪ひつ。其の二の国の怨、始めて是の時に起る。

Ｂ一に云はく、御間城天皇の世に、額に角有ひたる人、一の船に乗りて、越国の笥飯浦に泊れり。故、其処を号けて角鹿と曰ふ。問ひて曰はく、「何の国の人ぞ」といふ。対へて曰さく、「意富加羅国の王の子、名は都怒我阿羅斯等。亦の名は于斯岐阿利叱智干岐と曰ふ。伝に日本国に聖皇有すと聞りて、帰化く。穴門に到る時に、其の国に人有り。名は伊都都比古。臣に謂りて曰はく、『吾は是の国の王なり。吾を除きて復二の王無。故、他処にな往にそ』といふ。然れども臣、究其の為人を見るに、必ず王に非じといふことを知りぬ。即ち更還りぬ。道路を知らずして、嶋浦に留連ひつつ、北海より廻りて、出雲国を経て此間に至れり。」とまうす。是の時に、天皇の崩りたまふに遇へり。便ち留りて、活目天皇に仕へて三年に逮りぬ。天皇、都怒我阿羅斯等に問ひて曰はく、「汝の国に帰らむと欲ふや」とのたまふ。対へて諮さく、「甚望し」とまうす。天皇、阿羅斯等に詔せて曰はく、「汝、道に迷はずして必ず速く詣れらましかば、先皇に遇ひて仕へたてまつらまし。是を以て、汝が本国の名を改めて、追ひて御間城天皇の御名を負りて、便ち汝が国の名にせよ」とのたまふ。仍りて赤織の絹を以て阿羅斯等に給ひて、本土に返しつかはす。故、其の国を号けて弥摩那国と謂ふは、其れ是の縁なり。是に、阿羅斯等、給はれる赤絹を以て、己が国の郡府に蔵む。新羅人聞きて、兵を起して至りて、皆其の赤絹を奪ひつ。是二の国の相怨むる始なりといふ。

Ｃ一に云はく、初め都怒我阿羅斯等、国に有りし時に、黄牛に田器を負せて、田舎に将往く。黄牛忽に失せぬ。則ち迹の尋に覓ぐ。跡、一郡家の中に留れり。時に、一の老夫有りて曰はく、「汝の所求むる牛は、此の郡家の中に入れり。然るに郡公等曰はく、『牛の所負せたる物に由りて推れば、必ず殺し食はむと設けたるなり。若し其の主覓め至らば、物を以て償はまくのみ』といひて、則ち殺し食みてき。若し『牛の直は何物を得むと欲ふ』と問はば、財物をな望みそ。『便に郡内の祭ひまつる神を得むと欲ふ』と爾云へ」

といふ。俄ありて郡公等到りて曰はく、「牛の直は何物を得むと欲ふ」ととふ。対ふること老父の教の如くにす。其の所祭る神は、是白き石ぞ。乃ち白き石を以て、牛の直に授てつ。因りて将て来て寝の中に置く。其の神石、美麗き童女と化りぬ。是に、阿羅斯等、大きに歓びて合せむとす。然るに阿羅斯等、他処に去る間に、童女忽に失せぬ。阿羅斯等、大きに驚きて、己が婦に問ひて曰はく、「童女、何処か去にし」といふ。対へて曰はく、「東の方に向にき」といふ。則ち尋めて追ひ求ぐ。遂に遠く海に浮びて、日本国に入りぬ。求ぐ所の童女は、難波に詣りて、比売語曾社の神と為る。且は豊国の国前郡に至りて、復比売語曾社の神と為りぬ。並に二処に祭ひまつられたまふといふ。

いわゆるツヌガアラシト伝承と呼ばれるこの伝承は、ここに示したように、Aの本文と二つの異伝B・Cからなっている。渡来してきた人物は、Aでは「任那人蘇那曷叱智《ソナカシチ》」、B・Cでは「都怒阿羅斯等」またの名は「于《ウ》斯岐阿利叱智干岐《シキアリシチカンキ》」となっており、その名の意味を調べてみると、蘇那曷叱智と于斯岐阿利叱智干岐は同じ意味だという。すなわち、蘇那曷叱智の「蘇」は朝鮮語で牛のこと、于斯岐阿利叱智干岐の「于斯」（＝牛）に通じ、「那曷」もまた「岐」と同義で「出る」「行く」の朝鮮語の語幹にあたるらしい。[3] また、蘇那曷叱智はすでに崇神紀六十五年七月条に任那国から遣わされた人物として登場しており、その渡来経緯を詳しく記しているのが、BやCの異伝ということなのだろう。

では一体その異伝では何が語られているのだろうか。まずBの異伝から詳しくみていくことにしよう。

垂仁天皇の御世、越国に額に角がある人が漂着した。どこの国の人なのか尋ねると加羅国の王子だと名乗り、その来朝に至った経緯をこう語った。日本には聖帝がいると聞いて日本に向かい、はじめに穴門に辿り着いた。そこで出会った男は、自分こそこの国の王であると言ったのだが、その振る舞いを見るとてもそうは思えず、再び船出して出雲国経由でこの越国に来た、と。しかしその時、崇神天皇はすでに崩御していたため垂仁天皇に三年仕え、加羅国に帰ることになった。帰るにあたり赤織りの絹を天皇から賜り、御間城《みまき》天皇の名に因んで国の名を任那国とした。その赤絹は国庫に納められていたが、それを聞きつけた新羅人に奪われ、それ以来二国の仲は悪くなったという。

この異伝Bの主眼は、一言でいえば加羅国が任那国へと国号を変えたことである。崇神天皇の名に因んだということは、任那が天皇に対して敬意を払ったということであり、少なくとも両国が友好関係にあったことを示している。それにしても、一国の名を隣国の王の名に因んで変えるというのはよほどのことに違いなく、そのような伝承が語られる背景には、『日本書紀』編纂時、韓半島経営に苦戦していたこともあるのだろう。任那日本府の正当性を主張するために、都合よく伝承を作りかえたのかもしれない。

そのような政治的思惑はさておき、今ここで問題としたいのは、古代日本の水上交通の様相である。穴門から出雲を経て角鹿へと到り、そこから大和へと向かったツヌガアラシト渡来ルートが復元でき、韓半島との往来には、日本海および角鹿が利用されていたことが想定できるだろう。

一方Cでは、ツヌガアラシトが渡来してきた経緯をこのように説明している。ツヌガアラシトがまだ加羅国にいた時、牛に田器をのせて歩いていると忽然とその牛がいなくなった。その跡をたずねていくとある村に至り、そこにいた老人が教えていうには、「郡公らはその牛を食べてしまい、そのかわりに何か欲しいか尋ねるだろう。そうしたら村に祀っている神が欲しいと答えなさい」という。果たしてその言葉通りにすると、村の神は白い玉であった。その石を持ち帰り寝室に置いていたところ、その石は美しいヲトメになった。ヲトメとまじわろうとしたのだが、ツヌガアラシトが留守の間にいなくなってしまい、その行方を妻に尋ねるとヲトメは日本に向かったという。その後ヲトメは難波に到ったとも、豊前国に留まったともいい、この二か所にヒメコソ神は祀られるようになった。

この異伝Cで語られているのは、白い玉から変じたヲトメを追って日本に来たこと、そのヲトメは今難波および豊国のヒメコソの神となったことであり、その渡来ルートは、豊国姫島を経て難波へと到る水上の道であった。つまりこれら二つの異伝では、Bの聖帝を慕って来朝した日本海航路と、Cの女神を追いかけて渡来した瀬戸内海航路の二つが描かれており、その渡来動機もルートも異なっている。ではなぜこのような違いが生じたのだろうか。

その理由を考えるにあたり、【資料1】に続き『日本書紀』で語られる、次のような伝承を取り上げてみよう。

【資料2】『日本書紀』垂仁天皇三年三月

三年の春三月に、新羅の王の子天日槍来帰り。将て来る物は、羽太の玉一箇・足高の玉一箇・鵜鹿鹿の赤石の玉一箇・出石の小刀一口・出石の桙一枝・日鏡一面・熊の神籬一具、幷せて七物あり。則ち但馬国に蔵めて、常に神の物とす。一に云はく、初め天日槍、艇に乗りて播磨国に泊りて、宍粟邑に在り。時に天皇、三輪君が祖大友主と、倭直の祖長尾市とを播磨に遣して、天日槍に問はしめて曰はく、「汝は誰人ぞ、且、何の国の人ぞ」とのたまふ。天日槍対へて曰さく、「僕は新羅国の主の子なり。然れども日本国に聖皇有すと聞りて、則ち己が国を以て弟知古に授けて化帰り」とまうす。仍りて貢献る物は、葉細の珠・足高の珠・鵜鹿鹿の赤石の珠・出石の刀子・出石の槍・日鏡・熊の神籬・胆狭浅の大刀、幷せて八物あり。仍りて天日槍に詔して曰はく、「播磨国の宍粟邑と、淡路島の出浅邑と、是の二の邑は、汝任意に居れ」とのたまふ。時に天日槍、啓して曰はく、「臣が住まむ処は、若し天恩を垂れて、臣が情の願しき地を聴したまはば、臣親ら諸国を歴り視て、則ち臣が心に合へるを給はらむと欲ふ」とまうす。乃ち聴したまふ。是に、天日槍、菟道河より泝りて、北近江国の吾名邑に入りて暫く

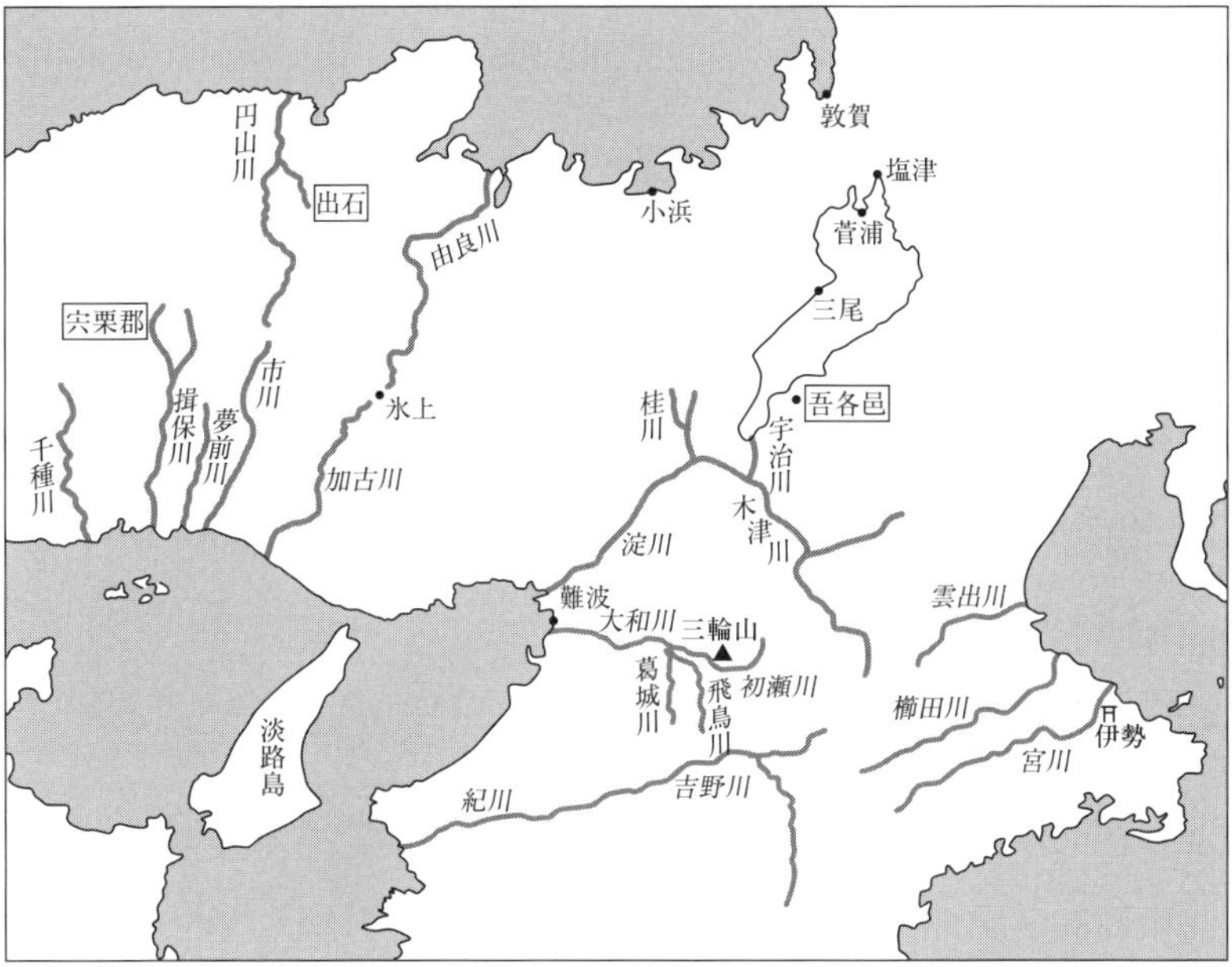

アメノヒボコ渡来ルート

住む。復更近江より若狭国を経て、西但馬国に到りて則ち住処を定む。是を以て、近江国の鏡村の谷の陶人は、天日槍の従人なり。故、天日槍、但馬国の出嶋の人太耳が女麻多烏を娶りて、但馬諸助を生む。諸助、但馬日楢杵を生む。日楢杵、清彦を生む。清彦、田道間守を生むといふ。

新羅の王子アメノヒボコは、船に乗って播磨国宍粟邑に来た。その地で天皇に出石の宝と称される宝物を献上し、その功により播磨か淡路のどちらかに住むことを許される。ところが、アメノヒボは自分が住むところは自分で決めたいと申し出て、播磨から宇治川を遡って近江に到る。しばらくそこに住んでいたが、やがて近江から若狭を経て但馬に到り、その地に定住することにしたという。

この伝承でも、Bに等しく、日本に聖帝がいると聞き来朝したことが語られている。ただし、来朝してきた人物は新羅の王子アメノヒボコであって、その渡来ルートも複雑である。はじめ播磨国宍粟郡に来たというのであるから、新羅からの渡来ルートは瀬戸内海航路を利用したものであった。したがって播磨から宇治川に到る際に利用したのも、おそらくは瀬戸内海航路であって、瀬戸内海から難波に入り、難波から淀川、さらに宇治川を遡って近江吾名邑に到ったのだろう。その次に利用したのは、若狭へと向かう琵琶湖西岸の道であり、若狭からは日本海を経由して但馬国に到り、さらに円山川を経て出石に鎮座したと思われる。

つまりこの伝承で描かれているのは、播磨国から瀬戸内海や淀川水系、さらに琵琶湖を経て日本海へと到り、日本海からは円山川を利用して出石に入るという、瀬戸内海と日本海を結ぶ水上交通であり、興味深いことにそのルートは、【資料1】に描かれた二つのルートを一つにしたようなものである。ツヌガアラシトとアメノヒボコはその名も出身地も異なっているにも関わらず、その渡来ルートによって描き出される地域は一致し、二人の人物は限りなく一つの像として結ばれていくかのようだ。

では、果たしてアメノヒボコとツヌガアラシトは同一人物であったのであろうか。

(二)『古事記』に描かれたアメノヒボコ

アメノヒボコに関する伝承は、次に示すように、『古事記』応神天皇条にも語られている。

【資料3】『古事記』応神天皇

また昔、新羅の国主の子ありき。名は天之日矛と謂ひき。この人参渡り来つ。参渡り来つる所以は、新羅国に一つの沼あり。名は阿具沼と謂ひき。この沼の辺に、一賤しき女昼寝しき。ここに日虹の如く耀きて、その陰上を指ししを、また一賤しき夫、その状を異しと思ひて、恒にその女人の行を伺ひき。故、この女人、その昼寝せし時より妊身みて、赤玉を生みき。ここにその伺へる賤しき夫、その玉を乞ひ取りて、恒に裹みて腰に著けき。この人田を山谷の間を営りき。故、耕人等の飲食を、一つの牛に負せて山谷の中に入るに、その国主の子、天之日矛に遇逢ひき。ここにその人に問ひて曰ひしく、「何しかも汝は飲食を牛に負せて山谷に入る。汝は必ずこの牛を殺して食ふならむ。」といひて、すなはちその人を捕へて、獄囚に入れむとすれば、その人答へて曰ひしく、「吾牛を殺さむとにはあらず。唯田人の食を送るにこそ。」といひき。然れどもなほ赦さざりき。ここにその腰の玉を解きて、その国主の子に弊しつ。故、その賤しき夫を赦して、その玉を将ち来て、床の辺に置けば、すなわち美麗しき嬢子に化りき。仍りて婚ひして嫡妻としき。ここにその嬢子、常に種種の珍味を設けて、恒にその夫に食はしめき。故、その国主の子、心奢りて妻を詈るに、その女人の言ひけらく、「凡そ吾は、汝の妻となるべき女にあらず。吾が祖の国に行かむ。」といひて、すなはち竊かに小船に乗りて逃げ渡り来て、難波に留まりき。こは難波の比売碁曾の社に坐す阿加流比売神と謂ふ。ここに天之日矛、その妻の遁げしことを聞きて、すなはち追ひ渡り来て、難波に到らむとせし間、その渡の神、塞へて入れざりき。故、更に還りて多遅摩国に泊てき。すなはちその国に留まりて、多遅摩の俣尾の女、名は前津見を娶して、生める子、多遅摩母呂須玖。この子、多遅摩斐泥。この子、多遅摩比那良岐。この子、多遅麻毛理。次に多遅摩比多訶。次に清日子。三柱この清日子、当麻の咩斐を娶して、生める子、酢鹿の諸男。次に妹菅竈由良度美。故、上に云へる多遅摩比多訶、その姪、由良度美を娶して、生める子、葛城の高額比売命。こは息長帯比売命の御祖なり。故、その天之日矛の持ち渡り来し物は、玉津宝と云ひて、珠二貫。また浪振る領巾、浪切る領巾、風振る領巾、風切る領巾。また奥津鏡、辺津鏡、幷せて八種なり。こは伊豆志の八前の大神なり。

阿具沼のほとりで昼寝をしていた女は日光をうけて妊娠し、赤い玉を生んだ。それを見ていたある男は、その玉をもらいうけ常に腰に帯びていた。ある時、新羅王子アメノヒボコは、耕人たちの食事を積んだ牛を連れていたその男に出会い、きっとその牛を食べるに違いないと言って捕らえようとした。男は身につけていた赤い玉を差し出して赦され、その玉はアメノヒボコが家の寝室に置くと美しいヲトメ（アカルヒメ）になった。そのヲトメはアメノヒボコの妻となり、毎日美味しい食事を用意して仕えていたが、アメノヒボコが奢り高ぶったので、本来自分はアメノヒボコの妻となるべきものではないと言い、自国である難波に帰っていった。アメノヒボコはヲトメを追いかけて難波まで来たものの、難波の渡の神の威力が強くて入ることができず、但馬国に留まって宝物をその地に伝えたという。

一読してわかるように、この伝承は【資料1】の異伝Cに類似したプロットを持っている。玉を差し出し命が助かるというのは一種の交換であり、昔話「わらしべ長者」のように交換が繰り返されるたびにより大きな富が生まれていることは、玉の機能を考える上でも興味深い。この伝承にはそのような交換が描かれているのであり、それはツヌガアラシト伝承が聖帝を慕って渡来する帰化伝承であることとは対照的である。

また、今問題としている渡来ルートに関していうのなら、瀬戸内海を利用したルートが語られていることは明らかであり、アカルヒメを追いかけて来たものの難波に入ることができず但馬に到り鎮座したとあるのは、瀬戸内海を引きかえし、関門海峡を回って日本海に出て、日本海から但馬に向かったことを示しているように見える。「更に帰りて」とあるのを、「新羅から来た道を引きかえして」という意に捉えれば、そういう解釈も成り立つだろう[5]。

しかし、難波まで来ていながら関門海峡まで引きかえすというのは、あまりに遠回りではないか。但馬には日本海から入るしかなかったのだろうか。それを探る手がかりは、『播磨国風土記』に残されていた。

(三)『播磨国風土記』と「アメノヒボコ文化圏」

『播磨国風土記』には、アメノヒボコが語られる伝承が八か所にあり、それらは全て播磨西部となっている。天皇巡行に纏わる伝承が多い播磨東部は、古くから朝廷の支配下にあって、在地の神が活躍する余地は播磨西部にしかなかったということなのだろう。この八か所の伝承を見てみると、いずれの場合もアメノヒボコは異国から来た神で、勇ましい姿が描かれている。その時、アメノヒボコと対峙する神は、播磨の在地神である伊和大神か、もしくはアシハラシコヲ(葦原志挙乎)となっており、外来神アメノヒボコと日本の神が国を求めて争うという構図になっている。尚、ここにいうアシハラシコヲとは葦原中つ国の強い男という意味で、特にオホクニヌシを指すわけではないことを付け加えておく。

具体的に二例を示そう。

【資料4】『播磨国風土記』揖保郡粒丘

粒丘と号くる所以は、天日槍命、韓国より度り来て、宇頭の川底に到りて、宿処を葦原志挙乎命に乞はしし く、「汝は国主たり。吾が宿らむ処を得まく欲ふ」とのりたまひき。志挙、即ち海中を許しましき。その時、客の神、剣を以ちて海水を攪きて宿りましき。主の神、即ち客の神の盛なる行を畏みて、先に国を占めむと欲して、巡り上りて、粒丘に到りて、湌したまひき。ここに、口より粒落ちき。故、粒丘と號く。

【資料5】『播磨国風土記』宍禾郡御方の里

御形と号くる所以は、葦原志許乎命、天日槍命と、黒土の志爾嵩に到りまし、各、黒葛三條を以ちて、足に着けて投げたまひき。その時、葦原志許乎命の黒葛は、一條は但馬の気多の郡に落ち、一條は夜夫の郡に落ち、一條は此の村に落ちき。故、三條といふ。天日槍命の黒葛は、皆、但馬の国に落ちき。故、但馬の伊都志の地を占めて在しき。一ひといへらく、大神、形見と為て、御杖を此の村に植てたまひき。故、御形といふ。

はじめに挙げた【資料4】は粒丘の地名由来譚である。韓国《からくに》から来たアメノヒボコが揖保川の河口で一晩の宿りを乞うと、アシハラシコヲは海の中に泊まることを許した。するとアメノヒボコはそれを苦とせず、剣を立てて海水をかきまわし、浪だったその上に寝てしまう。それを見たアシハラシコヲは、あまりに恐ろしくて飯粒をこぼしてしまい、それが粒丘になったという。

次に挙げた【資料5】にも、同じくアメノヒボコとアシハラシコヲが登場し、足に黒葛をつけて投げ、落ちたところをそれぞれの領地としたとある。いわゆる国占め競争であり、その結果、アシハラシコヲは但馬の気多《けた》郡と夜夫《やぶ》郡、播磨の三條《みかた》郡を占有し、アメノヒボコは三つとも但馬国に黒葛が落ちたため、但馬の出石に鎮まったという。

この二つの伝承を接続して読むことが許されるのなら、揖保川河口に来たアメノヒボコは、アシハラシコヲと対峙して宍粟郡に到り、最終的には但馬国出石に鎮座したことになるだろう。どうやら播磨と但馬は揖保川によって繋がっていたようだ。ここに想定できるのは「瀬戸内海—揖保川—但馬」という渡来ルートであり、それが瀬戸内海から但馬に入る際の最短の経路でもあった。

あるいは、他のアメノヒボコ伝承が神前郡糠岡や同郡八千軍《やちぐさ》など市川に沿って伝えられていることからすると、市川もまた但馬へと到る水系であったと考えられる。否、但馬と繋がっているのは、揖保川や市川ばかりではない。そもそも播磨には大きな川が四本あり、西から、揖保川、夢前川、市川、加古川となっていて、それらの川に沿って北上すると、円山川や由良川に限りなく近づいていく。その円山川や由良川は北流して日本海に注いでおり、瀬戸内海と日本海はそれら河川によって繋がっている。そのような水系がすでに『播磨国風土記』には語られていたのであり、まさに『風土記』という書物が、その国の地理的環境を語る地誌だとされるゆえんでもある。

となれば、『古事記』に語られるアメノヒボコの渡来ルートもまた、難波から瀬戸内海を播磨まで戻り、揖保川や市川を遡って但馬へと到ったと考えるべきではないか。すでに西郷信綱氏も、その可能性を指摘している(6)。

つまり、『播磨国風土記』と『古事記』におけるアメノヒボコ伝承は、瀬戸内海を播磨まで来て、揖保川や市川に沿って但馬へと到るルートを語っていたのであり、それら書物が瀬戸内海を中心とした世界を描いていたことを示してもいる。一方ツヌガアラシトは、角鹿に来たことを強調する名であり、『日本書紀』にしか語られていないことからすると、日本海に眼差しを向けた『日本書紀』の世界観がその名に託されていることがわかる。ツヌガアラシトとアメノヒボコは同じく韓半島から渡来した人物であっても、そこには明確な使い分けがあって(7)、日本海を中心とする『日本書紀』と、瀬戸内海を中心とする『古事記』や『播磨国風土記』という書物の違いがそこに反映されているのであった。

また、記紀風土記に語られるアメノヒボコの渡来ルートを整理すると、『日本書紀』からは「瀬戸内海―淀川水系―琵琶湖―日本海」というルートを、『古事記』および『播磨国風土記』からは「瀬戸内海―播磨―揖保川・市川―但馬―円山川―日本海」というルートを想定でき、その瀬戸内海と日本海を繋ぐ二つの水系によって描き出される地域が浮かび上がって見えてくる。すなわち、播磨や但馬、若狭をも含む、畿内より一回り大きな地域である。

今かりにそれを「アメノヒボコ文化圏」と名づけてみよう。アメノヒボコ伝承が語っていたのは、まさにこの

「アメノヒボコ文化圏」の範囲であり、その前提として、瀬戸内海と日本海を繋ぐ河川交通の掌握はあった。【資料1】の二つのツヌガアラシト伝承が語りたかったのもこの「アメノヒボコ文化圏」であったことからすると、西郷信綱が推論するように、ツヌガアラシト伝承はアメノヒボコ伝承から作りだされたものであったのかもしれない。(8)

尚、この「アメノヒボコ文化圏」に関しては、後に即位して顕宗・仁賢天皇となったオケ・ヲケ皇子の逃避行でも語られている。次章で詳しく述べるため、ここでは簡単にその経路のみを示すと、『古事記』では「近江—山代苅羽井—淀川—玖須婆（樟葉）—播磨」という瀬戸内海ルートが、『日本書紀』では「近江—丹波—播磨縮見—播磨明石」という日本海ルートが語られていて、この背後には「由良川—氷上—加古川」という日本海と瀬戸内海を繋ぐ水上交通があった。そのような日本海と瀬戸内海を結ぶ河川交通は、『山城国風土記』逸文の賀茂伝承からも想定でき、その伝承では、播磨氷上郡に鎮座する女神伊可古夜日女《いかこやひめ》が賀茂建角身命《たけつのみ》の妻問いをうけ、後に賀茂神社の祭神となる可茂別雷命を産むとある。賀茂建角身命が山城と氷上の往来に利用したのも、おそらく「山城—由良川—氷上」という水上交通であったのだろう。

二　角鹿という風土

（一）死と再生

ところで『日本書紀』が注目した角鹿とは、どのような風土であったのだろうか。次にそれについて考えてみたい。

角鹿が記紀に登場するのは、『古事記』では三例、(9)『日本書紀』では七例、『万葉集』では一例となっており、対する若狭がわずか三例のみであることからすると、どうやら古代においては若狭よりも角鹿が注目されていたようだ。次にあげる【資料6】でも、ホムダワケは角鹿で喪船に乗った穢れを祓い、その後大和に帰還して応神天皇になっていて、角鹿が重要な役割を担わされていたことが理解できる。

【資料6】『古事記』仲哀天皇

ここに息長帯日売命、倭に還り上ります時、人の心疑はしきによりて、喪船を一つ具へて、御子をその喪船に載せて、まづ「御子は既に崩りましぬ。」と言ひ漏さしめたまひき。かく上り幸でます時、香坂王、忍熊王聞きて、待ち取らむと思ひて、斗賀野に進み出でて、誓約獦をしき。ここに香坂王、歴木に騰り坐て是るに、大きなる怒猪出でて、その歴木を掘りて、すなはちその香坂王を咋ひ食みき。その弟忍熊王、その態を畏まずて、軍を興して待ち向へし時、喪船に赴きて空船を攻めむとしき。ここにその喪船より軍を下ろして相戦ひき。この時忍熊王、難波の吉師部の祖、伊佐比宿祢を将軍とし、太子の御方は、丸邇臣の祖、難波根子建振熊命を将軍としき。故、追ひ退けて山代に到りし時、還り立ちて、各退かずて相戦ひき。ここに建振熊命、權りて云はしめけらく、「息長帯比売命は既に崩りましぬ。故、更に戦ふべきこと無し。」といはしめて、すなはち弓弦を絶ちて、欺陽りて帰服ひぬ。ここにその将軍、既に詐を信けて、弓を弭し兵を蔵めき。ここに頂髪の中より、設けし弦を採り出して、更に張りて追ひ撃ちき。故、逢坂に逃げ退きて、対ひ立ちてまた戦ひき。ここに追ひ迫めて沙沙那美に敗り、悉にその軍を斬りき。ここにその忍熊王と伊佐比宿祢と、共に追ひ迫めらえて、船に乗りて海に浮かびて歌ひけらく、

いざ吾君　振熊が　痛手負はずは　鳰鳥の　淡海の湖に　潜きせなわ

とうたひて、すなはち海に入りて共に死にき。
故、建内宿祢命、その太子を率て、禊せむとして、淡海また若狭国を経歴し時、高志の前の角鹿に假宮を造りて坐さしめき。ここに其地に坐す伊奢沙和気大神の命、夜の夢に見えて云りたまひしく、「吾が名を御子の御名に易へまく欲し。」とのりたまひき。ここに言祷きて白ししく、「恐し、命の随に易へ奉らむ。」とまをせば、またその神詔りたまひしく、「明日の旦、浜に幸でますべし。名を易へし幣献らむ。」とのりたまひき。故、その旦浜に幸行でましし時、鼻毀りし入鹿魚、既に一浦に依れり。ここに御子、神に白さしめて云りたまひしく、「我に御食の魚給へり。」とのりたまひき。故、またその御名を称へて、御食津大神と号けき。故、今に気比大神と謂ふ。またその入鹿魚の鼻の血臭かりき。故、その浦を号けて血浦と謂ひき。今は津奴賀と謂ふ。

新羅征伐に出かけていたため長い間都を留守にしていた神功皇后は、人々の心を疑わしく思ったので皇太子は死んだと詐り、喪船に乗って帰ってきた。想像した通り、香坂王と忍熊王は皇位を狙うべく待ちかまえていて、二人は斗賀野《とがの》まで出向いて誓約をした。その誓約狩で兄の香坂王は大きな猪に喰い殺されてしまったのだが、それでもなお忍熊王はひるむことなく、皇太子軍との間に戦いを繰り広げた。その時それぞれ味方についたのが「難波の吉師部の祖、伊佐比宿祢」と「丸邇臣の祖、難波根子建振熊命」であり、その名に「難波」が冠されていることからすると、難波あたりで激戦があったと思われる。その後、忍熊王は山代まで後退したものの勝敗がつかず、皇太子軍は神功皇后が崩じたと詐って帰服した。忍熊王が兵をおさめると、皇太子軍は頭の中に隠していた弓を取り出して矢をつがえ、忍熊王を追いつめた。忍熊王は逢坂、沙沙那美と逃げたものの、最後は琵琶湖で入水してしまう。一方皇太子は角鹿に来て死の穢れを祓い、気比大神と「名を易えた」という。

この伝承からわかることは二つある。一つは敗者の逃避行ルートとして、「難波―淀川―山代―宇治川―琵琶湖」という水系があったことである。現代でも北という方位には不吉で暗いイメージがあるように、その負のイメージさながらに、謀反を企てた者たちは琵琶湖に入水して死んでいく。この他にも木津川で戦い入水して死んでいく皇子として、崇神記の建波邇安王や応神記の大山守命などがおり、古代においていつも反逆者たちとの戦が繰り広げられるのは、難波および琵琶湖水系であった。なぜそれらの地で戦が起こったのかといえば、おそらくそれらの津や水系が古代における幹線道路であったからであり、交通の要衝を押さえることがいつの時代でも戦に勝利する必須条件ではある。藤原仲麻呂も愛発関を越えて北方に逃げようとし、それが叶わず琵琶湖西岸の三尾（高島）の地で殺害された。このように反逆者たちがそろって琵琶湖で死んでいくのは、北の方位に逃げたかったからであり、その先には蝦夷国など朝廷の支配及ばぬ新天地が広がっていたからに違いあるまい。そういう意味において、北は死に縁どられた方位であったといえる。

二つめは、ホムダワケは死の穢れを払うために、「淡海また若狭国」を経て角鹿に向かったことである。この表記の順番からすると、近江から若狭を経由して角鹿に向かったことになり、都に近いのは若狭であったことがわかる。

それにしても、なぜ応神天皇は角鹿に向かったのだろうか。すでに琵琶湖で忍熊王を討ちとっているのだから、わざわざ角鹿まで赴く必要はなかっただろう。死の穢れを払うためならば、琵琶湖で禊をしてもよかったはずだ。角鹿こそが禊に適した場所であったというような話を、記紀に見出すことはできない。

では単なる禊のためでなかったとしたら、ホムダワケが角鹿に向かったのはなぜなのか。

思うに、角鹿でホムダワケは欠けていたものを補ったのではないか。神話的に考えるなら、それはおそらく生まれながらにして父を知らないホムダワケの「父性」であり、それを補ったのは気比大神であった。まさに「御名に易へる」という行為によって、ホムダワケは王になりえたのである。ただし、この「御名に易へる」は解釈の分かれるところで、『日本書紀』応神天皇条の分注でも、「去来紗別《いざさわけ》」という皇太子の名と「誉田別《ほむだわけ》」という神の名を交換したと考えるべきだが、皇太子がもと「去来紗別」という名であったということはどこにも見えないと疑問を呈している。

あるいは、この「名易へ」は皇太子の名を『古事記』仲哀天皇条のはじめに記されている「大鞆和気命《おほともわけ》」から「品陀和気命《ほむだわけ》」にかえたことだと解するとしても、[10]交換した神の名は「伊奢沙和気命」であって「品陀和気命」ではない。皇太子がいっそのこと「伊奢沙和気命」という名になったとあればよいものを、それを明示するような記述もない。そこで西郷信綱は、そもそも「名の交換」と考えるからいけないのであって、「名」は「魚」のこと、「御名を易へる」というのは「御食の魚《みけな》」すなわち入鹿を献上することだと指摘する。[11]確かに西郷の説は魅力的ではあるけれど、ホムダワケが王になるべく角鹿に来たことからすると、やはり気比大神による名づけがなされたのだと考えるべきだろう。オホクニヌシという名がスサノヲによって与えられたように、「名」こそがホムダワケに欠落していた「父性」だったのではないか。いずれにせよここには気比大神の祝福があり、それによってホムダワケは欠けていた「父性」を補完して王となった。

そしてそのために角鹿の地が選ばれたことには、重要な意味があった。反逆者たちが角鹿を目指したのは、そこから北方に逃れるためであり、その地を得るということは北陸道の掌握を意味してもいる。つまり、ホムダワケが応神天皇になるには、北陸道の掌握が必要だったのである。

（二）角鹿と日本海

角鹿との繋がりは、すでにその母神功皇后の時からあった。新羅征伐に向かう際、神功皇后は角鹿から出発している。『日本書紀』仲哀天皇二年条の記述を示そう。

【資料7】『日本書紀』仲哀天皇二年

二月の癸未の朔戊子に、角鹿に幸す。即ち行宮を興てて居します。是を笥飯宮と謂す。…

三月の癸丑の朔丁卯に、天皇、南国を巡狩す。是に、皇后及び百寮を留めたまひて、駕に従へる二三の卿大夫及び官人数百して、軽く行す。紀伊国に至りまして、徳勒津宮に居します。是の時に当りて、熊襲、叛きて朝貢らず。天皇、是に、熊襲国を討たむとす。則ち徳勒津より発ちて、浮海よりして穴門に幸す。即日に、使を角鹿に遣したまひて、皇后に勅して曰はく、「便ち其の津より発ちたまひて、穴門に逢ひたまへ」とのたまふ。

夏六月の辛巳の朔庚寅に、天皇、豊浦津に泊ります。且、皇后、角鹿より発ちて行して、渟田門に到りて、船上に食す。

仲哀天皇二年二月、天皇は神功皇后とともに角鹿の行宮に行幸していたが、翌三月、一人で紀伊国に赴いた。その時、熊襲が反乱を起こしたという知らせが届いたので、天皇は紀伊国から穴門に向った。一方、神功皇后もまた角鹿から穴門に向い、そこで天皇と落ち合ってから熊襲征伐へ出発したという。

この時二人が通ったルートは、仲哀天皇は紀伊から瀬戸内海を通って穴門に向うという航路、神功皇后は角鹿から日本海を経由して穴門に到るという航路であった。興味深いことに、神功皇后の航路はアメノヒボコの渡来ルートに重なっていて、神功皇后の母方の祖先がアメノヒボコであったことに繋がっている。

また、『古事記』では角鹿から熊襲征伐へと向かうくだりはなく、「帯中日子天皇（引用者注：仲哀天皇）、穴門の豊浦宮、また筑紫の訶志比宮に坐まして」と、天皇がすでに筑紫に行幸したところからはじまっている。それは翻って、角鹿や日本海を描こうとする『日本書紀』の性格を浮き彫りにしており、角鹿が語られるのは、アメノヒボコや神功皇后、応神天皇の伝承に集中していることも[12]、神功皇后と角鹿の深い関係を暗示している。

では、その角鹿と神功皇后の関係とは、一体どのようなものであったのだろうか。

神功皇后はまたの名を息長帯日売命といい、息長氏の出身である。その息長氏の最終的な本拠地が琵琶湖東岸の坂田郡であったことからすると[13]、神功皇后を后に迎えたことで天皇家は琵琶湖東岸を勢力下におさめたのであろう。例えば、後の時代のことではあるけれど、継体天皇が近江高島にいた彦主人王《ひこうしおう》と「三国坂井」の振姫《ふりひめ》の間に生れたとするのは（『日本書紀』）、父方は近江坂田の息長氏、母方は越前坂井の三尾氏であることを示しているらしい[14]。継体天皇出現の背景には、まさにその血縁関係に示されているような越や琵琶湖沿岸地域との深い繋がりがあった[15]。また、角鹿直という「直」の姓をもつ豪族が存在していることは、北陸道の中で早くから大和朝廷の権力が及んでいた証であり、角鹿直ら海人の航海術が、新羅出兵を可能にしたのだという[16]。いずれにせよ、神功皇后との婚姻によって可能になったのは、琵琶湖東岸経由で日本海に到ることであり、その時、角鹿は日本海に面した北の玄関口として注目を浴びるようになったのではないか。

つまり、琵琶湖東岸ルートの通行券を手に入れることで、天皇家は北陸道を掌握することができたのであり、それはすなわち、韓半島および大陸との交流を重視したことを意味している[17]。韓半島や大陸をも視野に入れて地図を眺めたなら、日本海はいわば「内海」であり、それら地域との交流を促すものとなる。実際『日本書紀』によれば、欽明天皇五（五四四）年十二月に「粛慎人」が佐渡島に渡来し、同三十一（五七〇）年には高麗の使者が越の海岸に流れ着いている。その後八世紀に入ってからは、渤海使が出羽国に来着したこともあって（『続日本紀』宝亀二（七七二）年）、日本海沿岸地域は異国人交流の場となっていたという[18]。それまでの世界が、瀬戸内海をめぐる世界、日本の領土のみを視野にいれた世界だとすれば、角鹿を手に入れた後の世界は、環日本海ともいうべき世界であり、俄に国際的な様相を帯びはじめるのであった。

（三）越と蝦夷征伐

日本海が果たしたのは、大陸や半島との交流を促したことばかりではない。国内交流のなかだちともなっていて、越国からは蝦夷征伐に向かうこともあった。長くなるが、斉明紀の蝦夷征伐関連記事を以下に記そう。

【資料8】『日本書紀』斉明紀の蝦夷征伐

Ａ　斉明天皇元年七月

秋七月の己巳の朔己卯に、難波の朝にして、北の蝦夷九十九人、東の蝦夷九十五人に饗たまふ。幷て百済の調使一百五十人に設たまふ。仍、柵養の蝦夷九人、津苅の蝦夷六人に、冠各二階授く。

Ｂ　斉明天皇四年四月

夏四月に、阿倍臣、船師一百八十艘を率て、蝦夷を伐つ。齶田・渟代、二郡の蝦夷、望り怖ぢて降はむと乞ふ。是に、軍を勒へて、船を齶田浦に陳ぬ。齶田の蝦夷恩荷、進みて誓ひて曰さく、「官軍の為の故に弓矢を持たらず。但し奴等、性肉を食ふが故に持たり。若し官軍の為にとして、弓矢を儲けたらば、齶田浦の神知りなむ。清き白なる心を将ちて、朝に仕官らむ」とまうす。仍りて恩荷に授くるに、小乙上を以てして、渟代・津軽、二郡の郡領に定む。

C　斉明天皇四年七月

秋七月の辛巳の朔甲申に、蝦夷二百余、闕に詣でて朝献る。饗賜ひて贍給ふ。常より加れること有り。仍、柵養の蝦夷二人に位一階授く。…

D　斉明天皇四年是歳

是歳、越国守阿倍引田臣比羅夫、粛慎を討ちて、生羆二つ・羆皮七十枚献る。…

E　斉明天皇五年三月

是の月に、阿倍臣を遣して、船師一百八十艘を率て、蝦夷国を討つ。阿倍臣、飽田・渟代、二郡の蝦夷二百四十一人、其の虜三十一人、津軽郡の蝦夷一百十二人、其の虜四人、胆振鉏の蝦夷二十人を一所に簡び集めて、大きに饗たまひ禄賜ふ。即ち船一隻と、五色の綵帛とを以て、彼の地の神を祭る。…

F　斉明天皇六年三月

三月に、阿倍臣を遣して、船師二百艘を率て、粛慎国を伐たしむ。阿倍臣、陸奥の蝦夷を以て、己が船に乗せて、大河の側に到る。是に、渡嶋の蝦夷一千余、海の畔に屯聚みて、河に向ひて営す。営の中の二人、進みて急に叫びて曰はく、「粛慎の船師多に来りて、我等を殺さむとするが故に、願ふ、河を済りて仕官へまつらむと欲ふ」といふ。阿倍臣、船を遣して、両箇の蝦夷を喚し至らしめて、賊の隠所と其の船数とを問ふ。両箇の蝦夷、便ち隠所を指して曰はく、「船二十余艘なり」といふ。即ち使を遣して喚す。而るを来肯へず。阿倍臣、乃ち綵帛・兵・鉄等を海の畔に積みて、貪め嗜ましむ。粛慎、乃ち船師を陳ねて、羽を木に繋けて、挙げて旗とせり。棹を斉めて近つき来て、浅き処に停りぬ。一船の裏より、二の老翁を出して、廻り行かしめて、熟積む所の綵帛等の物を視しむ。便ち単衫に換へ着て、各布一端を提げて、船に乗りて還去りぬ。俄ありて老翁更来て、換衫を脱き置き、幷て提げたる布を置きて、船に乗りて退りぬ。阿倍臣、数船を遣して喚さしむ。来肯へずして、弊賂弁嶋に復りぬ。食頃ありて和はむと乞す。遂に聴し肯へず。己が柵に拠りて戦ふ。…

まずAの記述からは、蝦夷征伐といってもただちに武力を行使するのではなく、王化し朝貢してきたなら饗応していたことがわかる。さらに、恭順を示した者にはBにあるように授位することもあって、蝦夷政策とは「朝貢」と「饗応」であった[19]。

また、蝦夷関連記事は、百済が新羅を討ったことなど外国の情勢記事と一緒に語られており、斉明紀以外でも、蝦夷を饗応したことと百済国からの遣使を饗応したことが、並列して語られている。蝦夷が諸外国と同等に扱われていた時代もあったということなのだろう。律令制前段階では、朝貢や饗宴などの儀礼に関して、新羅国などとの差異はあったが差別はなかったという指摘もある[20]。

あるいは、古代において同じく征伐の対象となった隼人は、隼人司の管理下に置かれて儀礼参列の義務があり、早くから大和朝廷の支配下にあって「公民化」されていたと考えられる一方[21]、蝦夷は「俘囚」と呼ばれ恒常的に宮廷儀礼に参加することもなかった。そこには、天皇を頂点とした体系的な秩序のうちに、蝦夷を「夷狄」として位置づけようとする中華的イデオロギーがあるのかもしれない[22]。今ここではそのような歴史学の研究成果があることを示すに留め、蝦夷征伐の意味や背景に関して深入りはしない。『日本書紀』の記述のみに向き合い、そこから何が読み取れるのかというと、はじめに王化が試みられ、朝貢に対して饗応していたということであり、なぜそのような政策がとられたのかといえば、蝦夷が服属国ではなく、一種の独立した地域として考えられていたからではなかろうか。後に安倍貞任のような俘囚が活躍することからしても、中央支配が及んだ他の地域とは異なる社会構造や経済基盤にあったと考えられるのである。

それを裏付けるかのようにFでは、蝦夷との沈黙交易の様子が描かれている。斉明天皇六年三月、朝廷軍が蝦夷征伐に行き、恭順するよう使いを送るが、蝦夷はそれに応じようとしない。そこで海岸に絹織物などを積み上げ姿を消すと、向こうから蝦夷の老翁がやってきて物色した。自分が着ている着物をその単衣に着がえ、他の絹織物なども持って帰ったものの、再び戻ってきて全てを返し、島に帰っていった。その後、蝦夷は和平を申し出るのだが、阿倍比羅夫はもはやそれには応じずに蝦夷を攻めたという。

最終的に武力による征伐が行われたにせよ、はじめに沈黙交易が試みられたのは、それによって友好的に関係を築こうとしたからであり、そのような試みがなされたのは、蝦夷が交易の相手だったからではなかったか。交易の相手として友好的で継続的な共存関係を築くために、武力を背景として「点的に基地を設定すること」が遠征の目的であったという見解もある。[23] その時、交易品となったのはおそらくDにあるような熊の毛皮であり、馬や黄金も蝦夷との交易で手に入れることができたのだろう。勿論これは想像の域をでるものではなく、交易相手としての蝦夷を史料に確認することはできない。しかし、少し時代は下るが延暦六年一月二十一日太政官符に「此の国家の貨を売り、彼の夷俘の物を買ふ。綿はすでに賊の襖《あお》を着し、冑鉄はまた敵の農器を造る」と、国の宝を売って俘囚の物を買ったとあることは、私的に交易が行われていたことの証である。

そして、そのような蝦夷征伐の最前線基地が角鹿であった。新羅征伐を終えた次に向かうべきは、蝦夷征伐すなわち北方諸国だったのである。

三　古代の塩

（一）貢納される塩

このように古代における角鹿は、北方への玄関口であり、そこが注目されるようになった背景には、日本海を内海とするような大陸との交流が活発となり、蝦夷や北方諸国との交易も視野に入れるようになったことがあった。

では「角鹿の塩」の「塩」からは、どのような交易の様相が見えてくるのだろうか。塩に関する伝承を記紀に探してみると、応神記の春山霞壮夫伝承と、仁徳記の枯野伝承、武烈紀の角鹿の塩伝承の三例があった[24]。まず、仁徳記の伝承から詳しくみてみよう。

【資料9】『古事記』仁徳天皇

この御世に、兎寸河の西に一つの高樹ありき。その樹の影、旦日に当たれば、淡路島に逮び、夕日に当たれば、高安山を越えき。故、この樹を切りて船を作りしに、甚倢く行く船なりき。時にその船を号けて枯野と謂ひき。故、この船をもちて旦夕淡路島の寒泉を酌みて、大御水献りき。この船、破れ壊れて鹽を焼き、その焼け遺りし木を取りて琴に作りしに、その音七里に響みき。ここに歌ひけらく

枯野を　鹽に焼き　其が余り　琴に作り　かき弾くや　由良の門の　門中の海石に　触れ立つ　浸漬の

木の　さやさや

とうたひき。

播磨国の巨木で枯野という船足の速い船を造り、その船で淡路島との間を往来していたのだが、その船が壊れてしまったので燃やして塩を焼き、余った木材から琴を作ったという。ここから何がわかるかというと、淡路島は朝廷で使用する水を運ぶほどに近かったことであり、その近さとは距離的な近さというよりは心情的な近さであった。淡路島は国生み神話でもはじめに誕生する島であり、畿内と畿外の境界でもある。そして何よりも淡路島は、朝廷に贄を納める御食国にして塩の産地でもあった。

塩の産地に関連する興味深い記事が、『続日本紀』養老六年九月庚寅条に残されている。

【資料10】『続日本紀』養老六年九月庚寅

九月庚寅、伊賀・伊勢・尾張・近江・越前・丹波・播磨・紀伊等の国をして、始めて銭調を輸さしむ。

西海道を除く七道の沿道諸国のうち、伊賀・伊勢・尾張・近江・越前・丹波・播磨・紀伊等一部の近国に対して調を銭で納めようとさせたという記事である。そもそも「銭調」とは、和銅開珎鋳造にともなう政策で、はじめは畿内諸国に限って施行されていたという[25]。それが養老六年に至り、銭の流通が定着したからなのだろう、その範囲を近隣諸国にまで広げたとするのが【資料10】の一般的な解釈ではある。

しかし、ここに列挙されている国の順番をみてみると、腑に落ちないところがある。東海道は伊勢、東山道は近江、山陰道は丹波、山陽道は播磨という具合に、七道の最初の国が挙げられているのに、北陸道では若狭ではなく越前の名が挙がっている。東海道でも伊勢と尾張の間には志摩があるし、南海道にしても紀伊のあとに淡路が名を連ねていてもよさそうではある。敢えて若狭、志摩、淡路の国々は、調を銭で納めさせる対象から除外されているかのように見えるのだが、なぜそれらの国は調を銭で納めないのだろうか。

それについて吉永荘志は、若狭や志摩、淡路では銭が流通していなかったからではなく、それらの国々ではむしろ銭よりももっと価値のあるものが調として納められていたからであり、その銭にもまして価値があるものとは塩であったと推測している。[26]鋭い指摘である。ただし、銭にもまして塩に価値があったのではなく、銭と同等の価値が塩にあったと考えるべきだろう。塩が貨幣的なものとして流通していた形跡を、古代日本文学の中に見出すことができるからである。

（二）貨幣的な塩

『日本霊異記』下巻第二十七縁には、塩が貨幣的なものであったと考えられる、次のような伝承が残されている。

【資料11】『日本霊異記』下巻第二十七縁

白壁の天皇のみ世の宝亀九年の戊午の冬の十二月下旬に、備後国葦田郡大山の里の人、品知牧人、正月の物を買はむが為に、同じ国の深津郡深津の市に向ひて往きき。中路にして日晩れぬ。葦田郡の葦田の竹原に次りき。宿れる処に、呻ふ音有りて言はく、「目痛し」といふ。牧人聞きて、竟夜寝ねずして踞りをり。明くる日に見れば、一つの髑髏有りき。筍、目の穴に生ひて串かる。竹を掲きて解き免し、自ら食へる餉を饗して言はく、「吾に福を得しめよ」といふ。市に到り物を買ふに、買ふ毎に意の如し。疑はくは、彼の髑髏の祈に因りて、恩を報いたるならむかと。

市より還り来りて、同じ竹原に次る。時に彼の髑髏、及生ける形を現して、語りて言はく、「吾は葦田郡屋穴国の郷の穴君の弟公なり。賊、伯父の秋丸に殺されし、是れなり。風吹く毎に、動れば我が目甚だ痛し。仁者の慈を蒙りて、痛苦既に除かる。今飽くまでに慶を得たり。其の恩を忘れじ。幸の心に勝へず。仁者の恩に酬いむと欲ふ。我が父母の家は、屋穴国の里に有り。今月の晦の夕、吾が家に臻れ。彼の宵に非ずは、恩に報いるに由無し」といふ。牧人聞きて、増怪しびて他人に告げず。晦の暮を期りて、彼の家に至る。霊、牧人の手を操りて、屋の内に控き入れ、具へたる饌を譲りて、以て饗して共に食ひ、残れるは皆裹み、幷せて財物を授く。良久にありて彼の霊倏忽に現れず。父母、諸霊を拝せむが為に、其の屋の裏に入り、牧人を見て驚き、入り来れる縁を問ふ。牧人是に、先の如くに具に述べたり。因りて秋丸を捉へ、殺せる所由を問ふ。「汝が先の言の如くは、汝、吾が子と倶に市に向ふ。時に汝、他の物を負ひて、未だ其の債を償はず。中路に遇ひて徴り乞はれ、弟公を捨てて来つといふ。『若しは来るや不や』といひき。我、汝に答へて言はく、『未だ来らず、視ず』といひき。今聞く所は、何ぞ先の語に違ふ」といふ。

賊盗秋丸、惣意に悸然り、事を隠すことを得ず。乃ち答へて言はく、「去年十二月下旬、正月元日の物を買はむが為に、我、弟公と市に率て往く。持てる物は馬布綿塩なり。路中にして日晩れ、竹原に宿り、窃に弟公を殺して、彼の物を掠り、深津の市に到りて、馬は讃岐国の人に売り、自余の物等は、今出して用ゐる」といふ。…

ある男は、馬、布、綿、塩を持って正月の物を買いに市に出かけていき、一緒に行った叔父に殺されてしまう。そのまま朽ちて髑髏となってしまったのだが、たまたまそこを通りかかった旅人に供養してもらい、その礼にと旅人を自分の実家に招いた。その男の両親は、いつの間にか座敷に入り込んでいた旅人に驚くものの、息子が叔父によって殺害された経緯を旅人から聞かされたという。

この説話からは、市で馬、布、綿、塩が売買されていたことがわかるだろう。また、注目すべきは甥を殺害した叔父の行動で、馬はすぐに売ってしまうのに、布や綿、塩は手元に残していたことである。なぜ馬だけを売ったのだろう。馬のように目立つものを持ち帰れば、甥を殺害したことがわかってしまうからだろうか。そうではあるまい。布や綿、塩はいつでも交換できるから、すぐに売り払う必要がなかったのではないか。すなわち、それらは「貨幣的なもの」であったと考えられるのだ。

「貨幣的なもの」の存在を示す記事は、『日本書紀』にも残されている。

【資料12】『日本書紀』斉明天皇五年是歳

又、高麗の使人、羆皮一枚を持ちて、称其価りて曰はく、「綿六十斤」といふ。市司、咲ひて避去りぬ。高麗画師子麻呂、同姓の賓を私の家に設する日に、官の羆皮七十枚を借りて、賓の席にす。客等、羞ぢ怪びて退りぬ。

高麗の使人がヒグマの皮一枚を綿六十斤と交換しようとしたが、あまりに法外な値段であったので市司は断った。そこで高麗画師子麻呂は、高麗からきた客人を私宅に招き、ヒグマの皮七十枚を敷いてもてなしたところ、客人は恥じ入って退出してしまったという。日本にはヒグマの皮がなかったため、たった一枚で綿六〇斤に交換できると高麗の使人は考えたのであり、この時、綿はヒグマの毛皮の価値を示す基準となっている。それはまさにモノの価値を示す「貨幣」であった。

布に関しても、『続日本紀』和銅五年十二月条に「また、諸国の送れる調庸らの物は、銭を以て換ふるに、銭五文を以て布一常に准ふべし。」とあり、布と銭の換算率が明示されている。すでに栄原永遠男によって、庸布が貨幣的な価値を持つものとして流通していた可能性が指摘されているように[27]、布もまた貨幣的な存在であった。

塩については、実際に「貨幣的なもの」として交換されたという記述こそ見出すことはできないものの、【資料12】では布や綿と並列されていることからすると、塩もまた「貨幣的なもの」であっただろう。西洋の話ではあるが、給与という意味の「サラリー」の語源は塩「ソルト」であり、それは古代ローマ時代、兵士に給料として塩は与えられていたことによる。このように生きていく上での必需品が、「貨幣的なもの」の条件でもあった。

(三) 呪具としての塩

改めて、ここで貨幣について定義してみよう。貨幣とは、一体どのようなものをいうのだろうか。

前章でみてきたように、万人がその価値を認めるもの、すなわち生活室需品が貨幣的な役割を担わされていた。布や綿、塩はまさに生活必需品である。しかし必要なものというだけでは貨幣とはなりえない。貨幣には流通していく力が秘められていなければならず、その流通していく力とは、古代においては「呪的な力」であった。縄文時代の遺物でも、最も遠くまで移動するのは祭具であった。日常生活で必要とされるだけなら、遠くまで運ばれることはない。遠くまで運ばれていくには、万人が手に入れたいという願望、すなわち希少価値がなくてはならないのである。

では、塩にはどのような「呪的な力」があったのだろうか。冒頭でも取り上げた『日本書紀』武烈天皇即位前紀から、改めて塩の意味について考えてみよう。

【資料13】『日本書紀』武烈天皇即位前紀

冬十一月の戊寅の朔戊子に、大伴金村連、太子に謂して曰さく、「真鳥の賊、撃ちたまふべし。請らくは討たむ」とまうす。太子の曰はく、「天下乱れなむとす。世に希れたる雄に非ずは、済すこと能はじ。能く之を安みせむ者は、其れ連に在らむか」とのたまふ。即ち与に謀を定む。是に、大伴大連、兵を率て自ら将として、大臣の宅を囲む。火を縦ちて燔く。撝く所雲のごとくに靡けり。真鳥大臣、事の済らざらむことを恨みて、身の免れ難きことを知りぬ。計窮り望絶えぬ。広く塩を差して詛ふ。遂に殺戮されぬ。其の子弟さへに及る。詛ふ時に唯角鹿海の塩をのみ忘れて、詛はず。是に由りて、角鹿の塩は、天皇の所食とし、余海の塩は、天皇の所忌とす。

真鳥大臣は大伴金村連に攻められ、もはや逃れられないと知ると、塩に呪いをかけた。ところが角鹿の塩を呪い忘れてしまい、ゆえに角鹿の塩のみ天皇は口にすることができたという伝承である。

天皇が唯一食べられるものであったということは、裏返せば、天皇だけがその塩を口にすることが許されていたということであり、それはすなわち角鹿の塩を天皇が独占したということを意味している。角鹿という土地の背後には蝦夷との交易があったことからすると、角鹿でとれる塩を独占するということは、そのような交易権を入手することでもあっただろう。武烈天皇はその交易権を手に入れて王となったのであり、角鹿の掌握が、天皇になれるかどうかを決定づけていたのかもしれない。

鈴木景二によれば、古墳時代以来日本海を仕切っていた角鹿海直が祭祀していたのが気比大神であり、その神に捧げられていた塩が貢納されるということは、角鹿海直の服属を意味しているのだという[28]。そもそも塩など食物の貢納には二つのパターンがあって、一つは若狭のように大和政権の直轄経営によって生産された塩の貢納であり、もう一つは角鹿のように豪族が服従する際に行われた塩の貢納であった[29]。

つまり、この武烈紀の角鹿の塩伝承の背後には服属儀礼があって、それによって北陸道すなわち日本海交通の掌握がなされたということである。この伝承が語りたいのは、角鹿の塩のみ天皇に許されたことではなく、角鹿の塩を天皇が独占していたことであり、角鹿の塩の独占とは、対蝦夷交易の掌握でもあった。そしてそのような「交易の力」が、塩には秘められていたのであった。

また、呪的な力を秘めた塩は、次に挙げる『古事記』応神天皇条の伝承からもうかがえる。

【資料14】『古事記』応神天皇

故、この神の女、名は伊豆志袁登売神坐しき。故、八十神この伊豆志袁登売を得むと欲へども、皆得婚ひせざりき。ここに二はしらの神ありき。兄は秋山の下氷壮夫と号け、弟は春山の霞荘夫と名づけき。故、その兄、その弟に謂ひけらく、「吾伊豆志袁登売を乞へども、得婚ひせざりき。汝はこの嬢子を得むや。」といへば、「易く得む。」と答へて曰ひき。ここにその兄曰ひけらく、「もし汝、この嬢子を得ることあらば、上下の衣服を避り、身の高を量りて甕酒を醸み、また山河の物を悉に備へ設けて、うれづくをせむ。」と云ひき。ここにその弟、兄の言ひしが如く、具さにその母に白せば、すなはちその母、藤葛を取りて、一宿の間に、衣褌また襪沓を織り縫ひ、また弓矢を作りて、その衣褌等を服せ、その弓矢を取らしめて、その嬢子の家に遣はせば、その衣服また弓矢、悉に藤の花になりき。ここにその春山の霞荘夫、その弓矢を嬢子の厠に繋けき。ここに伊豆志袁登売、その花を異しと思ひて、将ち来る時に、その嬢子の後に立ちて、その屋に入る即ち、婚ひしつ。故、一りの子を生みき。ここにその兄に白して曰ひしく、「吾は伊豆志袁登売を得つ。」といひき。ここにその兄、弟の婚ひしつることを慷慨みて、そのうれづくの物を償はざりき。ここに愁ひてその母に白しし時、御祖答へて曰ひけらく、「我が御世の事、能くこそ神習はめ。また現しき青人草習へや、その物償はぬ。」といひて、その兄の子を恨みて、すなはちその伊豆志河の河島の一節竹を取りて、八目の荒籠を作り、その河の石を取り、鹽に合へてその竹の葉に裹みて、詛はしめて言ひけらく、「この竹の葉の青むが如く、この竹の葉の萎ゆるが如く、青み萎えよ。またこの鹽の盈ち乾るが如く、盈ち乾よ。またこの石の沈むが如く、沈み臥せ。」といひき。かく詛はしめて、烟の上に置きき。…

伊豆志袁登売《いずしをとめ》が誰の求婚をも受け入れようとしないので、兄である秋山の下氷壮夫は、もしそのヲトメを手に入れたならお前に貢ぎものをしよう、と弟の春山の霞壮夫に約束する。弟が母に相談すると、母はそのヲトメと結婚できるように策を授け、弟は伊豆志袁登売を手に入れることができた。ところが兄は約束した貢ぎものを償おうとしなかったため、母はその河の石を塩に合へ、竹の葉に包んで兄を呪ったという。

角鹿の塩もまた呪われたものであったように、ここでも塩は呪いの道具であった。どうやら塩というものは、呪いの場面で語られるものらしい。三つある塩の伝承のうち、二つまでが呪いと関係がある。呪いといえば山幸彦海幸彦の伝承でも、弟は兄に呪いをかけている。釣り針を後ろ手に返し、鹽盈珠と鹽乾珠を用いて兄を懲らしめているのだが、この二つの珠のシホは「鹽」(塩)であると同時に、文脈からして潮の意でもあった。「塩」は「潮」に通じ、「塩」の珠を用いることは潮を操ること、すなわち航海術のことでもある。そのように「塩」を解釈するのであれば、「角鹿の塩」には、そもそも角鹿を中心とした航海権の意があったことになる。

以上のことをまとめると、蝦夷国では、塩とは主に交易によって入手されるものであり、交易において単なる商品として交換されていたのではなく、一つの価値基準として換算できる「貨幣的なもの」であった。そのような意味においても、塩は国家が管理すべきものであり、その産地として淡路、志摩、若狭、角鹿、播磨、九州があったことは、『万葉集』の歌や『日本書紀』の記述からも理解できる。

従来、角鹿と若狭を一つの地域として捉え、「角鹿の塩」は「若狭の塩」と解されてきたが、それはおそらく誤りであったろう。贄の貢納には二つの型があり、若狭は直轄経営状態のミヤケからの貢納、角鹿は独立性の強い豪族の服属儀礼としての貢納であって、それら二つは並列していた。若狭の塩は、志摩、淡路とともに、朝廷に献上されるものであり、それゆえ若狭は朝廷に贄を献上した御食国として大和政権とは密接な関係にあった。一方、角鹿の塩はどちらかというと呪具の要素が強く、角鹿の塩を口にすることは象徴的儀礼の意味があった。塩を口にすることによって天皇は角鹿の背後に控える北陸道を掌握し、その交易圏を獲得したのだと想像する。

また、古代においてもっとも遠くまで交換されていったものは実用品ではなく祭具であり、呪的な力を秘めたものこそが交換されていく「貨幣」であった。「塩」は「潮」のことでもあり、塩を支配するものが潮すなわち海流をも支配するのであって、そのような水上交通の掌握が、古代においては何よりも重要であったのである。

四　琵琶湖水系と交易

（一）都と角鹿を結ぶ水系

それでは角鹿は、実際にどのような場面で登場しているのであろうか。その例として二つの伝承を示そう。

【資料15】『日本霊異記』中巻第二十四縁

楢磐嶋は、諾楽の左京の六条五坊の人なりき。大安寺の西の里に居住せり。聖武天皇のみ世に、其の大安寺の修多羅分の銭を三十貫借りて、越前の都魯鹿の津に往きて、交易して運び超し、船に載せ家に将ち来らむとする時に、忽然に病を得つ。船を留め、単独家に来むと思ひ、馬を借りて乗り来る。近江の高嶋郡の磯鹿の辛前に至りて、睠みれば、三人追ひ来る。後るる程一町許なり。山代の宇治椅に至る時に、近く追ひ附き、共に副ひ往く。磐嶋、「何に往く人ぞ」と問ふ。答へて、言曰はく、「閻魔王の闕の楢磐嶋を召しに往く使なり」といふ。…

【資料16】『古事記』応神天皇

一時、天皇近つ淡海国に越え幸でましし時、宇遅野の上に御立ちしたまひて、葛野を望けて歌ひたまひしく、

千葉の　葛野を見れば、百千足る　家庭も見ゆ　国の秀も見ゆ

とうたひたまひき。故、木幡村に到りましし時、麗美しき嬢子、その道衢に遇ひき。ここに天皇その嬢子に問ひて曰りたまひしく、「汝は誰が子ぞ」とのりたまへば、答へて白ししく、「丸邇の比布禮能意富美の女、名は宮主矢河枝比売ぞ」とまをしき。天皇すなはちその嬢子に詔りたまひしく、「吾明日還り幸でまさむ時、汝が家に入りまさむ。」とのりたまひき。故、矢河枝比売、委曲にその父に語りき。ここに父答へて曰ひけらく、「こは天皇にますなり。恐し、我が子仕へ奉れ。」と云ひて、その家を嚴餝りて候ひ待てば、明日入りましき。故、大御饗を献りし時、その女矢河枝比売命に、大御酒盞を取らしめて献りき。ここに天皇、その大御酒盞を取らしめながら御歌よみしたまひしく、

この蟹や　何処の蟹　百伝ふ　角鹿の蟹　横去らふ　何処に到る　伊知遅島　美島に著き　鳰鳥の　潜き息づき　しなだゆふ　佐佐那美路を　すくすくと　我が行ませばや　木幡の道に　遇はしし嬢子…

先に挙げた【資料15】は『日本霊異記』に伝えられている説話で、楢磐嶋という男は、大安寺の修多羅分（経を読んだり論議したりする研究組織）の銭を借りて、「都魯鹿《つるが》（角鹿）」で交易を行っていた。そこに閻魔王の使者として鬼が迎えにきたというのであるが、この時、角鹿からは高島を経て、宇治に到っていることは興味深い。角鹿から都に向かうには、塩津、高島、宇治というルートが利用されていたらしく、それは『万葉集』巻三・三六四〜

七までの一連の歌群で、塩津につづいて角鹿が詠まれていることからも理解できる。

次の【資料16】は応神天皇の矢河枝比売の伝承で、応神天皇が宇治で妻問いした折、応神天皇は矢河枝比売から捧げられた盞を手にして、「この蟹はどこから来たのか、角鹿からやってきたのか」と、「琵琶湖―木津川」水系をうたっている。

これら二つの資料からは、角鹿が交易を行う津であったこと、そのルートは塩津、高島、宇治という、「琵琶湖―宇治川・木津川」水系であったことの二点がわかる。

(二) 高島の津

ところで、『万葉集』における琵琶湖の歌の分布をみると、湖東より湖西の方が多く詠まれている。湖西の方が多いということは、湖西が主要なルートであったということであり、琵琶湖交通のメインは湖西であって、湖東はあくまでも東山道の入り口という認識であったのだろう。そしてその東山道の入り口にある坂田郡は息長氏の本拠地であり、湖東へのルートが古代文学においてあまり描かれないのは、息長氏がそこに本拠地を構えていて通過することができなかったからだと思われる。『万葉集』を見る限りにおいては、官人たちが頻繁に通っていたのは湖西であり、しかもその水上の旅は高島で終わっていて、塩津まで行くことがほとんどなかった。実際『万葉集』でどこの津が多く詠まれているのかを調べてみると、最も多いのが大津十二例、続いて高島の津八例、唐津四例となっている。

では、高島が官人たちの旅の目的地だったのだろうか。そうではあるまい。高島はあくまでも船旅の終点であって、そこで船を降りた人々は、陸路若狭に向かったのではなかろうか。具体的に歌をみてみよう。

【資料17】『万葉集』巻七・羇旅作

一一六九　近江の海港は八十ちいづくにか君が舟泊て草結びけむ

一一七〇　楽浪の連庫山に雲居れば雨ぞ降るちふ帰り来我が背

一一七一　大御船泊てさもらふ高島の三尾の勝野の渚し思ほゆ

一一七二　いづくにか舟乗りしけむ高島の香取の浦ゆ漕ぎ出来る舟

【資料18】『万葉集』巻九・雑歌

泉の川辺にして間人宿祢が作る歌二首

一六八五　川の瀬のたぎちを見れば玉かも散り乱れてある川の常かも

一六八六　彦星のかざしの玉し妻恋ひに乱れにけらしこの川の瀬に

鷺坂にして作る歌一首

一六八七　白鳥の鷺坂山の松蔭に宿りて行かな夜も更けゆくを

名木川にして作る歌二首

一六八八　あぶり干す人もあれやも濡れ衣を家には遣らな旅のしるしに

一六八九　あり衣の辺つきて漕がに杏人の浜を過ぐれば恋しくありなり

高島にして作る歌二首

一六九〇　高島の安曇川波は騒けども我れは家思ふ宿り悲しみ

一六九一　旅にあれば夜中をさして照る月の高島山に隠らく惜しも

【資料19】『万葉集』巻九・雑歌

①近江　1-7左・1-18左・1-29題・2-115題・7-1350・12-3157
近江国　1-17題・1-18左・1-29・1-50・3-263題・3-264題
近江道　4-487・13-3240・17-3978
近江県　7-1287
②近江の海　2-153・3-266・3-273・6-1017題・7-1169・7-1390・11-2435・11-2439・11-2440・11-2445・11-2728・12-3027・13-3237・13-3238・13-3239
③志賀　1-30・2-152・2-206・3-263・3-287題・3-288・13-3240・13-3241
志賀の大わだ　1-31
④楽浪（ささなみ）　1-29・1-30・1-31・1-32・1-33・2-154・2-206・3-305・7-1170・7-1253・7-1398・9-1715・13-3240
⑤逢坂　13-3238
逢坂山　6-1017題・10-2283・13-3236・13-3237・13-3240・15-3762
⑥大津　3-288
志賀津　7-1253・7-1398
近江大津宮　1-16標・2-91標・2-147標
大津宮　1-29
近江宮　1-13題注
近江荒都　1-29題
近江旧堵　1-32題・3-305題
楽浪古都　1-32
⑦志賀山寺　2-115題
⑧唐崎　1-30・2-152・13-3240・13-3241
⑨連庫山（なみくらやま）　7-1170
⑩比良　1-31一云
⑫比良山　9-1715
⑩平（ひら）の浦　1-7左・11-2743
比良の大わだ　1-31一云
⑬比良の湊　3-274
⑭比良宮　1-7左
⑬沖つ島山　11-2439・11-2728
⑯三尾の崎　9-1733
⑰真長の浦　9-1733
⑱高島　3-275・7-1171・7-1172・7-1238・9-1690題・9-1690・9-1718・9-1734
高島山　9-1691
⑲勝野
勝野の原　3-275
勝野の渚　7-1171
⑳夜中　9-1691
夜中の潟　7-1225
㉑　三尾　7-1171
㉒　香取
香取の浦　1-1172
香取の海　11-2436
㉓阿渡　7-1238
阿渡川　9-1690
㉔阿渡の湊　9-1718・9-1734
㉕菅浦　9-1734
㉖津乎の崎　3-352
㉗伊香山　8-1533題・8-1533・13-3240
㉘塩津　9-1734・11-2747
㉙塩津山　3-365題・3-365
㉚田上山　1-50・12-3070
㉛八橋（やばせ）　7-1350
㉜石辺山　11-2444
㉝安の川　12-3157
㉞蒲生野　1-20題・1-21左
㉟犬上　11-2710
㊱鳥籠の山　4-487・11-2710
㊲不知哉川　4-487・11-2710
㊳筑摩　13-3323
㊴息長（おきなが）　13-3323
㊵息長川　20-4458
㊶遠智（をち）　7-1341・13-3323

万葉の歌８　保育社より

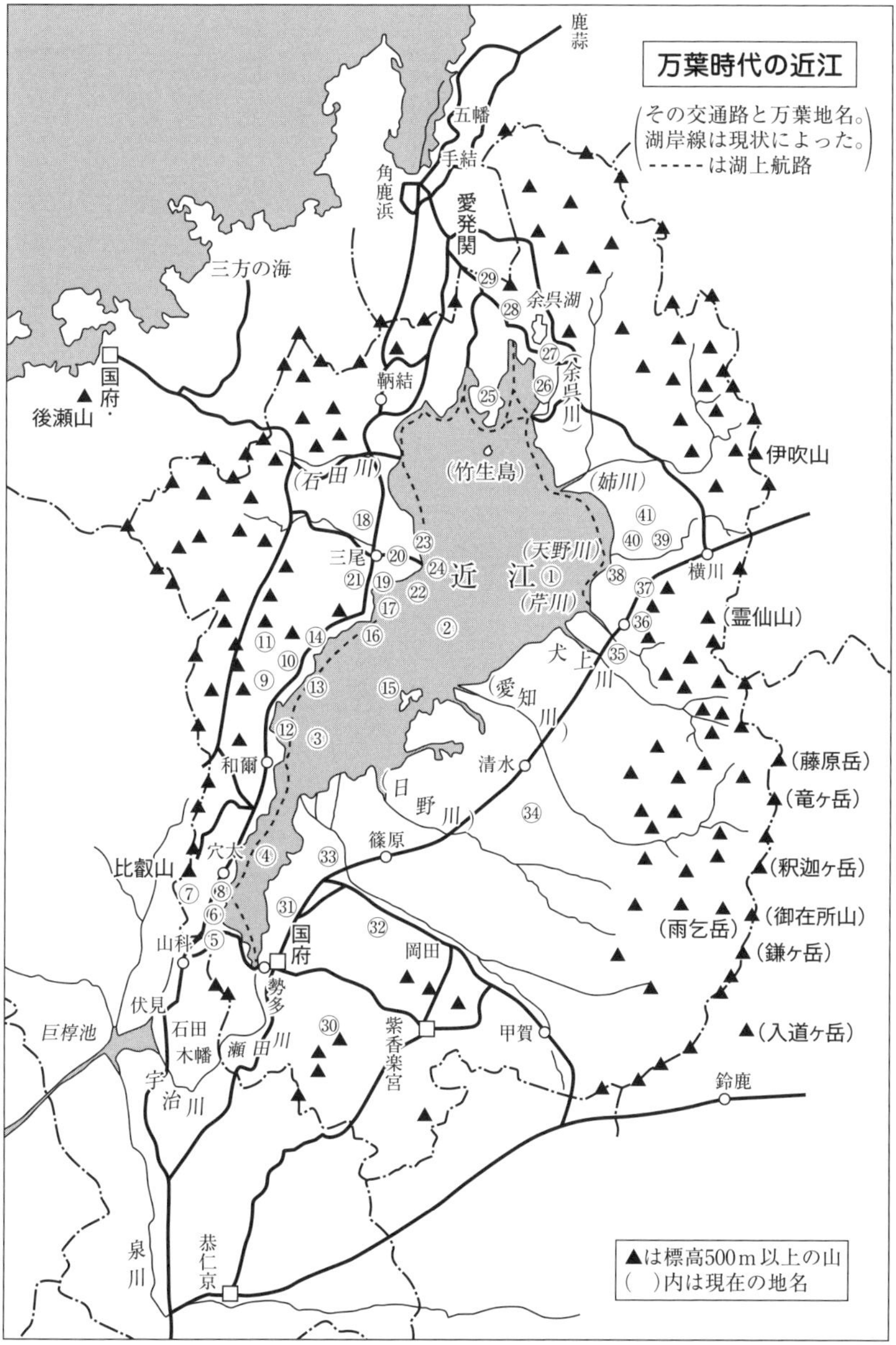

万葉時代の近江
その交通路と万葉地名。
湖岸線は現状によった。
- - - - - は湖上航路
鹿蒜
五幡
手結
角鹿浜
愛発関
三方の海
国府
後瀬山
余呉湖
(余呉川)
鞆結
(竹生島)
(石田川)
(姉川)
伊吹山
(天野川)
近江
(芹川)
三尾
横川
(霊仙山)
犬上川
(愛知川)
和邇
清水
(日野川)
(藤原岳)
(竜ヶ岳)
篠原
穴太
比叡山
(釈迦ヶ岳)
(御在所山)
(雨乞岳)
(鎌ヶ岳)
山科
国府
勢多
岡田
伏見
石田
木幡
巨椋池
瀬田川
紫香楽宮
甲賀
(入道ヶ岳)
宇治川
鈴鹿
泉川
恭仁京
▲は標高500m以上の山
(　)内は現在の地名

琵琶湖万葉歌分布図

碁師が歌二首

一七三二　大葉山霞たなびきさ夜更けて我が舟泊てむ泊り知らずも

一七三三　思ひつつ来れど来かねて三尾の崎真長の浦をまたかへり見つ

小弁が歌一首

一七三四　高島の安曇の港を漕ぎ過ぎて塩津菅浦今か漕ぐらむ

【資料17】は『万葉集』巻七の羈旅歌である。『万葉集』はその順番通りに歌が作られたかどうかは甚だ疑問ではあるが、そのように並んでいるということはとても重要で、それが彼らの認識した世界であった。一一六九番からは近江の歌、楽浪の歌、高島の三尾の勝野、高島の香取の歌と続き、その先はない。

次の【資料18】は、泉川、すなわち木津川に沿ってうたわれた歌群で、鷺坂は木津川のほとりの地、名木川も木津川のことである。これらの歌をみると、木津川を南から北に上り高島に到るルートが語られていることがわかる。

その次の【資料19】の歌群では、一七三二番に大葉山（比良山のあたり）が、次に三尾の崎真長がうたわれ、最後の一七三四番では「塩津菅浦今か漕ぐらむ」と、塩津および菅浦が詠まれている。補足しておくと、高島の津から塩津に向かうとしたら、菅浦の方が順番として先にくるはずである。それなのに塩津から先にうたわれているのは、行き先が塩津であったから、まずその目的地を先に詠んだのだという説がある。(30) その解釈には疑問が残るけれど、いずれにせよ、塩津にも向かっていることがこの歌からはわかるだろう。ただ、この一七三三番「三尾の崎真長の浦をまたかへり見つ」において、三尾の崎真長の浦を何度も振り返って見ているのは、三尾の崎に愛しい妻がいるからではあるまい。高島で船を降りるのが一般的で、その先に行くことに対して不安があったのではないか。そうであるから何度も振り返って見たのだと考えみたい。

さて、以上のことから何がわかるだろうか。

最も古い時代、都から日本海にいたる道として利用されていたのは、「木津川―大津―唐崎―高島―若狭」というルートで、おそらく日本海の玄関口は若狭であった。朝廷の直接支配が及んだ地域こそ、「アメノヒボコ文化圏」であり、畿内の少し外側の地域を含んで、それは広がっている。ところが、朝廷がその支配を北に伸ばしはじめると、北に向かう玄関口として角鹿が注目されるようになった。蝦夷征伐や新羅国を意識する時、角鹿が歴史に登場するということである。息長氏との姻戚関係が結ばれたこともあって、その後、角鹿に直接到るようなルートが、北陸道のメインとなっていったのだろう。

むすび

古代日本文学において角鹿は、主に『日本書紀』の中で語られている。例えば、角鹿の地名起源譚ともなっているツヌガアラシトは、『古事記』の同工異曲の伝承ではアメノヒボコという名で登場する。対外的な書物として編纂され、日本海を強く意識する『日本書紀』の性格からすれば、ツヌガアラシトという名に込められているのは、韓半島や大陸との交流であったことは明らかである。まさに神功皇后は角鹿から新羅に出兵していったのであり、時代が下れば越国から蝦夷征伐へと船団は向かっていった。古代において越国は東北経営の最前線でもあって、その北方に未知の国は広がっていた。交易や征伐という名のもとに対外交流はなされ、東アジア圏という大きな視野を持ち得た時、角鹿は歴史の表舞台に躍り出るのであった。

一方隣国の若狭は、塩や海産物を貢納する御食国であり、国家の政策として製塩が行なわれていたという。つまり、それは朝廷の直接支配が及ぶ地域に属し、朝廷との結びつきは強くて古い。アメノヒボコが訪れた地域を結んで描かれる、「アメノヒボコ文化圏」ともいうべき領域は、若狭、丹後、但馬、播磨、淡路と、畿内の一つ外側の国々を包括していて、不思議なことに、その領域の先端に御食国は置かれている。西の淡路、東の志摩、北の若狭というように、御食国によって朝廷直轄地の領域は示されてもいるのだろう。それが日本国内に重心をおいた『古事記』という書物の性格でもある。

その角鹿と若狭という二つの地域において、塩は象徴的に語られている。若狭の塩は調として中央にもたらされ、国内に流通し、角鹿の塩は祭祀権を象徴するものとして王によって独占され、対外的な交易品として交換されていったのではないか。塩とは呪的力を持ち、結界を示すものであると同時に、外の世界との交換を促す「貨幣的なもの」であったのである。

注

（1）狩野久「御食国と膳部」（『日本古代の国家と都城』）、東京大学出版、一九九〇年。
（2）舘野和己「若狭の調と贄」（『越と古代の北陸』）、名著出版、一九九六年。／舘野和己「若狭・越前の塩と贄」（『日本海域歴史体系』第一巻古代編Ⅰ）、清文堂出版、二〇〇五年。
（3）『日本書紀』一（岩波文庫、一九九四年）「崇神天皇六十五年七月条」の注。
（4）『日本書紀』二（岩波文庫、一九九四年）「垂仁天皇三年春三月条」の注によれば、吾名邑の比定地には、坂田郡阿那郷と、アメノヒボコの従人たちが住んだという蒲生郡鏡村の二つがあるといい、大橋信弥は、①竜王町綾戸説（式内長寸神社付近）、②草津市穴村説、③坂田郡阿那郷説のうち、①と②に有力な根拠がないため、③がよいとしている（大橋信弥「息長氏と渡来文化」（『東アジアの古代文化』九五号）、大和書房、一九九八年五月）。
（5）山口佳紀・神野志隆光校注・訳『古事記』（新編日本古典文学全集）、小学館、一九九七年）の頭注もそう解している。
（6）西郷信綱『古事記注釈』第四巻、平凡社、一九八九年。
（7）門脇禎二もまた、新羅と加羅・百済を混同するはずはなく、同一人物ではないとする。「角鹿（敦賀）の古代」（『日本海域の古代史』）東京大学出版、一九八六年。
（8）（6）に同じ。
（9）うち一例は、孝霊天皇条で日子刺肩別命が高志の利波臣、豊国の国前臣、五百原君、角鹿の海直の祖であるという記事で、地名ではない。
（10）（5）に同じ。
（11）西郷信綱『古事記注釈』第三巻、平凡社、一九八八年。
（12）尚、応神朝以外で角鹿が語られるのは、この章の冒頭でも触れた武烈天皇即位前紀と、持統天皇六年九月条で、角鹿の郡浦上の浜で得た白蛾が献上されたくだりである。
（13）息長氏およびその出自に関しては宝賀寿男『息長氏』（青垣出版、二〇一四年）に詳しい。
（14）山尾幸久『日本古代王権形成史論』、岩波書店、一九八三年。
（15）大きく分けて、継体天皇を地方豪族とする考えと（岡田精司「継体天皇の出自とその背景」（『日本史研究』一二八）、一九七二年。／山尾幸久『日本古代王権形成史論』、岩波書店、一九八三年）、王族とする考えの二つがある（平野邦雄「六世紀、ヤマト王権の性格」（『東アジアにおける日本古代史講座』四）、学生社、一九八〇年。／塚口義信「継体天皇と息長氏」（『日本書紀研究』九）、塙書房、一九七六年）。あるいは、近江国高島を本拠とした三尾氏と坂田郡を本拠とした息長氏との結びつきの中から、地域圏を代表する主張として選出されたのが継体天皇だとする説や（平野卓治「ヤマト王権と近江・越後」（『新盤古代の日本』五）、角川書店、一九九一年）、五世紀段階で大和にも進出し、王権の職務を行う一方で王族の姻族になったという説もある（渡里恒信「継体天皇の祖先について─息長氏との関係─」（『續日本紀研究』第三五七号）、二〇〇五年八月）。
（16）前川明久「大和朝廷の朝鮮経営とその軍事的基礎」（『續日本紀研究』第一二三号）、一九六四年。
（17）応神天皇の「名易へ」の伝承は、息長氏の日本海沿岸進出を雄弁に物語っており、息長氏は直接新羅と接触をもった親新羅氏族であったという（村山光一「大化改新前夜における息長氏の政治的役割」（『史学』四四―三）三田史学会、一九七二年四月）。

(18) 渡部郁子「陸奥・出羽・越後の国支配」（小林昌二・小嶋芳孝編『日本海域歴史大系』第一巻古代編Ⅰ）、清文堂出版、二〇〇五年。

(19) 熊谷公男「安倍比羅夫北西記事に関する基礎的考察」および今泉雄「蝦夷の朝貢と饗給」（ともに、高橋富雄編『東北古代史の研究』、吉川弘文館、一九八六年収録）などを参照のこと。

(20) 伊藤循「古代国家の蝦夷支配」（鈴木靖民編『古代蝦夷の世界と交流』）、名著出版、一九九六年。

(21) 中村明蔵「隼人の朝貢をめぐる諸問題」（『隼人の研究』）、学生社、一九七七年。

(22) 伊藤循「律令制と蝦夷支配」（田名網宏編『古代国家の支配と構造』）、東京堂出版、一九八六年。

(23) 虎尾俊哉「律令国家の奥羽経営」（『古代の地方史』6奥羽編）、朝倉書店、一九七八年。

(24) それ以外にも、仲哀天皇八年紀に「魚塩の地」「塩地」などの塩田が献上された記事があるが、伝承としてはこの三つが該当する。

(25)『続日本紀』一（新日本古典文学大系）岩波書店、一九八九年）の補注5―七〇による。また、『続日本紀』和銅五年十二月条には、調銭の際の換算基準が示されている。

(26) 吉永荘志「文字史料からみた若狭国と三方郡のはじまり」（美浜町歴史シンポジウム記録集7『若狭国と三方郡のはじまり』）美浜町教育委員会、二〇一三年三月。

(27) 栄原永遠男「和銅開珎の誕生」（『日本古代銭貨流通史の研究』）塙書房、一九九三年。

(28) 鈴木景二「「角鹿（敦賀）の塩」再考」（美浜町歴史シンポジウム記録集7『若狭国と三方郡のはじまり』）美浜町教育委員会、二〇一三年三月。また同氏は、角鹿海直が大和朝廷に対して行った服属儀礼が「気比神楽歌」であり、そこに九州の葦北（熊本）の地名がよまれていることから、角鹿海直は日本海を通じて九州とも交流があったと述べている（「気比神楽歌にみる古代日本海交通」（『古代文化』62-4）、二〇一一年三月）。

(29) 鬼頭清明はそれを①諸国所進御贄と②諸国例貢御贄とし（「御贄に関する一考察」（竹内理三編『律令国家と貴族社会』）吉川弘文館、一九七八年）、亀谷弘明はそれを①屯倉・御食国的地域、②国造的領域支配と区分している（「「古代王権と贄」の展望」

(『古代木簡と地域社会の研究』)、校倉書房、二〇一一年)。
(30) 伊藤博『万葉集釈注』四、集英社、一九九九年。

【参考文献】

三品彰英『三国遺事考証』上、塙書房、一九七五年
美浜町歴史シンポジウム記録集5~8
井上辰雄『正税帳の研究』、塙書房、一九六七年
門脇貞二『日本海域の古代史』、東京大学出版会、一九八六年
羽下徳彦『北日本中世史の研究』、吉川弘文館、一九九〇年
狩野久『日本古代の国家と都城』、東京大学出版会、一九九〇年
小林達雄・原秀三郎編『新版日本の古代』7中部、角川書店、一九九三年
小林昌二編『越と古代の北陸』、名著出版、一九九六年
館野和己『日本古代の交通と社会』、塙書房、一九九八年
広岡義隆『万葉の歌』8、保育社、一九八六年
北郷泰道『海にひらく古代日向』(みやざき文庫70)、鉱脈社、二〇一〇年
古賀登『神話と古代文化』、雄山閣、二〇〇四年
高橋崇『坂上田村麻呂』(人物叢書)、吉川弘文館、一九五九年
高橋富雄『辺境』(教育者歴史新書)、教育社、一九七九年
定村忠士『悪路王伝説』、日本エディタースクール出版部、一九九二年
新野直吉『田村麻呂と阿弖流為』、吉川弘文館、二〇〇七年
久慈力『蝦夷・アテルイの戦い』、批判社、二〇〇二年
樋口知志『阿弖流為』、ミネルヴァ書房、二〇一三年
篠原幸久「継体王系と息長氏の伝承について—総括および分析視点—」(『学習院史学』第26号)、一九八八年三月

渡辺育子「出羽における国郡制形成過程の特質」(『新潟史学』第27号)、一九九一年十月
渡辺育子「八世紀第一四半期の出羽と「沼土城」」(『新潟史学』第28号)、一九九二年五月
鈴木景二「気比神楽歌にみる古代日本海交通」(『古代文化』62-4)、二〇一一年三月

第三章　播磨への道
―オケ・ヲケ皇子の逃避行―

はじめに

『播磨国風土記』美嚢郡には、雄略天皇に父を殺害されたオケ・ヲケ皇子が身をやつし、再び王として中央に迎えられる伝承が語られている。志深《しじみ》の「石室」に籠ることによって王となるこの伝承は、まさに王の再生譚であり、「天石屋戸」を想起させる神話的な意味を秘めている。

実はこの伝承と同工異曲の物語が記紀にも残されており、その播磨までの逃避ルートがそれぞれの書物で異なっている。『播磨国風土記』では近江から逃れ来たとのみ記すのに対し、『古事記』では山代から淀川を下ったルート、『日本書紀』では丹後を経由したルートが語られていて、それら書物の特徴を示しているといえる。

そこでこの章では、中でも『日本書紀』の逃避行に注目し、「鉄」をめぐる「交易」について考えることから、播磨国美嚢の風土を明らかにしたいと思う。

一　『播磨国風土記』のヲケ・オケ皇子

『播磨国風土記』では、オケ・ヲケ皇子の伝承は次のように語られている。

於奚・袁奚の天皇等の此の土に坐しし所以は、汝が父、市辺の天皇命、近江の国の摧綿野に殺されましし時、日下部連意美を率て、逃れ来て、惟の村の石室に隠りましき。然る後、意美、自ら重き罪なるを知りて、乗れる馬等は、其の勒を切り断ちて逐ひ放ち、亦、持てる物、按等は、尽に焼き廃てて、即て経き死にき。爾に、二人のみ子等、彼此に隠り、東西に迷ひ、仍ち、志深の村の首、伊等尾の家に役はれたまひき。伊等尾が新室の宴に因りて、二たりのみ子等に燭さしめ、仍りて、詠辭を擧げしめき。爾に、兄弟各相譲り、乃ち弟立ちて詠めたまひき。其の辞にいへらく、

たらちし　吉備の鐵の　狭鍬持ち
田打つ如す　手拍て子等
吾は儛ひせむ。

又、詠めたまひき。其の辞にいへらく、

淡海は　水渟る国
倭は　青垣
青垣の　山投に坐しし
市辺の天皇が　御足末　奴僕らま。

とながめたまひき。即ち、諸人等、皆畏みて走り出でき。爾に、針間の国の山門の領に遣されし山部連少楯、相聞き相見て、語りて云ひしく、「此のみ子の為に、汝が母、手白髪命、昼は食さず、夜は寝ず、あるは生き、あるは死にて、泣き恋ひませるみ子等なり」といひき。仍りて、参上りて、啓すこと右の件の如し。即ち、歓び哀み泣きて、少楯を還し遣りて、召し上げたまひき。仍りて、相見相語ひ恋ひたまひき。此より以後、更還り下りて、宮を此の土に造りて、坐ましき。

(『播磨国風土記』美嚢郡)

オケ・ヲケ皇子の父市辺皇子は、近江国摧綿野《くだわたの》で狩をしているところを雄略天皇によって殺された。ここでは詳しく語られることのないその時の状況を、『古事記』では朝早く假宮に現れた市辺皇子に殺意があるに違いないという従者の言葉に従って、雄略天皇が先手を打って殺害したように描き、『日本書

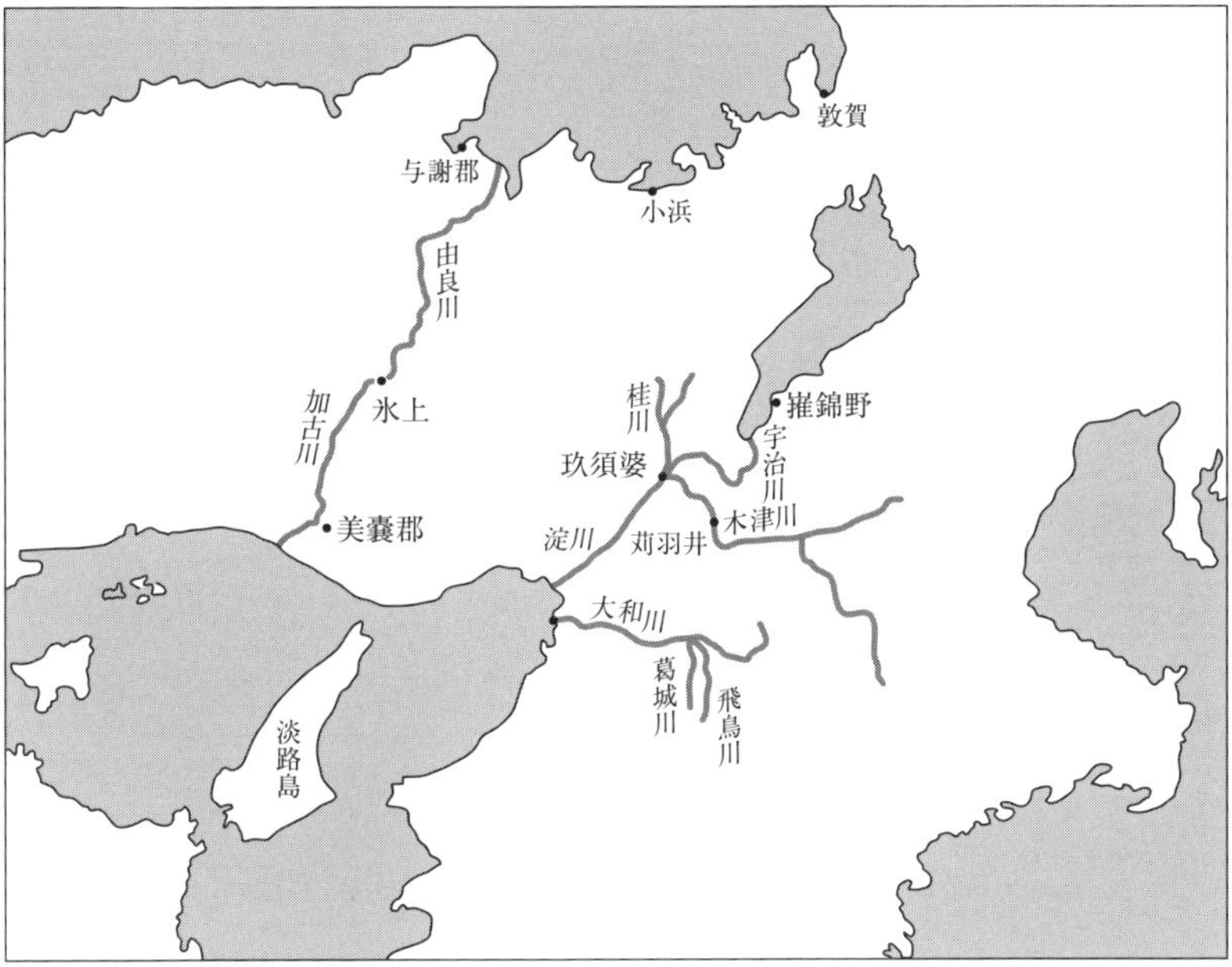

オケ・ヲケ皇子の逃避ルート

紀』では安康天皇が市辺皇子に皇位を継承させようとしたことを雄略天皇が恨み、偽って狩に誘い出したところを殺害したとする。これら二つの書物ではどちらに殺意があったのかという点について違いがあるのだが、おそらくそのどちらもが正しく、皇位継承をめぐる争いから市辺皇子は殺されたのであろう。そのような争いがあったからか、市辺皇子の御子たちは身の危険を感じ播磨へと逃亡する。はじめ美嚢郡志染の里の石室に隠れていたオケ・ヲケ皇子は、その後志深の村の首伊等尾の家で火たきの童として仕え、新室の宴の際、市辺皇子の末裔であることを自ら明かす。それを機に二人は中央に迎えられたものの、再び播磨の地に戻り宮を建てたという。

ここで興味深いことは、あたかもこの二人の皇子が播磨から誕生した天皇であるかのように語られていることである。逃避行の行先でしかなかったはずの播磨に、何故に宮は建てられたのか。二人が播磨へ逃れたのはなぜなのか。

実はこの伝承で二皇子の母となっている手白髪命は、播磨と深い関係があった。手白髪命とはその時角刺宮において国政にあたっていた伯母飯豊皇女のことだとされており、別名忍海郎女、忍海部女王ともいい、その子代の部民が忍海部であった。(1)二皇子が仕えた伊等尾は『日本書紀』では忍海部造細目となっており、そのような伯母の縁があって二皇子は播磨に逃れたのだろう。

しかしそのような忍海部との関係はここでは直接語られることはなく、オケ・ヲケ皇子がこの地に逃れきて石室に籠ったことによって再生を果たし、王になったという物語になっている。『播磨国風土記』においては、どのような縁があって播磨に逃れたのかということは問題にはならず、アマテラスの天石屋戸籠りを彷彿とさせる「籠り」に焦点はあてられ、神話的ストーリーにこそ価値があった。そのような播磨の風土が重要なのであり、あくまでも播磨の風土に根差した神話の語りを重視する書物が『播磨国風土記』ということになろうか。二皇子が身をやつしていた火たきの童というのも、最も下賤な仕事であると同時に、火という両義的なものを扱う呪的力を秘めた境界的な存在であり、播磨にはそのような境界としての機能があると『播磨国風土記』は語るのであった。

二　記紀のオケ・ヲケ皇子

『古事記』清寧天皇のくだりにも、『播磨国風土記』の記述と同じような内容が語られている。同工異曲のその物語が『播磨国風土記』と大きく異なるのは、雄略天皇の後を継いだ清寧天皇には皇子がいず、崩御後市辺皇子の妹である忍海郎女が政治を行っていたと語ることと、新室の宴で二皇子がうたう歌に、

物部の、我が夫子の、取り佩ける、大刀の手上に、丹画き著け、その緒は、赤幡を載り、立てし赤幡、見ればい隠る、山の三尾の、竹をかき苅り、末押し靡かすなす、八絃の琴を調ふる如、天の下治めたまひし、伊邪本和気の、天皇の御子、市辺の、押歯王の、奴末。

（『古事記』清寧天皇）

と、天下を治める天皇の末裔であると述べることである。天皇がいかにして天下を治めたのか、その統治の様子を語る詳細な描写があり、『播磨国風土記』ではさして意識されていなかった皇統というものがここでは強く意識されていて、中央の視点でオケ・ヲケ皇子の物語は語られていく。そのような意識をもつ『古事記』であるからだろう。安康記で市辺皇子が殺された記述のすぐ後に、オケ・ヲケ皇子が大和から逃れていく道中が語られる。

ここに市辺王の王子等、意祁王、袁祁王、二柱この乱れを聞きて逃げ去りたまひき。故、山代の苅羽井に到りて、御粮食す時、面黥ける老人来て、その粮を奪ひき。ここにその二はしらの王言りたまひしく、「粮

は惜しまず。然れども汝は誰人ぞ。」とのりたまへば、答へて曰ひしく、「我は山代の猪甘ぞ。」といひき。故、玖須婆の河を逃げ渡りて、針間国に至り、その国人、名は志自牟の家に入りて、身を隠したまひて、馬甘牛甘に役はえたまひき。

（『古事記』安康天皇）

この記述によれば、オケ・ヲケ皇子は父が殺されたことを聞いて、山代の苅羽井から玖須婆の河を経て播磨へと向かっている。この山代の苅羽井は今の京都府城陽市水主宮馬場にある式内樺井月神社周辺の宇治川沿いに比定されており(2)、その宇治川は玖須婆（大阪府枚方市楠葉）で淀川と合流して瀬戸内海へと注ぎこんでいる。ここに瀬戸内海と山代を結ぶ「宇治川―淀川水系」が浮かび上がって見えてくるだろう。

おそらく当時はそのような河川を利用した水路が発達していて、淀川から瀬戸内海へと抜け播磨へと向かう水路は古代の幹線路であった。大和と播磨を結ぶ道とはすなわち租税を運ぶ道でもあって、そのような律令国家の要請が古代街道を整備させたのだと想像する。中央の視座を持つ『古事記』であればこそ、幹線路を意識した逃避ルートを記したのであり、それは『播磨国風土記』との大きな違いでもある。

では同じく中央で編纂された『日本書紀』においては、オケ・ヲケ伝承はどのように描かれているのだろうか。

顕宗紀によれば、二皇子は市辺皇子が殺害されたので、日下部連使主《おみ》らとともに丹波国余社《よさ》から播磨に逃れ、丹波小子《たにはのわらは》と名を改めて縮見《しじみ》屯倉首すなわち忍海部造細目《おしぬみべのみやつこほそめ》に仕えたという(3)。その後忍海部造細目の新室の宴で二皇子が自らの身分を明かすことは、『播磨国風土記』や『古事記』に同じである。

ただここで不思議に思うことは、新室の寿ぎとしてその家の繁栄を願った次に、宴でふるまわれた酒を誉めた歌の中で、

…出雲は　新墾、新墾の　十握稲を、浅甕に　醸める酒、美にを　飲喫ふるかわ。吾が子等。脚日木の

此の傍山に、牡鹿の角　挙げて　吾が儛すれば、旨酒　餌香の市に　直以て買はぬ。手掌も憀亮に　拍ち上げ賜ひつ、吾が常世等。（『日本書紀』顕宗天皇即位前紀）

と、餌香の市がうたわれていることである。大和川の支流である石川の下流左岸、大阪府藤井寺市国府周辺にあったという餌香の市が、なぜここにうたわれるのだろう。『古事記』に同じく中央で編纂された書物であれば中央を意識して語られるのは当然だとしても、酒の美味さをいうのに餌香の市でも買えないほどだとするその価値基準は一体どこからくるのか。

おそらくここには、市に行けば何でも手に入るという当時の常識がある。市の中でも大和と大和川で結ばれた餌香市は水路と陸路が交差する交通の要衝であり、多くの物資が集まりにぎわっていた。美味い酒とは市で取引されるものであり、そのように発達した物流や経済がこの言葉の背景にはあるのだろう。どうやら『日本書紀』には、古代街道を利用して行われていた交易を描こうとする視点もあるようだ。

つまり、あくまでも在地の視点に立ち、在地の英雄としてオケ・ヲケ皇子を語ろうとする『播磨国風土記』と、大和と播磨を結ぶ水路に注目し古代街道の発達を描こうとする『古事記』にはどこに重心があるのかという違いがあって、『古事記』に同じく中央で編纂された『日本書紀』は、さらに古代街道を利用した交易の盛んなさまを描くことにおいて、より鮮明に律令国家の姿を浮き彫りにしようとしていると考えられるのであった。

三　播磨の開墾

ところで先に挙げた『日本書紀』の歌の中に、「出雲は　新墾　新墾の　十握稲を」と出雲という地名が登場する。ここでいう出雲とは隣国としての出雲を指すのではなく、『播磨国風土記』飾磨郡飾磨御宅条にあるように、応神天皇の御代、罪を得た出雲国造が命じられて開拓した出雲田のことであって、そのようにして拓かれた田からは多くの実りを得ることができた。美味い酒を語る背後には、新しく開墾された田が存在しているに違いなく、『播磨国風土記』には実に多くの開墾伝承が残されている。

揖保郡萩原の里では、神功皇后新羅征伐の折立ち寄った村で一晩のうちに萩が成長し、それ故そこに掘った井戸を針間井と名づけたと語られるのだが、その針間の「ハリ」とは萩のことではなく「墾」のことであって、開墾するために掘られた井戸が針間井の語源であった。(4) 揖保郡萓生山にも応神天皇によって開かれた井戸が見え、同郡石海の里にはその地に生えた百枝の稲を阿曇連百足が孝徳天皇に献上したところ、同族の太牟《たむ》がその地を開墾するために派遣されたとある。続く酒井野の伝承では、応神天皇の時に井を開いて開墾し、ここに酒殿を造ったという。米どころとして今も名高い播州平野はこのようにして開墾されていったのであり、やがてその開墾地から収穫された米は酒に醸され神に捧げられた。そのような祭祀の様子が、萩原の里のくだりで国号起源譚に続いて語られている。

その伝承に曰く、墫の水が溢れた井を韓清水と名づけ、その水は汲めども汲みつくすことがなかったのでそこに酒殿を造り、酒を醸す酒船が傾いたので傾田、米舂女が陰部を絶ったので陰絶田というようになった。萩が多く生えたので萩原と呼ぶようになり、少足命という神を祀ったという。

井戸ははじめ土地を開墾するためにひらかれ大地を潤すものであったが、開墾した田から多くの収穫を得たならば、今度はその清らかな水を用いて酒が醸された。酒は豊かな実りの象徴であり、それを神に捧げて大地の恵みを感謝する祭祀ははじまった。(5) 米舂女たちが従者に陰部を断たれたというのも、豊饒を祝いさらなる恵みを予祝するための呪術なのだろう。神を祭祀することで翌年の豊饒は約束され、酒船が傾くほど豊饒な実りは再び大地の神に捧げられた。

そしてそのような豊饒を可能にしたのは、韓清水とあるように、渡来人によってもたらされた開墾技術であった。播磨には多くの渡来人が移り住んだ痕跡がある。飾磨郡韓室の里は韓室首宝が韓室を造ったことから名づけられ、草上は韓人山村の祖が田を開いた時に一叢の草の根が臭かったことによる地名だという。賀野の里という名も蚊屋を張ったことに因んだというが、おそらく韓半島の伽耶の地から人々が移り住んできたゆえの名であろう。新良訓にしても新羅から来朝した人々がその村に宿ったからである。揖保郡大田の里は、呉の勝が韓国から紀伊、摂津国大田を経てこの地に移住してきたので名づけられたとされ、揖保郡少宅の里にも漢人が渡来したことが伝えられている。飾磨郡手苅丘では地名起源譚の異伝として「韓人等始めて来たりし時、鎌を用ゐることを識らず。但、手以て稲を苅りき。」と、韓人が始めてここに来た時には鎌を用いず手で稲を刈っていたと語られる。一般的にこの話は、鎌を用いることを知らなかった韓人が素手で刈っていたと解されるのだが、おそらく「韓人等始めて来たりし時」というのは時を示す言葉であって、韓人が来た時その地の人々はまだ手で刈っていたと解すべきであり、韓人こそが鎌をこの地にもたらしたのだろう。このように韓半島から新しい開墾の技術を持ち込んだ人々の姿を、『播磨国風土記』のうちに見出だせるのである。

韓半島からもたらされた開墾技術を端的に示している言葉が、実は『播磨国風土記』のオケ・ヲケ伝承の中にもあった。新室の宴でヲケ皇子がうたった「たらちし　吉備の鐵の　狭鍬持ち　田打つ如す　手拍て子等　吾は儛ひせむ」という歌がそれである。なぜここで手拍子をうつことが田を打つことに譬えられ、「吉備の鐵の狭鍬」がうたわれたのか。それは進んだ開墾技術を象徴するものが鍬などの鉄製農具であったからに他ならない。渡来人によってもたらされた最新の開墾技術とは鉄製農具のことであり、その農具作成に必要な製鉄技術のことであった。

四 「鉄」をめぐる物語

このように考えてくると、オケ・ヲケ伝承とは「鉄」をめぐる物語であったことに気づかされる。父の市辺皇子が殺害された近江国摧綿野は、鉄を産する土地であった。

近江国摧綿野は今の滋賀県蒲生郡日野町西明寺に比定され、その日野とは古くから渡来人が多く住む地であり、近世では市がたつような交通の要衝で日野商人が活躍していた。(6) あるいは記紀にいう蚊屋野とは滋賀県日野町鎌掛の荒野のことで、「カヤ」という地名は鹿屋、賀野、賀夜、蚊屋、賀陽とも書き、備中国、大隅国、伯耆国、但馬国、播磨国などに見えるらしい。その「カヤ」の「ヤ」はおそらくアイヌ語の「ヤ」や東国方言の「ヤツ」「ヤチ」にあたり、(7)「カヤ」とは湿地のことをいうのであろう。その地にある式内馬見岡綿向神社の「ウマミオカ」もまた「真水岡」の意で、岡から滲み出る真水を水神として農民が信仰したのがはじまりだという。(8) 日野川を琵琶湖の方へ下った平野にある式内菅田神社（蒲生郡）は、菅の生えていたところを開拓したので菅田と名づけられ、その祭神は天目一箇神《あめのまひとつのかみ》という鉄神であった。(9) この湿地帯に祀られる鉄神は、鉄製農具がその地を開墾し豊かな大地へと変えた何よりの証拠である。その湿地帯を開墾するのに必要であった技術は、そこに多く住んでいた渡来人によってもたらされたことは想像に難くない。そもそも蚊屋野の「カヤ」という言葉自身、韓半島の伽耶を暗示しているのだろう。蒲生郡には百済人の古跡百済寺もある。(10)

また、雄略紀で天皇に蚊屋野での狩猟を勧めた狭狭城山君韓袋とは、孝元紀に大彦王の末裔として登場し、蒲生の山林と原野を管理する豪族であった。紫香楽宮周辺の山林火災に際して消火のため山林を伐採した人物であり、その功績によって褒賞をうけ、配下に木工集団を保持していたらしい[11]。古代において山の管理とはすなわち薪の管理でもあって、必ずや製鉄と結びついているのであれば、ここにも暗号のように「鉄」は埋め込まれている。オケ・ヲケ伝承は、その物語のはじめから「鉄」の存在を通奏低音として奏でていたのである。

さらに興味深いことには、『日本書紀』において二皇子が逃れた与謝の地もまた「鉄」と無関係ではなかった。与謝は丹後国のほぼ中央に位置し、東部と北部は若狭湾に臨んでいる。与謝は古くは「ヨザ」といい「イサ（砂子）」からの転で海湾を指したが、広及して陸地のことまで呼ぶようになったという[12]。しかし、「イサ」とはむしろ細かいことの意に過ぎず、本来は砂鉄のことをいうのではなかろうか。

古代山陰道

例えば今もその地に残されている金屋や金山、勾金という地名は、そこが「鉄」と関わっていたことを示している。与謝郡の中でも縄文や弥生の遺跡が多く見られ、全長一四五メートルにも及ぶ巨大古墳があるのは野田川流域の加悦町であって、その地に郡内の式内社は集中し、郡内唯一の勾金駅も比定されている[13]。まさに「カヤ」の地には進んだ鉄文化があったのであり、それを裏付けるような伝承が、式内布甲神社に残されている[14]。

普甲山。延喜式神名帳に與佐郡布甲神社と云を載たり今此社定らならず又元亨釈書に普甲寺と云ふ伽藍有て慈雲と云ふ高僧の住けるよし此故に普甲山と呼ぶ…中略…天橋記に此山を與佐の大山といふ名所と記せり帝都より南麓内宮村迄廿四里あり山陰道往来の大道なり夫より峯まで二里此間に二瀬川あり左の方に千丈ケ嶽鬼の窟あり…

（『丹後旧事記』）

布甲神社は延喜式内社であるが、どこにあったのかその所在地は不明であり、『元亨釈書』によれば、普甲寺がこの地にあったので普甲山と呼ばれるようになったという。その山とは大江山のことをいい、その麓を山陰道が通っていて、山頂までの間に千丈ヶ嶽という鬼の窟はあった。

ここで古代山陰道について触れておくと、古代の山陰道は京都の大枝駅から西に進み、野口駅（京都府船井郡園部町）、小野駅（兵庫県多紀郡多紀町）、長柄駅（同郡篠山町郡家）を経て星角駅（氷上郡氷上町）に到り、佐治駅（同郡青垣町）からは北上して但馬から山陰の国々に向かっていたと推定されている。[15] 一方丹後へと到る道としては、長柄駅の先で山陰道から分岐して日出駅（氷上郡市島町）、前波駅（京都府福知山市小田）を通り、与謝峠を越えて勾金駅（与謝郡加悦町）を経て丹後国府（宮津市）に到る丹後支路があったと考えられている。[16]

また布甲神社に関しては、明治時代に編纂された『丹後国式内神社取調書』にも詳しく、「丹後式内神社考」からの引用として次のように述べている。[17]

普甲峠ノ中間ニ普甲寺ノ跡アリ夫ヨリ少シ隔リテ鳥居アリ普甲神社ナル事疑ナシサレド寺ハ廃絶シ分散セル時神社モ何地ヘカ遷セシナリ今之ヲ考ルニ小田村ノ内字富久ト云地ノ神社是ナルベシ或書ニ布甲神社ハ天之吹男命今云温江峠ヲ吹尾越亦吹尾峠ト云又旧記ニ岩窟内有風気云々俗謂風穴云々トアルヲ考フルニ吹尾峠ハ普甲峠ノ旧名ナルヲフカウト呼ナラン布甲ト書ルナラン冨久ノ地ニアル社中古来妙見宮ト称シテ太

シキ古社ナリ
（『丹後国式内神社取調書』）

所在地不明とされていた布甲神社は、峠を下ったところにある小田村字金山の富久能神社であり、その金山にはかつて金鉱があったと伝えられているという。[18] 神社の祭神が天之吹男神（アメノフキオノカミ）であれば普甲峠とはおそらく「吹尾峠」のことで、「フコウ」とは峠に風が「吹く」ことから名づけられたのだろう。そしてその風が何に役立つのかといえば鞴の風すなわち製鉄であり、「フク」とは鉄を吹くことでもあった。「フク」とは峠に風が吹くという地形を指すとともに、製鉄に関わる言葉でもあったのである。そしてその天之吹男神が鉄神であったからこそ、その後この地に鬼伝承は生まれた。『宮津府志』収録の「医王山成願寺薬師縁起」に曰く、[19]

推古天皇の時、当国河守荘三上ヶ岳に英胡、迦楼夜叉、土熊という三鬼を魁首として悪鬼多く集りて人民を害す、帝麻呂子親王に命じて之を征伐せしむ、…中略…三鬼の内土熊鬼をば末世の証にとて岩窟にこめ玉ふ、これ今の鬼が窟なり。
（『宮津府志』）

という。人民に害をなしていた三鬼は麻呂子親王によって征伐され、その三鬼うちの土熊は末世の証として岩窟に封じこめられた。[20] まさに『御伽草子』に伝わる大江山の酒呑童子はこの伝承の変奏であり、この地には脈々と鬼伝承が伝えられていた。『古事記』崇神天皇条に、大毘古命を高志道に遣わして平定させたとある次に「日子坐王をば、旦波国に遣はして、玖賀耳之御笠を殺さしめたまひき。」とあるのも、[21] 玖賀耳之御笠《くがみみのみかさ》という鬼、すなわち鉄文化を持った人々を平定した物語なのかもしれない。いずれにせよ製鉄技術を持っていた人々が、やがて鬼として描かれるようになったのであり、与謝もまた古来鉄を産するところであった。

五　美嚢の風土

ここで再び播磨について見てみよう。播磨国美嚢とはどのような土地であったのか。

『播磨国風土記』によれば、美嚢という名は履中天皇が訪れた際、川の流れが美しいと発した言葉によるという。「ミナギ」の語源は水清の約や水辺の転、崖（ナギ）の意など様々にいわれているが、[22]おそらく清らかなことが原義であって水量豊かな水辺を指すのだろう。その水辺は開墾されて農耕に適した沃土になったと想像する。志染の地名も「シチシミ」からの転音で、清らかな（シチシ）水（ミ）に恵まれた土地をいうのであれば、[23]美嚢しろ志染にしろ、それは湿地を思わせる地名であった。

その水辺の開墾に不可欠なものが鉄器であり渡来の製鉄技術であり、二皇子が仕えた志深の村の首伊等尾《いとみ》とは、まさに新羅の蹈鞴津より忍海に連れてこられた漢人の製鉄技術者の子孫であった。『続日本紀』養老六年（七二二）三月七日条によれば、韓鍛冶の技術は伊賀、伊勢、近江、丹波、播磨、紀伊などに広がっていたらしく、美嚢にも古くから製鉄技術者集団が住んでいた。延暦八（七八九）年十二月八日条を見ると、美嚢郡大領正六位下韓鍛首広富が稲六万束を水児船瀬に献じて外従五位下を授けられている。

このようにオケ・ヲケ皇子が逃れた美嚢もまた「鉄」と深く結びついていた。近江、丹後、播磨という、「鉄」と関わる地域がオケ・ヲケ伝承には語られていたのであり、その鉄の農具によって開墾されことが新室の宴にうたわれていたのである。

そしてその開墾の背後には、中央の支配があったことも忘れてはならない。清寧紀に「明石郡の縮見首」とあるように、古く美嚢は明石の一部をなしていたと思われる。(24)とはいうものの美嚢は地理的にも考古学の遺物から考えても加古川流域に属しており、それにもかかわらず明石であったということは、あくまでも行政的に明石に含まれていたのであって、それは古代の政治権力の反映であった。(25)

ではどのような政治的な思惑があって、美嚢は明石に属していたのだろう。

古代畿内と呼ばれる地域は、『日本書紀』改新の詔に「凡そ畿内は、東は名墾の横河より以来、南は紀伊の兄山より以来、西は赤石の櫛淵より以来、北は狭狭波の合坂山より以来を、畿内国とす」とあるように、西は明石までであった。つまり明石であるということは畿内であるということであって、大和朝廷の管轄下に置かれていたことを意味している。美嚢は播磨国でありながら中央に属していたのであり、そういえばオケ・ヲケ皇子発見の朗報は、「針間の国の山門の領に遣されし山部連少楯」によって奏上されていたではなかったか。

「張間の国の山門」とは播磨の大和朝廷の御料地であり、そこに遣わされた少楯はその御料地を統括していた。記紀では「播磨国司（国之宰）」という官職名が明記されている小楯は山部連の先祖にあたり、二皇子発見の功によって連姓を賜った。山部連とは山林の管理や産物を貢納する山部を管掌し、山林の産物を扱うことから天皇の食事に関わるようになり、さらに天皇側近の警護に当たるようになって軍事的な性格をも有したという。(26)

このように美嚢は古くから中央と近い関係にあった。それは美嚢という名が天皇によって名づけられたことにもうかがえるだろう。二皇子が発見された志染の地名もまた、飯箱にのぼってきたしじみ貝を見た履中天皇の言葉に因んで名づけられている。

つまり天皇による命名とは中央による支配の別名であって、そのような中央支配は、『播磨国風土記』美嚢郡志染里三坂条に「三坂に坐す神は、八戸挂須御諸命なり。大物主葦原志許、国堅めましし以後、天より三坂の岑に下りましき。」とあることにも示されている。この八戸《やと》掛《かか》須《す》御諸《みもろ》命とは大物主葦原志許すなわち大物主のことで、大物主が鎮座する大和三輪山を御諸山ということから名づけられたという。(27) その国作りの神が天から三坂に降ってきたのであり、しかもその神が三輪山の神と同神であるとすれば、ここには記紀神話に繋がる世界観がある。

しかし、『播磨国風土記』では唯一、『風土記』全体を見渡してもそう多くはない「天降る神」の伝承は、天つ神の降臨そのものを語っているのではあるまい。それは天孫降臨に繋がるような神話の時間を語っているのではないか。「天より降る」は「神が天より降った時」を意識した表現であって、ここで重要なのは天より降った神自身ではなくそのような時間意識であり、古くからその地が中央によって支配されていたことを示しているのだろう。決して中央の視点では語らない『播磨国風土記』にあって中央の時間意識を語るということは、播磨国にあって畿内圏に属するということであり、そのような意識が播磨国美嚢郡にはあったのである。

むすび

豊饒をもたらす播州平野は、今もなお有数の米どころである。豊かな水に恵まれたことがこの地を稲作に適した沃土とした。しかし水量が豊富であるとはいえ湿地帯のままであれば、それは沃土とは呼ばれない。それが沃土となるには人の手が加わらなければならず、それには灌漑などの開墾技術が必要とされた。古代において開墾技術とは進んだ製鉄技術のことでもあって、開墾伝承の背後にはそのような技術をもたらした人々の姿がある。それはまさに「交易」と呼ばれるものであった。

伝承は二皇子が逃れて行った場所のみを語っている。近江、山代、淀川、播磨、あるいは、近江、与謝、播磨など、物語おいて逃避行は点としてしか示されない。しかしその点は、点として存在しているのではなく結ばれるべき点であり、線となって一筋の道を浮き彫りにした。さらにその線は時に交差しながら面としての広がりを持ち始め、その土地の風土を濃厚に映し出してもいた。

オケ・ヲケ皇子の逃避行を、『播磨国風土記』『古事記』『日本書紀』という三つの書物を視野に入れて考えてみると、それぞれの書物の特徴が明らかになるばかりでなく、それら三つの特徴を兼ね合わせた播磨国美囊の風土が見えてくる。『日本書紀』のヲケ・オケ皇子逃避行に注目すると、近江から丹後を経て播磨へと繋がる「鉄の道」が見えてきた。その道は、縄文弥生の遺跡や古墳の分布、渡来人の居住地とも重なっており、古くから人々が往来しモノが移動していく「交易の道」でもあった。勿論その地域間で直接モノの取引や技術の伝播があったとまではいわない。本州で最も海抜の低い分水嶺である氷上郡の水別れは[28]、由良川水系と加古川水系の結節点であるけれど、そこにおいて日本海と瀬戸内海の水棲動物が行きかうという地形的な特徴を、律令の官道として辿ることはできないからである。しかし、まさにそれはオケ・ヲケ皇子の逃避行路と重なっているのであれば、古代人はそのような日本海と瀬戸内海を繋ぐ水系の存在を知っていたのではなかろうか。時代は下るが貞観八（八六六）年四月に賀古・美囊の夷俘長五人が定められた境界を越えて近江に来住していることは、美囊と近江の間に交流があったことを示しているだろう。ヲケ皇子の歌に餌香の市という市がうたわれているのは、それが「交易の道」であった証である。オケ・ヲケ皇子の逃避行は、そのような日本海と瀬戸内海を繋ぐ水系に支えられた物語であったのである。

また「交易の道」を往来したのはモノや人のみならず、伝承や思想でもあった。天より降ってきた八戸挂須御諸命の伝承は、古くから中央に属していたことを示していたと思われる。『播磨国風土記』のヲケ・オケ皇子伝承には中央との結びつきを語るようなものは希薄であり、播磨の地に籠り再生した王、播磨が生み出した王として二皇子は描かれている。在地に根ざした伝承を語ることがこの書物の特色ではある。しかし古くから中央に属していた美嚢であればこそ、ヲケ・オケ皇子の籠りにはアマテラスの天石屋戸籠りの幻想があり、それが翻って美嚢の風土となったのではなかろうか。

注

（1）秋本吉郎校注『風土記』（（日本古典文学大系）、岩波書店、一九五八年）の注による。また、手白髪命は記紀ではオケ皇子の皇女、豊皇女は紀では姉とされている。

（2）現在樺井月神社は水主神社に合祀されている。

（3）ここでいう童とは年齢が若いことというのではなく、寺役所などの従僕や草刈りなど雑役に使われる子どものことで、火たきの童に同じく異形の力をもつ者の意である。

（4）（1）に同じ。

（5）少足命とは系譜不明の神であるが、神功皇后を「大足（オオタラシ）」ということに対する神名とする説（（1）に同じ）、「ヲダリ」と読んで「小墫」の意だとする説があるように（井上通泰『播磨国風土記新考』、臨川書店、一九三一年）、おそらく豊かな水量を讃える神であった。

（6）『近江日野の歴史』第一巻、日野町史編纂委員会、二〇〇五年。

（7）『地名語源辞典』、東京堂出版、一九八一年。

（8）志賀剛『式内社の研究』第七巻、雄山閣、一九八四年。

（9）（8）に同じ。

（10）吉田東伍『大日本地名辞書』、富山房、一九五八年。

(11)(6)に同じ。
(12)(10)に同じ。
(13)『古代地名辞典』、角川書店、一九九九年。
(14)『式内社調査報告』18山陰道（皇學館大學出版部、一九八四年）からの引用。因みに『丹後旧事記』とは、天明年間（一七八一〜八九）に其白堂がまとめたものに、文化七（一八一〇）年小松国康が手を加えたものである。
(15)藤岡謙二郎編『古代日本の交通路』Ⅲ、大明堂、一九七八年。／奥谷高史『丹波の古道』、綜芸舎、一九八〇年。／『宮津市誌』通史編上巻、宮津市役所、二〇〇二年。／『大江町誌』通史編上巻、大江町編、一九八三年。
(16)(15)に同じ。また、国の官道である丹後支路とは別に、福知山市大江町の河守、内宮、毛原、宮津市の辛皮、寺屋敷、金山を経て丹後国府へ到る道があり、毛原金山間は元普甲道と呼ばれていた。元普甲道は江戸時代に今普甲道（宮津街道）が整備されるまで古代から中世における大江山越えの主要街道であったらしく、途中寺屋敷には北の高野山とも呼ばれた普甲寺があり、元普甲道はこの寺への参詣道も兼ねていたという。
(17)永濱宇平編『丹後史料叢書』五、名著出版、一九二七年。
(18)『宮津市誌』通史編上巻、宮津市役所、二〇〇二年。
(19)『宮津府志・宮津舊記』、世界聖典刊行協会、一九七九年。
(20)書物によっては迦楼夜叉を軽足、土熊を土車とする。
(21)『丹後風土記残欠』には地名由来譚と結びついた日子坐王伝承が伝えられている。
(22)(7)に同じ。また一説では、君が峰で神功皇后が休憩した時に壺に入れた酒が献上され、「美壺（ミツボ）」といったことから「美囊（ミノウ）」となったという。
(23)(7)に同じ。縮見と書くことから狭く縮んだような土地をいうとする説もある。
(24)(10)に同じ。
(25)『三木市史』、三木市役所、一九七〇年。
(26)(25)に同じ。
(27)(1)に同じ。ヤトカカスは多くの戸を掛けるという意で、構築する意でもあることからミムロ（御諸）にかかるという。

(28) 日本列島を南北に縦断するように走る中央分水界は、太平洋側と日本海側の境界でもあり、その境界線を隔てて気候や動植物の生態も異なっている。本州一低い氷上郡の分水嶺はわずか九四・四五mしかなく、加古川水系支流の高谷川は水分かれで分岐し、由良川水系を経て日本海へと注いでおり、太平洋側と日本海側の区別が明確ではないという。江戸期には加古川水系と由良川水系とを運河で繋ぐ計画もあったらしく、この加古川と由良川を結ぶ道は現在「氷上回廊」と名づけられている。

【参考文献】

西郷信綱『古事記注釈』第四巻、平凡社、一九八九年
谷川健一編『日本の神々』(2・5・7巻)、白水社、二〇〇〇年
志賀剛『式内社の研究』第四巻山陰道編、雄山閣、一九八一年
『式内社調査報告』22山陽道、皇學館大學出版部、一九八〇年
『近江日野町史』、臨川書店、一九二五年
『與謝郡誌』、名著出版、一九七一年
『古代地名大辞典』、角川書店、一九九九年

第四章　鉄をめぐる古代交易の様相

——楽々福神社の鬼伝承——

はじめに

天の岩屋戸の騒ぎを起こしたスサノヲは、高天原から「避追はえて」出雲肥の河上の鳥髪山に降りきて、その地で人々を苦しめていた八俣の大蛇を退治する。そこから『古事記』の出雲神話ははじまっている。

ここに登場する鳥髪山とは、伯耆と出雲の境に位置する今の船通山のことであり、その山を水源とする斐伊川は、西に流れて宍道湖（かつては神西湖）へと注いでいる。それは流れが定まらない暴れ川で、その流域から多くの砂鉄が採れることから、斐伊川こそ八俣の大蛇のモデルだとされてきた。おそらく鉄分を含んだ川の氾濫伝承が、このような神話を生んだのであろう。人間の力及ばぬ自然を象徴するのが暴れ川であり大蛇であり、人間が自然を支配しはじめたことを語る物語が八俣の大蛇伝承であった。

ところでその船通山を水源としているのは、斐伊川だけではない。その山を取り巻くようにして日野川も流れている。それは奇しくも「肥の河（斐伊川）」と同じ「ヒ」の川であり、その「ヒ」とは、一説によれば鳥髪山の麓に祀られている「樋速日子命」の「樋」で、砂鉄を採るために濁流を流す樋のことであるという。(1)その川は斐伊川とは反対に東流し、安来から日本海へと注いでいて、その川沿いに楽々福神社とそのゆかりの神社はある。菅福神社など「福」がつく神社は、楽々福神社と関係のある神社に違いなく、「福」とは「吹く」のこと、製鉄の際踏鞴に風を送り込むことを意味している。まさに楽々福神社とは製鉄に関わる人々が奉祭した神社であり、日野川流域には八俣の大蛇とは異なる製鉄伝承があったのである。

一　楽々福神社の鬼退治

鳥取県日野郡溝口町宮原にある楽々福神社神主の蘆立家には、「上古ハ砂鉄ノ事ヲ須佐トモ佐々トモ言テ、楽楽福神ハ鉄穴多々良場ノ守神ナリ。此ノ神ノ縁起次ノ如シ。」と、はじまる、次のような縁起が伝えられている。(2)伯耆を巡幸していた折、孝霊天皇はこの地に住む悪鬼の兄弟、大牛蟹・乙牛蟹が人々を悩ませていることを知り、鬼を退治しようとして南にある高い山に登った。山頂で鬼退治の計略を考えていると里人が笹苞団子を献上し、その団子を食べた軍勢の士気はあがった。そこでその団子三つを並べて乙牛蟹をおびき出し、団子を食べているところを射殺した。それに因んでその山を笹苞山と呼ぶようになり、鬼を射殺した大矢口命は神主蘆立家の始祖となった。このように弟の乙牛蟹は退治することができたのだが、兄の大牛蟹を退治することがなかなかできない。ある夜天皇の夢の中に天津神が現れ、「笹の葉を刈って待っていると吹いてきた風が鬼を降参させる」という託宣を告げた。笹を刈って待つこと三日、大風が吹き笹の葉が鬼の住む山へと兵を誘った。兵が笹の葉を抱え持って攻め入ると、鬼たちは笹の葉に纏わりつかれなす術もない。さらに春風に乾いた笹葉が燃えたので鬼たちは散り散りに逃げ惑い、ここに至ってようやく大牛蟹は降参した。これからは北辺を守って天皇に仕えると

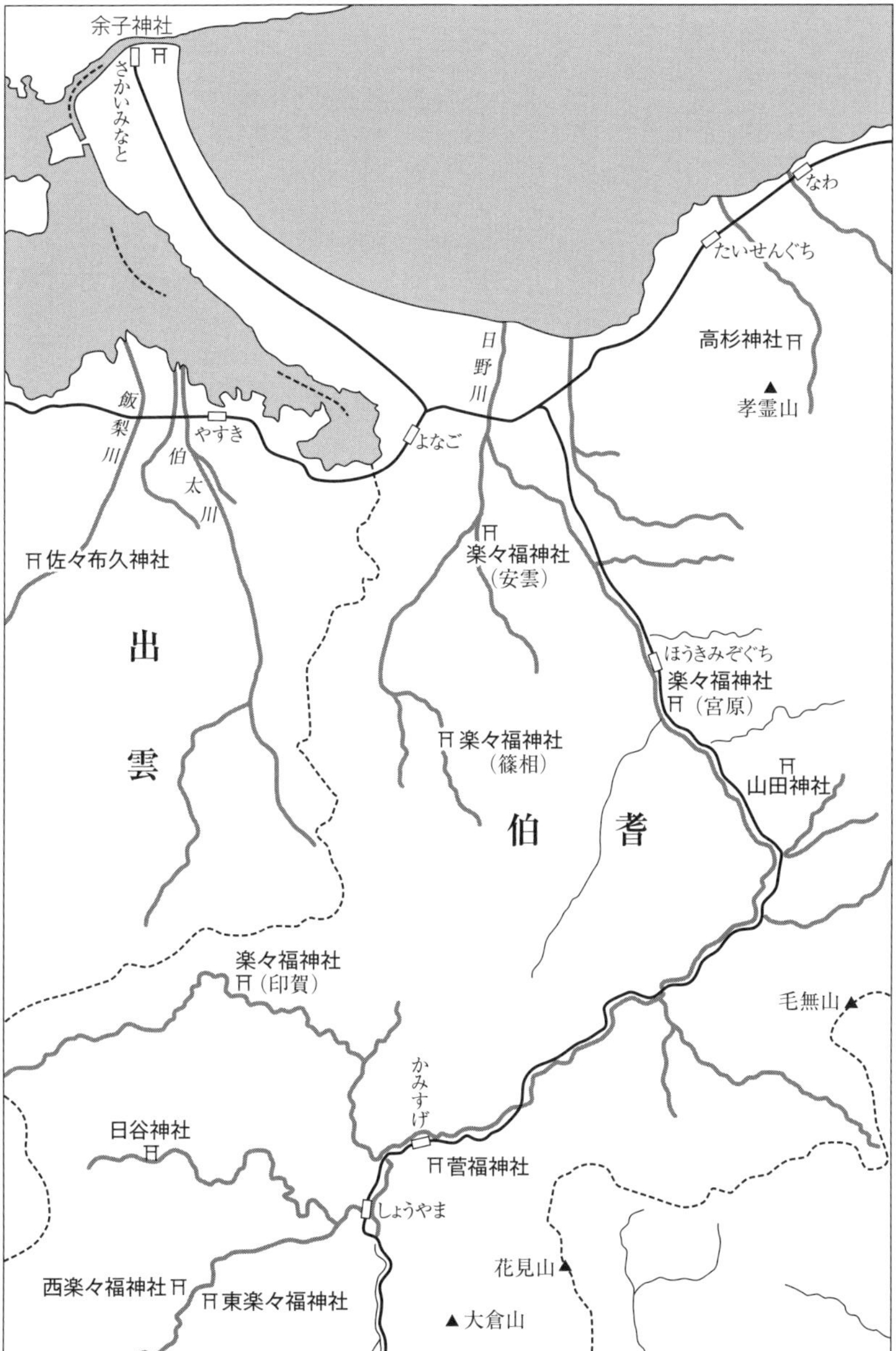
余子神社
さかいみなと
なわ
たいせんぐち
高杉神社
孝霊山
日野川
飯梨川
伯太川
やすき
よなご
佐々布久神社
楽々福神社
（安雲）
出雲
ほうきみぞぐち
楽々福神社
（宮原）
楽々福神社
（篠相）
山田神社
伯耆
楽々福神社
（印賀）
毛無山
かみすげ
日谷神社
菅福神社
しょうやま
花見山
西楽々福神社
東楽々福神社
大倉山

楽々福神社分布図

申し出たので、天皇はそれを聞き入れ大牛蟹を許した。人々は多いに喜び、百二十三歳でこの地に崩御した天皇の遺徳を偲んで御陵脇に笹葺きの社を建て、「鬼伏大神」として祀ったという。

一読してわかるように、この伝承で鍵となっているのは笹である。笹苞団子に笹葉、笹葺きの社に楽々福神社と「ササ」がつくものが多い。「ササ」とは笹の葉が擦れる音のこと、神楽の合いの手「サッサ」のように神が降臨する際の擬音語であれば、この地に「フク」の神が降臨したことをササフクという名は示しているのだろう。その「ササ」はまた、古代においては細かいことの意で砂鉄を指し、「笹のあるところに鉄あり」といわれるほどに、鉄とは関係が深い。笹の葉が燃え上がるさまが踏鞴の炎を想起させるからか、笹が語られる背後に鉄にまつわる物語があって、その伝承が伝わる地には産鉄に関する遺跡や遺物があるということである。

そのような「笹（ササ）」がこの地では鬼伝承と深く結びついており、例えば『出雲国風土記』大原郡にも、日本最古といわれる鬼伝承が残されている。

古老の伝へていへらく、昔、或人、此処に山田を佃りて守りき。その時、目一つの鬼来りて、佃る人の男を食ひき。その時、男の父母、竹原の中に隠りて居りし時に、竹の葉動げり。その時、食はるる男、「動動」といひき。故、阿欲といふ。

ある男が山田を作って耕していると、鬼が現れてその男を食べてしまい、男は食われながらも竹原に隠れている父母に竹の葉が揺れていることを「動動《あよあよ》」と教えた、という伝承である。この阿用郷にある阿用神社（『出雲国風土記』所載）は今も山の斜面にあり、その前面には傾斜を利用した田が広がっている。まさに阿用の鬼伝承に語られている風景そのままで、そのような山との接点に一つ目の鬼は現れるのであった。一つ目の鬼とはおそらく天目一箇神という鉄神のことであり(3)、ここでも竹の葉すなわち笹がさわさわと動いていて(4)、鉄と笹、鬼の取り合わせが語られている。実際に阿用郷は鉄の産地であり、そこで採れる水鉛は出雲国内生産額の九十パーセントを占めていたらしい(5)。

しかしこの伝承では、楽々福の鬼伝承と異なり、鬼退治が語られることはない。ただ鉄神と思われる鬼が降りてきて人を食らうだけで、征伐伝承は語られないのである。一体鬼に食われるというのはどういうことなのだろう。「食われる」といえば一般的に生贄として捧げられたことを意味するのだが、果たしてここに、そのような生贄伝承の残滓を見出すことはできるのだろうか。

生贄伝承では、その犠牲となるのはたいてい若い女性である。例えば、八俣の大蛇伝承で生贄として差し出されたクシナダヒメは、本来は神と結ばれる巫女であった。そのように生贄とは神婚のなれの果てだと考えるのであれば、もはやここには神婚の幻想はなく、生贄伝承とは一線を画しているといえる。たとえ「食われる」という現象が同じであっても、その根差すところは異なっているのである。男が食われるということは、女の「妊む力」ではなく男の「破壊力」や「労働力」に注目しているようにも見え、そこには山と里の対立がある。

つまりこの伝承の背後にあるのは山をめぐる抗争であり、里人からみて山に住み、鉄を産出する人々が鬼として語られているのだろう。鬼に込められているのは、そのような里人以外の人々のイメージであり、里との接触を持ちながらも山に暮らす人々の姿であった。となれば、楽々福鬼伝承にも鉄をめぐる里人と鬼の抗争があり、鬼退治とは里人による山の支配のはじまりを語るものであったのかもしれない。

二　孝霊天皇と福姫

楽々福神社の伝承には、もうひとつ注目すべきことがある。それは鬼退治をした大倭根子賦斗邇命《おほやまとねこふとに》、すなわち孝霊天皇である。孝霊天皇とは第七代天皇で、系譜のみが語られ事績が記されない欠史八代（第二代〜第九代）のうちの一人であり、その存在は疑わしい。その名にある「ヤマトネコ」という称号が、第八代孝元天皇、第九代開化天皇、第二十二代清寧天皇のみならず、記紀の編纂が最終段階に入った頃の第四十一代持統天皇から第四十四代元正天皇の称号にも見えることから、持統天皇から元正天皇までの天皇像を投影した、机上で作られた天皇だと一般的には考えられている。

確かにその実在した可能性は低いのだが、今ここで問題とするのは実在したかどうかではなく、孝霊天皇によって鬼退治が行われたと人々が信じていることである。しかも「紀氏譜記」には、「御丈七尺、御面躰青く、面頭には三尺の角あり。飛行自在の天皇なり」という孝霊天皇の姿が伝えられていて、[6]あたかも鬼のような容姿が伝えられている。鬼のような形相の天皇によって鬼は退治されているのである。それはまさに祀るものと祀られるものの同化であり、柳田国男が「一つ目小僧」で説いた、一つ目の生贄と神の同化に同じではないか。

柳田国男はその論文の中で、かつて日本には、神に捧げられるものの逃走を防ぐためにその目を一つ潰し足一本を折る習慣があり、それがやがて神として祀られるようになったと述べている。[7]もし仮にそれが正しいとして、阿用郷の一つ目鬼伝承にそれを当てはめてみるならば、男を食った鬼もそもそもは生贄であったということになり、食う側と食われる側は限りなく一致する。となれば、孝霊天皇も退治した鬼に等しいことになり、楽々福鬼伝承は、鬼の大将が鬼を退治した物語であったことになる。孝霊天皇像として鬼のような形相が伝わっているのも、征伐するものとされるものとの同化があって、そこから鬼の大将のような孝霊天皇のイメージがつくりあげられたからなのかもしれない。

そして何よりも鬼退治の大将が孝霊天皇という天皇であることは、この伝承に大きな意味を与えているだろう。孝霊天皇による鬼退治とは、王権とそれに屈しない異形の人々との抗争のことでもあり、その結果その地に王権の支配が及んだことを暗示しているのである。

その孝霊天皇とその一族を祀るのが、日野川流域に点在する楽々福神社および関連神社であった。溝口町宮原の楽々福神社は、孝霊天皇と皇后細《くわし》比女命を、日野郡日南宮内の東西楽々福神社は孝霊天皇や細姫命、娘の福姫や鬼退治に活躍した吉備津彦などを祀り、同町印賀《いんが》の楽々神社は福姫のみ、米子市上安曇の楽々福神社は孝霊天皇、細媛命、福姫の三神、島根県能義郡広瀬町石原の佐々布久神社は孝霊天皇だけをその祭神とする。関連社として考えられる日谷神社（日野郡日南町笠木）は孝霊天皇と細比売命、吉備津彦を、菅福神社（日野郡日野町上菅）は孝霊天皇、細姫命、福姫と吉備津彦などを祀っていて、その他にも孝霊天皇やその一族を祭神とする神社は、山田神社（日野郡溝口町栃原）、高杉神社（西伯郡大山町宮内）、余子《あまりこ》神社（境港市栄町）などがあり、日野川流域は楽々福の神のゆかりがある。その周辺に福岡などの「福」や上菅、菅沢などの「菅」がつく地名が多くあるのも、その地が鉄の産地であることを示しているだろう。「菅」すなわち葦や茅など湿地帯に生える植物の根には、鉄バクテリアの作用で褐鉄鋼の団塊が形成され、それが「スズ」と呼ばれるものの原初的な姿であるらしい[8]。そういえば溝口町宮原の楽々福神社の神主も、蘆立という名ではなかったか。楽々福に関する地名人名は、それが鉄と深く関わりがあることを示していたのである。

またこの地には、楽々福神社の由来を語る、次のような物語が伝えられている。

孝霊天皇四十五年、孝霊天皇はその皇后とともに諸国巡幸の折、隠岐島から日野郡吉日に渡ってきて、この地には鬼がおり人民が安心して住めないということを聞いた。悪鬼を退治すべく、里山との境にあるサズト山に陣を取って様子をうかがい、その時サズト山麓に建てた宮が宮原の楽々福神社である。そこから日野川に沿ってさらに奥深く入り、行宮として菅福神社を建てたところ、皇后細姫命が産気づかれ、生山《しょうやま》で姫君を出産した。山人に何か不思議なことはないかと尋ねると、この奥の鬼林山に化け物がいるという。見るとそれは頭が馬、胴体は牛、足は猿のような化け物で、牛鬼と名乗っていた。牛鬼は天皇に追いつめられて殺され、その尾を切ったところは尾切山、胴を切ったところは胴原と名づけられた。その後姫君は十五歳で亡くなり、それを祀ったのが印賀の楽々福神社である。天皇と皇后がともに住む宮が建てられ、それゆえにその地を宮内と呼ぶようになった。それが今の宮内楽々福神社であり、東の宮に天皇、西の宮に皇后が住んだ。やがて皇后は百十歳で崩御され、西宮背後の崩御山に葬られたという[9]。

これは溝口町宮原の楽々福鬼伝承の後編ともいうべきもので、孝霊天皇の兵が鬼退治をしながら日野川を上流に遡っていく様子が語られている。この伝承の中心にある日野川からは砂鉄が採れ、孝霊天皇ゆかりの地は産鉄に関わっていた。鬼の名にしても、「蟹（カニ）」とは「カネ（金）」からの転化だとすれば、宮原の鬼伝承に語られる鬼の名大牛蟹とこの牛鬼は同じ意となり、鬼の正体は、頭が馬で胴が牛、足が猿の化け物のような、鉄を産する異形のものであったことになる。

そしてこの伝承で興味深いのは、楽々福の神とは実は孝霊天皇のことではなくその后のことであり、その名がまさに福姫とも細媛とも伝えられていることである。一説では后の名が細媛、后が生んだ姫君の名が福媛であると伝えられているが、いずれにせよ「フク」とは「吹く」に通じ鉄を吹くことである。「クワシ」にしても細かいことの意で砂鉄を指す言葉であれば、福姫や細姫とは踏鞴に祀られる女神であったのだろう。

ところで印賀の楽々福神社には、孝霊天皇が鬼退治で留守にしていた時、一人残された姫君はえんどう豆を畑に採りにいき、豆の蔓が絡みついた竹に目を衝かれ十五歳で死んだという伝承が残されている。上安曇の楽々福神社には、好色な祭神が、ある晩よばいに行って夜明けを告げる鶏の声に驚き、松葉に眼を突かれて片目になったため、境内には松を植えず鶏を飼わなくなったと伝えられている。宮内では楽々福の神が片目であるから宮内の人々も片目が小さいのだといい、宮原では楽々福の神は眼の悪い神だとされる。その他にも篠相《さそ》の楽々福神社では竹を植えず、広瀬町石原の佐々布久神社では竹串を使って育てる野菜を作らないというように、それらの伝承からは笹や竹を嫌う一つ目の神の姿が見えてくる。[10] それはまた、出雲西比田を本社とする金屋子神を想起させる鉄神の姿でもあった。

江戸時代に伯耆国日野郡の鉄師によって書き残された『鉄山秘書』によれば、金屋子神ははじめ播磨国宍粟郡千種に降臨したが、自ら西方に縁があるといって白鷺に乗り、この西比田の桂の木の上で羽を休めていたところを発見されたという。犬に追いかけられ、蔦をつたって逃れようとしたが途中で切れ、犬にかまれて死んだので犬と蔦を嫌うらしい。あるいは犬に追いかけられて麻に足をとられて死んだので犬と麻が嫌いだともいい、一般的には女神だとされている。その神は中国地方を中心に鍛冶屋に信仰され、播磨から来る途中に吉備中山に立ち寄ったという異伝もある。[11]

この踏鞴に祀られる女神金屋子神の姿こそ、まさに楽々福神の姿であり、その類似を思えば中世に信仰がはじまった金屋子神の古形が楽々福神であったのかもしれない。そして伯耆と播磨には、単に鉄の産地であるという以上の深い関係があるように思われてならない。鉄は加工する製鉄の技術があってはじめて「鉄」になる。これら地域の間には、そのような技術の伝播やそれを伝えた人々の交流があったのではなかろうか。

三　吉備津彦と鬼退治

このように考えを進めていくと、最後にもう一人、楽々福鬼伝承で鍵となる人物、すなわち孝霊天皇の皇子である吉備津彦について考えねばなるまい。

吉備津彦とは孝霊天皇の第三子で、本来の名は彦五十狭芹彦《ひこいさせりひこ》命といった。『古事記』によれば、大吉備津彦命とその弟の若彦健吉備津彦命が吉備を平定しているが、『日本書紀』ではそのあたりの記述が少し異なり、第十代崇神天皇の命により、朝廷に服しない者たちを征伐すべく各国に遣わされた四道将軍の一人として吉備津彦が西道（山陽道）に派遣され、主に吉備の平定にあたったとある。その吉備征圧の目的は製鉄技術の掌握であったともされ、平定後の崇神紀六十年条に出雲振根（出雲国造の祖）を吉備津彦が誅したことが記されていることからすると、その勢力範囲を出雲へと伸ばしていったのだろう。どうやら吉備津彦の平定にも、鉄をめぐる抗争があったようだ。

また、吉備津彦を祭神とする吉備津神社の縁起では、吉備津彦は鬼ノ城に住む温羅《うら》という鬼を犬飼健、楽々森彦、留玉臣《とめたまおみ》の三人の家来とともに倒し首を刎ねたが、犬に喰われようとも髑髏になろうともその首が吠え続けるので、吉備津神社の釜の下に埋めたという。それでもなおその声は止まなかったある晩、吉備津彦の夢に温羅が現れて、その妻である阿曽姫に釜の祭祀をさせることを願い、その釜は幸あれば豊かに鳴り、禍あれば荒らかに鳴ると告げたことが「鳴釜神事」の由来だという。[12]

ここで家来の名に注目してみると、犬飼は犬に噛まれて死んだ金屋子神を、楽々森彦は楽々福の神を連想させ、これまで取り上げてきた鉄に関する三つの伝承には共通項が多いことに気づくだろう。吉備津神社の創建に関しても、仁徳天皇の御代、吉備津彦からくだること五代の孫である加夜臣奈留美命が、吉備津彦の御殿であった茅葺宮の跡に社殿を建てたことにはじまるといい、それは宮原楽々福神社の「笹葺の社」に同じ発想である。このように中国地方に伝わる鬼伝承は、征伐するものや鬼の住む場所を変えながらもただ一つのプロットを持っていて、いわば楽々福鬼伝承の変奏であったとも考えられるのである。

さらに征伐するものが天皇やその皇子であることは、地方における産鉄集団の中央支配があったことを暗示している。孝霊天皇が伯耆を訪れる前に隠岐で黄魃鬼《こうばつき》を退治したという伝承や、牛鬼退治をする歯黒皇子（ここでは吉備津彦ではない）もまた、伯耆に来る前に備中で鬼と思われる石蟹魁師《いしかにたけ る》を退治したと伝えられている。そのようにして中央支配は幾度にも渡り繰り返し語られ、鬼退治はまた次の鬼退治へと語りつがれていったのだろう。

ではなぜ鬼伝承は、そのように鎖のように繋がっていくのだろうか。鬼退治をするのはある決まった人物であるという考えに基づいているからなのか。

おそらく鬼退治が次の鬼退治へと語り継がれていくことには、鬼退治伝承を「更新」していくような意味があるのだろう。征伐の背後にあるのは、鉄の原料確保という単純なことではなく、産鉄技術を携えた人々の移動や、それに伴う新しい技術の伝播ではなかったか。征伐するものとされるものとの同化とは、古い鍛冶技術を持った集団が新しい鍛冶技術者集団によって征服されていく、そのような技術革新の過程なのかもしれない。

そもそも四道将軍の進軍は、それぞれ古代街道に沿ってなされている。平定の結果として都とその地を結ぶ街道は整備され、その道を通って人もモノも、技術も文化も往来する。そのように孝霊天皇の御代の征伐伝承を捉えることができるとしたら、楽々福鬼伝承をはじめとする一連の鬼伝承や鉄神の伝承は、鉄をめぐる交易を語るものだといってもよいだろう。

むすび

因幡の東、播磨との国境である八頭郡若桜町にもオニ山と呼ばれる山があり、その対面には式内意非《おい》神社がある。若桜町歴史民俗資料館の学芸員の話によれば、それは古くは「意非の宮」と呼ばれ、かつては一ノ宮谷（香田）にあったが、武内宿祢が境内から放った矢が落ち、今の地に遷座したという。矢を放ったのは神の鎮座すべき地を定めるためであり、そのような神事の例は他にも多くあるのだから、この遷座に疑いをはさむ余地はない。

それでもなお疑問に思うのは、武内宿祢がどこへ向けて矢を放とうとしたのかということである。もしかしたら神社対面のオニ山に向けて矢を放ったのではないか、矢を放った本当の理由とは、鬼退治ではなかったのか、と。

オニ山はその名にオニとつくだけで、そこに鬼が住んでいたという伝承が残されているわけではない。とはいっても、オニ山の背後には鶴尾山という山があって、その山頂には因幡三名城の一つに数えられる中世の山城鬼ヶ城があるのだから、楽々福の鬼住山や吉備の鬼ノ城を思いおこさずにはいられない。オニ山は鬼山であったと想像してしまいたくなる。武内宿祢が矢を射たのはオニ山に住む鬼を退治するためであり、意非神社の縁起譚には鬼退治伝承が隠ぺいされているのではなかろうか。

これは単なる妄想である。しかし武内宿祢とは、長きにわたって天皇に伝えた忠臣である。これまでの鬼伝承のプロットを考えてみると、鬼退治をするのは中央から派遣されたものであり、そこには朝廷による鉄の支配があった。それはこの若桜町オニ山をめぐる伝承にもあてはまるだろう。オニ山周辺の山々には多くの鉱物が眠っている。八東川を少し下った八頭《やず》町重枝にある式内布留多知神社には、不々岐（フブキ）と呼ばれた鬼をスサノヲが太刀で退治したという伝承が残されている。石をも切ったというその太刀の切れ味は、ここに優れた製鉄技術が古くから発達していたことを示しているのだろう。

そして何よりも興味深いのは、この若桜町の立地である。若桜町は因幡の入り口であり、播磨へといたる街道がこの町を貫いている。金屋子神がはじめに天から降ってきた播磨国宍粟市千種町とは、県境をはさんで隣町といえる近さである。そのような立地と八東川沿いに語られる鬼伝承は、一体何を語ろうとしているのか。

ここに見えてくるのは一筋の道である。播磨から因幡へと到る道、鉄の産地を結ぶ道である。その道はさらに伯耆から隠岐や出雲とも繋がっており、鬼伝承を介して吉備とも結ばれていく。播磨、因幡、伯耆、隠岐、出雲、吉備、それらを結ぶのは四道将軍の征伐譚であり、奇しくも中国山地を横断するようにして走る鉱脈に他ならない。それはまた鉄を求めて人々が移動した痕跡であり、そのような人々によってもたらされた製鉄技術の伝播ルートでもあっただろう。楽々福鬼伝承をはじめとする、中国山地に伝わる鬼や鉄神に関する伝承の背後には、このような鉄をめぐる古代交易があったのではなかろうか。

注

（1）森納「因幡・伯耆の金属地名」（谷川健一編『金属と地名』）、三一書房、一九九八年。また『伯耆誌』（因伯叢書第四冊、名

著出版、一九七四年）によれば、民諺記や民談記には日野を鏃野と書くものもあるという。
（2）「楽々福神社縁起」（『企画展　はじまりの物語』図録）、鳥取県立博物館、二〇〇八年。
（3）『風土記』（日本古典文学大系）、岩波書店、一九五八年）頭注。／瀧音能之『古代出雲の社会と信仰』、雄山閣出版、一九九八年。
（4）広義の竹の中に笹は含まれる。
（5）大和岩雄『鬼と天皇』、白水社、一九九二年。
（6）谷川健一編『日本の神々』7山陰、白水社、二〇〇〇年。
（7）柳田国男「一つ目小僧」（『一つ目小僧その他』）、角川文庫、一九五四年。
（8）真弓常忠『古代の鉄と神々』、学生社、一九八五年。
（9）「伯州日野郡楽々福大明神記録事」（『日野郡史』）、名著出版、一九七二年。
（10）（6）に同じ。
（11）（6）に同じ。
（12）谷川健一編『日本の神々』2山陽・四国、白水社、二〇〇〇年。

【参考文献】

『鳥取県神社誌』、一九三四年
『鳥取県史』、一九七二年
『日野郡史』前篇、名著出版、一九七二年
山中壽夫『鳥取県の歴史』、山川出版、一九七〇年
内藤正中・真田廣幸・日置粂佐ヱ門『鳥取県の歴史』、一九九七年
窪田蔵郎『増補改訂　鉄の民俗史』、雄山閣出版、一九八六年
真弓常忠『日本古代祭祀と鉄』、学生社、一九八一年
谷川健一編『金属の文化誌』（日本民俗文化資料集成10）、三一書房、一九九一年

第三部　東国と蝦夷

第一章　知多半島稲の道　―二つのハズ神社―

はじめに

『万葉集』巻七は、雑歌、譬喩歌、挽歌からなる歌巻で、その雑歌の半数近くを占める歌が旅においての詠となっている。「羈旅作」と題された九十首（一一六一〜一二五〇）の歌は上代国群図式に従い、東海道、東山道、北陸道、山陽道、南海道と、都を中心に東から北、西、南へとめぐるように並べられており(1)、その中に、東海道を詠んだとされる歌群（一一六二〜一一六八）がある。伊勢の円方から知多の浦を経て、真野の榛原へと到る旅が想定されるのだが、その旅程は一体何を示しているのだろうか。

この章では、三河国の式内社の調査をも考えあわせ、その旅に仮託された古代水上交通の様相について考えてみたいと思う。

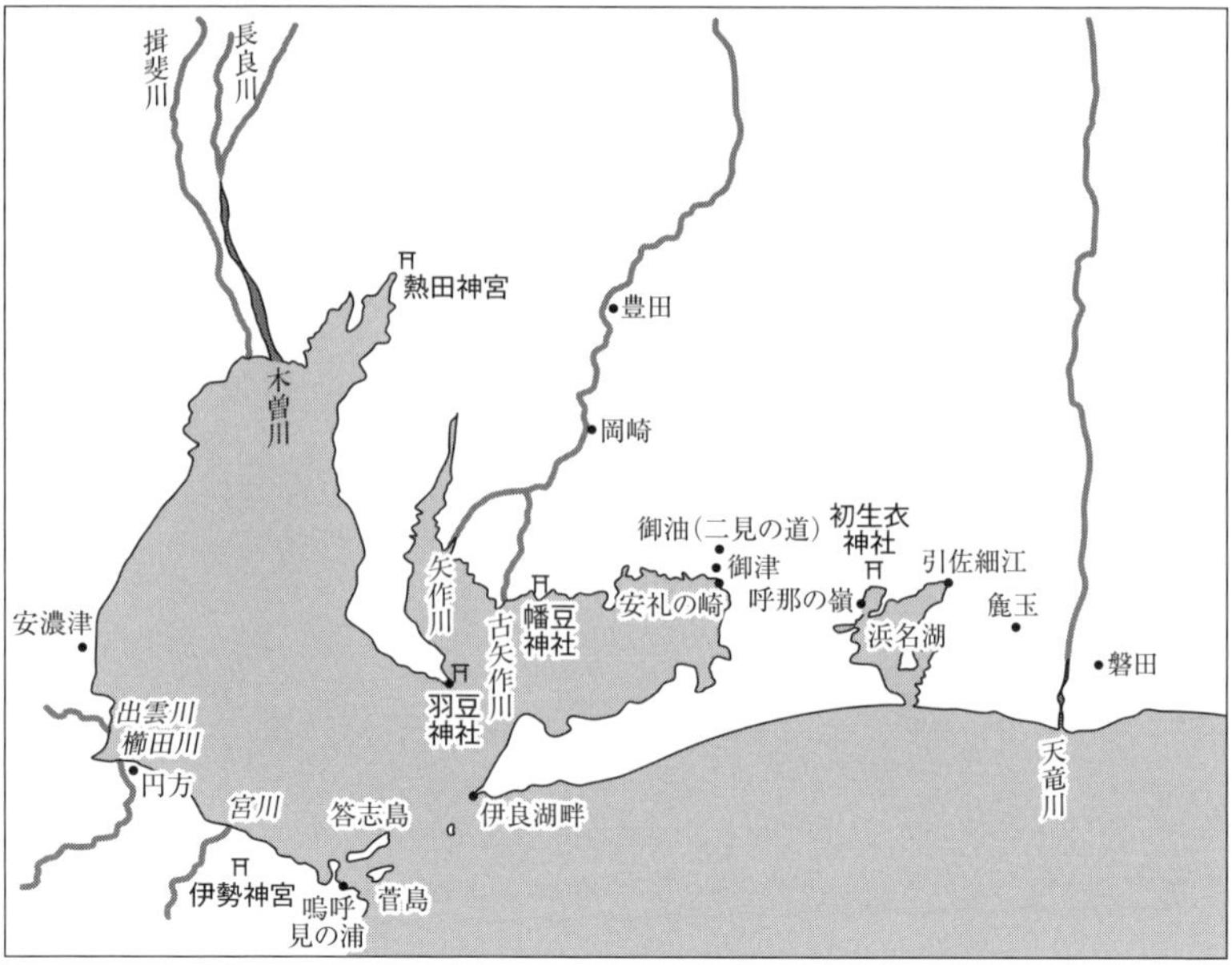

伊勢湾・三河湾と水系

一　『万葉集』にうたわれた船旅

改めて問題となる『万葉集』巻七の歌群を示そう。

一一六二　円方の港の洲鳥波立てや妻呼びたてて辺に近づくも

一一六三　年魚市潟潮干にけらし知多の浦に朝漕ぐ舟も沖に寄る見ゆ

一一六四　潮干ればともに潟に出で鳴く鶴の声遠ざかる磯廻すらしも

一一六五　夕なぎにあさりする鶴潮満てば沖波高み己妻呼ばふ

一一六六　いにしへにありけむ人の求めつつ衣に摺りけむ真野の榛原

一一六七　あさりすと磯に我が見しなのりそをいづれの島の海人か刈りけむ

一一六八　今日もかも沖つ玉藻は白波の八重をるが上に乱れてあるらむ

この七首の歌は、同じ時に詠まれた歌でも同一人物による歌でもないのだが、一一六二に円方、一一六三に年魚市潟という地名が詠まれ、いずれも海岸の風景を詠んでいることから、「海つ道」ともよばれた東海道の旅を想定していると考えられている。(2) そもそも冒頭の一一六二に詠まれている伊勢円方は、現在の三重県松坂市東黒部町あたりが比定地で、『伊勢国風土記』逸文(『万葉集註釈』)には、的に似ているから的形というようになったという地名起源と、あわせてその由来ともなった「ますらをの猟矢《さつや》たばさみ向ひ立ち射るや的形浜のさやけさ」という景行天皇の歌が伝えられている。どこから見て的に見えたのかといえば海上からに違いなく、(3) 誰が命名したのかといえば日々その海で生計を立てていた海人たちであったろう。あるいは海路を旅している人が、その土地誉めとして名づけたのかもしれない。実はこの景行天皇の歌に類似した歌が、『万葉集』巻一に残されている。

二年壬寅に、太上天皇の三河の国に幸す時の歌

五七　引馬野ににほふ榛原入り乱れ衣にほはせ旅のしるしに

右の一首は長忌寸意吉麻呂

五八　いづくにか船泊てすらむ安礼の崎漕ぎ廻み行きし棚なし小舟

右の一首は高市連黒人

誉謝女王が作る歌

五九　流らふるつま吹く風の寒き夜に我が背の君はひとりか寝らむ

長皇子の御歌

六〇　宵に逢ひて朝面なみ名張にか日長く妹が廬りせりけむ

舎人娘子、従駕にして作る歌

六一　ますらをのさつ矢手挟み立ち向ひ射る円方は見るにさやけし

この歌群の、五七・八と五九〜六一では作者の記載法に違いがあり、それゆえに基になった資料が異なっているとされている。おそらく前二首は行幸先の宴での作であり、引馬野の色づく榛原や安礼の崎に浮かぶ小舟など三河の景を前にして、旅先にあることの心細さを詠んでいる。それに続く二首は、留守居の妻の気持ちに思い及んでおり、円方を詠みこんだ六一の歌とともに帰京後に開かれた宴での作と解されている。(5) これらの歌がどのような場面で詠まれたのかはさておき、旅にあるものと留まるものと、ともにその寂しさや不安をうたっていて、あたかも対話しているかのような繋がりがこれらの歌からは感じられる。

それにしても不思議に思うのはこの歌の配列で、旅先の歌と故郷の歌が対比して並べられるのは旅の歌の常であったとしても、最後に再び旅先の景を詠んでいるのはなぜだろう。三河からはじまり円方に終わっているこの配列は、何を示しているのだろうか。

『続日本紀』によれば、大宝二（七〇二）年十月十日から十一月二十五日にかけて、持統太上天皇は三河に巡幸した。その目的は、壬申の乱の功労者に恩賞を与えるためだとも、(6) 目的地が三河であったことに注目して、天武天皇が造都によって開拓しようとしたアズマを行幸によって把握しようとしたためだともされ、(7) 明らかではないのだが、その行幸もまた、目的地である三河にはじまり、尾張、美濃、伊勢、伊賀と都に近づくような順に記されており、今ここに取り上げている歌の配列に一致する。その一致は、『万葉集』の編者が『日本書紀』の記述にあわせたとも考えられるけれど、おそらくそれが実際の行幸ルートであったのだろう。歌の配列は現実の行幸をそのまま反映したものであり、したがってここに描かれているのは、都へ近づく順であることからして帰路の旅であった。

ではその往路は、一体どのようなルートだったのか。帰路と同じルートであったから、往路に関する記述がないのだろうか。そうではあるまい。思うに、伊勢湾や三河湾を横切り、直接伊勢から三河に向かったのではないか。そしてそのようなルートを辿ったのは、その行幸の往路が船旅であったからであり、そうであるから安礼の崎の小舟はうたわれた。船旅を来た作者であればこそ、その視線を海上の船に向けたのである。そもそも円方は知多半島に向き合う港であり、先に挙げた巻七の歌群においても、円方の次に尾張知多の浦を詠んだ歌がある。どうやら円方は、尾張や三河に向けて船旅をする際の出航地であったらしい(8)。的のように入り江が彎曲しているという地形は、まさに良い港の条件でもあった。

持統六(六九二)年三月の伊勢行幸でも、従駕した柿本人麻呂は伊勢「鳴呼見《あみ》の浦」で船乗りする海女や(巻一・四〇)、対岸の「伊良虞《いらご》の島」を行きかう船を詠んでいる(巻一・四二)。古代において海は、陸地と陸地を「隔てるもの」ではなく「繋ぐもの」であった。まして伊勢湾や三河湾のような穏やかな内海であればなおのこと、海上交通は陸上交通よりはるかに便利で早かったに違いあるまい。

そのように考えて再び巻七の歌群を眺めてみるならば、一一六二の円方から一一六三の年魚市潟へは船で向ったと考えるべきであり、一一六四、一一六五にうたわれる鶴が鳴き渡る潟の景色は、巻三・二七一の「桜田へ鶴鳴き渡る年魚市潟潮干にけらし鶴鳴き渡る」(高市連黒人)の景に重なってくる。年魚市潟とは愛知や熱田の語源となったとされる地で、現在の名古屋市熱田区や南区にあった入海のことらしい(9)。

となれば、この一連の歌には東へと向かう船旅が仮託されているのであり、続く一一六六の榛原は五七の榛原と同じ地名を詠んでいると考えられる。従来の説のように、巻三・二八〇の「真野の榛原」と同地として、摂津国に比定すべきではないだろう。宴席における古歌の転用と考え、景勝地として当時有名であった「真野の榛原」

に宴席にはべる女を譬えたと解する伊藤博の説もあり[10]、そもそも「真野の榛原」とは固有名詞ではなく、どこにでも広がっている榛の生い茂る野原と捉えることもできる。なおこの榛はハンノキのことで、その実や樹皮は染料として利用されていた。

このように巻七・一一六二～八の歌群に地名を詠みこんだ歌は少ないものの、その配列からすると東海道をゆく船旅を詠んだものと考えられ、このような船旅こそが東へと向かう旅の主流であった。そういえば蝦夷征伐に向かうヤマトタケルもまた、伊勢から尾張へと向かい、焼津、走水、常陸へと到ったではないか。走水でオトタチバナヒメが海神に身を捧げるべく入水していることも、ヤマトタケルの東征が船旅であった証である。

あるいは、東征のはじめに求婚し帰還後に結ばれたミヤズヒメは、『古事記』によれば尾張国造の祖（紀では尾張氏のむすめ）であり、彼女に預けた草薙剣は熱田神宮におさめられているという。『伊勢国風土記』逸文に伝えられている円方の歌が景行天皇の作であるのは、その背景に円方から尾張へと向かうヤマトタケル東征譚が想定されているからなのだろう。東へと向かう旅の典型として、ヤマトタケルの東征譚は語られている[11]。

二　火明命とハズ神社

ところで熱田神宮周辺は、かつては伊勢湾の最も奥に位置し、南西に細長く張り出した台地であった[12]。時代は下るが、江戸時代東海道で唯一の海路「七里の渡し」が桑名宿と宮宿（熱田宿）の間に制定されたのも、熱田の地が海上交通の拠点であったからである。その岬状の台地の先端に、熱田神宮と東海地域最大の前方後円墳断夫山古墳はあった。海上を渡ってきた旅人は、熱田神宮の杜とともに巨大古墳を目の当たりにし、その地方を制した豪族の力の大きさを知ることになる。断夫山古墳が熱田台地の先端西側につくられたのは、伊勢湾の海水路を意識してのことであり、海と陸の結節点のような位置にあったという指摘の通りだろう(13)。

ではその豪族とは一体何者であったのだろうか。断夫山古墳の築造時期は、墳丘測量図と埴輪、造り出部周辺から表採されている須恵器片などから推測して六世紀前葉と考えられ、五世紀後半からその地に台頭してきた尾張氏がその被葬者であったという(14)。つまり、熱田神宮を奉斎していた尾張氏は五世紀後半にはすでにこの地を掌握していたのであり、それがヤマトタケルとミヤズヒメの婚姻譚に投影され、さらに壬申の乱で天武天皇が東国勢力を頼ったことに繋がっていくのだろう。尾張氏と天皇家の結びつきは古く、伝承の端々に古代豪族の勢力関係は垣間見える。

古代勢力といえば、式内社の祭神からもそれは復元できる。熱田神宮の祭神は熱田大神で、それは草薙剣のことでもあったが、同時に御霊代としてよせられたアマテラスのことでもあるらしい(15)。本来草薙剣のことであった主祭神がアマテラスのことだと解されるようになったのは、おそらく伊勢との関係が密接になったからであって、ヤマトタケルも伊勢神宮のヤマトヒメを訪ねた後、尾張へと向かっている。祭神の変化は、勢力関係を暗示し、支配圏の拡大を示している。

また、相殿にはアマテラスとスサノヲ、ヤマトタケル、ミヤズヒメ、建稲種命の五柱を祀っており、寛平二（八九〇）年の『熱田神宮縁起』には、火明命十一代の孫、尾張国造乎止与《をとよ》命の子建稲種命が熱田明神を尾張氏の祖神として祭祀し、その妹がミヤズヒメであったと伝えられている(16)。火明命とは、『日本書紀』によればニニギノミコトとコノハナサクヤヒメとの間に生まれた三人の御子火闌降命、彦火火出見尊、火明命のうちの一人で、第九段本文の割注に「是尾張連等が始祖なり」とあるのは、『熱田神宮縁起』と矛盾しない。

しかし『古事記』において、火明命という名は語られることがなく、その三人の御子は火照命、火須勢理命、火遠理命という名であって、尾張連が登場することはない。その名は、それぞれ火が明るく燃える時、燃え盛る時、燃え広がる時という意味であり、火照命という名が火明命とほぼ同義であったとしても、『古事記』において火明命が登場しないのはなぜなのだろう。それを考える手がかりは、建稲種命を祭神とする二つのハズ神社の社伝に残されていた。

知多半島の突端に位置する羽豆《はず》神社は、延喜式にその名を連ねる式内社で、境内から伊勢湾と三河湾の両方を見渡すことができる。その地名の羽豆（ハズ）は、地形が筈に似ているからだとも、ヤマトタケル東征の折、建稲種命が「旗頭（ハタガシラ）」になったからだともいい、その社伝によると、建稲種命は師崎《もろざき》の水軍を率いて参加し、駿河の海で亡くなったという(17)。なお、社地の北側には羽豆城跡があり、ここに城を築いたのは、熱田大宮司千秋氏であった。

もう一つの式内幡頭《はず》神社は、三河湾に突き出た西尾市吉良町の岬の丘の上に鎮座している。その神社もまた、伊豆海上で亡くなった建稲種命の遺骸がこの地に流れつき、それを祭祀したのがはじまりであったらしい(18)。

このように同名の二つの神社は、漢字の表記こそ異なるものの、三河湾に面したハズの地に鎮座し、その祭神である建稲種命は遠征の途中海に沈んだという同じ伝承を伝えている。その伝承をそのまま信じるのなら、建稲種命は海で戦死したと捉えるべきである。そうではあるが、ヤマトタケル東征の折といえば、オトタチバナヒメが荒ぶる海神を鎮魂すべく入水しており、海での死ということに注目すると、建稲種命の死が戦によるものではないように思われてくる。

そこでゆくりなくも思いおこされるのは、神武東征において入水して死んでいった皇子たちである。そのくだりを『日本書紀』から引用しよう。

六月の乙未の朔丁巳に、軍、名草邑に至る。則ち名草戸畔といふ者を誅す。遂に狭野を越えて、熊野の神邑に到り、且ち天磐盾に登る。仍りて軍を引きて漸に進む。海の中にして卒に暴風に遇ひぬ。皇舟漂蕩ふ。時に稲飯命、乃ち歎きて曰はく、「嗟乎、吾が祖は天神、母は海神なり。如何ぞ我を陸に厄め、復我を海に厄むや」とのたまふ。言ひ訖りて、乃ち剣を抜きて海に入りて、鋤持神と化為る。三毛入野命、亦恨みて曰はく、「我が母及び姨は、並びに是海神なり。何為ぞ波瀾を起てて、灌溺すや」とのたまひて、則ち波の秀を蹈みて、常世郷に往でましぬ。天皇独、皇子手研耳命と、軍を帥ゐて進みて、熊野の荒坂津、亦の名は丹敷浦。に至ります。

（『日本書紀』神武天皇即位前紀戊午年六月）

高千穂から東へと進んできた神武一行は、難波でナガスネヒコの抵抗にあったため、南から大和を目指すべく熊野に向かった。ところが神武一行は熊野にきて暴風雨にあい、船を進めることができずにいた。すると稲飯命は、自分は天神の子孫でその母は海神の娘であるのに、どうしてこのように苦しめるのかと嘆き、剣を抜いて海に入り鋤持（サヒモチ）の神となってしまった。その時もう一人の皇子、三毛入野命もまた荒れる海を恨み、波頭をふんで常世の国に向かったという。ちなみにこの熊野は現在の新宮にあたり、神武天皇が東征の際に登ったという天磐盾は熊野速玉神社の摂社神倉神社に比定されている。

ここに語られているのは、荒ぶる海を鎮めるための二皇子の入水であり、それは建稲種命の入水と奇妙な一致をみせている。稲飯命と建稲種命の名に「稲」がつくという一致、東征譚における入水という一致である。これは一体何を意味しているのだろう。

天孫から天皇へと皇位継承がなされていくさまを見てみると、そこにある一つの法則を見出すことができる。

皇位継承者はその名に「ホ」を持ち、皇位継承をめぐって争い負けた者は入水して死んでいくという法則である。例えば、先にも挙げたニニギノミコトの三人の御子には、「火」が冠されている。その「火」は、母コノハナサクヤビメがその妊娠を疑われ、疑いをはらすべく火中で出産したことを示すと同時に、火遠理命のまたの名が日子穂穂手見命とあるように稲穂の「穂」の意味でもあった。[19] それはまさに、天皇が稲の化身として幻想されていることの表象であり、律令国家が稲作を基盤とする制度であることを示してもいるだろう。初代神武天皇の諱もまた彦火火出見（『日本書紀』）であり、応神天皇の諱も誉田別命で「ホ」がともに冠されている。彦火瓊瓊杵尊（ニニギノミコト）にはじまる天孫は「ホ」の御子の系譜でもあった。[20]

また、ニニギノミコトの三人の御子のうち、火照命（紀では火闌降命）は通称海幸彦といい、山幸彦（火遠理命）が海神宮から持ち帰った鹽盈珠・鹽乾珠によって懲らしめられ、服従して隼人になった。不思議なことに、海幸彦は日々海で漁をしていながら鹽盈珠からあふれ出た水に溺れそうになっていて、それは記紀神話の国譲りで、オホクニヌシの子であるコトシロヌシが魚釣りに出かけていたところ、国を譲るかどうかを尋ねられ、乗っていた船を踏み傾けて海に沈んでいった神話と同じ構造である。応神天皇の異母兄弟である忍熊王も、その兄香坂王とともに反乱を起こすものの敗れ、最後は琵琶湖で入水して亡くなっている。応神天皇の皇子である大山守命も、末弟に皇位が譲られること妬み反乱を起こし、敗れて宇治川に沈んでいる。どうやら王位を継ぐ資格をもった者たちは、その争いに敗れた後、入水して死んでいくものらしい。火照命は命を落とすことはなかったけれど、海に沈むことで弟に王位を譲ったと考えることもできる。

そのような法則に照らしてみると、稲飯命や三毛入野命の入水もまた、神武天皇に皇位を譲るための入水であり、東征という版図拡大の物語は、皇位継承者を選ぶ相続の物語、すなわち末子相続譚であったことにもなる。

とすれば、建稲種命の入水の背後にも、皇位継承の争いがあったのではなかろうか。その名に「穂」ならぬ「稲」を持っているのであればなおのこと、尾張氏にも皇位継承権を持った血筋があったように思われてくる。

調べてみると、尾張連の祖、奥津余曽《おきつよそ》の妹余曽多本毘売《よそたほ》は孝昭天皇の妃となって孝安天皇を産み、崇神天皇の妃となった意富阿麻比売《おほあま》もまた尾張連の出身とされている。継体天皇に嫁いだ尾張連の祖、凡連《おほしのむらじ》の妹である目子郎女は、安閑天皇と宣化天皇の母である。尾張氏と天皇家の関係は古く、皇位継承権を持った血筋は事実存在していた。建稲種命の入水は、尾張氏がある時期皇位継承に深く関わっていたかすかな残滓であったのだ。

そして天皇家と深く結びついた尾張氏であればこそ、壬申の乱に於いて天武天皇側について活躍し、持統天皇十（六九六）年五月に、尾張宿祢大隅が位階・功田を授けられるに至ったのであろう。(21)

では、このように天皇家と深い関係にある尾張氏とはどのような氏族であったのだろうか。建稲種命が水軍を率いて東征に参加していることからも、航海術にたけた人々であったことは容易に想像できるのだが、その勢力圏はどのようなものであったのか。

三　伊勢・三河湾の水上交通

ここで簡単に尾張氏に触れておくと、尾張氏とは天火明命を祖神とし熱田神宮に奉仕した氏族で、『姓氏録』によれば、その始祖天忍人命から倭得玉彦《えたまひこ》の頃まではほとんど葛城地方の人と婚姻を結び、その地名を名に負っている。よって太田亮は、この一族は本来葛城の高尾張から起こったのであり、後に美濃に移住し、その後裔である乎止与命が尾張国造となったとしている。(22)それに対し松前健は、尾張国こそが本貫の地であって葛城はその出先機関だと指摘し[23]、以来、その本貫の地は尾張だとする説が有力である。

また、尾張の他に大和・京師・山城・河内・近江・播磨・紀伊・備前・周防・越前・美濃・飛騨などの各地に尾張（尾治）を名告る氏族もいれば、尾張を名告らずとも、津守連・伊福部《いふくべ》連・物部直・石作連・丹比《たぢひ》宿祢・蝮壬部《たしひのみぶべ》首・六人部《むとべ》連・湯母竹田《ゆおもたけだ》連・坂合部《さかあひべ》宿祢のように、『姓氏録』や『旧事本紀』などに尾張氏と同族であると明記されている氏族もあって、その勢力分布は摂津・和泉・丹波・但馬・伊勢にも及んでいる。これほどまでに広範囲にわたることからすると、血縁的に同族であったはずもなく、同じく火明命を祖神とすることで疑似的血縁関係を結んでいったのであろう。なぜ擬似的血縁関係を結んだのかといえば、おそらく、擬似的血縁関係を結ぶことによってその勢力範囲を拡大し、水上交通ネットワークを確立していったのではないか。日本海の水上交通の要である籠《この》神社社家の海部氏や、瀬戸内海航路で大きな役割を果たしてきた住吉大社社家の津守氏と同族としたのはその何よりの証であり、熱田神宮摂社である氷上姉子神社は、『熱田宮縁起』によると海部氏によって祀られていたというのも、尾張氏が海部と深い関係にあったことを示している[24]。そのように尾張を拠点として海の民を支配していた尾張氏は、四世紀末頃大和政権の権力が尾張に及ぶようになって、その従属下に入ったのだと思われる[25]。

そのような尾張氏の系譜を念頭において、話をハズ神社に戻そう。二つのハズ神社は、三河湾に突き出た二つの岬にそれぞれ鎮座しており、その位置を地図に落としてみると、それらを結ぶ海上の道が浮かびあがって見えてくる。二つのハズは、立地からして三河湾の重要な寄港地であったに違いなく、同名の二つの神社は、建稲種命を奉祭する尾張氏の勢力圏を示している[26]。それはすなわち伊勢湾および三河湾の海上交通の掌握であり、この二つのハズを結んだ線を西に伸ばしていくと伊勢に突き当たることは極めて象徴的である。伊勢から三河へと向かう航路は、伊勢神宮から東国へと旅立ったヤマトタケルの足跡として語られているのであり、その航路を進むには伊勢湾や三河湾の海上交通を掌握した尾張氏の協力がなければならなかった。『古事記』とは異なって『日本書紀』では、直接伊勢から駿河にヤマトタケルが向かっているのも、伊勢と三河湾を結ぶ航路の存在を示しているのだろう。実際に伊勢神宮は、その航路上に勢力を広げている。三河国額田郡（岡崎市）にある式内稲前神社は、伊勢神宮に従属したとその境内碑文に記され、祭神を天照大神、天兒屋根命、応神天皇としている。この神社を含む岡崎の地に多くの神明社が存在することもまた、伊勢神宮との深い結びつきを示していると思われる。(27)

つまり、尾張・三河地域における伊勢神宮所領の広がりは、ヤマトタケルの東征に仮託された律令国家の版図拡大に他ならず、律令国家とはまさに「稲」の制度のことであれば、そのような版図拡大の物語において「稲」の名を持つ建稲種命の活躍は語られた。ただし、その名が『古事記』で語られることはなく、様々な氏族の思惑がうずまく『日本書紀』の中にひっそりと記されていることは、両書の性格を明らかに示していて興味深い。(28)

そして伊勢神宮と二つのハズ神社を繋ぐ海上の道は単なる航路ではなく、奇しくも建稲種命という名が示しているように、稲作が伝わっていった伝播ルートにして、「稲」を運ぶ交易ルートではなかったか。そのような「稲の道」を示す説話が、鎌倉初期の説話集『古今著聞集』に残されている。

正上座といふ弓の上手、若かりける時、三河の国より熊野へわたりけるに、伊勢の国いらごのわたりにて海賊にあひにけり。悪徒等が舟すでに近づきて、「御米参らせよ」といひけるを、正上座、人を出していはせけるは、「これは熊野へ参る御米なり。賊徒等のぞみあるべからず」。悪徒にかくいふを聞きて、「熊野の御米と見ればこそ左右なくはとどめね、しからずは、かくまで詞にていひてんや」といふ。上座、その時、腹巻きて、弓に蟇目一つ神頭一つを取り具して、楯つかせて舟のへに進みいでて、「悪徒等がのぞみ申す事、いかにもかなふべからず。とどめぬべくは、御米なりとも、とどめよかし」といふを、海賊一人、物具して出で向ひて、こと葉たたかひをしけり。海賊が舟に幕引きまはして、楯つきて、その中に悪徒等その数おほくあり。しばし詞たたかひして、上座まづ引目をもて海賊を射たるに、海賊くぐまりて箭を上へ通しけり。引目耳をひびかして通りぬれば、則ち立ちあがる所を、いつのまにか矢つぎしつらん、神頭をもてたちあがる目のあひを射て、うつぶしに射伏せてけり。この矢つぎのはやさに海賊等おどろきて、「これは誰にておはしまし候ふぞ」と問ひたりければ、「汝等知らずや、正上座行快ぞかし」と名乗りて、「この辺の海賊は、さだめて熊野だちの奴原にてこそあるらめとおもへば、優如して、これをもて手なみをば見するぞ」といひたりけるに、海賊等、「さらばはじめよりさは仰せられで。稀有にあやまちすらんに」とて、こぎかへりけり。

（『古今著聞集』巻十二偸盗・四三五　弓の上手正上座行快、海賊を射退くる事）

正上座という弓の上手が若かった時、三河国から熊野へ渡ろうとして、伊勢国の伊良湖で海賊に遭った。海賊の船が近づいてきて「積み荷の御米を差し出されよ」と命じられたが、これは熊野へ献上する米でそれには従えないと正上座は言い放ち、弓をたて続けにつがえて一人の海賊の眉間を見事に射ぬいた。その矢をつがえる速さに海賊たちは驚き、そそくさと逃げ帰ったという。

この正上座とは行快の僧職に因んだ呼び名で、熊野の別当のことを指している。行快の先代である第二十一代熊野別当湛増《たんぞう》も、壇の浦の戦いにおいて二百余艘に及ぶ熊野水軍を率いて源氏方につき、活躍したと伝えられている。熊野別当は宗教組織の長であるだけでなく、熊野水軍などの軍事組織の長でもあった(29)。

そのように武勇に優れた熊野別当の姿がこの説話からうかがえ、米が三河から熊野へと運ばれていたこともわかる。三河と熊野の間で、船による交易はなされていたのである。三河蒲郡には熊野系の神社が多く、熊野の御師や山伏たちがこの地にきていたことも、[30]三河と熊野の往来が頻繁になされていたことを示しているのだろう。神社とは信仰の名のもとに、交易を行うものらしい。

また、三河国碧海郡にある式内社の祭神の多くが日向神話ゆかりの神々であることも、稲飯命の終焉の地が熊野であることを鑑みて、三河と熊野の関係深さを示していると思われる。三河国二宮である知立神社は彦火火出見尊や鸕鶿草葺不合命、玉依比売命を、糟目神社は彦火火出見尊と素盞嗚命を、日長神社は吾田鹿津姫尊や彦火瓊瓊杵尊を祀っており、日向神話の神々がその名を連ねている。あるいは和志取神社は景行天皇皇子の五十狭城《いさき》入彦《いりひこ》皇子を祭祀していて、景行天皇とのゆかりを示している。[31]神武東征の発端となった日向神話の神々や、景行天皇のゆかりが祀られているのは、それらの神々を奉斎した人々がその地に移動してきたからであり、しかも注目すべきは、知立神社以外の、和志取神社、酒人神社、糟目神社、日長神社が矢作《やはぎ》川の流域に鎮座していることである。矢作川とは長野県下伊那郡平谷村の大川入山に源を発し、岐阜県恵那市と愛知県豊田市、岡崎市などをその流域として三河湾に流れ出る大河で、[32]その旧矢作川（矢作古川）の河口近くに、吉良町の幡頭神社が位置している。船は三河湾をのみゆくものではない。矢作川を遡るようにして、航海に長けた人々は移り住んでいったのだろう。伊勢湾や三河湾の航路は、信仰を伝えていくルートでもあったが、日向神話の神々を奉斎する人々の移住を示す痕跡でもあったのである。

むすび

最後にもう一つ言及しておきたいことがある。この章を書くにあたり、二〇一五年二月、実際に三河国の式内社を訪れ、知多半島が「知多四国」と呼ばれる霊場であることを知った。「四国」というその名の由来は、その昔、東国巡錫の途中この地を訪れた弘法大師が、あまりに四国に似ていることから「西浦や東浦あり日間賀島篠島かけて四国なるらん」とうたったことによるという。確かに、知多半島から眺めた伊勢湾も知多湾も内海である。

本州との間に横たわる瀬戸内海もまた、古代より畿内と九州や韓半島とを結ぶ航路であった。神武東征もこの海路を辿り、新羅征伐に向かう仲哀天皇や斉明天皇もまた、軍船を率いてここを通っていった。白村江の戦いに向かう折の歌として有名な『万葉集』巻一・八番歌「熟田津に船乗りせむと月待てば潮もかなひぬ今は漕ぎ出でな」（額田王）には、熟田津で船待ちをする情景がうたわれている。伊予熟田津（松山）は瀬戸内海航路の重要な寄港地であり、その後村上水軍が本拠地とした大三島（今治）は、伊代国一宮にして大山祇神社の総本社である。大山祇神とはイザナキとイザナミの間に生まれた山の神であり、その娘はイワナガヒメとコノハナサクヤヒメで、コノハナサクヤヒメはニニギノミコトと結ばれてウガヤフキアヘズノミコトを産んだ。ここにも日向神話のゆかりがある。

また、大山祇神が航海神としての性格も合わせ持っているのは、船の材料である木材を山から伐り出すことに由来するのだろう。海からは遠い山中に船木という地名が全国に分布して残されているのも、船材としての木と山の関係を示しているのであって、海と山は船によって結ばれている。海上をゆく船は山の木でつくられるものであり、そのような船材の産地が古代日本文学の中でしばしば語られることがある。『万葉集』では足柄、伊豆、能登、熊野などの船がうたわれ、『播磨国風土記』逸文の速鳥伝承からは、播磨国もまた船材の産地であったことがわかる。明石駅家の井戸の側に生えていた楠は、朝は淡路島を、夕方には大和国を覆い隠すほどの大木であったが、伐り出されて船に作られ、船足が速かったため天皇の食事用の水を運ぶのに用いられた。このように船材に用いられる多くは楠であり、大三島神社境内にも楠群があって、原生林の名残を色濃く留めたそれは、天然記念物に指定されている[33]。

つまり、伊予も熊野も船材の産地にして水軍の本拠地であり、前者は瀬戸内海の、後者は伊勢湾航路の寄港地であった。そしてその航路を利用して、神武天皇は九州からヤマトへと進出し、ヤマト朝廷は東国へと支配を広げていった。内海であるというその風景の類似だけが、知多半島と四国を結びつけたのではなかった。「東征」を繰り返して皇孫はその支配領域を広げ、原始的な湿地帯は実り豊かな耕地へと姿を変えていった。そのような古代国家の成立を支えたのが、この二つの「内海航路」ではなかったか。はじめは征服譚の中で、次に信仰圏拡大のうちに語られていったこの航路は、まさに稲作を伝え、人やモノの移動・流通という「交易」を促したのである。「知多四国」という名の背後には、このような「稲の道」があったのではなかろうか。

注

（1）伊藤博『萬葉集釈注』四、集英社、一九九七年。

（2）（1）に同じ。／栄原永遠男「伊勢湾交通からみた北伊勢の地域的特徴」（『三重大史学』七）、二〇〇七年三月。

（3）植垣節也は、俯瞰図を描けるような高地がないその地で、地形を按じて海浜の線が半円であったから的形だとする通説に疑問を呈し、歌を詠んだ作者が目にしているのは、浜の向こうの丘に的のように見える山塊があって、それではないかと想像している（植垣節也「的形浦」（上代文献を読む会編『風土記逸文注釈』）、翰林書房、二〇〇一年）。

（4）題詞に三河行幸とあることからすると、ここに詠まれている「引馬野」や「安礼の崎」は三河国に求めるべきであるが、遠江に比定する説もあり、諸説わかれるところである。ここでは大宝二年の持統行幸の目的地が三河であったか遠江であったかを問題としないので、詳しくはそれらの説を整理分析した、遠藤慶太「持統太上天皇の三河行幸―三河と東国―」（『續日本紀研究』第三七五号、二〇〇八年八月）を参照してほしい。また、行幸と王権の問題や都城の展開と結びつけた研究としては、仁藤敦史『古代王権と都城』（吉川弘文館、一九九八年）や仁藤智子『平安初期の王権と官僚制』（吉川弘文館、二〇〇〇年）がある。

（5）（1）に同じ。

（6）加藤静雄『万葉の歌―人と風土―』⑫東海、保育社、一九八六年。また、直木孝次郎は、文武天皇のために東国地方を巡視し、安定を計ろうとしたとも思われるが、壬申の昔を記念したものであったと推測している（『持統天皇』、吉川弘文館、一九六〇年）。

（7）（4）にあげた遠藤慶太の論文に同じ。

（8）土屋文明や（『万葉集私注』巻一、筑摩書房、一九七六年）、竹尾俊夫（「高市黒人の抒情とその位置」（美夫君志編『万葉史を問う』）、新典社、一九九九年）もまた、伊勢国多気郡の的形から船出して三河国に向かったとする。尚、竹尾俊夫は、同論文で、行幸において詠まれる「棚無し小舟」は、その地の海人の奉仕を裏付けていると指摘している。

（9）伊藤博『萬葉集釈注』二、集英社、一九九六年。

（10）（1）に同じ。

（11）上田正昭も、ヤマトタケル東征ルートにおける伊勢の「津」としての重要性を指摘している（『日本武尊』吉川弘文館、一九六〇年）。また、尾張氏とヤマトタケル伝承成立を関連づけた論文に、阿倍寛子「古事記と尾張氏―その後宮との関連において―」（『お茶の水女子大学　人文科学紀要』第二十七巻第一分冊、一九七四年三月）や、細谷藤策「尾張氏の伝承と倭建の物語の成立」（『国学院雑誌』76‐10、一九七五年十月）などがある。

（12）『式内社調査報告』第八巻、一九八九年。

（13）大塚康博「断夫山古墳と大須二子山古墳」（『新修名古屋市史』第一巻）、一九九七年。

（14）赤塚次郎「愛知県断夫山古墳」（『季刊考古学』68号）、雄山閣出版、一九九九年。さらに赤塚は、尾張氏の経営戦略を考慮すると、その被葬者は継体天皇の尾張目子媛の父、尾張連草香ではないか、と述べている（赤塚次郎「断夫山古墳と伊勢の海」（梅村喬編『伊勢湾と古代の東海』）、名著出版、一九九六年）。また、『式内社調査報告』第八巻（東海道3）や塚本学・新井喜久夫『愛知県の歴史』（山川出版、一九七〇年）によれば、神宮ではミヤズヒメの御陵としているという。

（15）志村有弘・奥山芳広編『社寺縁起伝説辞典』（戎光祥出版、二〇〇九年）「熱田神社」の項（奥山芳広）。

(16)谷川健一編『日本の神々』10東海（白水社、二〇〇〇年）の「熱田神宮」（津田豊彦）の項。
(17)谷川健一編『日本の神々』10東海（白水社、二〇〇〇年）の「羽豆神社」（津田豊彦）の項。
(18)幡頭神社境内の案内による。
(19)西郷信綱によれば、三人の皇子に冠された「火」は「穂」のことでもあり、ホデリは穂が赤らむこと、ホスセリは穂がそそりたつこと、ホヲリは穂が折れたわむ意だという（『古事記注釈』第二巻、平凡社、一九七六年）。
(20)「ホ」をその名に冠した皇子たちの物語については、拙著『日本神話の男と女』（三弥井書店、二〇一四年）収録「「ホ」の御子の物語―その神話的解釈―」に詳しい。
(21)『日本書紀』持統天皇十年条。また、『続日本紀』天平宝字元（七五七）年十二月条によれば、この突然の恩賞授与の記事は、壬申の乱の功績によるものであるという。
(22)太田亮『新編姓氏家系辞書』、秋田書店、一九七四年。尚、最初に尾張氏の本貫を葛城だとしたのは本居宣長で、高群逸枝などもその説を踏襲している。
(23)松前健「尾張氏の系譜と天照御魂神」（三品彰英編『日本書紀研究』第五冊）、塙書房、一九七一年。
(24)新井喜久夫「律令国家以前の名古屋地方」（『新修名古屋市史』第一巻）、一九九七年。
(25)新井喜久夫「古代の尾張氏について」（『信濃』二一巻一・二号）、一九六九年。
(26)鈴木源一郎によれば、ヤマトタケルおよびその眷属を奉祀している神社の分布をみると、西は美濃、東は三河に終わっていて、ヤマトタケル伝承の育ての親は熱田神宮であり、なぜ三河以東の遠江などに伝承が残されていないのかと言えば、すでにその地には大和王権が進出していたのではないかという（「三河・遠江両国のヤマトタケル伝承と伝承付会の神社をめぐって」（『愛知大学総合郷土研究所紀要』第四〇輯）、一九九五年三月）。
(27)『式内社調査報告』第九巻、一九八八年。
(28)阿部寛子は、『古事記』がミヤズヒメに多くの紙幅をさいたのは、その語られた場が後宮であったからだとしている（(11)にあげた論文に同じ）。
(29)『古今著聞集』下（新潮日本古典集成）、新潮社、一九八六年。
(30)『蒲郡市史』本文編1、二〇〇六年三月。

（31）（27）に同じ。

（32）矢作という名は、矢作橋の周辺にあった矢を作る部民集落の名で、矢に羽根を付けることを「矧（はぐ）」といったことから「矢矧（やはぎ）」となったという。あるいは、日本武尊が東夷征伐の際、川の中州にあった竹で矢を作り勝利したことから「矢作川」と呼ばれるようになったともいう。

（33）谷川健一編『日本の神々』2山陽・四国、白水社、二〇〇〇年。

第二章　遠江の道　―三つの「東」―

はじめに

古代日本において東国は、常世の国、フロンティアとして幻想されていた。まさに『常陸国風土記』では、仕事に励み織物の技術を持っていればたちどころに富を得ることができ、「古の人、常世の国といへるは、蓋し疑ふらくは此の地ならむか」と語られている。そもそも神武天皇が東征を開始したのも、東に理想郷があると考えたからであって、古代日本の王とは東を指向するものらしい。それは実際に東に沃土が広がっていたという理由ばかりでなく、太陽神の末裔にとって日の昇る東は聖地であり、東遷することにおいて国家は力を維持しえるという思想があったからでもあろう。崇神天皇四十八年条でも、皇位継承をめぐって二人の皇子が見たのは、一人は武器を天に突き上げる夢、一人は農耕祭祀を行う夢であったように、古代国家にとって東国経営は皇位継承と並びあげられるほどの関心事であり、そのように古代において東国は、新しく開墾された国土という以上に中央を支える概念として重要であった。

ところがその重要性とは裏腹に、古代における東国は実際にどの地域を指しているのかは不明瞭で、時代によってもその示す範囲が異なっていたらしい。例えば、はじめは東山道に属していた武蔵国が宝亀二（七七一）年に東海道に組み込まれたように[1]、東海道と東山道の区別も古代では曖昧であった。そこでこの章では、古代文学の中で東国および東海道がどのように描かれているのかを明らかにしてみたい。

一　記紀に描かれた「東」

記紀において「東」は、神武天皇が発した言葉の中にはじめて登場する。日向高千穂宮にいた神武天皇は「何地に坐さば、平らけく天の下の政を聞こしめさむ。なほ東に行かむ」（『古事記』神武天皇条）と東征を開始した。それは「西の偏」で統治していたため「東に美き地有り。青山四周れり」（『日本書紀』神武天皇即位前紀）と東に沃土が広がっていたからではある。この時「東」には、方位のみならず「東方の国」という意が込められていた。

次に「東」の表記が登場するのは崇神天皇の時代で、建沼河別命を「東の方十二道」、すなわち伊勢・尾張・三河・遠江・駿河・甲斐・伊豆・相模・武蔵・総・常陸・陸奥に派遣したとある[2]。同時に大毘古を高志道に、日子坐王を丹波国に派遣したとあることから[3]、越や丹波と同じ時期に東国も大和朝廷に服属し、東海道という地域区分がこの時成立したように見える。勿論、仁藤敦史が指摘しているように、崇神紀十年十月条に「今反けりし者悉に誅に伏す。畿内には事無し。唯し海外の荒ぶる俗のみ、騒動くこと未だ止まず。其れ四道将軍等、今急に発れ」と畿内との対比において四道将軍が派遣されたとあること、大彦命（大毘古）の末裔阿倍臣が北陸道へ、宍人臣鷹が東海道へと派遣されたとする崇峻紀二年七月の記事に対応していることから、後の時代のものがここに挿入された可能性もあり、この記載に見える東海道をそのまま当時のものと考えることはむずかしいだろう[4]。しかし今ここで問題とするのは、東海道という区分が崇神朝の時代にすでに確立していたかどうかという歴史的事実ではなく、記紀の世界においては東海道という地域区分が北陸道や西道（山陽道）と並列して語られていることであり、景行記ヤマトタケルの東征譚でも「東の方十二道の荒ぶる神、また伏はぬ人等を言向け和平せ。」と、東山道ではなく東海道が東征の道として語られていることである。(5)

二　ヤマトタケルの道

では改めてヤマトタケル東征譚の道を確認してみよう。『古事記』と『日本書紀』とではそれぞれ異なったヤマトタケル像が描かれている。前者が父に疎まれたことを嘆く悲劇の皇子であることに対し、後者は父が神の子と認めつつもあくまでも天皇の臣下として王化を目指して征伐を行った将軍であった。その東征の道は伊勢から尾張、駿河、相模に到り（『日本書紀』では伊勢から直接駿河に向かっている）、蝦夷征伐を行ったところまではほぼ同じであるが、記紀では後半の帰路が異なっている。

『古事記』では蝦夷平定の後再び相模国足柄に向かい、その坂の上にたってヤマトタケルは「吾妻はや」と嘆いた。その言葉がアヅマの語源となり、この国を東国と呼ぶようになったというのは有名な話である。足柄からは甲斐に向かい、「新治　筑波を過ぎて　幾夜か寝つる」とうたった後、信濃を経て再び尾張に戻り、伊吹山の神に惑わされてついに能褒野《のぼの》で生涯を閉じた。ここに示されているのは、往路は東海道、蝦夷平定後の帰路は東山道を利用した東征の行程であり、興味深いのは往路と復路では異なる道を通っていることである。『古事記』では「それより入り幸でまして、悉に荒ぶる蝦夷等を言向け、また山河の荒ぶる神等を平和して、還り上り幸でます」と記されているのみで、蝦夷の国が具体的にどの地域にあたるのか示されてはいないものの、甲斐で「筑波を過ぎて」とうたったことから、ヤマトタケルが向かった先が常陸であったことがわかるのであった。

一方『日本書紀』においては、相模の走水を渡ったヤマトタケルは上総を経て陸奥国に到り、蝦夷を平定して、日高見国、常陸から甲斐に向かい、『古事記』に同じく「新治　筑波を過ぎて　幾夜か寝つる」とうたった。その後信濃と越を平定すべく甲斐から武蔵、上野を経て碓井峠に到り、入水したオトタチバナヒメを慕って「吾嬬はや」と三度嘆いた。この嘆きが東国の語源譚となっているのは『日本書紀』も同じである。そこからは道を分け、越には吉備武彦を派遣して、自身は信濃に向かい、美濃で再び吉備武彦と出会った後、尾張でミヤズヒメと結婚し、伊吹山の神に惑わされ能褒野で亡くなった。『日本書紀』の記述の特徴は、その征伐に殺戮の描写がなく、蝦夷たちに何者かを問われ「吾は是、現人神の子なり」と答えているように、天皇の代理として天皇の「威光」を示し、「徳」によって蝦夷を服従させていることであり、蝦夷の国として陸奥国や日高見国より北の地域を具体的に想定していることである。(6)『日本書紀』においては、蝦夷の国が実際の地域として比定できるほどに国境が明瞭で、蝦夷ですら王化するほどに中央の支配が浸透しているかのように描かれている。

このように記紀では経由地が異なりながらも、ともに往路は東海道、帰路は東山道を通ったことを伝えている。なぜ往路と復路とでは異なった道を選んだのかといえば、おそらくそれら道によって描き出された空間が大和朝廷の支配が及ぶ地域であったからであろう。さらに足柄峠および碓井峠以東を「東国」としたという語源譚を語ることにおいて、それまで漠然と「東」として捉えられていた蝦夷の住む地は版図に組み入れられ、「国」という行政区分の中に分類されていくのであり、さらにそのような王権支配を強調したい『日本書紀』では、王の「徳」によって支配を拡大していったと語るのであった。また記紀で帰路の経由地が異なるのは、国境の中心が相模（足柄峠）から上野（碓井峠）に移動しているからで、『古事記』の原型が整う六世紀以後に毛野が服属したと考えることもできるのだが、[7] もっと単純に、東山道と東海道を結ぶ道には、甲斐国を挟んで西廻りの『古事記』ルートと東廻りの『日本書紀』ルートの二つがあったことを示しているのだろう。[8]

三　世界認識としての「東」

ところで記紀で「東」が語られる例の中には、蝦夷征伐とは無関係なものもある。垂仁天皇の時代、口のきけない皇子本牟智和気は白い鵠を見て言葉を発しようとした。そこで天皇がその白い鵠を捕えさせようとすると、その鵠は播磨、稲葉、丹波、但馬を廻って逃げたが、次に近江、美濃、尾張、信濃を廻り、最後は越国で捕えられたという。[9] この白い鵠が廻っていく経路を示す時、「東の方に追い廻りて、近つ淡海国に到り」と「東」いう表現がなされており、それは播磨、稲葉、丹波、但馬を「西」とした時の対概念としての「東」であって、それら国名の羅列が大和朝廷の支配が及ぶ範囲を示していることは明らかだろう。

どうやら「東」は世界の範囲を示す表現でもあり、そのような「東」は、捧げた杯に落ち葉が入り殺されそうになった三重采女が、命乞いをしてうたった次の歌の中にも見出せる。

纏向の　日代の宮は　朝日の　日照る宮　夕日の　日がける宮　竹の根の　根垂る宮　木の根の　根蔓ふ
宮　八百土よし　い築きの宮　真木さく　檜の御門　新嘗屋に　生ひ立てる　百足る　槻が枝は　上枝は
天を覆へり　中つ枝は　東を覆へり　下枝は　鄙を覆へり　上枝の　枝の末葉は　中つ枝に　落ち触らば
へ　中つ枝の　枝の末葉は　下つ枝に　落ち触らばへ　下枝の　枝の末葉は　あり衣の　三重の子が　指

挙せる　瑞玉盞に　浮きし脂　落ちなづさひ　水こをろこをろに　是しも　あやに恐し　高光る　日の御子　事の　語言も　是をば
（『古事記』雄略天皇）

天皇がお住まいになる宮の大きな槻は、「上枝は　天を覆へり　中つ枝は　東を覆へり　下枝は　鄙を覆へり」と、そのよく茂った槻の枝で全世界を覆ってしまう、とうたわれる。この時「中」に対比された「東」は、辺境の地である東国を具体的に指すにとどまらず、世界を「天」「東」「鄙」に三分割した、その一部を占めるものである。「鄙」とは本来都から離れている辺境の地をいい、(10)「天」は文字通り天上界の意とすれば、「中」に対比された「東」が一体何を指すのか説のわかれるところではあるけれど、この歌における「東」は、「天」と「鄙」の間に位置する世界区分の一つであった。

四　『万葉集』の東歌

では『万葉集』において「東」は、どのように描かれているのだろうか。

巻十四は東歌二三〇首からなる歌巻で、雑歌、相聞、譬喩歌がそれぞれ古代国郡図式の国ごとに配列されている。その国々とは遠江、駿河、伊豆、相模、武蔵、上総、下総、常陸、信濃、上野、下野、陸奥であり、東海道と東山道の「中国」と「遠国」にあたる。それがすなわち『万葉集』における「東」であり、広く伊勢・美濃以東を「東」といった広義の区分とは異なっている。

そもそも伊勢・美濃以東を広義の「東」としたのは、大化改新の詔に「凡そ畿内は、東は名墾（名張）の横河より以来、南は紀伊の兄山より以来、西は赤石（明石）の櫛淵より以来、北は近江の狭狭波の合坂山（逢坂山）より以来を、畿内国とす」とある「畿内」が成立してからだろう。[11] 畿内という概念があってはじめて畿外という概念は生まれるのであり、朝廷の許可なく畿内を出ることが律令によって禁じられていた貴族にとって、鈴鹿、不破、愛発の三関を越えた向う側は未知の国でしかなかった。[12] 高市皇子挽歌において「鶏が鳴く 東の国の 御軍士を 召したまひて」（巻二・一九九）とある「東の国」の軍勢が美濃・尾張の軍勢を指すことからすると、美濃・尾張は「東」の国であった。『日本書紀』における「東国」の例を見ても、夢占いの結果東国平定に向かった豊城命のくだりや四道将軍の派遣、ヤマトタケルの東征を除くとその大半が壬申の乱に関わる表現であり、そのようなことを考えにいれるのなら、東国という概念自身、壬申の乱をもって定着したのかもしれない。天武紀の記述を見る限りにおいては、伊勢・尾張以東からが東国であった。

それが東歌においては伊勢・尾張・美濃・三河は東国に含まれず、さらに巻二十の防人歌から推測される防人の出身地もまた東歌が指す「東」に一致して伊勢・尾張・美濃・三河がない。おそらく『万葉集』編纂時にそのように統一したからではあるが、[13] なぜ伊勢・尾張・美濃・三河からは防人が差遣されなかったのだろうか。

天武天皇はその在位中決して畿外にでることはなかったけれど、持統天皇は伊勢行幸を行っている。直木孝次郎はそれを藤原遷都にあたり東国の実情をその目で確かめるためだとしているが、[14] 加藤静雄によればそれは壬申の乱における論功行賞だという。『日本書紀』の記述を見ると、壬申の乱を数十年経た文武天皇の時代においてなおその時の功績は称えられ、例えば天武十三（八八四）年是年条に「伊賀・伊勢・美濃・尾張、四の国、今より以後、調の年に役を免し、役の年に調を免せ」とあるのは、壬申の乱時の論功行賞に他ならないとする。[15] 伊勢・美濃・尾張が壬申の乱によって強く認識されると、未開の地や異文化というイメージを持つ「東」はさらにその外側へと追いやられたということなのだろう。「東」とは辺境にあり、その向こうの境界も定かではない、いわば異界として幻想されるものなのである。

また、『万葉集』の構成から考えても、遠江・信濃以東が「東」であった。宮廷では歌の大和風であることに関心を抱いており、巻七、九、十一、十二、十三などは大和風の歌を集めている。東歌の蒐集と編纂もまたこの営みの一環と見るべきで、大和風に対する東国風への関心から巻十四は成立したのだろう。巻十三までの大和風に対しての東国風の巻十四ということになろうか。大和朝廷の重要な経済的・軍事的基盤であった東国であれば、国魂（国ぶり）の象徴としての歌を奉献させる習慣は古くからあったのかもしれない。[16] そして大和風に対する東国風が最も顕著に示されるのは、その用いられた言葉においてであった。例えば「雪かも降れる」とするところを「雪かも降らる」（巻十四・三三五一・常陸）、「引く船の」とするところを「引こ船の」（巻十四・三四三一・相模）とうたうなど、東歌は大和言葉ではない東国方言でうたわれている。まさにその方言の境界線が遠江・信濃の西境を結ぶラインであり、それは今日でも変わらない、東日本と西日本を分ける境でもある。

さてここで、記紀万葉における「東」について整理してみると、奈良時代以降に見られる区分として、三段階の「東」があることがわかった。第一の「東」は現在の関東や東北地方にあたる国々で足柄峠（『古事記』）、および碓井峠（『日本書紀』）の以東を指し（いわゆる坂東）、第二の「東」は『万葉集』東歌の区分に見られる、信濃・甲斐・駿河・遠江を含む遠江および信濃以東をいい、第三の「東」は畿外として意識される、鈴鹿関および不破関以東で飛騨・美濃・尾張・三河の国々を含んだ地域のことであった。[17] またその成立過程は、「東」が蝦夷を意識した言葉であることを考えれば、大和朝廷が東国経営にのりだしたころに第二の「東」が成立し、その勢力が東に及ぶにつれその境が東に動いて第一の「東」が成立したと思われる。[18]

そして興味深いのは、あくまでも中央に対する周縁という概念から「東」を描き出した記紀と、具体的な生活から「東」の区分を語る『万葉集』という書物の特徴が理解できることで、この第二の「東」の境界線が今日の長野県・静岡県の西境に当たり、西日本方言と東日本方言とを分け、文化をも東西に二分する境界線に一致することであった。

五　遠江の道

では東西の境界、すなわち第二の「東」の境は、具体的にどのように描かれているのだろうか。『万葉集』から考えてみよう。

妹も我れも一つなかれも三河なる二見の道ゆ別れかねつる　（巻三・二七六）

一本には

三河の二見の道ゆ別れなば我が背も我れもひとりかも行かむ　（同・二七七）

これは高市連黒人の羇旅八首と題された歌の中の二首である。前者が二見の道で別れようにも別れられないとうたう男の歌だとすれば、後者は二見の道で別れたなら別々に行くことになるとうたう女の返歌だろうか。その分岐点は、愛知県豊川市国府町と御油《ごゆ》町の境とも宝飯《ほい》郡御津町ともいわれるが、いずれにせよ東海道からわかれた道が存在していたことが確認できる。その分岐した二見道は三河と遠江の境である本坂峠を越えて、浜名湖の北を経由して遠江の国府があったと思われる磐田市まで続いている。[19]本坂峠の語源は「穂の坂」で、[20]おそらく「穂の国の境」の意であろう。[21]穂の国とは大化前代における東三河地方の国号であり、古墳の築造から考えてその中心は宝飯郡であった。

その二見道は近世末期に姫街道の俗称で知られ[22]、古代の官道の七道でも国府同士を繋ぐ支路ですらないが[23]、『万葉集』には二見道沿いの歌がいくつか残されている。

麁玉の伎倍の林に汝を立てて行きかつましじ寐を先立たね（巻十四・三三五三）

伎倍人のまだら衾に綿さはだ入りなましもの妹が小床に（巻十四・三三五四）

遠江引佐細江のみをつくし我れを頼めてあさましものを（巻十四・三四二九）

花散らふこの向つ峰の乎那の峰のひじにつくまで君が代もがも（巻十四・三四四八）

これら四首の歌は巻十四におさめられた東歌で、はじめの二首は遠江国の相聞、次の三四二九番歌は遠江国の譬喩歌、最後の三四四八番歌は未勘国歌の雑歌である。

まず三三五三番歌の「麁玉」に関してだが、巻十一に「あらたまの寸戸が竹垣編目ゆも妹し見えなば我れ恋ひめやも」（二五三〇）とあり、そこでの「あらたま」が竹垣の網目と解せる「きへ」の枕詞なっていることからここでも枕詞だとする説がある[24]。しかしこの歌を遠江国に分類しているのであれば、おそらく「あらたま」は麁玉郡（現浜松市浜北区）のことであり、続く「きへ」も麁玉郡の小地名だろう[25]。それに反して夏目隆文は、その次の三三五四番歌にも「伎倍人」とあることに注目し、「伎倍人」とは「伎人」のことで、この地方に住んでいた秦氏配下の機織技術者集団ではないかとしている[26]。そもそも「まだら衾」のマダラは梵語のマンダラ mandala（雑色の義）であり、そのような仏教語を東国民が知っていたとは思われず、となれば秦氏系渡来人がこの地に養蚕も仏教語も伝えたのだという。麁玉郡反多郷（現浜北市北浜区内野から東区有玉台にかけて）には日本本来の墓制ではない積石塚古墳群があって、式内朝日波多加神社（現神明宮）の祭神が天万栲幡千幡姫《あめのよろずたくはたちはた》であることもその根拠にあげている。「伎倍」が地名であったとしても、その語源に機織りに秀でた渡来人を想定するのはあながち間違いではあるまい。実はこの地域は織物の産地であったらしく、浜名湖北三ヶ日の初生衣神社は、一一五五年から一八八五年に至るまでの八百年間、伊勢内宮に神衣を奉献していた(27)。

六　浜名湖の水系

初生衣神社は別名浜名斎宮とも呼ばれ、神主神服部家に伝わる古文書（天福元（一二三三）年）によると、神服部家は仁寿元（八五一）年従五位下に叙せられて神服部宿祢毛人女と称し、久寿二（一一五五）年官を辞し山城国乙訓郡より遠江国浜名岡本に移り住み、五町八反を賜って御初生衣を奉献するようになったという。その神衣とは、伊勢神宮の古文書によれば三河地方から奉献された赤引きの糸で織られたものであり、その糸の養蚕地は赤日子神社の座する赤孫郷と服部郷の二か所であった(28)。

またこの地は伊勢神宮神領であったからか神明宮が多く(29)、その中の一つ浜名惣社神明宮（式内英多神社に比定）の摂社でも天棚機媛を祀っている(30)。その境内案内によると、垂仁天皇の皇女倭姫命が天照大神の鎮座地を求めて伊賀・伊勢・美濃・尾張を巡幸した際、太田命の先導でこの地に四十余日行宮の後、神託があって渡会の五十鈴川の辺に移ったという。ともあれ、浜名湖北と伊勢は織物を介して古くから交流があったことがわかる。

では次の三四二九番歌にはどのような景がうたわれているのだろうか。この歌に詠まれている「引佐細江」は今もその地名をとどめ、都田《みやこだ》川の河口に近い浜名湖にはつい先ごろまで澪標（航路を示す杭）が立てられていた。「細江」という地名は、浜名湖全体から見て都田川河口の細い入り江をさしたもので、この都田川の流域からは弥生後期の銅鐸七個が出土している。それら銅鐸は小規模な谷の傾斜や河川の岸部に埋納されていたことから、川神や水神をまつる農耕儀礼に使われていたと考えられ[31]、その地に古くから人々が暮らしていたことが理解できる。また都田川本流沿いの刑部郷、京田郷や、都田川支流の伊谷川流域の渭伊郷には多くの古墳群が形成されており、引佐郡伊福郷は鉄や銅を精錬する際の火吹きに関わる部族の居住地であったという[32]。銅鐸と精錬の火吹きの関連を考えるのなら、野本寛一が指摘するようにそこに住んでいた人々は決して孤立していたわけではなく、都田川水系を通して交流していたと想像することも可能なのかもしれない[33]。都田川本流に沿って乎豆《おづ》神社、蜂前《はちさき》神社、須倍《すべ》神社と延喜式内社が点在していることも、都田水系が浜名湖に流れ込む細江の地が、浜名湖水上交通の重要な拠点であった証であろう。

最後に挙げた三四四八番歌は未勘国歌に含まれているが、「乎那《をな》」とは浜名郡贄代郡尾名の地にあたり、「ひじ」もまた浅間山の山裾湖岸に比定できるらしい[34]。もし仮に三四四八番歌を浜名郡尾名の地を詠んだものとするのなら、これら四首にうたわれた地名は麁玉郡、引佐郡、浜名郡となり、東歌は二見道沿いにうたわれていたことになる。

そして忘れてならないのは、この二見道が水上交通の重要な拠点を結んでいたことであり、機織り技術のみならず灌漑技術にも秀でた麁玉郡の秦氏系渡来人が、『続日本紀』によれば霊亀元（七一五）年、神亀三（七二六）年、天平宝字五（七六一）年と三度に渡り氾濫を繰り返した麁玉河の治水に携わっていたと思われることである。麁玉河は天竜川の支流で現在の馬込川の川道にあたるらしく、その麁玉河と浜名湖の間に位置する伊場遺跡からは古墳時代末期の大溝が発見されている[35]。その砂堤列を掘削してつくられた大溝は排水のみならず船運の機能も果たしており、浜名湖から麁玉河、天竜川を結ぶ水上交通の存在を物語っているという[36]。浜名湖周辺の水上交通は想像以上に発達していたらしく、その水上交通路は伊勢から浜名湖、麁玉河を経て天竜川を結んでいたと考えられるのである。

ここで奇しくも想起されるのは、九州から四国、紀伊半島を経て、浜名湖、諏訪湖へと到る、日本列島を東西に横断する中央構造線である。今示した水上交通路は限りなくその断層に重なっていて、諏訪湖で中央構造線と交差する糸魚川静岡断層にそって北上すれば新潟県糸魚川にまで到る。考古学の遺跡や遺物、地勢からは浜名湖から天竜川、諏訪湖を経て姫川へと到る水系やそれを利用した交流を考えることができないとはいうものの(37)、想像をたくましくして、浜名湖から天竜川、諏訪湖を経て姫川に到る水系に沿って、日本海と太平洋を結ぶ交流があったと考えてみたい。それこそが第二の「東」を分ける境界線でもあった。

むすび

巻七の「羈旅作」にも東海道がうたわれた歌が残されている。この「羈旅作」の特徴はその配列で、上代国群図式によって東海道、東山道、東海道から東山道にかけて、北陸道、山陽道、南海道の歌と続いている。しかも歌群中のそれぞれの歌もただ同じ地域のものを集めたのではなく、都から遠ざかっていく、あるいは近づいてくるように並べられている。東海道の歌七首とされる歌群冒頭には

円方の港の洲鳥波立てや妻呼びたてて辺に近づくも　（巻七・一一六二）

年魚市潟潮干にけらし知多の浦に朝漕ぐ舟も沖に寄る見ゆ　（巻七・一一六三）

とあり、この二首の歌より、円方（現松阪市東黒部町）から年魚市潟（現名古屋市熱田区・南区にあった入海の海岸）へと海を渡っていった船旅を想定することができる。

また一一七三番歌からの四首[38]、

飛騨人の真木流すといふ丹生の川言は通へど船ぞ通はぬ　（巻七・一一七三）

霰降り鹿島の崎を波高み過ぎてや行かむ恋しきものを　（巻七・一一七四）

夏麻引く海上潟の沖つ洲に鳥はすだけど君は音もせず　（巻七・一一七六）

足柄の箱根飛び越え行く鶴の羨しき見れば大和し思ほゆ　（巻七・一一七五）

では、東山道から東海道を経て都へと上っていく旅がうたわれている。ここに詠みこまれた地名を拾ってみると、飛騨、鹿島、海上（上総）、足柄（相模）となり、不思議なことに記紀のヤマトタケル伝承で語られた地名と重なっている。実は先にあげた東海道の歌二首にしても伊勢から伊勢湾を横断して尾張に到っており、ヤマトタケル東征の往路の旅程に同じである。巻七の東国における羈旅歌は、ヤマトタケル東征の道をなぞっているかのように見えるのであった。

それはおそらくヤマトタケル伝承や万葉歌が東海道および東山道に沿って残されていたからであり、多くの人が行きかう幹線道でなければ、伝承も歌も蒐集されないということなのだろう。道を運ばれていくのはモノや技術ばかりではない。伝承や歌も交易の対象となって流通するのであって、そのような伝播を『万葉集』の中に見出すことができるのではなかろうか。

注

（1）武蔵国が東海道に属していなかったのは、相模国から海路で上総国にむかっていたからであり、「相模─武蔵─下総」の経路が成立し交通量が増えたことから東海道に属するようになったという。

（2）『日本書紀』では武渟川別を「東海」に派遣する。
（3）『日本書紀』では大彦命を北陸に、吉備津彦を西道に、丹波道主を丹波に派遣する。
（4）仁藤敦史「古代東国と「譜第」意識」（『古代日本に支配と文化』）、奈良女子大学21世紀COEプログラム古代日本形成の特質解明の研究教育拠点編集、二〇〇八年。
（5）崇神紀の四道将軍の派遣記事においても、東山道への派遣はなされていない。
（6）日高見国とはどこを指すのか、あるいは単に日の出を見る国という意で実際の地名ではないなど説が分かれるところであるが、蝦夷と国境を接する国と捉えたい。
（7）井上光貞「古代の東国」（『万葉集大成』5）、平凡社、一九四九年。
（8）荒井秀則「「東国」とアヅマ―ヤマトから見た「東国」」（『古代王権と交流』2）、名著出版、一九九四年。
（9）『日本書紀』では、白い鵠は出雲に飛び立ちその地で捕えられている。
（10）西郷信綱『古事記注釈』第四巻、平凡社、一九八九年。尚、「天」「東」「鄙」は本来異なる概念区分であることをつけ加えておく。
（11）出田和久によれば、四至畿内の四地点はそれぞれ、兄山は南海道、櫛淵は山陽道、狭狭波は北陸道、横河は東海道および東山道に近接した地点であるという（「畿内の四至に関する試考―その地理的意味に関連して―」（『奈良女子大学21世紀COEプログラム報告集』Vol.6）、二〇〇五年）。
（12）大津透「万葉人の歴史空間」（『律令国家支配構造の研究』）、岩波書店、一九九三年。
（13）加藤静雄『万葉集東歌論』、桜楓社、一九七六年。
（14）直木孝次郎『持統天皇』、吉川弘文館、一九六〇年。
（15）（13）に同じ。
（16）伊藤博「巻十三～巻十六の生いたち」（『万葉集』4）、新潮社、一九八二年。
（17）『万葉集』3（日本古典文学大系）、岩波書店、一九六〇年。なお、小山靖憲は第三の「東」を三関（鈴鹿・不破・愛発）以東として越を含め（小山靖憲「古代末期の東国と西国」（『岩波講座　日本歴史』四、岩波書店、一九七六年）、平野邦雄は遠江・信濃以東を「東」とし「ヒナ」との対立関係の中で「東」を捉えようとしている（平野邦雄「古代ヤマトの世界観―ヒナ（夷）・

ヒナモリ（夷守）の概念を通じて―」（『史論』三九）、東京女子大学学会史学研究室、一九八六年）。
(18)（8）に同じ
(19) 国府の場所は特定できないが、『源平盛衰記』の記述などから磐田市見附にあったと考えられている。
(20) 吉田東伍『大日本地名辞典』、冨山房、一九〇二年。
(21) 久曽神昇「万葉集遺跡「二見道」考」（『愛知大学総合郷土研究所紀要』第三輯）、一九五七年。
(22) 女性が多く通行することから名づけられたとされているが、久曽神昇は「ひめ」は「ひね」の転で本来は「ひね街道」で旧道のことだとする（久曽神昇「志香須賀渡考」（『愛知大学総合郷土研究所紀要』第四輯）、一九六〇年）。
(23) 七道とは大路の山陽道、中路の東海道・東山道、小路の北陸道・山陰道、南海道、西海道であり、支路とは、鈴鹿駅から志摩国府に到る伊勢路、駿河横走駅から甲斐甲府に到る甲斐路、下総国府から安房国府に到る上総路、美濃から飛騨国府に到る飛騨道、常陸国府から磐城国で東山道に合流する連絡路などである。
(24) 武田祐吉『万葉集全註釈』第十巻、角川書店、一九五七年。また、柵戸（『万葉集古義』）や城隔（『日本紀歌解槻乃落葉』）とする説もある。
(25) 貴布禰とする説、浜名郡貴平とする説（賀茂真淵）があるが比定地は未詳。
(26) 夏目隆文『続万葉集の歴史地理的研究』、法蔵館、一九八一年。
(27) 初生衣神社で織られた神衣は浜名惣社神明宮摂社天棚機姫命社殿に一旦納められ、祭祀を行った後再び初生衣神社に戻り、伊勢神宮に奉献されるという。現在「おんぞ祭」（四月第三土曜日）としてその神事は再現されている。
(28) 大林卯一郎『三河絹の道』、東海日日新聞社、一九九二年。
(29) 他に只木神明宮、尾奈神明宮、大崎神明宮、野地神明宮、大谷神明宮などがある。
(30) 浜名惣社神明宮の祭神は天照大神で、他に境内社として太田命社（太田命）、浜名天満宮（菅原道真公）、天羽槌雄神社（天羽槌雄神）がある。
(31) 辰巳和弘『日本の古代遺跡・静岡』、保育社、一九八二年。
(32) 谷川健一『青銅の神の足跡』、集英社、一九七九年。
(33) 野本寛一「細江神社」の項（『日本の神々』10東海、白水社、二〇〇〇年）。

（34）（26）に同じ。
（35）浜松市中区東伊場にある、縄文中期から鎌倉時代初期までの複合遺跡。
（36）佐々木虔一「古代の都家と交通―遠江伊場遺跡を中心に―」（『古代東国社会と交通』）、校倉書房、一九九五年。
（37）明治大学大学院授業「文化継承学」での発表時に（二〇一三年十二月二十日）、石川教授（考古学）からご教授いただいた。
（38）西本願寺本では一一七五、一一七六の順に並んでいるが、元暦校本および紀州本の配列に従い、一一七六、一一七五の順に正した。

【参考文献】

桜井満「巻十四成立の意義」（『万葉集東歌研究』）、桜楓社、一九七二年
伊藤博「巻十三～巻十六の生いたち」（『万葉集』4新潮日本古典集成）、新潮社、一九八二年
坂本太郎「日本書紀と蝦夷」（『坂本太郎著作集』2）、吉川弘文館、一九八八年
関和彦「古代東国の民衆と社会」（関和彦編『古代王権と交流』2）、名著出版、一九九四年
荒井秀規「古代東アジアの道制と道路」（鈴木靖民・荒井秀規編『古代東アジアの道路と交通』）、勉誠出版、二〇一一年
荒井秀規「東山道と甲斐の道」（鈴木靖民・吉村武彦・加藤友康編『古代山国の交通と社会』）、八木書店、二〇一三年
水野祐・森浩一『空白の古代史』、社会思想社、一九八〇年
佐々木虔一『古代東国社会と交通』、校倉書房、一九九五年
西郷信綱『古事記注釈』第三・四巻、平凡社、一九八八・九年
沢瀉久隆『万葉集注釈』七・十一・十四、中央公論社、一九六〇・六二・六五年
伊藤博『万葉集釈注』二・四・七、集英社、一九九六・七年

第三章　『常陸国風土記』の倭武天皇
―在地の王としての英雄像―

はじめに

古代日本の英雄の中で最も多く論じられてきたのは、おそらくヤマトタケルに違いあるまい。征西から凱旋したのも束の間、すぐに東征を命じられ、再び大和に還ることのなかった悲劇の皇子は、人々からこよなく愛されてきた。現代においてもその人気は衰えることを知らず、研究の対象として取り上げられることも多い。今までになされたヤマトタケル研究は、西郷信綱をはじめ[1]、吉井巖[2]、守屋俊彦[3]、上田正昭と枚挙に暇なく[4]、文学や歴史学は勿論のこと、比較神話学の観点から論じられることもあり[5]、その研究は多岐にわたっている。

しかし、それらの多くは記紀に描かれたヤマトタケルについてのものであり、王権の側からの解釈が大半であって、『常陸国風土記』に登場する倭武天皇像から常陸という地域性を考えようとしたものはほとんどない。今ここで取り上げるのは、そのような王権によって作り上げられた英雄像ではなく、『常陸国風土記』が発信した在地の王としてのヤマトタケルである。

『常陸国風土記』においてヤマトタケルは「倭武天皇」と表記され、その地で王として生き続けている。時に服従しない土蜘蛛を征伐し、時に各地を巡幸して土地の名づけを行い、走水で入水したはずのオトタチバナヒメと幸獲り競争をすることもある。即位することなく能褒野でその生涯を閉じたヤマトタケルとはまるで別人であるかのようだ。それにしてもなぜ常陸では「天皇」と称されているのだろうか。

それを折口信夫は、天皇の御子の中でも優れている人物は天皇と見まちがえられ、天皇と変わらぬ待遇を受けていたことがあったからだとし[6]、福田良輔はさらにそれを進めてヤマトタケルがもと天皇であったからだとする[7]。その根拠は、ヤマトタケルの子女に「御子」の用字があることやオトタチバナヒメを「后」としていること、敬語表現として「幸」が用いられていることだという。吉井巖もまた『古事記』における表記の特徴をあげ、ヤマトタケルが一代天皇として天皇系譜に位置づけられていたことがあったと類推し[8]、それをうけて志田諄一は、市辺之忍歯王を「市辺の天皇命」と記述した『播磨国風土記』の例や『続日本紀』において草壁皇子を「岡本御宇天皇」としていることから、皇太子および皇位継承有力者は天皇としての扱いをうけていて、さらに倭武天皇巡幸説話には元正天皇などの大嘗祭に関連した巡幸行事の影響もあったと述べている[9]。あるいは上田正昭は、『常陸国風土記』における倭武天皇伝承の大半が農耕生活や食事に関係していることから、農耕生活に根差した伝承や中央に対する御贄貢上の寿詞が倭武天皇に仮託されたと考え[10]、吉野裕もまた、首長たちによって行われた民間行事としての国見儀礼が、大和勢力の滲透と地方首長の屈服・順応といった過程の中で天皇巡幸の地名説話に付会されていったとする[11]。三谷栄一は、皇子養育がかりであった壬生氏が、奉戴する皇子を倭の英雄と考えて「天皇」にまで昇格させたと述べている[12]。

これらの説はどれも、なぜ「天皇」と呼ばれるのかという疑問から発しているからか、歴史的事実として倭武天皇を考えようとしている。実際に天皇であったとか、天皇に準ずる扱いを受けていたとか、当時の天皇行事や健部の成立を根拠に論じており、『常陸国風土記』において特徴的に用いられている尊称であることを忘れてしまっている。[13]

そのような中でひとり永藤靖は、ヤマトタケルが神話において担ってきた英雄としての役割に注目し、神話的機能としての倭武天皇を論じている。[14] 永藤は記紀のヤマトタケルのうちに、「中央」から「周縁」へと流されていく、スサノヲに通じるような排除される英雄としての祖形を見出し、それらは一度「外部」化された以上「内部」に戻ることを決してゆるされない存在であり、その使命は「中心」としての王権の地方への浸透、すなわちその「周縁」化であったとする。その記紀のヤマトタケル像を念頭においたうえで、『常陸国風土記』に描かれた倭武天皇像は、東国経営を行い版図拡大しつつあった当時、「外部」が定まらない中で「中心」から発せられる圧力を受けながらその外部からも侵犯を受けている「境界」において成立し得たとし、『常陸国風土記』では猛々しさも暴力性も持ち合わせないマレビトとしてその地を訪れ開拓していく姿が強調されているという。

このような指摘は興味深く、それまでの歴史的事実か否か、という倭武天皇論に新しい視点を投げかけるものではある。しかし、それでもやはり「天皇」という言葉に縛られるあまり、中央からの視点で倭武天皇を捉えているといわざるを得ない。確かに『風土記』とは中央に提出される「解」であればあくまでも公の文書ではあるけれど、他にも選ばれるにふさわしい皇子がいる中で、なぜヤマトタケルなのかという疑問に答えるものではないだろう。

そこでこの章では、記紀に描かれたヤマトタケルと比較しながら、『常陸国風土記』の倭武天皇像に迫り、そこに託された想いや常陸という地域について考えてみたいと思う。

一　『古事記』のヤマトタケル

『常陸国風土記』の倭武天皇像を明らかにするために、まず『古事記』に描かれたヤマトタケルについて考えることから始めよう。

ヤマトタケルが『古事記』に登場するのは景行天皇条の冒頭で、針間の伊那毘能大郎女との間にうまれた五人の皇子のうちの一人、小碓命、別名倭男具那命（倭の童子という意）としてである。その同母の兄大碓命は、美濃の美しい姉妹を召し上げるべく遣わされた使者でありながら、その二人のヲトメを自分の妻とし、偽って他のヲトメを献上した。そのような経緯もあって景行天皇は、朝夕の会食に来ない大碓命を小碓命に諭させようとするのだが、小碓命は天皇の「泥疑」という言葉をねんごろに薦に包んで棄てることだと解し、兄を厠で殺害してしまう[15]。その殺害方法は「搤み批ぎて、その枝を引き闕きて」という極めて残忍な方法であり、景行天皇はそのような小碓命の猛々しさを恐れて熊襲征伐に向かわせる。その熊襲征伐においてもヤマトタケルは、猛々しさと女装して相手を油断させる知略を発揮し、熊襲の首領クマソタケルを殺害した。その時クマソタケルから、「西の方に吾二人を除きて、建く強き人無し。然るに大倭国に、吾二人に益りて建き男は坐しけり。ここをもちて吾御名を献らむ。今より後は、倭健御子と称ふべし。」と、ヤマトタケルという名を与えられる。この名づけによって小碓命は、倭男具那命と呼ばれていた童姿の少年からヤマトタケルという勇者になった。その帰路に立ち寄った出雲でも、刀と木刀を交換するという欺きによってイヅモタケルを討ち、残忍なまでの荒々しさを発揮する。

クマソタケルとイヅモタケルを討ちとり真の勇者となったヤマトタケルは、さぞかし意気揚揚と都に帰還したことだろう。しかし彼を待っていたのは父景行天皇のねぎらいの言葉ではなく、蝦夷が反乱を起こした東国の平定命令であった。ヤマトタケルは伊勢神宮に参拝し、斎宮として仕えていた叔母ヤマトヒメに会ってこう嘆いた。

【資料１】『古事記』景行天皇

天皇既に吾死ねと思ほす所以か、何しかも西の方の悪しき人等を撃ちに遣はして、返り参上り来し間、未だ幾時も経らねば、軍衆を賜はずて、今更に東の方十二道の悪しき人等を平けに遣はすらむ。これにより て思惟へば、なほ吾既に死ねと思ほしめすなり。

この言葉に示されているように、ヤマトタケルは何ゆえ父に嫌われているのかわからないでいる。父の命に従い父のために戦ってきたというのに、時を経ずしてすぐに東征を命じられるのはなぜなのか、父に疎まれる哀しみを叔母に訴える。おそらく景行天皇にとってヤマトタケルは、父と子でありながらも皇位に対して互いにライバルにあるという緊張関係にあり、そのために追放されるべき存在であって[16]、そこには武力による王の交代劇の予感のようなものがあった。もしかしたら景行天皇は、その暴力性を怖れたというよりも、叔母を頼りその嚢を賜わって熊襲征伐に成功するヤマトタケルの姿に、母イザナミを慕って泣くスサノヲを見たのかもしれない[17]。永藤が指摘するようにヤマトタケルにはスサノヲに同じく排除される英雄としての祖形があり[18]、その根底には王権という「父性」を混沌へと陥れかねない「母性」への恐怖がある。ギリシャ神話のクロノスやエディプス王がやがて自分を殺すことになる息子に怯えたように、叔母を慕うヤマトタケルの姿には反逆の予兆、父殺しの幻想がつきまとっているのである。

このように『古事記』のヤマトタケルには、東征に出発する以前からすでに悲劇性があった。父に認められたくてしたことが全て裏目に出てしまったヤマトタケル、その若者らしい猛々しさが返って父の反感を買ってしまうのだ。そのようにして向かった東征譚の結末が、決して幸福なものとはならないことは暗黙の了解としてあり、それゆえに東へ向かったヤマトタケルは、どの戦いにおいても神々しいほどに美しく語られる。ヤマトヒメから草薙剣と窮地を救う嚢を授けられ、伊勢神宮から東国へと旅立ったヤマトタケルのその後を簡単に追ってみよう。

A　尾張に到ったヤマトタケルは尾張国造の娘ミヤズヒメと出会い、東国平定の帰路再び立ち寄って契を交わす約束をする。

B　相模の国では国造に欺かれ野中で火攻めにあうものの、ヤマトヒメからもらった嚢の中から火打ちを取りだし、向かい火をつけて難を逃れる。

C　走水に来た時、海が荒れて渡ることができずにいると、后のオトタチバナヒメが入水して荒ぶる神の心を鎮めた。

D　蝦夷平定後帰路に立ち寄った足柄峠では白い鹿に化した坂の神を打ち殺し、甲斐の国酒折宮に到って「新治　筑波を過ぎて　幾夜か寝つる」とうたった。

E　信濃を平らげて尾張に向かい、婚姻の約束をしていたミヤズヒメと契を交わした。

F　ミヤズヒメのもとに剣を残したまま伊吹山の神を素手で捉えようとし、反対にその神に惑わされて下山する。

G　当芸野に到り足が思うように動かなくなり、往路で亡くした刀を尾津の松の根元に見つけた。能褒野で故郷を懐かしんで「倭は　国のまほろば　たたなづく　青垣　山隠れる　倭しうるはし」とうたい、力尽きて亡くなる。

H　亡くなったヤマトタケルは白鳥となって天を翔け河内に留まったので、その地に御陵をつくった。

ヤマトタケルは、伊勢から尾張に到り、相模、常陸、甲斐、信濃を経て再び尾張に戻り、最後は伊勢能褒野で生涯を閉じた。ここに示されているのは、東海道から東山道へと進んでいった征伐の行程であり、その東海道と東山道が交差するところに常陸国が位置しているかのように描かれていて興味深いのだが[19]、それとともに重要なのは、「悉に山河の荒ぶる神、また伏はぬ人等を言向け和平したまひき」と、服従しない神や人を剣で切り滅ぼす行為が「言向け」として語られていることである。本来「言向け」とはそのような武力行使ではなく、言葉でもって説得し帰順させることをいい、神武東征にも多く用いられていることから建国神話の表現として捉えることもできるだろうか[20]。その原型はアマテラスの「この葦原中国は、我が御子の知らす国と言依さしたまへりし国なり。故、この国に道速振る荒振る国つ神等の多なりと以為ほす。これ何れの神を使はしてか言趣けむ」という言葉であれば、神武東征にしろヤマトタケルの東征にしろ、結局はこの神代にすでに平定されていたはずの葦原中国平定神話の再現であって、「神話の歴史化」だという西郷の指摘の通りだろう[21]。蝦夷征伐に生々しい殺戮場面がないことも、それが政治的支配というより「混沌とした世界に神話的権威で秩序を与えるようなもの[22]」であったことの証かもしれない。

そのように『古事記』においてヤマトタケルは、あくまでも神話としての存在であり、叔母ヤマトヒメの「妹」の霊力に護れた、ヒメヒコ制のヒコとしての存在であって[23]、童子や女装に示されているような境界的存在でもあった。叔母を頼るその姿には母イザナミを慕ってなくスサノヲの面影があり、その境界的存在であるゆえに発揮される暴力性は父殺しという王座略奪の危機を孕んでいた。悲劇の皇子ヤマトタケルにはそのような「負」の強さがあり、まさにそれが反逆者から名を与えられることに象徴されていたのである。この神話が抱えているのは、王の交替に必ずつきまとう父殺しという神話の深層心理なのであった。

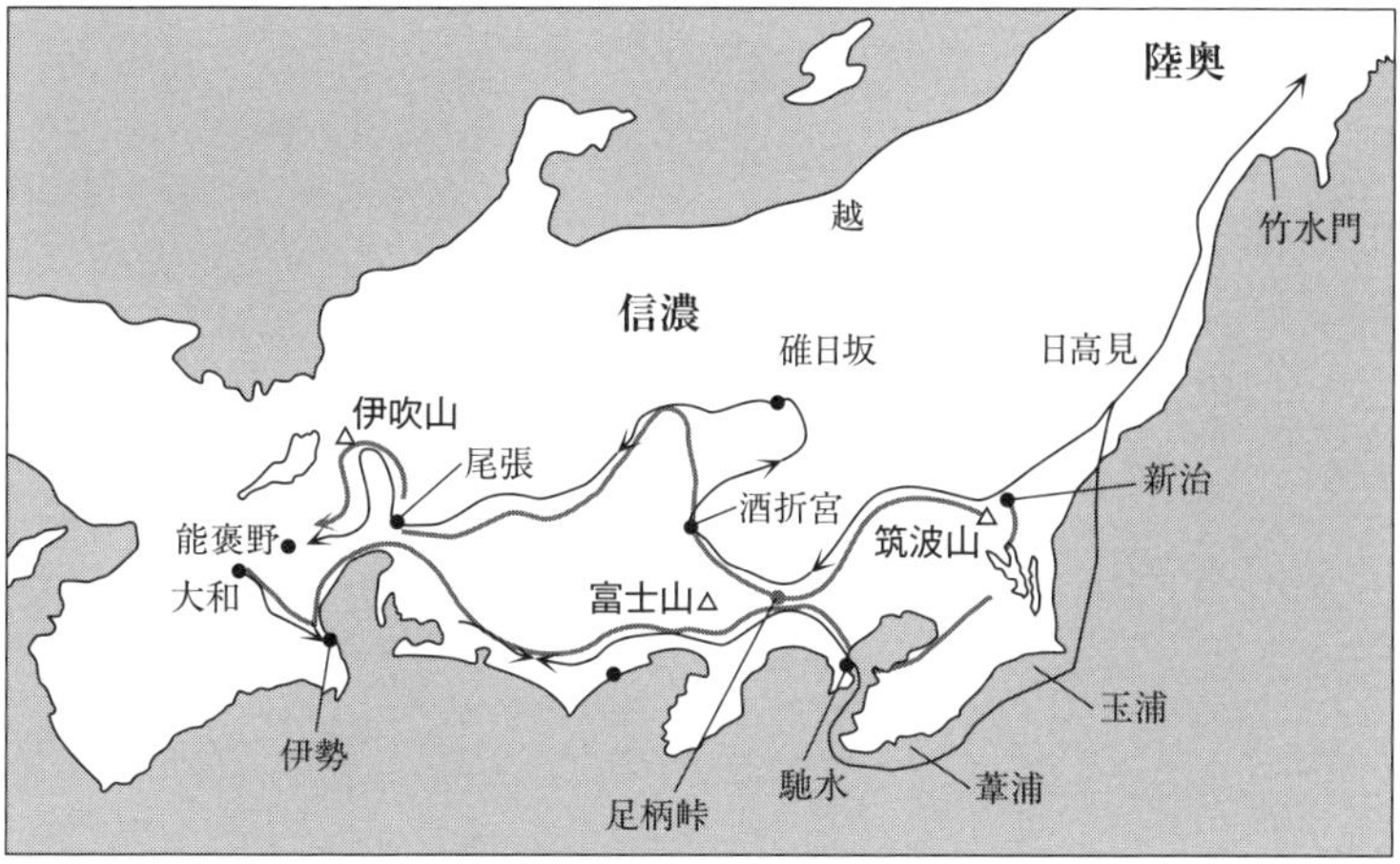

ヤマトタケルの東征ルート

二　『日本書紀』のヤマトタケル

では『日本書紀』においてヤマトタケルは、一体どのように描かれているのだろうか。

『日本書紀』のヤマトタケル伝承のプロットは『古事記』に等しく、女装してクマソタケルを討ち取ったことも、その死に際してヤマトタケルという名を与えられたことも同じである。『古事記』との大きな違いは、はじめに熊襲征伐に向かったのは景行天皇自身であり、兄大碓皇子が命じられるも逃げてしまったために自ら進んで東征に赴いたことである。父に疎まれていることを叔母に嘆いた『古事記』のヤマトタケルとは、何と異なっていることか。東征に向かう際、景行天皇はヤマトタケルに次のように語った。

東国の蝦夷は凶暴で村には長なく、境界を奪い合い互いに略奪しあっている。穴居生活を行っている蝦夷は未だ「王化」に従うことがない。今お前の人となりを見るに、容姿は優れ力も強く、猛きこと雷のようだ。向かう所に敵なく攻めれば必ず勝つ。それゆえに私は知った、お前は形の上では我が子であるが本来は神の子であり、国家を絶えさせぬようにと天が遣わせてくださったことを。天下も皇位もお前のものであり、願わくは深謀遠慮をもって邪悪なものを探り、徳をもって懐柔し、武器に頼らず蝦夷を服従させよ、と。

驚くべきことに、景行天皇は我が子を天から下された神の子と捉え、天下も皇位もヤマトタケルのものだという。そしてその蝦夷征伐の方法は、『古事記』が「言向け」という神話的意味を持った武力行使であったこととは異なり、「威光」や「徳」による服従であった。この言葉のうちにあるのは中国的な「天」の思想であり、「王化」の論理であった。ヤマトタケルの人並みはずれた能力は、神の子としてのスティグマであったとしても、それは天から与えられた能力であって、ヤマトタケルもまた、天皇の威光をかりて蝦夷を鎮圧させようと誓うのであった。

東征を命じられたヤマトタケルの足跡を、『古事記』に同じく簡単に辿ってみよう。

a　伊勢神宮に詣でたヤマトタケルは、ヤマトヒメから草薙剣を与えられて駿河に到り、その地の賊に欺かれ火攻めにあうが、向かい火を起して難を逃れる。

b　相模から上総に向かおうとするものの海が荒れ、オトタチバナヒメが入水して海神を鎮めたので船は対岸に着くことができた。

c　上総から陸奥に到り、蝦夷たちがヤマトタケルの乗った船の威勢に驚いて服従したので、戦わずして勝利をおさめた。

d　日高見国の蝦夷を平定したヤマトタケルは、常陸を経て甲斐酒折宮に到り、「新治　筑波を過ぎて　幾夜か寝つる」とうたった。

e　信濃と越を平定すべく甲斐から武蔵、上野を経て碓井峠に到り、入水したオトタチバナヒメを慕って「吾嬬はや」と嘆く。そこから越には吉備武彦を派遣して自身は信濃に向かい、美濃で再び吉備武彦と出会った後、尾張に到りミヤズヒメと結婚する。

f　ミヤズヒメのもとに剣を残したまま伊吹山の神を素手で捉えようとして、反対にその神に惑わされて下山する。

g　尾張に戻ったもののミヤズヒメのもとには帰らず、尾津で亡くした刀を見つけ、能褒野に到る。自分の命が尽きようとしていることを知ったヤマトタケルはそのことを天皇に奏上し、そのまま能褒野で亡くなる。

h　能褒野の御陵に葬ったが、ヤマトタケルは白鳥となって大和を目指し、大和と河内に留まったのでそれぞれの地に御陵をつくった。

『古事記』の記述と比べると、駿河での火攻めも走水でのオトタチバナヒメ入水も、尾張におけるミヤズヒメとの婚姻や伊吹の神に惑わされて亡くなることもほぼ同じであるが、(24) 常陸から陸奥へと向かい蝦夷を征伐するくだりがある点で大きく異なっている。しかもその征伐には殺戮の描写がなく、蝦夷たちに何者かを問われ「吾は是、現人神の子なり」と答えているように、天皇の代理として天皇の「威光」を示し、「徳」によって蝦夷を服従させている。能褒野で命尽きようとしている時もまた、『古事記』では美しくも悲しい「国思ひ歌」がうたわれているのに対し、『日本書紀』には次のようなヤマトタケルの言葉が伝えられている。

【資料2】『日本書紀』景行天皇四十年是歳

臣、命を天朝に受りて、遠く東の夷を征つ。則ち神の恩を被り、皇の威に頼りて、叛く者、罪に伏ひ、荒ぶる神、自づからに調ひぬ。是を以て、甲を巻き戈を戢めて、愷悌けて還れり。冀はくは曷の日曷の時にか天朝に復命さむと。然るに天命忽に至りて、隙駟停り難し。是を以て、独曠野に臥す。誰にも語ること無し。豈身の亡びむことを惜まむや。唯愁ふらくは、面へまつらずなりぬることのみ。

この冒頭に「臣」とあるのは、なんと象徴的なことであろう。歌によって紡ぎ出された『古事記』ヤマトタケルの最期には、望郷の念や妻子の追慕が語られていて極めて抒情的であったのに、ここでは復奏できずに死んでいくことを惜しむヤマトタケルがいるに過ぎない。『日本書紀』におけるヤマトタケルは、父には神の子として敬われながら、どこまでも天皇に仕える臣下でしかなかったのである。

三　開拓者としての倭武天皇

これまで見てきたように記紀におけるヤマトタケルは、父に疎まれようと反対に父から敬われようと、いずれにせよ皇子という身分であった。ところが『常陸国風土記』においては、その登場からすでに「倭武天皇」とあり、記紀とは異なるヤマトタケル像が語られている。『常陸国風土記』の具体的な記述から、倭武天皇がどのように描かれているのか考えてみよう。

上田によれば、『常陸国風土記』に倭武天皇が登場するのは十七か所で全体の四十一パーセントを上回り、その内容は井に関するもの三、御膳に関するもの三、臨幸に主とするもの八、遊猟・遊漁関係のもの三、征伐関係のもの一であるという。[25] そのほとんどが巡幸の記述であって、まさに「天皇」としての姿が濃厚に描かれているのだが、[26] 各地を巡りながら倭武天皇は一体何をしているのだろうか。

【資料3】総記

或るひといへらく、倭武の天皇、東の夷の国を巡狩はして、新治の県を幸過ししに、国造毗那良珠命を遣はして、新に井を掘らしむるに、流泉浄く澄み、尤好愛しかりき。時に、乗輿を停めて、水を翫で、み手を洗ひたまひしに、御衣の袖、泉に垂りて沾ぢぬ。更ち、袖を漬す義によりて、此の国の名と為せり。風俗の諺に、筑波岳に黒雲挂り、衣袖漬の国といふは是なり。

これは『常陸国風土記』総記で語られる国号起源譚である。新しく掘らせた井で手を洗おうとすると衣の袖が水に浸り、「衣袖漬の国」から「ひたち」と名づけたという。この伝承からわかるのは倭武天皇が新しく井を掘らせていることであり、井を掘らせたのはそこが新しく開墾された土地であったからで、当時常陸という国はフロンティアであった。このような井に関する伝承は茨城郡や香島郡にも残されており、倭武天皇の業績は、農耕に必要な井泉を掘り、農耕開拓を促進したことであろう(27)。

【資料4】茨城郡桑原の岳

昔、倭武の天皇、岳の上に停留まりたまひて、御膳を進奉りし時、水部をして新に清井を掘らしめしに、出泉浄く香しく、飲み喫ふに尤好かりしかば、勅したまひしく、「能く渟れる水かな」とのりたまひき。是によりて、里の名を、今、田余と謂ふ。

【資料5】香島郡角折の浜

或るひといへらく、倭武の天皇、此の浜に停宿りまして、御膳を羞めまつる時に、都て水なかりき。即て、鹿の角を執りて地を掘るに、其の角折れたりき。この所以に名づく。

この二つの記述において倭武天皇が井を掘らせたのは、御膳献上の際必要となる飲料水を得るためであった。

井は身体を清めるのみならず飲み水としても利用されていて、しかも御膳を奉るという行為が服属儀礼でもあったことからすると、これら伝承の背後に、共食や贄の献上によって統治を確かなものとする古代日本の政治システムを見出すことができる。各地を巡幸してその土地のものを食することは、その土地の霊を取り込むことであり、「食す」が支配の意であった時代の「天皇」の行為であった。それゆえに「天皇」という称号が与えられたのであり、そのような「天皇」としての振る舞いは、次に挙げる伝承でも語られている。

【資料6】行方郡

倭武の天皇、天の下を巡狩はして、海の北を征平けたまひき。是に、此の国を経過ぎ、即ち、槻野の清水に頓幸し、水に臨みてみ手を洗ひ、玉もちて井を栄へたまひき。今も行方の里の中に在りて、玉の清水と謂ふ。更に車輿を廻らして、現原の丘に幸し、御膳を供奉りき。時に、天皇四を望みまして、侍従を顧てのりたまひしく、「輿を停めて徘徊り、目を挙げて騁望れば、山の阿・海の曲は、参差ひて委蛇へり。峯の頭に雲を浮かべ、谿の腹に霧を擁きて、物の色可怜く、郷体甚愛らし。宜、此の地の名を行細の国と称ふべし」とのりたまひき。

槻野の清水に立ち寄った倭武天皇は玉をもってその井を寿ぎ、[28] 現原の丘に登って食事をした。そして四方を見まわしてその景観を誉め、山や海が重なり続くさまから行方と名づけたという。玉で井を寿ぐことは祭祀者としての姿を表わしており、古代における天皇の統治とは祭祀を行うことでもあった。[29] ここでなされている国見やそれに続く名づけもまた「天皇」としての行為であり、そのような名づけは信太郡や久慈郡、多珂郡でもなされていた。

【資料7】信太郡乗浜

古老のいへらく、倭武の天皇、海辺に巡り幸して、乗浜に行き至りましき。時に、浜浦の上に多に海苔を乾せりき。是に由りて能理波麻の村と名づく。

【資料8】 久慈郡

古老のいへらく、郡より南、近く小さき丘あり。体、鯨鯢に似たり。倭武の天皇、因りて久慈と名づけたまひき。

【資料9】 多珂郡藻島駅家

昔、倭武の天皇、舟に乗り海に浮びて、島の磯を御覧しましに、種々の海藻多に生ひて、茂栄れりき。因りて名づく。

このように倭武天皇は、北は多珂郡から南は信太郡まで常陸国内を広範囲に巡幸し、訪れた地の名づけをした。名づけるということはその地を所有するということに他ならず、反対にその土地は名づけられたことによって大和朝廷の版図に組み込まれていった。名づけをともなった巡幸とは武力によらない支配、すなわち平和裏の版図拡大であって、それは『日本書紀』が理想とした「王化」のことでもあった。

四　常陸の王としての倭武天皇

どうやら『常陸国風土記』において倭武天皇は、開拓者にして統治者であり、その支配の構造は大和朝廷のそれに同じであった。御膳の献上や祭祀者としての寿ぎも、国見や巡幸における土地の名づけもまた「天皇」が行うべき行為であって、それが「天皇」という称号に仮託された意味でもあった。そこには『日本書紀』のヤマトタケルに通じる、穏やかで慈悲深い倭武天皇がいる。

ところが『常陸国風土記』は、そのような中央の枠組みで捉えられた倭武天皇像ばかりを語っているわけではない。次に挙げる伝承では、記紀にはなかった倭武天皇の姿が描き出されている。

【資料10】 久慈郡助川

昔、遇鹿と号く。古老のいへらく、倭武の天皇、此に至りましし時、皇后、参り遇ひたまひき。因りて名づく。

【資料11】 行方郡相鹿・大生里

此より南に相鹿・大生の里あり。古老のいへらく、倭武の天皇、相鹿の丘前の宮に坐しき。此の時、膳炊屋舎を浦浜に構へ立て、艀を編みて橋と作して、御在所に通ひき。大炊の義を取りて、大生の村と名づく。又、倭武の天皇の后、大橘比売命、倭より降り来て、此の地に参り遇ひたまひき。故、安布賀の邑と謂ふ。

【資料12】 多珂郡飽田村

古老のいへらく、倭武の天皇、東の垂を巡りまさむとして此の野に頓宿りたまひしに、人あり、奏ししく、「野の上に群れたる鹿、数なく甚多なり。其の聳ゆる角は、蘆枯の原の如く、其の吹く気を比ふれば、朝霧の丘に似たり。又、海に鰒魚あり。大きさ八尺ばかり、幷諸種の珍しき味ひ、遊魚の利多し」とまをしき。是に、天皇、野に幸して、橘の皇后を遣りて、海に臨みて漁らしめ、捕獲の利を相競ひて、山と海の物を別き探りたまひき。此の時、野の狩は、終日駈り射けれども、一つの宍をだに得たまはず、海の漁は、須臾がほど才に採りて、尽に百の味を得たまひき。猟と漁と已に畢へて、御膳を羞めまつる時に、陪従に勅りたまひしく、「今日の遊は、朕と家后と、各、野と海とに就きて、同に祥福を争へり。野の物は得ざれども、海の味は尽に飽き喫ひつ」とのりたまひき。

不思議なことにこの三伝承においては、走水で入水したはずのオトタチバナヒメが常陸を訪れたことになっている。【資料10・11】では倭武天皇とオトタチバナヒメが出会ったことが語られ、【資料12】では海と山に分かれて幸争いをしたことが語られている。后とともに幸争いをするのどかな姿には、記紀で語られた猛々しい武人や統治者としての面影はなく、常陸に生きた在地の王としての姿を見出すことができるだろう。

ではこの在地の王としての倭武天皇もまた、『日本書紀』が語った理想的な支配者の投影に過ぎないのだろうか。言葉をかえよう。中央の支配構造を下敷きにして、中央から派遣された官人たちの手によって作り上げられた、中央の枠組みを超えることのない「天皇」像なのだろうか。

そうではあるまい。記紀にはない伝承を伝えることで、『常陸国風土記』は独自のヤマトタケル像を語りはじめている。

【資料13】 行方郡当麻郷

古老のいへらく、倭武の天皇、巡り行でまして、此の郷を過ぎたまふに、佐伯、名は鳥日子といふものあり。其の命に逆ひしに縁りて、随便ち略殺したまひき。即て、屋形野の帳の宮に幸でますに、車駕の経ける道狭く地深浅しかりき。悪しき路の義を取りて、当麻と謂ふ。野の土埆せたれども、紫草生ふ。二つの神子の社あり。

【資料14】 行方郡芸都里

古、国栖、名は寸津毗古・寸津田毗売といふもの二人ありき。其の寸津毗古、天皇の幸に当り、命に違ひ、化に背きて、甚く粛敬なかりき。爰に御剣を抽きて、登時に斬り滅したまひき。是に、寸津毗売、懼悚り心愁へ、白幡を表挙げて、道に迎へて拝みまつりき。天皇、矜みて恩旨を降し、其の房を放免したまひき。更に乗輿を廻らして、小抜野の頓宮に幸すに、寸津毗売、姉妹を引率て、信に心力を竭し、雨風を避けず、朝夕に供へまつりき。天皇、其の慇懃なるを欵しみて、恵慈しみたまひき。この所以に、此の野を宇流波斯の小野と謂ふ。

ここに挙げた伝承では、倭武天皇は服従しない佐伯や国栖を斬り滅ぼしていて、今までにはなかった武力制圧が描かれている。それは『古事記』のヤマトタケルを彷彿とさせる武人としての姿であり、【資料13】において「当麻」の地名起源譚が語られていることもまた、「たぎたぎしい」という言葉から『古事記』の当芸野地名譚を連想させるだろうか。(30) 片や道の隈々しいことをいい、片や足が進まなくなったことをいい、地名も場所さえも異なるけれど、『常陸国風土記』のこの記述は『古事記』を意識しているように思われてならない。『日本書紀』のヤマトタケルを投影したかのような倭武天皇を描きつつも、『古事記』の悲劇の皇子としての姿をも重ねあわせて、常陸独自の倭武天皇像を作りあげようとしているのではないか。

そこで注目したいのは、【資料13】の最後にある「二つの神子の社」である。二つの神子の社とは鹿島神と香取神を祀った社のことであり、実は【資料14】に続く波須武野の地名起源譚や行方鴨野地名起源譚においても香島の社や香取の社が語られている。

【資料15】行方郡波須武野

波須武の野あり。倭武の天皇、此の野に停宿りて、弓弭を修理ひたまひき。因りて名づく。野の北の海辺に香島の神子の社あり。

【資料16】行方郡鴨野

無梶河より部陲に達りまししに、鴨の飛び度るあり。天皇、射たまひしに、鴨迅く弦に応へて堕ちき。其の地を鴨野と謂ふ。土壌埆て草木生ひず。野の北に、櫟・柴・鶏頭樹・比之木、往々森々に、自から山林を成せり。即ち、枡の池あり、此は高向の大夫の時、築きし池なり。北に香取の神子の社あり。

鹿島神や香取神とは、それぞれ武甕槌大神、経津主神のことであり、天孫降臨に先んじて高天原から遣わされた武神である。[31]両神ともに武神であるからか、ここで語られる倭武天皇伝承は弓矢と結びついた地名起源譚となっていて、鹿島神宮や香取神宮といえば、蝦夷征伐前線基地であったことも忘れてはなるまい。これら伝承の背後には、常陸国内の土蜘蛛征伐以のみならず、東北にまで及ぶ蝦夷征伐が行われていた時代背景がある。そしてそのような蝦夷征伐は、次に挙げる伝承からもうかがえるだろう。

【資料17】 香島郡

年別の七月に、舟を造りて津の宮に納め奉る。古老のいへらく、倭武の天皇のみ世、天の大神、中臣の巨狭山命に宣りたまひしく、「今、御舟を仕へまつれ」とのりたまひき。巨狭山命、答へてまをしく、「謹みて大き命を承りぬ。敢へて辞ぶるところなし」とまをしき。天の大神、昧爽けて後、宣りたまひしく、「汝が舟は海の中に置きつ」とのりたまひき。舟主、仍りて見るに、岡の上にあり。又宣りたまひしく、「汝が舟は岡の上に置きつ」とのりたまひき。舟主、因りて求むるに、更、海の中にあり。かかる事、已に二三にあらざりき。爰に、則ち懼り惶み、新に舟三隻、各、長さ二丈余なるを造らしめて、初めて献りき。

これは毎年七月に船を作って鹿島神宮に納める、御船祭の縁起譚である。倭武天皇の時代、鹿島の神は中臣の巨狭山命に憑依して船を要求した。巨狭山命はすぐさま船を奉納したのだが、「汝が舟は海の中に置きつ」という神の言葉とは異なって舟は岡の上にあった。このように神の言葉と船の置かれた場所が一致しないことが二、三回あり、巨狭山命は畏れかしこみ新造船三隻を奉納したという。

ここで不思議に思うことは、神の託宣が倒立して語られていることであり、文脈に即して読めば、それは新造船三隻を奉納させるためであった。三隻の船は天の大神社・坂戸社・沼尾社の船であって、『社列伝記』によると、その三隻に神輿を乗せ、時の声とともに香取明神の津宮まで渡御したらしい[32]。つまりこの御船祭とは戦いに向かっていった様を再現したものであり、おそらくその戦いとは蝦夷征伐であったろう。『日本書紀』によれば、斉明朝には幾度となく軍船を率いて蝦夷征伐に向かっており、その度毎に宴を催し、共食することにおいて蝦夷の恭順は示されていた。斉明紀五年三月条の記述にも、船を用いた祭祀の様が「即ち船一隻と、五色の綵帛とを以て、彼の地の神を祭る」と描写されていて、軍船の中には征服した蝦夷の神を祀った祭祀船があったことがわかる。船を用いた祭祀は征服された神の荒ぶる御魂を鎮めるためのものであり、と同時に蝦夷征伐の戦勝祈願でもあったのである[33]。

そしてそのような蝦夷征伐戦勝祈願としての御船祭の縁起が、倭武天皇の時代のこととして語られているのだとしたら、倭武天皇には蝦夷征伐に向かった将軍という認識があったことになる。『日本書紀』に見られるような理想的な君子でも、『古事記』さながらの猛々しい武人でもない、歴史的事実と結びついた蝦夷征伐の将軍としての倭武天皇である。さらに想像を逞しくするのなら、それが数ある皇子の中でヤマトタケルを常陸の王に選ばせた理由ではなかったか。

例えば坂上田村麻呂は蝦夷征伐の将軍であったにも関わらず、田村麻呂を祀った神社が東北には多く残されている。なぜ征伐した中央の将軍が征伐された蝦夷国において神となったのかといえば、征伐するものは征伐されるものに等しいという心理が働いているからだろう。当時なされた蝦夷政策は蝦夷の根絶ではなく、早くに帰順した蝦夷を俘囚とし、その中でも優れたものに俘囚長としてその地を統治させるというものであった。[34]兵力が足りないことから考え出された、夷を夷でもって制する苦肉の策であるが、それによって田村麻呂は殺戮を行う残虐なだけの将軍ではなく、新しい為政者として人々に受け入れられていったのだと想像する。

つまり柔軟な蝦夷政策ゆえに田村麻呂は蝦夷の間でも神となり得たのであり、そのような転換が倭武天皇の中にも見出せるのではないか。【資料14】には、寸津毗売が恭順を示せば倭武天皇がそれを慈しんだとある。そこには蝦夷を俘囚長として登用した田村麻呂に通じるものがあり、倭武天皇もまた征服者にして為政者であった。『常陸国風土記』が本当に描きたかったのは、征服者から在地の王へと変化を遂げた倭武天皇の姿ではなかろうか。

むすび

『常陸国風土記』の倭武天皇には一見記紀のような残虐さはなく、井を掘る開拓者にして各地を寿ぎながら巡幸する統治者としての姿が強調されている。常陸という国自身が中央によって開拓されたフロンティアであれば、中央との関係を無視することはできず、「天皇」という称号が示しているように、あくまでも中央からきた理想的な為政者として描かれている。

しかし『常陸国風土記』が描こうとしたのは、そのような「天皇」としての姿のみではない。蝦夷征伐の将軍でもあった倭武天皇は、やがて征服されていった在地の英雄に同化し、夫婦で幸争いをするのどかな姿が語られるようになった。それはもはや征服者ではなく常陸の王であって、倭武天皇を常陸の王として迎えいれたのは常陸側からの欲求であった。蝦夷征伐の最前線にしてフロンティア、それは裏をかえせばかつてその地が未開の地であり境界であったことに他ならず、「境界的」であるがゆえにヤマトタケルは王として選ばれたのである。それが『常陸国風土記』が倭武天皇に託した想いであり、蝦夷国に隣接した常陸の風土でもあったのだろう。

注

（1）西郷信綱「ヤマトタケルの物語」（『古事記研究』）、未来社、一九七三年。
（2）吉井巌『ヤマトタケル』、学生社、一九七七年。
（3）守屋俊彦『ヤマトタケル伝承序説』、和泉書院、一九八八年。
（4）上田正昭『日本武尊』、吉川弘文館、一九六〇年。
（5）吉田敦彦『ヤマトタケルと大国主』、みすず書房、一九七九年。
（6）折口信夫「古代の氏族文学」（『折口信夫全集』八）、中央公論社、一九五五年。
（7）福田良輔「倭武の命は天皇か」（『古代語ノート』）、南雲堂桜楓社、一九六四年。
（8）（2）に同じ
（9）志田諄一『『常陸国風土記』と説話の研究』、雄山閣出版、一九九八年。／志田諄一『風土記の世界』、教育社、一九七九年。
（10）（4）に同じ。
（11）吉野裕『風土記』、平凡社、一九六九年。
（12）三谷栄一「『常陸国風土記』の生成と展開―壬生氏を中心とした伝承文学の成立基盤をめぐって―」（『日本神話の基盤』）、塙書房、一九七四年。
（13）倭武天皇という表記は『常陸国風土記』の他、『阿波国風土記』逸文にも見られる。
（14）永藤靖「境界としての倭武天皇」（『風土記の世界と日本の古代』）、大和書房、一九九一年。
（15）西郷信綱はもぎとった兄の手足を「ねんごろに」薦に包んで棄てたのだと解し（註（1）に同じ）、西條勉は兄の荒ぶる行動を「泥疑」ただけだとするように（西條勉「ヤマトタケルの暴力―構造化するテクスト」（『日本文学』四一（八）、日本文学協会、一九九二年）、ここには「泥疑」という言葉の解釈を巡る、父と子の決定的な断裂がある。

（16）西郷信綱『古事記注釈』第三巻、平凡社、一九八八年。
（17）拙稿「母性の欠如あるいは父と子の対立―ホムチワケから目弱王へ―」（『日本神話の男と女』）、三弥井書店、二〇一四年。
（18）（14）に同じ。
（19）実際には東海道と東山道は交わらないが、常陸国に向かうのにその両方の道が利用されていたことが想定できる。
（20）砂入恒夫「ヤマトタケル伝説の成立に関する試論―「言向和平」の表記をめぐって―」（『ヤマトタケル伝説の研究』）、近代文芸社、一九八三年。
（21）（16）に同じ。
（22）（16）に同じ。
（23）倉塚曄子「兄と妹の物語」（『巫女の文化』）、平凡社、一九七九年。また、直木孝次郎は、ヤマトタケルが無事征伐を果たすことができたのは伊勢大神の霊威とする（直木孝次郎「ヤマトタケル伝説と伊勢神宮」（『日本古代の氏族と天皇』）、塙書房、一九六四年）。
（24）aには尾張に立ち寄って婚姻の約束を交わすくだりがないが、eで尾張に「還る」という表現を用いていることから、往路で尾張に寄っていたことがわかる。
（25）（4）に同じ。
（26）永藤靖は、大和朝廷による常陸支配とは武力制圧を行いながらも一方では井泉を掘り与えるといった鎮撫、融和の政策であった述べている（永藤靖「『常陸国風土記』に現れた井泉の機能―村落共同体と井泉の成立について―」（『日本神話と風土記の時空』）、三弥井書店、二〇〇六年）。
（27）河野辰男『常陸国風土記の史的概観』、崙書房、一九七七年。
（28）「玉をもちて井を栄へたまひき」には、①よい泉として寿いだ、②泉の水をかきまわされた、③「栄」を「落」と改め玉を井に落とした　の三通りの解釈がある。
（29）例えば『日本書紀』崇神天皇四八年条では、武力による東国支配の夢をみた皇子ではなく、標を張って神田の祭祀を行う夢をみた皇子が皇位を継いでいる。
（30）『古事記』中巻の景行天皇条に「其地より発たして、当芸野の上に到りましし時、詔りたまひしく、「吾が心、恒に虚より翔り行かむと念ひつ。然るに今吾が足得歩まず、たぎたぎしくなりぬ。」とのりたまひき。故、其地を号けて当芸と謂ふ。」とある。

(31) 武甕槌大神はイザナキがカグツチの首を切った際に飛び散った血から誕生した神であり、経津主神は神武東征で武甕槌大神が神武に与えた「布都御魂」という刀の神格化だとされている。

(32) 谷川健一編『日本の神々』11・関東、白水社、一九八四年。

(33) 第三部、第四章参照。

(34) 野村哲郎『日高見の時代―古代東北のエミシたち―』、河北新報出版センター、二〇一〇年。

【参考文献】

鵜殿正元『古風土記研究』、泉文堂、一九六五年

志田諄一『常陸国風土記とその社会』、雄山閣、一九七四年

水野祐『入門・古風土記』上、雄山閣出版、一九八七年

第四章　倒立する託宣
―『常陸国風土記』鹿島神の託宣と蝦夷征伐―

はじめに

『常陸国風土記』香島郡には次のような伝承が残されている。

年別の七月に、舟を造りて津の宮に納め奉る。古老のいへらく、倭武の天皇のみ世、天の大神、中臣の巨狭山命に宣りたまひしく、「今、御舟を仕へまつれ」とのりたまひき。巨狭山命、答へてまをししく、「謹みて大き命を承りぬ。敢へて辞ぶるところなし」とまをしき。天の大神、昧爽けて後、宣りたまひしく、「汝が舟は海の中に置きつ」とのりたまひき。舟主、仍りて見るに、岡の上にあり。又宣りたまひしく、「汝が舟は岡の上に置きつ」とのりたまひき。舟主、因りて求むるに、更、海の中にあり。かかる事、已に二三にあらざりき。爰に、則ち懼り惶み、新に舟三隻、各、長さ二丈余なるを造らしめて、初めて献りき。

これは、鹿島神宮の御船祭りの起源譚である。鹿島の「天の大神」は「中臣の巨狭山命」に憑依して、「船を奉納せよ」と祭祀を要求した。巨狭山命はすぐさま船を奉納したのだが、さらに神が告げた言葉「汝が舟は海の中に置きつ」とは異なって舟は岡の上にあり、神の言葉と現象が一致しない。このようなことが二、三回あって、巨狭山命は畏れ惶み、新造船三隻を奉納したという。

ここで不思議に思うことは、神の託宣が倒立して語られていることである。舟は海の中に置いたと語れば岡にあり、岡に置いたと語れば海にある。なぜ託宣は倒立してしまうのか。従来の研究では、「自由に舟を操ることができる神の霊力を説話化したものである[1]」と、その霊力の大きさを示すための倒立として解釈され、「常にはぐらかされながら、神に何の抵抗もできないこと[2]」と捉えられてきた。しかし、そのような解釈では神の真意を解したとはいえないだろう。倒立していることにはそれなりの意味があるはずである。

この章では、一般的に託宣とは何かを定義し、倒立することの意味について考えることから、『常陸国風土記』香島郡鹿島神の託宣の真意に迫ってみたい。この神の言葉の背後に、人の論理とは異なる神の世界が見えてくるのではないだろうか。

一 託宣とは何か

鹿島神の託宣について考えるにあたり、まず託宣とは何か、『風土記』における用例から探ってみよう。次に挙げる資料は、託宣が如何なるものかをよく語っている。因みにここでいう託宣とは、『国史大辞典』に「託宣とは神が人に依り憑いて、人の口を通じその意志や予言を述べること。古くは神意判断の重要な一方法であり、神託・予託ともいう。[3]」とあるように、あくまでも人に憑依し、人に対して発せられた神の言葉とする。

【資料1】『肥前国風土記』基肄郡姫社郷

姫社の郷　…昔者、此の川の西に荒ぶる神ありて、路行く人、多に殺害され、半は凌ぎ、半は殺にき。時に、祟る由を卜へ求ぐに、兆へけらく、「筑前の国宗像の郡の人、珂是古をして、吾が社を祭らしめよ。若し願に合はば、荒ぶる心を起さじ」といへば、珂是古を覓ぎて、神の社を祭らしめき。珂是古、即ち、幡を捧げて祈祷みて云ひしく、「誠に吾が祀を欲りするならば、此の幡、風の順に飛び往きて、吾を願りする神の辺に堕ちよ」といひて、便即て幡を挙げて、風の順に放ち遣りき。時に、其の幡、飛び往きて、御原の郡の姫社の社に堕ち、便還り飛び来て、此の山道川の辺に落ちき。此に因りて、珂是古、自ら神の在す処を知りき。其の夜、夢に、臥機と絡垜と、儛ひ遊び出で来て、珂是古を壓し驚かすと見き。ここに、亦、女神なることを識りき。即て社を立てて祭りき。爾より巳来、路行く人殺害されず。因りて姫社といひ、今は郷の名と為せり。

肥前国基肄郡の山道川に荒ぶる神がいた。その神は、そこを通る人の半分を殺し半分を生かすという交通妨害の神であった。なぜそのように祟るのか、その理由を占うと、宗像の人珂是古《かぜこ》に自分を祀らせるようにと告げる。そこで珂是古は、幡を風にたなびかせ、それが落ちたところに社を建ててその神を祭祀した。その夜珂是古の夢に臥機《くつびき》と絡垜《たたり》が現れ、それが女神であることがわかった。姫社の起源譚である。

この伝承から、託宣とは神からの祭祀の要求であることがわかるだろう。まず前兆として交通妨害という災いがあり、占うとその原因は神の祟りであることが発覚する。神は自身の祭祀を要求するために災いをなしたのだとも考えられ、何よりもまず神に祭祀の要求が存在しているといえる。『風土記』を見渡せば、この他にも交通妨害の神は多く登場し[4]、それらの神は託宣という形をとらない場合も含めて一様に、荒ぶる御霊を鎮めるべく祭祀されている。いい換えれば、託宣とは凶事と神の祭祀を媒介するものとして機能しており、凶事そのものが実は神のなせる業であることを示してもいた。

ところで、祭祀の要求は必ずしも凶事と結びつけられているわけではない。鹿島神の託宣にしても然り、災いが生じて祭祀の要求がなされるのではなく、ある時何の前触れもなく神の託宣がくだされることもある。それは次の例からもわかるだろう。

【資料2】『播磨国風土記』逸文・爾保都比売命

播磨の国の風土記に曰はく、息長帯日女命、新羅の国を平けむと欲して下りましし時、衆神に祷ぎたまひき。爾の時、国堅めましし大神のみ子、爾保都比売命、国造石坂比売命に著きて、教へたまひしく、「好く我がみ前を治め奉らば、我ここに善き験を出して、ひひら木の八尋桙根底附かぬ国、越売の眉引きの国、玉匣かがやく国、苫枕宝ある国、白衾新羅の国を、丹浪以ちて平伏け賜ひなむ」と、此く教へ賜ひて、ここに赤土を出し賜ひき。其の土を天の逆桙に塗りて、神舟の艫舳に建て、又、御舟の裳と御軍の着衣とを染め、又、海水を攪き濁して、渡り賜ふ時、底潜く魚、及高飛ぶ鳥等も往き来ふことなく、み前に遮ふることなく、かくして、新羅を平伏け已訖へて、還り上りまして、乃ち其の神を紀伊の国管川の藤代の峯に鎮め奉りたまひき。

これは、『釈日本紀』に『播磨国風土記』逸文として伝えられている、爾保都比売命の伝承である。息長帯日女命が新羅征伐に向かう時、爾保都比売命が国造石坂比賣に憑依して語ったことには、自分を祭祀するのであれば、よい験をだして新羅征伐を成功に導こうという。その時爾保都比売命は、その言葉とともに赤土も与える。その赤土を塗った鉾を船の艫舳にたて、さらに船と兵士の衣の裾にも赤土を塗って戦いに挑むと、無事新羅を平定することができた。

ここで明らかなように、託宣とは始めに災いがあってくだされるのではない。「新羅の国を平けむと欲して下りましし時」に「衆神に祷ぎたまひき」と、新羅征伐にあたり戦勝が祈願され、その秘策として神の祭祀が要求されている。神から積極的に祭祀の要求をするのではなく、自分を祭祀すれば戦いに勝つことができると、そのように神は語るのである。

あるいは、次に挙げるような場合もある。

【資料3】『常陸国風土記』香島郡

…其処に有ませる天の大神の社・坂戸の社・沼尾の社、三処を合せて、惣べて香島の天の大神と称ふ。因りて郡に名づく。…其の後、初国知らしし美麻貴の天皇のみ世に至りて、奉る幣は、大刀十口、鉾二枚、鐵弓二張、鐵箭二具、許呂四口、枚鐵一連、練鐵一連、馬一匹、鞍一具、八絲鏡二面、五色の絁一連なりき。俗いへらく、美麻貴の天皇のみ世、大坂山の頂に、白細の大御服服まして、白桙の御杖取りまし、識し賜ふ命は、「我がみ前を治めまつらば、汝が聞こし看さむ食国を、大国小国、事依さし給はむ」と識し賜ひき。時に、八十の伴緒を追集へ、此の事を挙げて訪問ひたまひき。是に、大中臣の神聞勝命、答へけらく、「大八島国は、汝が知ろし食さむ国と事向け賜ひし香島の国に坐す天つ大御神の挙教しましし事なり」とまをしき。天皇、これを聞かして、即ち恐み驚きたまひて、前の伴の幣帛を神の宮に納めまつりき。

「我がみ前を治めまつらば、汝が聞こし看さむ食国を、大国小国、事依さし給はむ」と神が語り、幣として大刀、鉾、鉄弓、馬、鞍などが奉納される。神自身は「我がみ前を治めまつらば」と告げるだけで、託宣がくだる前触れはなく、どのような状況のもとで託宣がくだったのか語られることもない。祭祀すれば国土を統治できるというだけである。ただ、その奉納される物が武器であることからすると、その統治方法は武力によるものであったと想像できるだろう。

その託宣の構造は、爾保都比売命の伝承においても同じである。まず「我がみ前を治め奉らば」という仮定があって、その結果願いは叶えられる。その願いは直接語られるわけではないけれど、託宣の前提として人から神へなされていると想定でき、それはいずれの場合も武力による平定であった。

これらの例から考えると、どうやら託宣には大きく二つの型があるようだ。すなわち、①神から人になされる祭祀の要求と、②人から神に願われる武力平定という型である。

しかし、この分類は表面的なものであって、実は①も②も同根のものとして捉えられるのではないか。【資料2】で新羅征伐に赴くことは、それ自身日常とは異なる事件である。非日常である点において交通妨害に同じであり、いわばそれも一つの凶事である。勿論人の側から考えるのであれば、新羅征伐は膠着した日常を打破する能動的行為であるのに対し、交通妨害の凶事は受動的行為ではある。そうではあるが、新羅平定は自分を祀ることでもあると神が積極的に新羅征伐を勧めているようにも受け取れ、神の言葉によって新羅征伐は正当化されている。戦勝の秘策が神の祭祀でもあり、新羅征伐と神が不可分に結びついていて、戦いに勝つことのみならず征伐そのものが神の意思でもあるかのようだ。【資料3】の場合にしても、言外に武力による国土統治は認められているように見え、新羅征伐や武力による国土統治が神の意思でもあるならば、神にとっては①神の祭祀要求も②武力平定の祈願も同じなのだろう。祭祀の要求がなされる必然は、新羅征伐という言葉や奉納される物のうちに語られており、ともにそれは凶事に同じく非日常の事態であった。

つまり託宣とは、凶事や征伐、武力平定といった非日常的状況を解消するためにくだされるものであり、それは非日常的状況の中で要求される神の祭祀であった。その非日常の要因を解消する機能が託宣にはある。

また、『風土記』の中で託宣がくだる場合の多くが夢の中であることも、託宣のそのような機能を明らかにしているだろう。夢とは、「日常とは別のものを見ること＝通常の現実を超えた世界に関わっていく行為[5]」であり、託宣そのものが、そのような夢の行為として捉えることができる。その一方で、夢という非日常の時空間は、現実を干渉し規定することもある。「夢と「うつつ」を従来のように単純に機械的に対立させるのではなく、夢もまた一つの独自な現実であると考えねばなるまい」と西郷信綱が述べているように[6]、現実と切りはなされた、非日常の時空間である夢は、決して現実と完全に切りはなされてはいない。日常と地続きの一つの「現（うつつ）」である。まさに託宣とは、現実を超えた世界から発せられつつも現実と深く関わり、現実に変化をもたらしている。現実と非日常の間を繋ぐものとして、非日常の日常への干渉として、託宣は機能しているのであった。

二　倒立するということ

それでは次に、なぜ鹿島の神の託宣は倒立しているのか、「倒立」とはどういうことなのか、考えてみよう。『古事記』雄略天皇条を例として取り上げることにする。

雄略天皇が葛城山に登ると、山の向こう側から登ってくる人に遭遇する。登って来る人の様子や服装は天皇と全く同じであり、問いかければ同じような答えが返ってきて、まるで天皇の影のようであった。天皇が名を名告れというと、「吾は悪事も一言、善事も一言、言ひ離つ神、葛城の一言主大神ぞ」とその正体を明かす。それを聞いて天皇は畏れかしこんで弓矢をしまい、一言主大神は天皇を山口まで送っていったという。

一言主大神は天皇の姿を借りたウツシオミとなって白昼夢のように葛城山に出現した。この時、神はあたかも合わせ鏡のように反転して向こうの山に現れる。犬飼公之の言葉をかりるならば[7]、「一言主の影は天皇一行と現実空間を共有」していて、「日常の空間を共有し、現実の地続きに登場」している。本来現実に存在しないものが現れ出でる時、それは既存の何かをかたどって現れるものである。一言主大神は天皇と現実空間を共有するべく、天皇という人間の姿をもって顕現する。非現実、非日常の存在である神が、現実の天皇の姿を通じてこの現実世界に写し出されるのである。非現実の現実への投影、それこそがまさに倒立した現象であり、「倒立」とは神の顕現そのものであるといえるだろう。

この「倒立」は、『日本書紀』崇神天皇十年九月条のヤマトトトビモモソヒメ伝承にも語られている。姿を見ても驚かないと約束したにもかかわらず、驚きの声を上げてしまったヤマトトトビモモソヒメに対して、オオモノヌシは「汝、忍びずして吾に羞せつ。吾還りて汝に羞せむ」と言い、「箸に陰を撞きて薨りましぬ」という神罰をくだす。ここでは神そのものが倒立して現れているのではないが、本来口に入れるべきものを陰部に突き刺すことは現象として倒立しており、神の罰は倒立してくだされると解釈することができる。それは永藤靖が「神話は、その文法において神が罰を与える時、その日常性を逆転、倒立させるのだ」と指摘している通りである。(8)

しかしここにきて疑問に思う。神罰を受け取る側にとって現象は倒立しているが、神にとって現象は倒立しているといえるのか、と。ヤマトトトビモモソヒメにとって箸が陰部に突き刺さることは倒立であるが、神の論理からすれば上の口は下の口に同じであり、神にとっては倒立していることにならないのではないか。

例えば『古事記』仲哀天皇条の新羅征伐へ赴く際にくだされた神の託宣でも、神の論理と人の論理にはずれがあって、人の論理では倒立していることが、神の側からすれば倒立していないように思えるのである。

天皇が琴を弾いて神に言葉を求めると、「西の方に国有り。金銀を本として、目の炎耀く種種の珍しき宝、多にその国にあり。吾今その国を帰せたまはむ。」と神は告げるが、高いところに登り西方を見てもそのような国土は見えない。偽りをなす神だと言って琴を弾くのをやめてしまうと神は怒り、天皇には死という神罰がくだされた。

この文脈において、神の言葉が地理的に正しいかどうかは問題とならない。神の論理からすれば、「西」という方角は現実の方位のことではなく、蛮国の象徴としての「西」であり、神話空間としての「西」であった。ここには、支配者である「ヤマト＝東」と、征服されるべき「新羅＝西」という観念、法則がある。

ところが、人は実際の方位に拘り、西を見ても神のいう国土が見えないならば、神の言葉に偽りがあり、倒立していると考えてしまう。神の方位観念と人の方位観念にはずれがあり、そのずれを倒立した現象として捉えてしまう。つまり「倒立」とは、神の論理の現実世界への逆投影のことであり、そこに日常を超えた力を見出し、神が顕現したと考えるのであった。

三 『常陸国風土記』香島郡鹿島神の託宣

これまで考えてきたことを踏まえて、『常陸国風土記』香島郡鹿島神の託宣の真意を捉えなおしてみよう。「倒立」とは神の論理と人の論理のずれであり、それ故に人は神の存在を強く意識するのであったが、それはまさに鹿島神の託宣にもあてはまる。神の論理からすれば山（岡）と海は一続きで、対立する概念ではあるまい。

船の木材は山から切り出されるものであり、山と海は本来一つに繋がっている。例えば西伊豆にある伊那下神社の例祭は、(9) 山神と海神の祭祀が一続きとなっていて、山と海が一体であるという幻想がある。あるいは『伊予国風土記』逸文・御嶋によると、その地に坐す大山積神は別名和多志《わたし》神という航海・渡航の神であり、仁徳天皇の韓国出征時に顕れて渡航神としての神徳を示し、百済より還り来て現在の高槻市三島江に鎮座して後、この伊予御嶋の地に移ったという。[10] 今も大山積神を祀る大山祇神社は瀬戸内海の大三島に位置している。また、同じく大山津見神と事代主神を祀る三島神社も静岡県三島市大宮町にあって、その地は水上交通の拠点である。このように山神でありながら海の近くに祀られているのは、山神が航海神でもあることを示している。神の論理において海は山のうちに、山は海のうちに存在しているのである。

しかし山と海は人からすれば対立した概念であり、したがって人は、この託宣が現象と倒立していると考える。ここに神の非日常的な力を感じ、「倒立」が示そうとしている神の論理とは何か、祭祀の方法とは何かを知ろうとする。

そのように考えて改めて鹿島神の言葉を読み返すと、託宣があってすぐに奉納した既存の船を、神が「汝が舟」といっている重要性に気づくであろう。[11]「汝が舟」であって「我が御舟」ではない。献上した舟は「御舟」としては認められていないのである。その結果、神の真に要求するところを知り、三艘の新造船を納めることになる。倒立した託宣が示しているのは、三艘の新造船奉納による祭祀の要求であり、その三艘とは、【資料3】『常陸国風土記』香島郡の伝承冒頭に語られている、天の大神社・坂戸社・沼尾社三社の神のためのものであった。

それでは、そのような祭祀の要求がなされるのはなぜなのだろうか。祭祀要求の必然とは何なのか。残念ながらここでは、交通妨害の凶事や新羅征伐といった非日常的な事件は語られていない。ただ神は、「御舟を仕へまつれ」と中臣の巨狭山命に告げるだけである。祭祀要求の前触れも、「我がみ前を治めまつらば」という仮定もなく、何のための舟の奉納なのか、三神が舟に乗って向かう先も目的も不明である。人の側に何かしらの願いがあるとしても、それも語られてはいない。祭祀の要求がなされる必然は、欠落しているのである。この欠落をどのように補って解釈すればよいだろう。

鎌倉時代に書かれたといわれる『社例伝記』によると、御船祭りでは三艘の船に仮屋をつくり、三社の神輿を据え、ときの声とともに香取明神の津宮まで渡御したという。[12]その様子はまるで戦に向かうかのようである。となれば、御船祭りは戦に向かう様を模倣したものであり、鹿島三社ではなく港にある「津の宮」に船を納めたのも、そこから船発ちしていったからに違いあるまい。

そして想像逞しくするのであれば、その戦とは蝦夷征伐のことではなかったか。『日本書紀』によれば、斉明朝には幾度となく軍船を率いて蝦夷征伐に向かっており、興味深いことには、その度毎に征服した捕虜と宴を催し、共食することによって蝦夷の恭順は示されている。

さらに斉明紀五年三月条の記述では、船を用いた祭祀のさまが「即ち船一隻と、五色の綵帛とを以て、彼の地の神を祭る」と描写されていて、一艘の船と五色に染めわけた絹を用いて、その土地の神、おそらく齶田浦という海神[13]を祭祀したことがわかる。その船を用いた祭祀は、征服された神の荒ぶる御魂を鎮めるためのものであり、と同時に、その征服された神は境界を守る神として祭祀されはじめる。境界はいつでも外部性を秘めた、異界への入り口であった。

そのことを鹿島神の託宣に戻し考えれば、鹿島はまさにそのような境界であった。「国家の境界は、支配拡大とともにどこまでも広がってゆく」ものであるが、「共同体の側にとっては、たとえば足柄の坂はいつまでも境界であり、異界と接触する空間であり続けるのである」と三浦佑之が指摘するように、[14]蝦夷対策の拠点としての鹿島は、中央の支配拡大に伴い地方の政治拠点となりつつも、蝦夷という異界に接触する境界であるという幻想を持ち続けた。東国経営の要であり、対蝦夷政策において重要な軍事拠点であると同時に、鹿島神は境界の守り神として機能し、蝦夷征伐へ向かう港として幻想されていたのである。

港としての鹿島は、『肥前国風土記』杵島郡の伝承からも理解できる。それによれば、カシマのカシは境にたてるものの意で、船を繋ぎとめるために水中に立てる杭のこと、カシマはカシが島となったカシシマのことであるという。よって鹿島という地名には、船を停泊させる所の意、港という意味があったと考えられ、鹿島が蝦夷征伐への出航地であったことを裏付けている。その鹿島神がその地の水上交通を掌っていたことは想像に難くなく、その自由に船を操る様が、この託宣で語られている「倒立」の示すところでもあった。

このように、この託宣の背後には蝦夷征伐へと出兵していく事実があって、その戦に必ず勝つことが鹿島神に祈願されていたのである。やがて鹿島神は武神として信仰を集めることにもなり、「鹿島立ち」の語源ともなった『万葉集』巻二十・四三七〇「霰降り鹿島の神を祈りつつ皇御軍士に我れは来にしを」からは、防人として西国に赴く際、戦に勝って無事に帰還することを鹿島神に祈ったことがわかる。そこに、境界神にして武神である鹿島神の姿を知ることができるだろう。

むすび

『常陸国風土記』鹿島神の託宣は、倒立することにおいて、三艘の新造船の要求を語るものであり、その要求は、蝦夷征伐の戦勝祈願のためのものとして捉えることができた。「津の宮」に奉納したのも、そこから鹿島三社の神が乗船して蝦夷征伐へと向かったからに他ならず、戦勝祈願としてこの鹿島神の託宣を捉えれば、ここには「倒立」の不思議さも「津の宮」奉納の不可解さもあるまい。さらには、蝦夷を征伐するにあたり神を奉斎して出航していくことに、名告りとしての意味、則ち戦の正当性の主張をも見出すことができるだろう。

また、託宣が倒立しているように思われるのは人の論理であって、神の論理からすればこれは倒立ではない。船の木材は山から切り出されるものであり、山のうちに海は存在している。この「山」と「海」を繋ぐものとして「船」はあり、それは古代の重要な交通手段でもあった。この託宣で語られる「船」は「倒立」を解く鍵であり、水上交通を掌る鹿島神の姿を暗示するものでもあった。船を自由に操る鹿島神は、蝦夷征伐に赴く軍船先頭を行くにふさわしい、猛々しい武神である。その神の乗る神船は、鹿島の山から切り出された木材を用いて、新しく造られる必要があった。それが蝦夷征伐戦勝の秘策であると、この鹿島神の託宣は語っているのではなかろうか。

注

(1) 秋本吉郎校注『風土記』(『日本古典文学大系』)、岩波書店、一九五八年)の校注。
(2) 植垣節也校注『風土記』(『新編日本古典文学全集』)、小学館、一九九七年)の校注。
(3) 『国史大辞典』吉川弘文館。因みに『大日本国語辞典』(小学館)によれば、託宣の初出は、『続日本紀』七四九年十一月条、宇佐八幡の「託宣」である。
(4) 交通妨害の神の記述を挙げるとなれば枚挙の暇がない。『播磨国風土記』だけでも賀古郡舟引原、揖保郡意此川・佐比岡、神前郡生野の伝承がある。また、祭祀の要求のヴァリエーションとして、『播磨国風土記』賀毛郡河内の里条のように、人の側から祭祀形態の改変を要求し、前兆としての災いがない場合もある。
(5) 武田比呂男「異界遍歴」(『シャーマニズムの文化史』)、森話社、二〇〇一年。
(6) 西郷信綱「夢を信じた人々」(『古代人と夢』)、平凡社、一九七二年。
(7) 犬飼公之「〈存在論〉—古代日本人の存在感—」(『古代のコスモロジー』)、おうふう、二〇〇〇年。

（8）永藤靖「「性」と「食」の神話」（『日本神話と風土記の時空』）、三弥井書店、二〇〇六年。
（9）西伊豆にある伊那下神社の例祭「御旅式《おたびしき》」「御浜降式《おはまおりしき》」「占庭《うらにわ》」は、山神と海神の祭祀が一体となっていて、山と海が密接な関係を持っていることがわかる。また、「イナ」＝「猪名部」で、造船に関係した一族だと言われている。
（10）（1）に同じ。また植垣節也は、この神自身を新羅からの渡来神とする（（2）に同じ）。
（11）託宣があってすぐに奉納したと思われることや、改めて奉納された三艘の舟は新造船と明記されていることから、初めに奉納された舟は既存の舟であったと思われる。
（12）谷川健一編『日本の神々』11関東、白水社、一九八四年。尚、『社例伝記』は鎌倉時代の成立ではあるが、古代御船祭りの様子をここに見ることは可能であろう。
（13）『日本書紀』下巻（日本古典文学大系）、岩波書店、一九六五年）の校注。
（14）三浦佑之「境界としての〈坂〉」（『神話と歴史叙述』）、若草書房、一九九八年。これはイザナキ黄泉国訪問譚に関しての記述ではあるが、一般論に応用できると考える。

【参考文献】

松田修「神々の光と影―日本神託史の試み―」（『国文学　解釈と教材の研究』）、一九七五年
西郷信綱「役行者考」（『神話と国家』）、平凡社、一九七七年
守屋俊彦「一言主大神出現の物語」（『国語と国文学』）、一九七九年
古橋信孝「〈聞く〉ことの呪性」（『古代和歌の発生』）、東京大学出版会、一九八八年
中村啓信「雄略天皇と葛城の神」（神田秀夫先生喜寿記念『古事記・日本書紀論集』）、続群書類従完成会、一九八九年
永藤靖「神功皇后伝承の一考察―国家幻想としての他界と母性―」（『文芸研究』第65号）、一九九一年
山田直巳「古事記に見る「あやし」の位相」（『異形の古代文学』）、新典社、一九九三年
吉田修作「託宣考」（『古代文学』）、一九九五年
荻原千鶴「『古事記』の雄略天皇像」（『上代文学』第七十八号）、一九九七年
三浦佑之「夢に聞く人と夢に見る人」（『神話と歴史叙述』）、若草書房、一九九八年

吉田修作「託宣のことば―神の名告り・文字―」（『国文学』）、二〇〇〇年
田中智樹「『古事記』仲哀天皇条の託宣―神託「西の方」の意味―」（『中京国文学』）、二〇〇一年
岡部隆志「憑依と神婚―異類婚姻譚の発生―」（『古代文学の表象と論理』）、武蔵野書院、二〇〇三年
吉田修作「託宣と神婚伝承」（『日本文学』）、二〇〇五年
吉田修作「変容する託宣神」（『古代文学』）、二〇〇五年
及川智葉早「雄略天皇条に載る一言主物語」（『国文学　解釈と教材の研究』）、二〇〇六年

第五章　『遠野物語』と蝦夷
――北上川水系――

はじめに

『遠野物語』（以下『物語』）には、直接蝦夷（エミシ）について語る話はない。安倍貞任についてなら、第六五話から六八話にかけて、陣屋の址やその戦のさまを伝える描写がなされているし、題目のみなら、第一一二話に「蝦夷の跡」とあり、「蝦夷屋敷」から出土した「蝦夷銭」について語られている。『遠野物語拾遺』（以下『拾遺』）第一六話でも、多くの人骨が出た塚を「蝦夷塚」と呼んではいるものの、それは「アイヌ」や「縄文」の言いかえとして用いられているに過ぎず、古代東北に住んでいたとされる蝦夷のことではないように思われる。かつて衣川以北は蝦夷の住む地であり、しかも奈良時代から平安時代にかけて蝦夷征伐の拠点となった胆沢城は、遠野から西に四〇キロほどしか離れていない。そのような地理的環境にありながら、『物語』において「蝦夷」は封印されてしまっているかのようだ。

では本当に『物語』は「蝦夷」を忘れてしまったのだろうか。蝦夷俘囚の末裔である安倍氏について雄弁に語るのであれば、その片鱗くらいはありそうなものである。そこでこの章では、『物語』の中に「蝦夷」の姿を探

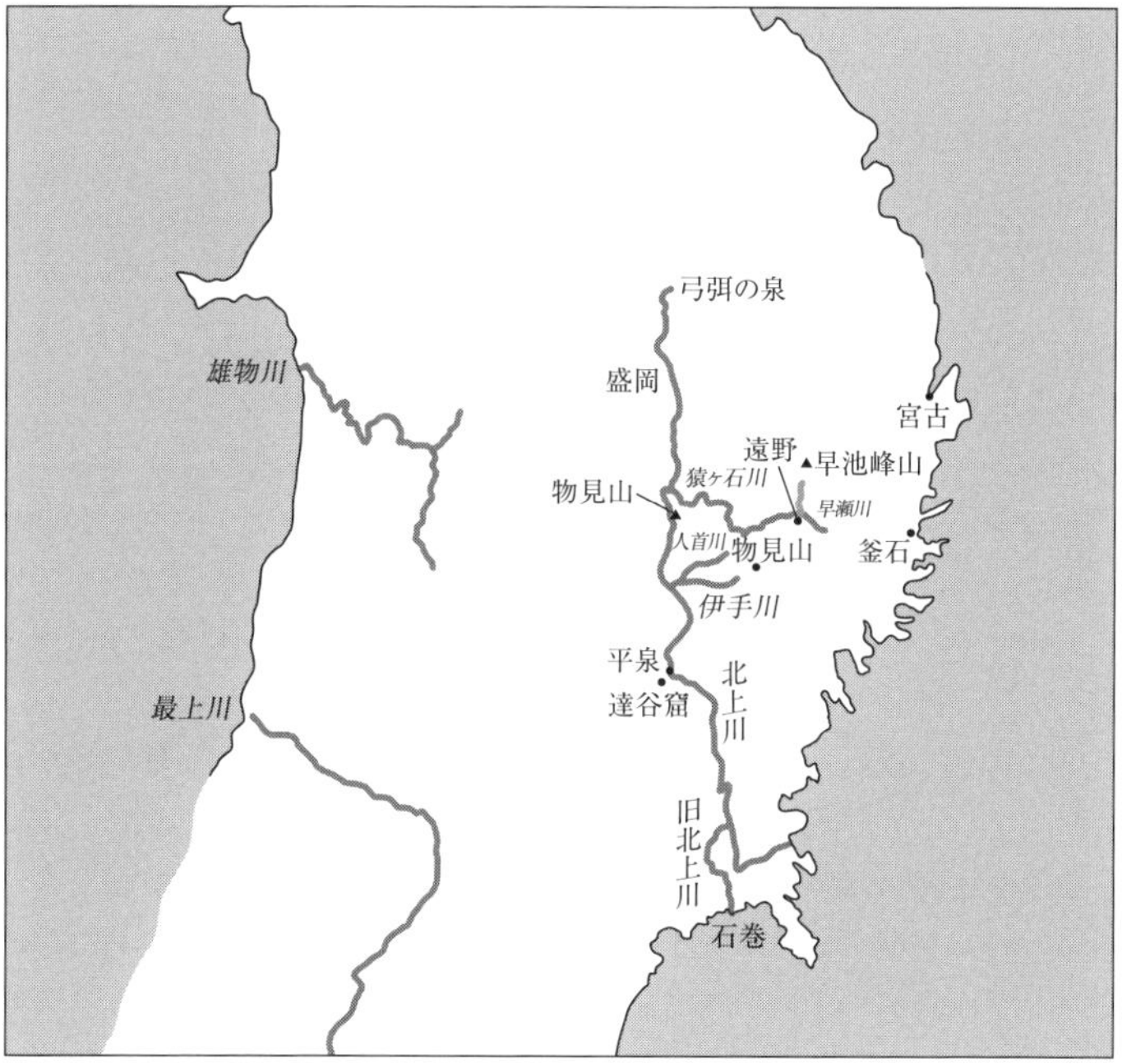

北上川

りながら、今なお蝦夷の首長アテルイの死に涙するという東北の人々の深層心理に迫ってみたい。

一　北上川と衣川

改めて岩手県の地図を眺めてみよう。地図を見てまず目に着くのは北上川である。石巻で太平洋に注ぐその川は、岩手県岩手郡岩手町の弓弭の泉（観音堂）に源を発し、盛岡市、花巻市、北上市、奥州市、一関市と、岩手県のほぼ中央を南北に縦断している。全長、流域面積ともに東北最大、全国でも四番目に入る大河であり、その中流にある中尊寺は都の大寺院にも劣らぬ規模を持ち、平安時代の仏教美術工芸の粋を集めたものであった。そのような寺院建立が可能であったのは、おそらく北上川水上交通の発達とそれを利用した交易があったからで、衣川の関所が置かれた関山にその寺が建立されたのは、前九年の役、後三年の役という骨肉の争いがそこで繰り広げられたからである。『中尊寺落慶供養願文』には、戦いで亡くなった人々の霊を敵味方の別なく慰め、平和な理想社会としての「仏国土」を建設するために建立したとある。[1]その藤原清衡の願い空しく、文治五（一一八九）年、奥州藤原氏は滅亡してしまうのであるが。

もともと衣川の柵は、奥六郡[2]を支配していた安倍氏の本拠地であり、前九年の役で安倍貞任が滅びた後は、安倍氏に代わり奥六郡を手中にした清原氏の政庁や居館が置かれていた。また、衣川を挟んだ北側の北上川沿いには、アテルイの本拠地と推定される出羽神社（岩手県水沢市）もあって、その神社がある小高い山（羽黒山）の斜面に空堀がめぐらされていることから、そこはアテルイのシャチ（砦）であったと伝えられている。[3]さらにその近くには「田茂山」という地名が残されており、アテルイの姓「大墓公（タモノキミ）」はこの地名に由来するという説もある。[4]衣川は、北上川支流の中でも決して大きな流れではないけれど、蝦夷の国との境の役割をはたしていたのである。

二　二つの物見山

ところで、花巻に生まれた宮澤賢治に「原体剣舞連《はらたいけんばいれん》」という詩がある。[5]一九二二年、奥州市江刺区原体（現田原町）に古くから伝わる民俗芸能「原体剣舞」を見て書き上げたとされ、賢治はその剣舞のうちに首を斬られた悪路王の姿を見出している。剣舞とは岩手県下に広く分布する芸能で、念仏回向・浄土欣求の風流念仏踊りから生まれ、精霊供養の祈り、盆供養として行われるものらしい。少し長くなるが全文を示そう。

dah-dah-dah-dah-dah-sko-dah-dah
こんや異装《いさふ》のげん月のした
鶏の黒尾を頭巾《づきん》にかざり
片刃《かたは》の太刀をひらめかす
原体《はらたい》村の舞手《おどりこ》たちよ
鴇《とき》いろのはるの樹液《じゅえき》を
アルペン農の辛酸《しんさん》に投げ
生《せい》しののめの草いろの火を
高原の風とひかりにさゝげ
菩提樹皮《まだかわ》と縄とをまとふ
気圏の戦士わが朋《とも》たちよ
青らみわたる灝気《かうき》をふかみ
楢と掬《ぶな》とのうれひをあつめ
蛇紋山地《じゃもんさんち》に篝《かゞり》をかかげ
ひのきの髪をうちゆすり
まるめろの匂のそらに
あたらしい星雲を燃せ
dah-dah-sko-dah-dah

肌膚《きふ》を腐植と土にけづらせ
筋骨はつめたい炭酸に粗《あら》び
月月《つきづき》に日光と風とを焦慮し
敬虔に年を累《かさ》ねた師父《しふ》たちよ
こんや銀河と森とのまつり
准《じゅん》平原の天末線《てんまつせん》に
さらにも強く鼓を鳴らし
うす月の雲をどよませ

Ho!Ho!Ho!

むかし達谷《たつた》の悪路王《あくろわう》
まっくらくらの二里の洞
わたるは夢と黒夜神《こくやじん》
首は刻まれ漬けられ
アンドロメダもかゞりにゆすれ
青い仮面《めん》このこけおどし
太刀を浴びてはいつぷかぷ
夜風の底の蜘蛛《くも》おどり
胃袋はいてぎつたぎた

dah-dah-dah-dah-dah-sko-dah-dah
さらにただしく刃《やいば》を合わせ
霹靂《へきれき》の青火をくだし
四方《しほう》の夜の鬼神《きじん》をまねき
樹液《じゅえき》もふるふこの夜《よ》さひとよ
赤ひたたれを地にひるがへし
雹雲《へううん》と風とをまつれ

dah-dah-dah-dahh
夜風《よかぜ》とどろきひのきはみだれ
月は射《ゐ》そそぐ銀の矢並
打つも果《は》てるも火花のいのち
太刀の軋《きし》りの消えぬひま

dah-dah-dah-dah-dah-sko-dah-dah
太刀は稲妻萱穂《いなづまかやほ》のさやぎ
獅子の星座《せいざ》に散る火の雨の
消えてあとない天《あま》のがはら
打つも果てるもひとつのいのち

dah-dah-dah-dah-dah-sko-dah-dah

（宮澤賢治「原体剣舞連」（『春と修羅』））

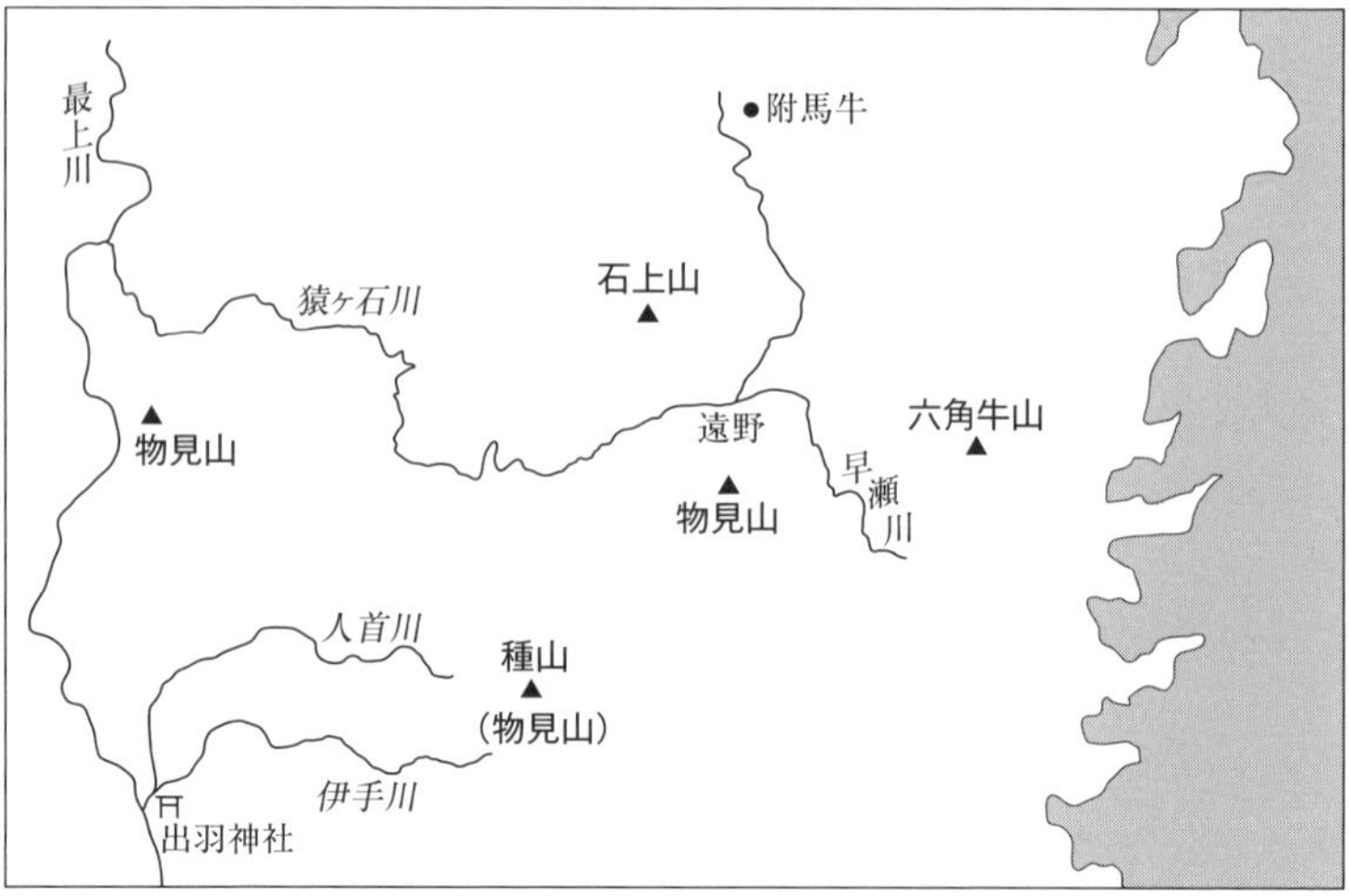

物見山

この何とも不思議な雰囲気を醸し出す詩の中で、特に異彩を放つのは「肌膚を腐植と土にけづらせ　筋骨はつめたい炭酸に粗び」「わたるは夢と黒夜神　首は刻まれ漬けられ」というフレーズだろうか。慰撫されるべきは、無残に首を斬られて土に返っていった者の魂であり、それはすなわち悪路王のことだと賢治はいう。達谷窟《たっこくのいわや》にまつわる伝承によれば、そこに潜んでいた悪路王、赤頭、高丸は、坂上田村麻呂によって征伐されたといい[6]、江刺にはその後日譚として次のような伝承が伝えられている。悪路王の息子人首丸（ヒトカベマル）はまだ十四、五歳の美少年であったが、和平を望んで都に上った父とその弟大武丸が殺されたと知るや人首川にそって遡り、種山に要塞を作って立て籠もった。しかしその抵抗も力尽き、大同元（八〇六）年、人首丸は朝廷軍田村阿波守兼光によって首を討ちとられた[7]、と。

まさに詩に語られている、青い面をつけ太刀を翻して踊る少年は、今眼前に剣舞を舞う少年でありながら、一方で伝承上の人物、悪路王の息子の化身として幻想されている。少年は現実と伝承世界の狭間に舞うのであって、その二つの世界の接点が種山であった。その後賢治は、種山一帯の高原を舞台として『銀河鉄道の夜』

や『風の又三郎』を生みだし、そこに一つの理想郷としての「イーハトーブ」を見ることになる。

その種山は、興味深いことに別名物見山ともいい、地名由来は敵の状況などを偵察する「物見」であった。人首川という名にしても、それは首を斬られた少年を連想させるものであり、最後まで抵抗した少年の記憶がこれら地名には刻まれている。

ここで再び地図に目を戻そう。北上川に注ぐ支流は、原体で伊手川[8]と人首川にわかれており、その分岐点にアテルイの本拠地とされる出羽神社がある。二つの川はほぼ平行に東西に流れ、北に人首川、南に伊手川となっていて、その両方の川とも種山（物見山）を水源としている。種山（物見山）は奥州市、遠野市、気仙郡住田町にまたがる低山で、その境界線を東へ辿ると貞任山（小友町）に行きあたり、その山をさらに東北に越えると伊豆権現に到る。伊豆権現は『物語』第二話で、三人の娘を伴った女神が一夜の宿としたところであり、その晩、もっとも良い夢を見た末娘に早池峰山が与えられた。「神の始」と題されたこの伝承は、遠野のはじまりを語るものでもあって、ここから遠野の伝承世界ははじまっている。

その伊豆権現から目を北に向けると、小物見山、物見山と続いていて、その山は鍋倉城、別称遠野城の背後の山にあたる。城の背後の山であれば物見山という名であったとしも何の不思議もないけれど、遠野を囲むようにして物見山という名の山のなんと多いことか。北上川沿いにも北上市と花巻市の境に、標高三〇〇メートル足らずの物見山がもう一つある。なぜこれほどまでに物見山があるのだろう。この物見山は一体どの敵から守るための砦というのか。

遠野と江刺の共通点は物見山だけではない。遠野にも江刺に同じく釜石との境に貞任山（土淵町）があり、物見山からみて東北に貞任山があるという位置関係も同じである。しかも、土淵町の貞任山はその北に、小友町の貞任山はその南に、樺坂峠や長者屋敷という共通する地名が残されていて、(9)この地名の一致は単なる偶然とは思われない。とすれば、物見山は安倍貞任ゆかりの地であり、前九年の役の際、朝廷軍から守るための砦であったのではなかろうか。『物語』第六七話によると、土淵村と橋野村の境、山口より二、三里登った山中に、貞任という広く平な原があって、その地名由来は、そこにあった沼で貞任が馬を冷やしたからとも、貞任が陣屋を置いたからともいう。遠野は二つの貞任山と物見山に囲まれるようにしてあり、事実、二つの貞任山から陣屋跡と思われる遺構も見つかっているらしい。

三　貞任伝承と早池峰山

このように、遠野は貞任と関係深いことが残された地名から推測できるのだが、『物語』において貞任はどのように語られているのだろうか。それは白見山麓に伝わる有名なマヨヒガ伝承に続いて、次のように語られている。

第六五話
早池峰《はやちね》は御影石の山なり。この山の小国に向きたる側に安倍が城といふ岩あり。険しき崖の中ほどにありて、人などはとても行き得べき処にあらず。ここには今でも安倍貞任《あべのさだたふ》の母住めりと言ひ伝ふ。雨の降るべき夕方など、岩屋の扉を鎖《とざ》す音聞こゆといふ。小国、附馬牛《つくもうし》の人々は、安倍が城の錠の音がする、明日は雨ならんなどいふ。

第六六話

同じ山の附馬牛よりの登り口にもまた安倍屋敷といふ巌窟あり。とにかく早池峰は安倍貞任にゆかりある山なり。小国より登る山口にも八幡太郎の家来の討死にしたるを埋めたりといふ塚三つばかりあり。

第六七話

安倍貞任に関する伝説はこの外にも多し。土淵村と昔は橋野といひし栗橋村との境にて、山口よりは二、三里も登りたる山中に、広く平らなる原あり。そのあたりの地名に貞任といふ所あり。沼ありて貞任が馬を冷やせし所なりといふ。貞任が陣屋を構へし址とも言ひ伝ふ。景色よき所にて東海岸よく見ゆ。

第六八話

土淵村には安倍氏といふ家ありて貞任が末なりといふ。昔は栄えたる家なり。今も屋敷の周囲には堀ありて水を通ず。刀剣馬具あまたあり。当主は安倍与右衛門、今も村にては二、三等の物持にて、村会議員なり。安倍の子孫はこの外にも多し。盛岡の安倍館《あべだて》の付近にもあり。厨川《くりやがは》の柵にも近き家なり。土淵村の安倍家の四、五町北、小烏瀬川の河隈《かはくま》に館の址あり。八幡沢《はちまんざわ》の館といふ。八幡太郎が陣屋といふものこれなり。これより遠野の町への路にはまた八幡山といふ山ありて、その山の八幡沢の館の方に向かへる峰にもまた一つの館址あり。貞任が陣屋なりといふ。二つの館の間二十余町を隔つ。矢戦をしたりといふ言ひ伝へありて、矢の根を多く堀り出せしことあり。この間に似田貝《にたかひ》といふ部落あり。戦の当時このあたりは蘆しげりて土固まらず、ユキユキと動揺せり。ある時八幡太郎ここを通りしに、敵味方いづれの兵糧にや、粥《かゆ》を多く置きてあるを見て、これは煮た粥かといひしより村の名となる。似田貝の村の外を流るる小川を鳴川《なるかは》といふ。これを隔てて足洗川《あしらが》村あり。鳴川にて義家が足を洗ひしより村の名となるといふ。

早池峰山の小国側の中ほどに安倍が城という岩があって、今もそこに貞任の母が住んでいる。雨の降りそうな夕方はその扉を鎖す音が聞こえてきて、それによって人々は雨が降ることを知るらしい。扉を鎖すとあることから、それは単なる「岩」ではなく岩屋であったことがわかるだろう。第六六話には「安倍屋敷といふ巌窟」と明記されていて、貞任は衣川の戦に敗れこの地に到り、早池峰の岩窟に潜んでいたと人々は考えていた。

あるいは第六八話では安倍氏の末裔について述べるにあたり、貞任とその敵将八幡太郎の陣屋の跡について言及し、矢戦をしたことや兵糧として煮た粥が置いてあったこと、足を洗ったことを地名起源として語っている。あたかも遠野の地で、貞任と八幡太郎が合戦をしたかのように。

そもそも前九年の役は、陸奥守饗応時に人馬殺傷事件が起こり、その殺人の嫌疑をかけられた貞任を守るためにはじまった。衣川に居館を置いた安倍氏は、衣川を挟んで朝廷軍と対峙し、源経清の寝返りによって一時は多賀城まで勢力を伸ばしたものの、出羽山の北を本拠地とする俘囚清原氏の参戦により、厨川（盛岡）の戦で滅亡していった。貞任は戦で深手を負い、大楯に載せられ連行されると、敵方大将の顔を一瞥して息をひきとったという。[10]『陸奥話記』（平安中期成立）を読む限りにおいては、遠野が前九年の役の舞台となった形跡はなく、当時の遠野がどれほど注目されていたかもわからない。にもかかわらず遠野では、貞任が生き延びて早池峰山の岩窟に隠れ住み、炊煙があがったために所在が知れ、義家に討たれたと伝えられるのである。[11]

あるいは、伊豆権現にまつわる伝承のヴァリエーションの中でも、安倍氏一族の物語はこのように語られている。

『綾織村郷土誌』（綾織村教員会、一九三九年）

石上山の来霊、後冷泉天皇の前九年の役に源頼義の為に安倍頼時、其子の貞任は討たれ、其弟宗任家任は降りて捕らはれ鎌倉に送らるる。安倍宗任の妻「おない」の方は「おいし」「おろく」「おはつ」の三人の娘を引き連れて、即ち今の上閉伊郡の山中に隠る。其後おないは人民の難産難儀を治療することを知り、大いに人命を助け、その功によりて死後は来内の伊豆権現に合祀さる。娘共は三人とも大いに人民の助かることを教へ、人民を救ひしによりて人民より神の如く仰がれ其後附馬牛村神別《かみわかれ》に於いて別れ三所の御山に上りて、其後は、一切見えずになりたり。其おいしかみ、おろくこし、おはやつねの山名起れり。此の三山は神代の昔より姫神等の鎮座せるお山なれば、里人之を合祀せしものなり。

『上郷村郷土教育資料』（上郷村教員会、一九四〇年）

〈お産畑とお産洗田のこと〉来内の字権現（第六地割にあり、俗に三十刈といふ所あり）、遠野三山の主神となりし三人の姉妹を此地にて生みしといふ。この姉妹を産みしは桓武朝延暦二十（八〇一）年坂上田村麻呂東夷征伐の時、奥州に国津神の落胤なる玉山烏帽子姫といふ者あり。美貌を慕って賊首大岳丸は色文を遺はせしも応ぜず。此時に当たって田村麻呂は勅命を奉じて東北を征し、立烏帽子姫の案内を以て夷首大岳丸を岩手山に於いて征伏せしむ。其の後田村麻呂は東奥を守護せり。而して立烏帽子姫と夫婦となり一男一女を産めり。其の名を田村義道、松林姫と言へり。義道其の子義邦、亦其の子は義久と言へり。其の末は安倍氏にして当時の安倍氏の奥羽地方にあるは、其末葉なりといふ。次に嵯峨朝弘仁年間（八一〇〜八二四）松林姫は三女を産む。お石、お六、お初なりと。

この二つの伝承は、『物語』第二話に同じく、石上山、六角牛山、早池峰山の三山地名由来である。『物語』では単に「女神」と語られていた母神は、前者では貞任の弟宗任の妻「おない」に、後者においては田村麻呂と立烏帽子姫の娘「松林姫」になっていて、第二話において「大昔」とあった神代の時間が、両伝承において前九年の役や田村麻呂の蝦夷征伐という歴史的事件に置き換えられている。それは、神話としての始原の時が、歴史としての時間に組み込まれていったことを示しているのであり、と同時に、歴史的な時空が神代の出来事に等しいという倒立をも生み出している。貞任や田村麻呂は実際に生きた歴史上の人物ではなく、『物語』という書物が作り出した時間であって、そのような神話と現実を繋ぐところにこの『物語』の世界はある。

つまり、遠野の始原としての時間は田村麻呂の征伐であり、その世界の中心にあるのは、遠野周辺でもっとも高く美しい山、早池峰山であった。実は貞任山や貞任陣屋の址など安倍伝承の遺称地からは、霊峰早池峰山が望めるらしい。

四　田村麻呂という「時間」

北上川以東に、物見山、貞任山と地名を追いかけてきたが、ここでようやく田村麻呂に行きついた。『物語』では、安倍伝承に続いて語られる馬娘婚姻譚（第六九話）やオクナイサマに関する伝承（第一四話）の中で、それら伝承を伝えてきた旧家を大同と称しており、その旧家について語る時、唯一田村麻呂の名は登場する。

第二四話

村々の旧家を大同といふは、大同元年に甲斐国より移り来たる家なればかくいふとのことなり。大同は田村麻呂将軍征伐の時代なり。甲斐は南部家の本国なり。二つの伝説を混じたるにあらざるか。

第二四話によると、村の旧家を大同というのは、大同年間（八〇六〜八一〇）に甲斐国より移住してきたからだという。大同年間とは、田村麻呂の征伐が成功し、文室綿麻呂《ふんやのわたまろ》が完遂するまでの過渡期であり、それ以来、対蝦夷の前進基地は胆沢城から志波城（盛岡）に移された。大同年間になってはじめて胆沢城以北は朝廷の勢力下になったのであり、その時あわせて、東国や甲信越の人々が半ば強制的に移住させられている。ここで甲斐国から移住したとあるのは、そのような古代における強制移住のことではなく、遠野南部家が甲斐源氏をその始祖とするからで、八戸南部氏が中世末から近世初頭にかけて遠野に移封してきたことを示しているらしい[12]。それが柳田の解釈であった。いずれにせよこの伝承では、今遠野に暮らすのは、田村麻呂征伐以降東国から移り住んできた人々だということが語られている。

そしてこの伝承で奇妙なのは、普通移民はかつて住んでいた地名を自らの名とするのに、遠野では地名ではなく移り住んだ時代を名としていることである。自らのアイデンティティーを場所ではなく時に求めるのは、一体どういうことなのだろう。次に挙げる第二五話でも、大同の祖先がはじめてこの地に訪れた話が伝えられている。

第二五話

　大同の祖先たちが、始めてこの地方に到着せしは、あたかも歳の暮れにて、春のいそぎの角松を、まだ片方はえ立てぬうちにはや元旦になりたればとて、今もこの家々にては吉例として門松の片方を地に伏せたるままにて、標縄《しめなわ》を引き渡すとのことなり。

門松を一方だけ立てるのは、人々が歳の瀬に移り住んできて、門松を立て終わらぬうちに元旦となったからであり、それを吉例として、『物語』が語られた当時もその片門松の風習は残っていたという[13]。片門松の風習は、その家が共同体において特別な存在である証であって、そのような特異な存在としての主張をいまだ立て終わらぬ門松に託しているのは、移住が今まさに行われたばかりであるかのような錯覚を引き起こすからだろう。始祖が移り住んできた過去の時間が、新しい一年のはじめとしての「現在」にリセットされている。元旦に片門松を立てることによって遠野の始原は常に再現されているのであり、それはまさに神話というものがもっている、繰り返される時間の意識に他ならない。『物語』の中には神話的な時間が流れているのだ。

また、次の第二六話において旧家が安倍氏と称されていることは、大同の家が安倍氏でもあることを示唆していて興味深い。第一五話でも土淵村大字柏崎の長者は安倍氏とあり、遠野において草分けの家は、大同とも安倍とも名告っていた。それはすなわち、大同という蝦夷征伐の記憶が安倍氏滅亡の事件に置き換えられうるということであって、そこにあるのは、安倍氏は蝦夷の末裔だという意識であろう。さらにいうなら、遠野の人々は始原を大同年間に求めることによって、あるいは安倍氏の伝承を語ることによって、自らを蝦夷の末裔であると主張しているのかもしれない。

確かに史実では、蝦夷平定に伴って東国や甲信越の人々が移住してきたのであるから、そのような移民の記憶が、大同の移住として語られているとすべきなのかもしれない。大同に続く弘仁二（八一一）年、新たに征夷将軍となった文室綿麻呂によって遠閉伊の蝦夷反乱は鎮圧され、それ以降蝦夷の反乱が歴史書に登場することはなくなった。しかし、蝦夷経営の政策の一つが俘囚の登用であったことをも考えあわせるのなら、遠野に住む人々には蝦夷の血が流れているのではないか。服従した人々の心のうちには蝦夷である誇りがあって、その思いが屈折した形で大同や貞任を語らせるのではなかろうか。滅んでもなお貞任を語るのは、貞任が人々の記憶の中に生き続けているからであり、貞任に自らを重ねあわせ、蝦夷に思いを馳せているのだと想像する。

五　『遠野物語』の狼

蝦夷滅亡の記憶が『物語』の通奏低音であることに気づいてみると、今まで表面的な理解に終わっていた狼伝承が、異なったものとして浮かび上がって見えてくる。次に遠野に伝わる狼伝承を取り上げ、「蝦夷」の姿を追うことにしよう。

第三六話

猿の経立《ふつたち》、御犬《おいぬ》の経立は恐ろしきものなり。御犬とは狼のことなり。山口の村に近き二《ふた》ツ石山《いしやま》は岩山なり。ある雨の日、小学校より帰る子どもこの山を見るに、処々の岩の上に御犬うづくまりてあり。やがて首を下より押し上ぐるやうにしてかはるがはる吠えたり。正面より見れば生まれ立ての馬の子ほどに見ゆ。後から見れば存外小さしといへり。御犬のうなる声ほど物凄く恐ろしきものはなし。

第三七話

境木峠《さかひげたうげ》と和山峠《わやまたうげ》との間にて、昔は駄賃馬を追ふ者、しばしば狼に逢ひたりき。馬方等は夜行にはたいてい十人ばかりも群れをなし、その一人が牽く馬は一端綱《ひとはづな》とてたいてい五、六七匹までなれば、常に四、五十匹の馬の数なり。ある時二、三百ばかりの狼追ひ来たり、その足音山もどよむばかりなれば、あまりの恐ろしさに馬も人も一所に集まりて、そのめぐりに火を焼きてこれを防ぎたり。されどなほその火を踊り越えて入り来たるにより、つひには馬の綱を解きこれを張り回らせしに、穽《おとしあな》などなりとや思ひけん、それより後は中に飛び入らず。遠くより取り囲みて夜の明けるまで吠えてありきとぞ。

第三八話

小友《をとも》村の旧家の主人にて今も生存せる某爺といふ人、町より帰りにしきりに御犬の吠ゆるを聞きて、酒に酔ひたればおのれもまたその声をまねたりしに、狼も吠えながら跡より来るやうなり。恐ろしくなりて急ぎ家に帰り入り、門の戸を堅く鎖して打ち潜みたれども、夜通し狼の家をめぐりて吠ゆる声やまず。夜明けて見れば、馬屋の土台の下を掘り穿ちて中に入り、馬の七頭ありしをことごとく食ひ殺してゐたり。この家はその頃より産やや傾きたりとのことなり。

第三九話

佐々木君幼き頃、祖父と二人にて山より帰りしに、村に近き谷川の岸の上に、大なる鹿の倒れてあるを見たり。横腹は破れ、殺されて間もなきにや、そこよりはまだ湯気立てり。祖父の曰く、これは狼が食ひたるなり。この皮ほしけれども御犬は必ずどこかこの近所に隠れて見てをるに相違なければ、取ることができぬといへり。

第四〇話

草の長さ三寸あれば狼は身を隠すといへり。草木の色の移りゆくにつれて、狼の毛の色も季節ごとに変はりてゆくものなり。

第四一話

和野の佐々木嘉兵衛、ある年境木越の大谷地《おほやち》へ狩りにゆきたり。死助《しすけ》の方より走れる原なり。秋の暮れのことにて木の葉は散り尽くし山もあらはなり。向かふの峰より何百とも知れぬ狼こちらへ群れて走り来るを見て恐ろしさに堪へず、樹の梢に上りてありしに、その樹の下をおびただしき足音して走り過ぎ北の方へ行けり。その頃より遠野郷には狼はなはだ少なくなれりとのことなり。

『物語』では第三六話から狼に関する話が続き、それまで山の怪異の背後に山男やさらわれた女の存在を見出してきた『物語』は、ここで一変して狼など獣の恐怖について語りはじめている。

御犬とも呼ばれる狼は子馬ほどの大きさがあって、何よりも恐ろしいのはその吠える声である。その遠吠えを真似れば、馬をすべて喰い殺されることもあり、馬小屋の戸を堅く鎖しても、その土台を掘り下げて馬小屋に入るほど賢い動物であった。第三九話では、その獲物を横取りしてはならぬ禁忌が語られ、第三七話では、馬の綱をといて人馬の周りを囲めば、その綱を飛び越えてくることがないと語られる。狼は特別な存在であった。そうであるから、第四一話では、北へと走り去っていく描写がなされ、その滅亡が暗示されるのだろう。

それにしても、綱を飛び越えて来ない理由を、『物語』は穽でもあると考えたからだとしているが、果たしてそのような解釈でいいのだろうか。

例えば第六二話に、夜、山中で野宿する際は大木の下に寄り、自分とその木の周りに魔除けのサンヅ縄を三めぐりさせるという習俗が語られている。『拾遺』第二二一話では、たとえそれが短い縄切れであっても、手にとって広げながら「一尋二尋三尋半」と唱え木にかければ魔物は決して近寄らないとする。どうやら縄には、魔物が立ち入ることができない空間を作り出す機能があるらしい。

そもそもサンヅ縄とは三途縄と書き、埋葬する時棺を結わえて下す縄のこと、この世からあの世へ死者を送る働きから、特別な霊力があると信じられていた(14)。猟師や山仕事に行く者が必ず身に着けていくのは、その綱には世界を分け隔てる機能があり、その綱によって作り出された結界が、山中で出会う魔物から身を守ってくれると信じたからである。第三七話の綱はまさにこのサンヅ縄の機能をはたし、狼は縄によって作り出された結界を越えることができないのである。ここでは、狼とは火を恐れる獣ではなく魔物に近い存在として語られるのであって、そのような狼の特異さは、第四二話における狼の語りへと繋がっていく。

第四二話

六角牛山《ろっこうし》の麓にヲバヤ、仮小屋などいふ所あり。広き萱山なり。村々より苅りに行く。ある年の秋飯豊《いいで》村の者ども萱を苅るとて、岩穴の中より狼の子三匹を見出し、その二つを殺し一つを持ち帰りしに、その日より狼の飯豊衆《いひでし》の馬を襲ふことやまず。外の村々の人馬にはいささかも害をなさず。飯豊衆相談して狼狩りをなす。その中には相撲を取り平生力自慢の者あり。さて野にいでて見るに、雄の狼は遠くにをりて来たらず。雌狼一つ鉄といふ男に飛びかかりたるを、ワッポロ（上張り）を脱ぎて腕に巻き、やにはにその狼の口の中に突っ込みしに、狼これを噛む。なほ強く突き入れながら人を喚ぶに、誰も誰も怖れて近よらず。その間に鉄の腕は狼の腹まで入り、狼は苦しまぎれに鉄の腕骨を噛み砕きたり。狼はその場にて死したれども、鉄も担がれて帰り程なく死したり。

三浦佑之によれば、この母狼はただの狼ではなく、子を殺された敵《かたき》をとった「母」であり、この話は人間に勝るとも劣らぬ狼の「慈母の物語」だという。岩穴で見つけた狼の子を殺してしまった飯豊衆にはある種の後ろめたさもあって、それゆえに人間と狼の一騎打ちは、人間に軍配があがることなく相打ちとなった。援助を求められても助けなかった人々は、その事件を伝える「証人」に他ならず、「鉄」は「英雄」となるために死ななければならなかったのであり、「英雄」と「慈母狼」の対決がそこにはあるとする。(15)

三浦が指摘するように、これは狼の母性を語る物語であると同時に、その母狼を退治して英雄になった男の物語であり、「慈母の物語」や「英雄譚」となりえたのは、それが狼であったからである。狼にも人間に等しい母性や感情があり、家畜を襲うには子の敵討ちというそれなりの理由があって、それでもなお人間は、狼を害獣として退治しなければならない。人間には人間の理屈があるように、狼には狼の理屈がある。否、生活があるというべきか。実はこの話の根底には、そのような山の獣と人間との争い、山と里とのせめぎあいがあり、そのようなせめぎ合いの中で、狼は恐れられる害獣でありながら母性の強い動物として語られ、結界を恐れる魔物とも神とも幻想されていったのであろう。

また、このような狼の姿は、日本全国に残されている送犬（オクリイヌ）の伝承にもうかがえる。送犬とは夜山中を歩くと後ろからついてくる犬のこと、狼のことだとも解釈されていて、途中転んでしまうと食い殺されてしまうが、転んでも「先ず一服」と休むような掛け声をかければ食われずにすむらしい。送ってもらった礼に草鞋片足と握飯を投げ与えると、握飯はその場で食べ、草鞋は口にくわえて山に帰っていくという[16]。あるいは、江戸時代の書物『本朝食鑑』には、送狼に歯向かわず命乞いをすれば、山中の獣の害から守ってくれるとあり[17]、昭和初期の文献『小県郡民譚集』[18]には次のような話も伝えられている。

長野県塩田（上田市）に住む女が、出産のために夫のもとを離れて実家に戻る途中、山道で産気づき、その場で子供を産み落とした。夜になって何匹もの送犬が集まり、女は恐れて「食うなら食ってくれ」と言ったところ、犬は襲いかかるどころか山中の狼から母子を守った。やがて送犬の一匹が夫を連れて来て、夫は妻と子に再会し、その礼として送犬に赤飯を振舞ったという。

これら伝承に語られているのは、夜道に出会ったとしても襲ってくることなく、反対に家まで護衛したり、山中で生まれた嬰児や産後間もない女を助けたりする、人間に好意的な送犬の姿である。そしてその礼として握飯や赤飯をふるまうのは、「産見舞い」の習俗に同じである。「産見舞い」とは、地域によっては産養いやお七夜祝いなどともいい、狼が子を産むと赤飯などを狼の巣穴に供える習俗である。その起源を、柳田国男は山の神が山中で子を産むという俗信に求め[19]、その他にも狼害の緩和策としての儀礼だとする説や[20]、犬の安産と狼を結びつけたとする説もある[21]。いずれにせよそれは、狼・山の神・産神の習合した儀礼であると考えられ[22]、神としての狼の姿を見出すことができるのであった。

六　神としての狼

『物語』に描かれた狼は、単なる害獣ではなく、神のような存在であったことが理解できたのだが、『拾遺』第七一話、第七三話には、三峰様という狼神の伝承が残されている。

『拾遺』第七一話

この地方で三峰様《みつみねさま》というのは狼の神のことである。旧仙台領の東磐井《ひがしいわい》郡衣川《ころもがわ》村に祀ってある。悪事災難のあった時、それが何人かのせいであるという疑いのある場合に、それを見顕わそうとしてこの神の力を借りるのである。まず近親の者二人を衣川へやって御神体を迎えて来る。それは通例小さな箱、時として御幣であることもある。途中は最も厳重に穢《けが》れを忌み、少しでも粗末な事をすれば祟りがあるといっている。一人が小用などの時には必ず別の物の手に渡して持たしめる。そうしてもし誤って路に倒れなどすると、狼に喰いつかれると信じている。前年栃内の和野の佐々木芳太郎という家で、何人かに綿桛《わたかせ》を盗まれたことがある。村内の者かという疑いがあって、村で三峰様を頼んで来て祈祷をした。その祭りは夜に入り家じゅうの燈火をことごとく消し、奥の座敷に神様をすえ申して、一人一人暗い間《ま》を通って拝みに行くのである。集まった者の中に始めから血色が悪く、合わせた手や顔を顫《ふる》わせている婦人があった。やがて御詣りの時刻が来ても、この女だけは怖がって奥座敷へ行きえなかった。強いて皆から叱り励まされて、立って行こうとして、膝がふるえ、打ち倒れて血を吐いた。女の供えた餅にも生血がついた。験はもう十分に見えたといってその女は罪を被せられた。表向きにはしたくないから品物があるならば出せと責められて、その夜の中に女は盗んだ物を持って来て村の人の前に差し出した。

『拾遺』第七三話

この祭りが終わると、すぐに三峰様は衣川へ送って行かなければならぬ。ある家ではそれを怠って送り届けずにいたために、その家の馬は一夜のうちにことごとく狼に喰い殺されたこともあったという。

ここに語られている三峰様は、罪を暴く神である。村内で悪事災難があった場合、近親のもの二人が衣川の三峰神社まで御神体を迎えに行き、お迎えした御神体は座敷に据えられる。夜、燈火を消した中を一人でその座敷まで行って御神体に祈るのだが、心当たりのある者は恐ろしさのあまり足が震え拝むことができないため、その罪が発覚するという。また、三峰様はお祭りが終われば速やかに衣川まで送っていかねばならず、それを怠るようなことがあると、その家の馬は一夜にして狼に喰い殺されるらしい。まさに三峰様は狼であった。

ところでこの三峰様は、本来武蔵国秩父に鎮座する火災よけ・盗難よけの神であり、祭神はイザナキ・イザナミ、その御眷属として「お犬さま」が信仰されている。秩父三峰神社の社伝によれば、ヤマトタケルが東征からの帰り、碓氷峠に向かう途中で三峰神社のある山に登り、イザナキ・イザナミの国造りを偲んで創建したのがそのはじまりだという(23)。また、景行天皇が東国巡行の際、社地を囲む白岩山・妙法山・雲取山の三山を賞でたことから三峰宮の社号は授けられ、伊豆国に流罪になった役小角がここで修業をしたとも、空海が観音像を安置したとも伝えられている。関東各地の武将の崇敬を受け、鎌倉初期には秩父庄司畠山重忠により十里四方が寄進されるなど隆盛したが、室町初期に足利氏によって社領が奪われて以来衰退した。再び隆盛したのは江戸中期のこと、日光法院が入山して住職となり、甲州で広がっていた狼信仰の形態を取りこんで「大口真神」の神札を発行したことによるという(24)。武家には武運長久、町人や農民には火防盗難除け・四足除けとして霊験があるとされ、当社から「大口真神」の護符を受ける御眷属信仰が流行する。修験者たちは三峰神社の神徳を説いて回り、参詣するための三峰講が関東・東北を中心として各地に組織されていった。

おそらく、そのような御眷属信仰の広がりの中で、衣川にもその神が祀られるようになったのだろう。三峰神社の分霊が勧請されたのは、享保元（一七一六）年のことだと衣川三峰神社の由来にはある。[25] しかし由来に関しては、前九年の役や後三年の役の折、源頼義、義家が秩父の三峰山に登り戦勝を祈願したことによると伝えられていて、神社としての建立は江戸時代のことであったとしても、その起りを前九の役や後三年の役に遡って求めている。それが蝦夷にゆかりある衣川という風土なのだろう。

蝦夷ゆかりの地といえば、秩父三峰神社もまた蝦夷と無縁ではない。ヤマトタケルが三峰山に立ち寄ったのは、蝦夷征伐の帰路である。[26]『日本書紀』によれば、景行天皇四十年に蝦夷の反乱が起こり、その平定にヤマトタケルが遣わされた。伊勢から駿河、相模、上総、陸奥を経て、蝦夷の国である日高見国に到り、天皇の徳によって戦わずして蝦夷を平定した。その後、常陸から甲斐を通り信濃へと向かっていたヤマトタケルは、碓氷峠を越える時、走水で入水していったオトタチバナヒメを想い「吾妻はや」と三たび嘆いた。それが「東（アヅマ）」の語源となり、碓氷峠以東を「坂東」と呼ぶようになったという。

なぜここに碓氷峠が登場するのかといえば、それが「東」への入り口であったからである。勿論時代によって「東」が指す地域は微妙に異なっていて、もっとも古い時代は鈴鹿峠がその境であったが、壬申の乱の功績によって三河までの国が朝廷に近い国と意識されるようになり、遠江以東が「東」となった。『万葉集』に収録されている東歌は、遠江以東の国々から集められている。

一方伝承上では、ヤマトタケルの東征に結びつけられ、その境は碓氷峠（『日本書紀』）や足柄峠（『古事記』）だと語られる。おそらくそのような設定は、蝦夷征伐を視野に入れた時になされたのだろう。古代の蝦夷征伐は斉明四（六五八）年の阿倍比羅夫にはじまり、和銅二（七〇九）年の蝦夷の反乱、宝亀十一（七八〇）年の伊治呰麻呂《いじのあざまろ》の乱と続き、延暦二十一（八〇二）年アテルイの降伏によって終わりを迎え、弘仁二（八一一）年文室綿麻呂の征伐終了の奏上でその幕を閉じる。都から蝦夷征伐に向う際、その往復に利用されたのは東海道と東山道であり、その両街道の難所がそれぞれ足柄峠と碓氷峠であった。

また、三峰の地名由来ともなった三山のうちの一つ、白岩山は、山梨県側からの命名であって、神社周辺に見られる民俗習慣が甲州の影響を受けていることも、この神社が甲斐と関係深いことを示しているらしい[27]。秩父三峰神社がその縁起をヤマトタケルに結びつけて語るのは、そこが甲斐との境をなすという立地にも拠るだろう。地図を見て驚くことに、秩父三峰神社は足柄峠と碓氷峠を結ぶ線上に位置している。

そのように考えてみると、神社の立地とその縁起には密接な関係があって、秩父三峰は「東」との境界としてヤマトタケル伝承に結びついてしまう地理的環境にあり、衣川三峰神社は安倍氏滅亡の歴史と無縁に存在しえない立地であったことがわかる。衣川に狼神を信仰する三峰神社が勧請されたのは、東北地方こそが狼の害に苦しむ地域だったからかもしれない。しかしそれだけでは、衣川を選んで勧請された説明にはなるまい。衣川が選ばれたのは、そこが長きにわたり蝦夷と対面する境界であったからではないか。その二つの三峰神社を繋ぐキーワードにも、「蝦夷」はある。

七　ヤマトタケルと田村麻呂

最後にもう一つ、付け加えておきたいことがある。ヤマトタケルは、東征から都に帰還することなく、三重県能褒野《のぼの》でその生涯を閉じた。記紀において、ヤマトタケルの即位は決して語られることがない。ところが『常陸国風土記』では、ヤマトタケルは「倭武天皇」として語られ、ある時は入水したはずのオトタチバナヒメを伴い、常陸国内を巡幸して土地の名づけを行っている。そこに描かれているのは、蝦夷平定に向かった勇ましいヤマトタケルではなく、后と幸獲り競争するのどかな姿であり、あたかも常陸の王であるかのような姿である(28)。

しかしよく考えてみれば、それは不思議な光景である。常陸国内でも王化に従わない土蜘蛛は残虐な方法で殺されているのに、記紀において征討将軍であったヤマトタケルが、その殺害の首謀者として語られることはない。本来ならヤマトタケルは、中央から蝦夷征伐に派遣され、常陸国内をも武力で平定していった将軍であり、恐れられ憎まれこそすれ、王として常陸の人々から慕われる理由はないだろう。

そのような不思議さは、田村麻呂にも当てはまる。蝦夷征伐の将軍であった田村麻呂が、東北において歓迎されるはずもないのに、田村麻呂を祭神として祀る神社の多さには目を見張るものがある。神社の由来を田村麻呂に結びつけることによって、その創建の時期を大同年間まで遡らせているのだとしても、田村麻呂が神となる必然はない。殺戮者、侵略者であった人間が神として祀られる構造は、どこか屈折しているのではないか。蝦夷平定後に移住してきた人々が奉祭しているのだから、それは敵将ではなく自分たちの始祖なのだと解することもできるけれど、そのような合理的な解釈にはどうも頷けない。

毒をもって毒を制すとはよくいったもので、征伐される者は征伐する者に等しいという暗黙の了解、公式のようなものが説話にはある。鬼退治の英雄が鬼のような姿に描かれるのがそのよい例であり、同じような力を持っていなければ、相手に打ち勝ち征服することはできないのだろう。田村麻呂を神として祀る構造のうちにもそのような公式があるのだとしたら、田村麻呂とアテルイは限りなく一つの像として結ばれる。田村麻呂について語る時、きっと東北の人々はその背後にアテルイの姿を見ているに違いあるまい。

むすび

創建の由来に田村麻呂を結びつけて語る寺社は、東北には実に多く存在する。特に長谷寺や清水寺と名告る寺院や、十一面観音および千手観音を祀る寺社のほとんどは、田村麻呂に結びつけてその創建由来を語っている。仏像に鍍金するための黄金を求めて、寺院もまた東北に信仰圏を広げていったのである。それら寺社は北上川に沿って位置しており、蝦夷征伐が行われた経路との奇妙な一致を示している。

そのような田村麻呂ゆかりの寺院の中でも、黒石寺、藤里毘沙門堂、立花毘沙門堂、極楽寺、成島毘沙門堂は、北上川以東の北上高地西辺に沿って建立されており、その立地をみて高橋富雄は次のように述べている(29)。この古代寺院は、奥蝦夷ともいうべき閉伊郡の蝦夷たちが、北上川の西に討って出てこないように封じこめるための「守り」であった、と。蝦夷征伐の開始をもって蝦夷の国は次第に狭められ、やがて北上川以東になっていったのかもしれない。

もしその指摘が正しいのなら、それら古代寺院によって封じ込められた蝦夷の国は閉伊郡の地となり、その中心に遠野はある。現在の遠野市は岩手県でも二番目に広く、いつの時代も海岸と内陸を結ぶ交通の要衝であり、重要な交易地であった(30)。遠野に伝わる口伝には、綾織町にある羽黒堂の老松に、田村麻呂の射た矢が刺さった話や、猿ヶ石川支流早瀬川水源の沓掛窟《くつかけあな》に田村麻呂が観音像を安置した話が伝えられていて、猿ヶ石川を遡って蝦夷征伐は行われたと考えられている(31)。そういえば、蝦夷の国ともいわれる日高見国の「ヒタカミ」は「北上（キタカミ）」のことだとされていたではなかったか(32)。かつて蝦夷の国は北上川を中心に広がっていたのだろう。遠野はその北上川とは猿ヶ石川によって結ばれ、猿ヶ石川は早池峰山を水源としている。蝦夷の国には葉脈のように川が流れている。

また、改めて蝦夷の国として遠野を眺めてみると、第四一話で語られる狼の滅亡も異なった色彩を帯びはじめる。その伝承には、境木峠を越えて行こうとすると、向こうの峰から何百とも知れない狼の大群が押し寄せてきて、慌てて木の上に上り様子を見ていると、狼は北の方へ向かって走り去り、その頃から遠野には狼が少なくなったとある。南から北へと群れをなして走り去った狼の、人間には見向きもせずただひたすら走っていくその姿は、秋の暮れという時節もあって哀愁が漂っている。狼は人間に近い特別な動物だと語る『物語』であれば、走り去っていった狼に、義家に責められ早池峰山へと逃れていった貞任の姿を見出すのは誤りだろうか。狼の滅亡に田村麻呂によって北へ追いやられた蝦夷を重ね合わせてしまうのは、私だけであろうか。『物語』の深層には「蝦夷」がある。私にはそう思われてならないのである。

注

（1）『中尊寺落慶供養願文』は平泉町史編纂委員会編『平泉町史』史料編1（一九八五年）に収録されたものを参考にした。

(2) 胆沢郡・江刺郡・和賀郡・紫波郡・稗貫郡・岩手郡のことで、現在の盛岡市から奥州市にあたる。
(3) 谷川健一編『日本の神々』12東北・北海道（白水社、二〇〇〇年）収録「出羽神社」（小形信夫）の項。
(4) 高橋富雄監修『江刺市史』第一巻・通史編（一九八三年）収録「Ⅱ古代・中世前期」（高橋富雄）の項。
(5) 定村忠士『悪路王伝説』（日本エディタースクール出版、一九九二年）もまた、この宮沢賢治の「原体剣舞連」をその冒頭で引用し、この詩から悪路王伝承の謎に迫る論考をはじめている。
(6)『達谷窟毘沙門道縁起』（達谷窟毘沙門堂別当立谷西光寺公式ホームページ）、『吾妻鏡』（国史大系・吉川弘文館、一九六四年）、『元亨釈書』（続神道大系、二〇〇二年）による。
(7) 伊能嘉矩「悪路王とは何ものぞ」（谷川健一責任編集『遠野の民俗と歴史』（日本民俗文化資料集成第十五巻））、三一書房、一九九四年。
(8) おそらく射手の意だと高橋富雄は（4）で述べている。
(9) 後藤総一郎監修・遠野常民大学編著『注釈　遠野物語』（筑摩書房、一九九七年）の第六八話の項。
(10)『陸奥話記』（新編日本古典文学全集）、小学館、二〇〇二年。
(11)（9）の第六五話の項。
(12)（9）の第二五話の項。
(13)（9）の第二五話の項。
(14)（9）の第六二話の項。
(15) 三浦佑之『村落伝承論』、五柳書院、一九八七年。
(16) 柳田国男「妖怪名彙」（『妖怪談義』）、講談社学術文庫、一九七七年。
(17) 人見必大『本朝食鑑』（島田勇雄訳注）、平凡社、一九七六年。
(18) 小山眞夫『小県郡民譚集』、郷土研究社、一九三三年。
(19) 柳田国男「狼と鍛冶屋の姥」（『柳田国男全集』第8巻）、筑摩書房、一九六九年。
(20) 松山義雄『狩りの語部　伊那の山峡より』、法政大学出版局、一九七七年。
(21) 朝日稔『日本の哺乳動物』、玉川大学出版部、一九七七年。

（22）西村敏也『武州三峰山の歴史民俗学的研究』、岩田書院、二〇〇九年。
（23）谷川健一編『日本の神々』11・関東（白水社二、〇〇〇年）収録「三峰神社」（千嶋寿）の項。
（24）（22）に同じ。
（25）衣川三峰神社境内掲示による。
（26）ヤマトタケルの東征に関しては、『古事記』と『日本書紀』ではその行程が異なっており、碓氷峠が登場するのは『日本書紀』である。
（27）（23）に同じ。
（28）第三部第三章参照。
（29）（4）に同じ。
（30）柳田国男著・谷川健一解説『遠野物語』（大和書房、一九七二年）の解説。
（31）森嘉兵衛監修『遠野市史』第一巻、一九七四年。
（32）（3）に同じ。

第四部　東シナ海と交易

サハリン
内モンゴル自治区
朝鮮民主主義
人民共和国
ペキン
（北京）
日本国
ピョンヤン
（平壌）
ソウル
大韓民国
ポハン
キョンジュ
テグ
ブサン
島根
チェジュ島
（済州）
坊津
大島（奄美大島）
東シナ海
沖縄島
那覇
華南
タイペイ
（台北）
宮古島
石垣島
コワンチョウ
（公州）
台湾
カオシュン
（高雄）
南シナ海
フィリピン
ルソン島

第一章　琉球説話集『遺老説伝』の世界 ―「移住」と「往来」―

はじめに

『遺老説伝』とは、琉球最後の歴史書である『球陽』の外伝として十八世紀初頭に成立した初めての漢文説話集であり、歴史書には採録されることのなかった神話や伝承、説話を多く採取している書物である。官選の説話集でありながら庶民の生活をも活き活きと描いていて、当時の琉球の様子を今に伝えている。

その『遺老説伝』には「船」という言葉が登場する説話が実に多く採録されている。東シナ海に浮かぶ島々からなる琉球であれば、人々の移動に欠かせない「船」が生活に密着していることは当然であろう。例えば、高い山が島の中央に横たわる「高島」と呼ばれるような島々では(1)、隣の集落に行く時でさえ船を使わなければならない。そのような自然環境や地理的環境が、「船」の説話の背後にはある。

そこでこの章では、「船」が語られている説話から、『遺老説伝』に描かれている世界観について考えてみたい。それは琉球弧と呼ばれ、大陸と日本を繋ぐようにして東シナ海に点在する琉球王国の在り方、すなわち交易国家琉球の姿をも明らかにするのではなかろうか。

一　『遺老説伝』における「船」の説話

『遺老説伝』には「船」が語られる説話が二十六話、「舟」が語られる説話が十九話ある。そのうち九話が重なるため延べ三十六話となり、総数百四十一話のうちの四分の一を占めている。

「船」と「舟」の用字の違いをみてみると、「舟」の文字が「小舟」として用いられていることから、その大きさによって使いわけがなされているように思われる。また、「船」は「船中」「開船」といった熟語表現や「海船」など固定化された表現で用いられる傾向にあり、一方の「舟」は現実世界というより異界や非現実世界との往来に用いられているようなふしがあることから、「舟」は神話の表現、「船」は現実的な表現に多くつかわれていると捉えることもできる。しかし、ここでは水上交通に用いられる「船」について考えることを目的としているため、そのような差異に目を向けることなく、その両方の用字が使われている説話を取り上げることとする。

「船」といえば乗り物としての機能とモノを運ぶ運搬具としての機能があり、『遺老説伝』においても、その両方の機能をあわせ持つものとして語られている場合が多いのだが、ここでは、乗り物としての機能に焦点をあて、「船」が説話内で果たす役割について考察を行いたいと思う。

また、キーワードとなる「移住」という言葉の定義をすると、それは文字通り移り住むことであり、住むことを目的としない「移動」とは区別する。単に住まいを移すことを指す「転居」や土地を開くという意である「開拓」とも異なり、移った地で「生活する」ことに重点を置いていることをはじめに述べておきたい。

二　兄妹始祖譚と「船」「移住」

それでは具体的に「船」の説話をみていくことにしよう。はじめに例として取り上げるのは、島のはじまりを語る次のような説話である。

第一二七話

一、往古の世、中城郡喜舎場村に、喜舎場子なる者有り。一日、喜舎場嶽に登り、以て遊観を為すの間、東海に一洲有るを見る。乃ち其の妹真志良代を招き、之れに吩囑して曰く、我れ彼の海中の一洲を見るに、即ち人の住居すべきの所なり。後年必ず村邑を建つべし。早く汝と共に彼の洲に航し、始めて住居を為すは如何と、遂に約相窮め、一七日を期して斉戒沐浴し、二人相共に舟を泛べて彼の洲を求め、以て住居を為す。今に至るまで子孫綿々として以て繁衍を致し、遂に一島と為る。即ち今の津堅島是れなり。亦本島海辺に、一石（俗に津堅瀬と叫ぶ）有り。昔、喜舎場子、渡海来到の時、始めて此の石を蹈み、以て其の島に入る。亦一石（俗に祭瀬と叫ぶ）有り。真志良代、始めて此の石を蹈み、以て其の島に入る。喜舎場子・真志良代の二人、既に天年を終へ、遂に中之御嶽に葬る。之れに禱れば必ず応ず。故に今に至るまで、以て崇信を為す。而して男女の其の内に入るを厳禁す。許愿有る毎に、必ず其の外に在りて、恭しく祭品を供へ、拝祭の礼を致すとしか云ふ。

この説話は、沖縄本島の勝連半島から海上四キロほど離れた海上に浮かぶ津堅《つけん》島のはじまりを語るものである。ある日海を見ていた喜捨場子《キャシャバシー》は海上に島影を見つけ、妹とともに「舟」に乗ってその島へ渡ってきた。その二人が島に上陸した際に踏んだ石は今もなお残っていて、天寿を全うした二人は御嶽《うたき》(2)に祀られるようになり、人々の崇信を集めたという。

兄妹が島の始祖であると語られるこのような神話は兄妹始祖譚と呼ばれ、琉球において世界のはじまりを語る典型的なものである(3)。神話とは世界の始原を語ろうとするものであり、琉球では一番はじめの男女を夫婦ではなく兄妹として捉えている。それは、妹が兄を守るヲナリ神(4)であるという民間信仰とも深く結びついていて、沖縄各地の民間伝承の中にも兄妹始祖譚を多く見出だすことができる(5)。

また、ここでは兄妹が島へ渡ることを「移居」と表現しているのだが、彼らがその後島の神として祀られるようになるのであれば、ここでの「移居」は単純に居る場所を移すことではなく、その来島によって島の生活がはじまる「移住」の意であろう。島の起源を語る兄妹始祖譚とは、人々の「移住」を語るものでもあった。

では次の説話はどのように解釈したらよいだろうか。

第七一話

一、昔、姑米島に、一按司有り、一女を産下す。此の女、聡明敏捷にして、才貌兼美す。年七歳より、常に日月を拝し仏神を崇信し、万般の吉凶、尽く皆預知す。時に一嫂有り、常に其の才を嫉み、以て謀害せんとす。乃ち之れを岳父に愬へて曰く、岳父就寝すれば、更深夜静の時を俟ち、即ち少年の潜かに内房に入り、令女と私通する有りと。其の父、深く之れを信じ、大いに怒りて大いに罵しり、急ぎ女子を把へ、小舟に坐駕せしめ、大海に流去して曰く、汝若し過罪無ければ、善地に漂せん。若し已に過行有れば、必ず鬼界に至り、以て労苦を受けんと。其の兄、之れを見、乃ち父を諌めて曰く、小妹は、謹慎深戒、小罪有ること無し。何ぞ讒婦の言を聴き、軽易に流放するやと。其の父之れを聞くも黙然として答へず。其の兄、既に退きて出で、自ら忖りて曰く、吾と小妹とは、誠に此れ骨肉の親なり。豈他を棄てて独り生くるに忍びんやと。即ち水中に投じ、小舟を扯き住めて其の中に跳び入り、便ち小妹と声を放ちて大いに哭す。載ち沈み載ち浮び、浪に随ひ濤を凌ぎて、宮古漲水津に漂至す。兄妹手を携へて上岸し、霊山嶽に祈る。此の夜果して見るの夢告に曰く、汝等、已に小過無くして此の島に流さる。甚だ之れを憐恤す。今、東仲宗根に船立の地有り。早く其の地に去き、以て居住を為せと。二人醒覚するに、夢告相異ならず。二人、深く之れを拝謝し、即ち船立の地を尋ねて、往きて之れを視るに、果して善地なり。遂に草屋を結びて栖居す。恒に村民の為に薪を採り水を挑ひ工に傭はれて自食す。一旦、隅屋の里の兼久世主、深く其の女の才貌兼美するを慕ひ、媒妁已に通じ、結びて夫婦と為り、九男を生産す。倶に是れ賦性敦厚、容貌美麗なり。年稍々成長するのとき、外祖を憶ひ起し、遂に船隻を僱ひ、母と父とを催し、同に姑米島に到り、祖父の家を尋ね求め、奉みて濶情を叙す。祖父其の情意に感じ、相待すること故の如し。已に別るるの時に臨み、祖父、鉄鋼並びに鉄匠の秘書を将て、他に給与して、摘回せしむ。宮古山は、素より鉄鋼無し。但々牛馬の骨を用ひて以て耕器を為り、五穀未だ登らず、屢々饑饉を致す。此の人、鉄を得て帰り、農器を精造し、以て百姓に授く。百姓力を田畝に尽し、五穀豊饒し、民人業を楽しむ。彼の人病死するに至り、村民皆兄妹の恩に感じ、之れを船立山に葬り、遂に之れを尊信し、以て神嶽と為す。

久米島に住む才色兼備なヲトメがその美しさゆえに兄嫁にねたまれ、[6]その讒言によって父に勘当される。兄が父をなだめようとするものの、結局そのヲトメは流されることになり、兄は妹を救おうとして「舟」に乗り込み妹とともに宮古島に漂着する。二人はその島で人々のために働き、妹は島の豪族と結婚して九男を生んだ。その子供が成長して祖父を思うようになり、自分の父母を連れて母の生まれ故郷である久米島に帰った。祖父と母

〔妹〕は和解し、別れるにあたり祖父は「鉄匠」という鉄の技術書を与えたという話である。

この説話は一見島のはじまりを語っていないように見えるのだが、兄妹が船に乗って島に流れ着き、島民のために尽力したのでやがて神として御嶽に祀られたという第一二七話との類似から、これも兄妹始祖譚の変奏と捉えることができるだろう。ここで興味深いことは、かつて住んでいた故郷の島から「鉄匠」という鉄の技術書を持ち帰ることであり、その鉄の技術によって鉄製農具が作られた。骨で作られた農具しかなかったその島の生産力があがったということは、この兄妹の漂着が島の開拓に繋がっていることを示しているのであり、この説話で語られているのも、やはり「移住」であった。さらに父と和解することによって、故郷の島との往来が復活したとも解釈でき、兄妹の「移住」はかつて住んでいた故郷との「往来」へと導かれていくのである。

つまり「故郷を思う」ことから「往来」が語られていて、その「往来」がやがて目的をもって定期的に行われるようになるのであれば、それは交易と呼ばれる交流に発展する。しかもここで伝えられているのは鉄の技術であり、交易の対象となるのはモノばかりではなく技術であったことがわかる。モノに付随した技術をも含んだ、複合文化の伝播を交易は担っているのであった。

三　ニライ・カナイ幻想を支える「移住」

ところで「移住」を語る説話の中には、船に乗って渡って来たのが兄妹ではなく夫婦とする説話がある。それらの説話において、「移住」はどのようなものとして描かれているのだろうか。

第七三話

一、往古の世、玉城郡百名邑に、一男人有り、乳名は白樽。賦性至孝にして操心仁義。恒に善事を為し、敢て悪を為さず。玉城按司、深く之れを褒美し、遂に長男免武登能按司の女を以て娶して他の妻と為す。一日、夫婦一同に、野に出で山に登り、光景を玩楽す。忽ち東溟の中に一小島有りて、波濤の間に隠見するを看る。白樽、深く奇とし且つ怪とし、時々其の野に出で行き、用心之れを看る。日晴れ雲散じ風和やかに波静かなれば、則ち一島を現在し、隔海甚だ近し。此の時、威勢相競ひ、干戈未だ弭まず。是に於て、白樽深く此の世の変乱を厭ひ、以て海島に遁去せんとす。夫婦相共に商議し、即ち小舟に乗じ、東に向ひて行く。未だ一瞬息ならずして、早や他の島に至る。舟を繋ぎて上岸し、遍く四境を巡るに、泉甘く土肥え、野曠く山低く、宜しく邑を設け家を構へ、以て栖居を為すべし。而して今、食物有ること没く、日々海辺に出でて螺貝を拾取し、以て日度を致す。是れに由りて夫婦、共に伊敷泊に到り、以て祈子孫繁衍、食物豊饒を祈る。未だ尽くは祈り畢らざるに、倏ち一白壺の波に随ひて浮び来る有り。白樽、衣を掲げて海に入り、撈せんとするに、其の壺波間に湮没し、肯て看見せず。婦女、屋久留川に至りて其の身を沐浴し、改めて潔衣を穿ち、亦他の浜に行き、衣袖を展開して以て白壺を俟つに、白壺自ら袖上に来る。婦女、喜びて其の壺を執り、其の蓋を挖開するに、内に麦三種（一は小麦、一は葉多嘉麦、一は大麦）・粟三種（佐久和餅也・和佐）豆一種（俗に小豆と叫ぶ）を戴す。即ち其の種を古間口の地に播く。節、正月に届るや、麦穂出発すること、甚だ常の麦と異なる。白樽、深く之れを奇異とし、之れを禁城に奉献す。二月に至り、其の麦已に熟し、恭しく吉旦を択び、其の麦を奉献す。王深く之れを喜び、而して之れを頂戴し、即ち人をして神酒を醸し、以て各処の森嶽を祭らしめ、次に百工に賜ふ。此れよりの後、五穀豊饒し、子孫繁衍し、遂に以て邑と為る。之れを名づけて久高島と曰ふ。…

これは沖縄本島東南端の知念岬の東海上に浮かぶ久高島のはじまりを語る説話である。[7] 常に善事をなし、決して悪事をなさない白樽は、ある日山に登り、近くの海上に島を発見する。その時未だ乱世の時代であったので白樽は争いが尽きないことを厭い、妻とともに「舟」に乗ってその島へ渡った。その島は土地が肥沃なうえ良い泉もあり、[8] 住むには適した場所であったが、穀物がないため毎日浜辺で貝を拾う生活をしていた。そこで神に子孫繁栄と五穀豊穣を祈願したところ、白壺が波間に浮かんでくるのが見えた。その壺は白樽には拾えず、沐浴潔斎した妻には拾うことができた。中を見ると麦・粟・豆の種が入っており、それを植えたところ常の麦とは異なって成長が早く、多くの実りを得ることができたという。

この説話と先に挙げた第一二七話を比べてみると、主人公は兄妹ではなく夫婦となっていて異なるのだが、晴れた日に島影を見て船に乗って島へ渡るというプロットは同じである。これはいわゆる兄妹始祖譚ではないものの、ここでも島の始原は外からの移住にはじまると語られている。島において世界のはじまりを考える時、その始祖の来島は天上界からの降臨（垂直移動）ではなく海上からの渡来（水平移動）として捉えられるものらしい。

またこの説話で注目すべきは、神に祈ると白壺が漂着することである。それを得ることができたのはシャーマンと思われる妻であり、かつ潔斎をして手に入れたのであれば、白壺自身が聖なるもの、神から与えられた贈り物（gift）だと考えられる。[9] その中に入っていた麦の異常成長も、それが神からの贈り物であることの証に他ならない。神からの贈り物は海の彼方からもたらされるのであり、それは海の彼方に神が住む理想郷すなわちニライ・カナイ[10]があるという信仰を生むことになる。つまりこの説話の背後には、五穀の種に象徴される「富」はニライ・カナイからもたらされるのだという幻想がある。

一方、この説話では、始祖が兄妹ではなく夫婦となっていて、この移住が極めて現実的なものであったことがわかる。神話の語りの背後に、現実の世界が顔をのぞかせているのである。
では、次にあげる説話からは、どのような現実世界が垣間見えるだろうか。

第一一六話

一、具志頭郡銀河原里中の地に、一人家有り。住居する夫婦、家道貧乏、魚を釣りて業と為す。一日、其の家僕、小舟に坐駕し、海に出でて魚を釣るのとき、陡かに颶風に遭ひ、南島に漂到す。舟を繋ぎて登岸し、周く其の地を視るに、地肥え水甘く、万物繁茂し、人有りて居るべし。已に数月を過ぎ、南風にて帰国す。乃ち主人に告げて曰く、吾到る所の島、肥土・甘泉有り。宜しく以て邑を建てて栖居すべし。願はくは小人、主人と相共に其の島に移居せんと。主人、南島に移るの縁由を将て、其の妻に告げ、五穀の種子并びに諸菜の種子を預備し、将に開船航海せんとす。其の僕、主人に騙告して曰く、諸種子は、皆集めて此に在り。唯々磨石を忘るるのみ。請ふ、君急び去きて拿り来れと。主人、家に回り磨石を拿り来る。其の時、一僕、船を中洋に放つ。主人、磨石を拿り来り、其の妻を叫呼す。妻下涙して曰く、僕の為に騙されて去る。素聞く、彼の島多く大蘆有りと。妾、遷居の後、屢々蘆竿の本刀一切、亦末刀一切を流さん。此の地に漂到すれば、応に未だ死せずと知るべし。若し漂到せざれば、則ち応に已に死せりと知るべし。請乞す、約信誓言、心に記して忘るる勿れと。遂に開洋して去る。家主、其の持ち来れる磨石を将て、銀河小塘に投じ、芒々として家に回る。今、銀河の辺に磨小塘なる者有るは、是れなり。

漁を生業とする夫婦は、貧しく暮らしていた。ある日その夫婦の僕が「舟」で釣りに出かけ、突然吹いてきた風によってある島へ流されてしまう。上陸してみるとその島は肥沃で水も甘く、植物が繁茂するよいところであった。数か月後、順風に乗って僕は夫婦のいる島へ帰ってきて、南に住みよい島があるからその島へ移り住もうと二人を誘った。そこで夫婦は船に五穀や諸菜の種を載せ出航しようとしたその時、僕は主人に「磨石」すなわち石臼を家に忘れてきたので取りに帰って欲しいと頼む。主人が石臼を取りに帰っている隙に僕は主人の妻を乗せたまま船を出してしまい、妻は葦が流れ着いている間は元気にしていると思ってくださいと告げたという。

これも同じく「移住」を語る説話である。これまでの説話と大きく異なるのは、船に荷を満載して島へ向かうことである。あたかもノアの方舟のように、五穀の種を船に積んで出航している。しかも忘れた石臼をわざわざ取りに帰るというくだりから、船に積むべきものとして石臼のような生活用具があったこともわかる。この説話からはそのような具体的な移住の様子がうかがえ、もはや神話の語りではなく現実の語りとなっている。

さらに向こうの島から葦を流そうという妻の言葉には、「移住」がどのようなもであったかが示されているだろう。移住していった島との間で、今まさに交流がなされようとしているのであり、「移住」は決して一方通行の移動ではなかった。それは第七一話で兄妹が流された島と故郷の島との間で交流がはじまったことに同じである。漂着にしろ移住にしろ、一方的のように思われる移動であっても、やがて両方向からの「往来」へと展開してくことになるのだろう。

また五穀の種や生活用具が満載された船は、その行き着いた先から眺めるのであれば、第七三話の白壺に他ならず、そこに「富」が満載された船が漂着するという幻想は生まれる。(11) この二つの説話の語りは合わせ鏡のようになっていて、ニライ・カナイからもたらされる「富」の幻想は、実はこのような現実の「移住」に支えられたものであったのである。

四　「征伐」と「入貢」

それでは次に、『遺老説伝』に多く描かれている征伐伝承と入貢伝承について取り上げてみよう。

第七九話

一、往古の世、八重山西表村に、祖納堂なる者有り。此の人、生質剛勇、膂力人に過ぎ、身長六尺余なり。嘗て遠波嵩に往き、草舎を結構して栖居す。一日、天気清明、四顧雲散る。独り高山に登り、遥かに光景を望むに、只々見る、西海に一小島有りて、雲の如く霧の如く、波濤の間に隠見す。祖納堂之れを見、喜び望外に出づ。急ぎ精兵数十人を催して戦船に坐駕し、往きて与那国を討ち、大いに捷勝を獲、酋長二三人を擒獲して八重山に回り到る。後、八重山、中山に納款す。此の時、祖納堂、細さに此の事を将て中山に具奏し、遂に中山轄下の地と為る。此れよりして来、与那国の船舶、八重山に往来するの時、必ず船を西表島に繋ぎ、必ず祖納堂の家に到りて火神（神名を遠他以と曰ふ）に拝礼す。

八重山西表島の祖納堂は性質剛勇な人物で、ある晴れた日に高い山に登り四方を見まわしたところ、海上に小さな島を発見した。祖納堂は喜び精兵数十人を「戦船」に乗せて与那国島を討ち、勝利して西表島に帰ってきた。後になって八重山が中山に入貢するようになったので与那国も中山の管轄地となった。以来、与那国の船が八重山を往来する時は必ず西表島の祖納堂の家に寄り、その火の神を拝礼するという。

ここでも第一二七話や第七三話同様、ある晴れた日に海上に島影を見つけその島へと向かうことから語りがはじまる。ここでは神に祈る姿が描かれることはないけれど、祖納堂の質実剛健という優れた性質に、神に選ばれた印がすでに示されているのだろう。語りの細部は今まで見てきた「移住」伝承と同じである。

しかしこの話がそれらと異なるのは、その島への渡航が移住という平和的な移動ではなく、征伐という服従と被服従の関係を築く行為となっていることである。征伐した与那国から酋長二、三人を捕虜として連れ帰っていて、さらに征伐譚につきものの入貢が語られる。説話は与那国島から西表島へという直接の入貢を直接語ることはないものの、八重山の中山への入貢とそれに伴う与那国島の中山管轄地化が語られており、両島の深い関係がうかがえる。祖納堂の家の火の神を祭祀するくだりから察すると、西表島と与那国島との間に往来があったことは確かである。

とは言いながら、征服者のもとを訪ねて航海の安全を祈願するということは、果たしてあり得ることなのだろうか。征服された人々がわざわざ西表島まできて祖納堂の家に立ち寄るということに、服従・被服従の関係を見出すことはできないのではないか。この語りの背後には他の意味があるはずだ。

調べてみると、祖納堂という地名は西表島と与那国島の両方に存在しており、両島に共通する集落名が他にも幾つかあるらしい[12]。それはこの征伐が戦闘と呼ぶべき荒々しいものではなかったことを示しているのだろう。洋の東西を問わず人々は移住する時、それまで住んでいた地名を新しい移住先につけるものである。したがってここでもかつて住んでいた西表島の地名をもってして与那国島の集落を命名したのであり、そのように考えればここでの征伐は限りなく「移住」に近いものではなかったか。与那国島の人々は、かつて住んでいた島に立ち寄っていたと考えられるのである。

つまり征伐というのは「移住」の言い換えでもあって、やがてその征伐からは人々の「往来」が発生する。「移住」であればこそ入貢という支配者からの要請ではなく、交易という自発的な欲求は生まれる。「征伐」とは「入貢」を対として捉えられるべき支配者の行為だが、この説話で語られる「征伐」は「移住」に近いものであり、人々の「往来」から「交易」がはじまろうとする瞬間がここに語られつつあるのではないか。入貢が「交易」でもある例を示そう。

第六九話

一、往古の世、宮古山に一神女有り。時々広瀬山に出現し、以て本島人民を教ふ。与那覇勢頭豊見親、始めて之を尊信し、以て神嶽と為す。与那覇勢頭、本島は、弾丸の海島なるを以て、耕器欠乏すれば、款を大国に納れ、資用を給足せんとす。一夜、往きて白川浜に臨み、壇を沙に築き、恭しく祭品を備へ、并びに数丈の竿を竪てて五色の線を繋ぎ、衆神に告禱して曰く、予、小島に生れ、深く大国の化を慕ふも、未だ其の所在の処を知らず。伏して祈る、天神地祇、寔に此の心に鑒み、憫を海島に垂れ、大国の所在を教へ賜へと。言未だ畢らざるに、東方将に明けんとし、竿頭の線条、皆北に向ひて動く。且つ見る、啓明星下、波濤の間に、大国の影形有りて、寅の方位に挺出す。豊見親、則ち東に善国有るを知り、広瀬嶽に詣り、虔誠許愿し、海船に坐駕して、中山に入貢す。此れよりの後、一路平安、自ら往還するを得たり。是れに由りて今世の人、愈々尊信を加へ、航海の時には、必ず此の嶽に至り、以て祈福を致す。

これは宮古島が琉球王府中山に入貢するようになった経緯を語るものである。与那覇勢頭豊見親《ヨナハセドトゥユミヤ》は、宮古島に耕器が欠乏していることから大国への入貢を願っていたが、大国の所在がわからなかった。そこで白川浜に祭壇を築き神に祈ったところ、東方に大国の影が見え、海船に乗って中山に入貢することができた。航海する際人々は必ず広瀬御嶽に詣で、航海安全を祈願するようになったという。

この説話を一読して気づくことは、先に取り上げた与那国島征伐譚との類似である。島影が見えて入貢をはたすというプロットや航海守護神とそれに祈願する人々の姿を語る結末は、「移住」を語る伝承になんと似ていることか。ここで「入貢」という文字を「征伐」に置き変えても違和感がない。それは『遺老説伝』において、征伐伝承と入貢伝承が同じコインの裏表でしかないことを意味しているのだろう。「征伐」と「入貢」はある一つの現象を語る、異なる二つの視点であったのである。

そしてこの入貢が「耕器欠乏」ゆえになされたと語られることは、入貢が農具を求めてはじまったことを示していて興味深い。「耕器」とはおそらく鉄製農具のことであれば、交易は鉄を求めてはじまっている。入貢は征伐の結果なされるだけではない。鉄を求めて自発的にはじまる入貢もあり、その時「入貢」は「交易」でもあった。

五　琉球という国家

このように考えてくると、「征伐」は「移住」に、「入貢」は「交易」に置き換えられることがわかる。「征伐」のコインの裏側が「入貢」であるなら、「移住」のコインの裏側は「交易」であるということである。『遺老説伝』においては、「移住」は「交易」を生じさせる契機であり、「移住」と「交易」は対概念として捉えられるのであった。

それはこの書物を生んだ琉球が、中国大陸からヤマトを経て韓半島へと繋がる海上に位置する島々からなることに由来する。島のはじまりには必ずや他島からの移住があり、その移住の繰り返しから人々の往来は生じる。往来は交易へと発展し、隆起サンゴ礁の島からは採取できない食物や鉱物がもたらされる。交易なくしては人々の生活は成り立ち得ない。島が肥沃ではないことが反対に交易を促すのであり、大陸から韓半島を結ぶ地の利を利用して琉球は一気に「アジアの中の琉球[13]」となった。

中継貿易国家として繁栄をきわめていた当時の琉球の様子を描いている、有名な梵鐘銘[14]の一節を紹介しよう。

琉球国は南海の勝地にして、三韓の秀を鍾め、大明を以て輔車となし、日域を以て脣歯となす。此の二の中間に在りて湧出するの蓬莱島なり。舟楫を以て万国の津梁となし、異産至宝は十方刹に充満せり。

わが琉球は南海のすぐれた地点に立地しており、三韓のすぐれた文化を学び中国とは不可分の関係で、日本とも親しい関係にある。わが国は東アジアの中間に湧き出た蓬莱島のようなものだ。貿易船をあやつって世界の架け橋の役割を果たし、国中に世界の商品が満ちあふれている、と梵鐘には刻まれている。

この梵鐘銘からわかるように、琉球が行ったのは冊封の名のもとに行われた中継貿易であり[15]、その交易国家の在り方が『遺老説伝』の中にも描かれている。ここで取り上げた、移住伝承、往来伝承、征伐伝承、入貢伝承のすべてに「船」が深く関わり、その背後には「交易」というものがあった。「富」は海上の彼方にあるニライ・カナイからもたらされるという幻想も、異国の荷を満載した商船の姿の投影なのかもしれない。つまり神話の語りの中にさえ現実が垣間見え、非現実的な世界が現実の時間の延長線上に語り継がれていく。そのような琉球独特の世界観や時間意識が『遺老説伝』の世界なのであった。

むすび

『遺老説伝』における「船」の説話から、いかに琉球が「船」に依存し、それを中心として生活が営まれていたかがわかるだろう。人々の移動に欠かせない「船」は常に彼らの生活とともにある。「船」は、単に移動する道具として語られているのではない。人々は船に乗って移住してくることもあれば、船に乗って隣の島の征伐にでかけることもある。生活必需品を求めて往来することもあれば、高価な商品の交易を行うこともある。「船」に乗っているのは人やモノばかりではなく時に鉄の技術でもあり、文化そのものが「船」によってもたらされている。

そのような「船」の在り方は、「富」が海の彼方のニライ・カナイからもたらされるという豊饒幻想へと繋がっていくのだろう。神話における幻想は現実や実生活の経験に裏付けられているのであり、その中心に「船」があるのは、神話であれ現実であれ、世界というものが「交易」の上に成り立っているからではないか。それが『遺老説伝』の世界であり、交易国家琉球の世界観でもあった。

注

(1) 八重山諸島はこのような「高島」(石垣・西表・与那国・小浜・尖閣)と台地・段丘からなる「低島」(竹富・鳩間・黒島・新城)に大別される(『沖縄県地名辞典』、平凡社、二〇〇二年)。

(2) 御嶽とは琉球全域にみられる村落祭祀の中核となる聖域の総称のこと。「嶽」は森と同意語で、御嶽には神が宿る神聖な樹木であるクバ・松・ガジュマルなどが茂り、それを伐採することは禁じられている(『沖縄民俗辞典』、吉川弘文館、二〇〇八年。/中松弥秀『神と村』、梟社、一九九〇年)。

(3) 琉球ではそのような島の起源を語る兄妹始祖譚を「島建て神話」とも呼ぶ。

(4) 伊波普猷の『をなり神の島』(楽浪書院、一九三八年)や柳田国男の『妹の力』(創元社、一九四〇年)などの書物によってその存在を知られた琉球に特徴的な霊魂観の一種で、兄弟を守護する姉妹の霊威をいう(『沖縄民俗辞典』、吉川弘文館、二〇〇八年)。

（5）例えば喜界島手久津久には、沖縄から流されてきた兄妹が島建てをしたという伝承が伝わっている（岩瀬博・高橋一郎・松浪久子編『琉球の伝承文化を歩く3　喜界島の伝説・昔話』、三弥井書店、二〇〇六年）。
（6）琉球およびヤマトの神話において「美しい」という表現は、神との交信ができる女性に対して用いられるものである。ここでも「妹」の美しさは兄を守護するヲナリ神の美しさとして解釈することができる。
（7）久高島は、創生神アマミキョが天からこの島に降りてきて国作りをはじめたという琉球神話の聖地であり、この島から海の彼方の異界ニライ・カナイに繋がっていると考えられていた。
（8）隆起サンゴ礁からなる琉球の島々では、いかにして飲料水を確保するかが最大の関心事である。したがって集落の中心には必ずカーと呼ばれる井戸や泉、川があって、それを中心に集落は形成されている（中松弥秀『神と村』、梟社、一九九〇年）。
（9）マルセル・モースはこれを「純粋贈与」と名づけた（マルセル・モース（有地亨訳）『贈与論』、草勁書房、一九六二年）。
（10）ニライ・カナイとは、琉球列島の村落祭祀の儀礼で表現される世界観のなかで、人間の住む世界と対比される他界、別世界のことである。ニライとカナイは対語で、「ニ」には根・根源の意味があるという。ニルヤ・カナヤ、ギライ・カナイ、ミルヤ・カナヤなどと表現されることもある。海の彼方や海底、地底にあるとされ、豊饒をもたらす原郷の世界であると同時に、死後の霊魂が赴く死者の国であり悪しき災厄を追いはらう場所であるという両義性を持っている（『沖縄大百科事典』、沖縄タイムス社、一九八三年。／酒井卯作『琉球列島における死霊祭祀の構造』、第一書房、一九八七年。／吉成直樹『琉球民俗の底流』、古今書院、二〇〇三年）。
（11）宮古島の「ンナフカ」という祭りでは、海の彼方から荷が満載した船が漂着して「富」がもたらされたと語られる。
（12）『沖縄県地名辞典』、平凡社、二〇〇二年。／『日本地名大辞典』角川書店、一九八六年。
（13）高良倉吉『琉球王国』、岩波新書、一九九三年。
（14）「万国津梁の鐘」と称される鐘は、一四五八年に尚泰久王によって鋳造され、首里城正殿に掲げられていた。
（15）高良倉吉『アジアのなかの琉球王国』、吉川弘文館、一九九八年。／赤嶺守『琉球王国』、講談社メチエ、二〇〇四年。

A　乗り物―人が乗る

「船・舟」の文字が使われている説話

a　生活用具　二四話・三六話・五三話・七六話
b　往来　一三話・一八話・四九話・六二話・七〇話・七二話・八二話・一一一話・一二三話
c　移住　七一話・七三話・一一六話・一二七話
d　漂着　四〇話・九九話・六七話・八〇話・九九話・一三三話
e　征伐　六八話・六九話・七九話
f　停泊地　一九話・一三〇話・一四一話

B　運搬具―モノを運ぶ

a　モノ　①生活用具　六九話（耕器）・一一一話（木材）
②五穀　七三話・七二話・一一六話
③布　二一話
b　技術　①製鉄技術　七一話
②造船技術　二三話・八〇話
③航海術　八二話
c　祭祀　①祭祀　四〇話・五三話・八四話・一〇九話・一二三話
②航海神　四一話・四八話・七〇話・一三五話
③御嶽名　二六話・七一話

第二章　『遺老説伝』と貨幣　―琉球貨幣経済の様相―

はじめに

近世琉球で編纂された『遺老説伝』とは、正史『球陽』の外巻として編纂された「説伝」である。それゆえに、外巻とは何か、どのような目的から編纂されたのか、という疑問が常に投げかけられてきた。

例えば、『球陽』の外巻としての性格を考えることから、アプローチする方法もあるだろう。小峯和明は『球陽』やその他先行するテキスト等と比較し、「『球陽』と相互補完的に依存しあう琉球国家の次元」で、歴史叙述としての説話集のあり方を考察している。[1]あるいは永藤靖は、『球陽』という正史から漏れた伝承を集め、その外巻として編纂し位置づけたことに、いわゆる物語から歴史叙述へというベクトルとは反対の「歴史叙述から物語へ」という揺り戻しがあるとした。[2]『遺老説伝』が編纂されたその社会的状況や編纂者の意図から、書物の性格を考察したということであろう。

しかし、そのような意欲的な研究はまだ少なく、未だ『遺老説伝』の性格を明確に定位するに至っていないというのが現状である。[3]

この章では、今までなされてきた、いわば概観からのアプローチとは別の方法によって、説話内部から書物の性格について考えてみたい。勿論網羅的に全ての説話について言及することは不可能であり、よってここではある意図のもとに選び出した幾つかの説話から、『遺老説伝』らしさの抽出を試みる。すなわち、全ての価値を貨幣概念に置き換えるその価値観について、考察言及するものである。

一　価値尺度としての貨幣

『遺老説伝』第一七話に次のような説話がある。

『遺老説伝』第一七話

一、往昔の世、男女二人有りて、其の身を売らんとし、暫く夷堂の石囲に倚りて站つ。偶々奴僕を買ふの人に逢ひ、価銭を約定し、即ち銭八貫を与へて帯去す。然れども其の奴僕、甚だ不幹なり。此れよりの後、俗に奴僕の不能者を叫びて、皆八貫奴と云ふ。

これは一言でいえば人身売買についての話であり、夷堂において人身売買がなされていたことが語られている。それは『遺老説伝』第一四話に、牛を売買する際には牛町にある石に必ず牛を繋ぐとあることと同じであり、売買というモノの交換では、それが許される特別な場が必要とされた。その場において、モノに付着している元の持ち主の魂が無化されるのであり、ここでは夷堂が人身売買の許された場であった。

しかし、本来なら人身売買が許された場での実りある行為であるはずなのに、ここでは売買に不備があった。八貫の値で約定した男女二人の働きぶりは悪く、それ以来不能の奴僕は八貫奴というようになったという。

ここで問題としたいのは、八貫は何につけられた値なのかということである。当時の八貫は十六銭にあたり、(4)おそらくそれは男女二人の奴僕を購入するには安値であったろう。ところが、ここでは利益を得るはずであったのにむしろ損害を蒙り、ゆえにそれを「八貫奴」と呼ぶようになったと続いている。そのような文脈からすれば、この八貫は奴僕自身の肉体につけられた値ではないだろう。八貫で購入した奴僕が八貫分もしくはそれ以下の労働しかしなかった不満が、この命名には存在している。「働き十貫分」という諺があったことからすると、「八貫」の「八」とは実数ではなく「八分」の意で、(5)奴僕に期待されていた労働に対して実際になされた労働の割合をいうのかもしれない。いずれにせよ、奴僕の肉体ではなくその仕事量につけられた価値が「八貫」であった。

次に挙げる第三一話で語られる人身売買も、いわゆる奴隷売買のようなものではなかった。

『遺老説伝』第三一話

一、往昔の世、真和志郡天久邑に、人七名有り、身を某家に売る。其の家主、一田圃（安謝邑の前に在り。共計一百三十歩）を将て、其の七名に恵賜し、以て私用の費に備へしむ。七僕、力を田畝に尽し、暇日の時に及べば、亦其の圃を耕耘す。数年を歴閲し、米穀若干を貯へ得たり。是に於て七僕、家主に告げ乞ひ、倶に其の身を贖ふ。人皆之れを聞き、大いに奇とし且つ異とし、遂に其の圃を名づけて七僕贖身の圃（俗に七与平利畠と称す）と曰ふ。

ある人が身を売ったところ、家主より私用として田を賜った。暇を見つけてはその田を耕し、数年で米を蓄えて自らの身を買い戻したという説話である。「大いに奇とし且つ異とし」と語られることからすると、そのように自分の身を贖ったのは大変珍しいことではあった。とはいえ、私用の田を持つことが許され、自分の身を贖うこともできたのだから、琉球において奴僕とは、身体の自由もなく私財を持つことも許されない存在ではなかったことがわかる。奴僕に求められていたのは、「労働力」であったのだろう。

また、先に挙げた第一七話では人身売買の際に貨幣が用いられており、その「労働力」とは貨幣と交換できるものであった。貨幣が支払われることによって労働が提供されたとすると、賃金労働者のような存在を想定することもできるだろうか。それはヤマトの労働力のあり方とは、なんと異なっていることか。その違いについて、『日本霊異記』を例に挙げ詳しくみてみよう。

『日本霊異記』中巻第十六縁

聖武天皇の御代に、讃岐国香川郡坂田の里に、一の富める人有りき。夫と妻と同姓にして綾君なりき。隣に耆嫗有りて、各鰥寡に居りて、曾て子息无し。極めて窮りて裸衣にして、命活くること能はず。綾君の家を、食乞ふ所にして、日々に闕かず、餔時にして逢ふ。主、試みむとして、夜半毎に、窃に起きて爨きて、家口に食はしむるに、猶し来り相ふ。合家怪しぶ。

家室、家長に告げて曰はく、「此の二の耆嫗、駈ひ使ふに便非ざれども、我、慈悲の故に、家の児の数に入れむ」といふ。長聞きて曰はく、「飯を操りて養はむには、今より已後、各自らの分を欠きて、彼の耆嫗に施せ。功徳の中、自身の宍を割きて、他に施して命を救ふは、最上れたる行なり。今我が作す所は、彼の功徳に称はむ」といふ。家口、語に応じ、分の飯を析きて養ふ。

彼の家口の中に、一の使人有り。主の語に随はずして、耆嫗を厭ふ。漸く諸の使人、又厭ひて施さず。家室、窃に分の飯を　りて養ふ。常に慍める人、長の公に讒ぢて曰はく、「使人の分を欠きて、耆嫗を育ふが故に、噉ふ飯尠少しくして、飢ゑ疲れたる者、農営ること能はず、産業を懈らしむ」といふ。説き輟めず、猶し養を送る。…

貧しい隣家の耆嫗《おきなおうな》は、食事時になると必ずやってきて施しをうけていた。そこで家室が家長に告げていうには、この二人はどれほどの仕事ができるかわからないけれど、今後「家の児」の数にいれましょう、と。それ以後、食事を耆嫗に分け与えるようになったのだが、「家口」の中にそれをよく思わぬ者がおり、食事量が減って思うように働くことができないと家長に訴えたという。

ここで注目すべきは、使人に「家口」と「家の児」がいることである。二つの表現があるということは、意味の違いもあるのだろう。

「家口」とは、『日本国語大辞典』（小学館）によれば家長以外の家族のこと、ここでは使人を含む家の者を指している。「家口」の「口」は人を数える際の助数詞にして、食事を共にする意でもあり、同じカマドで炊いた食物を「共食」することによって「家族」になったことをいうらしい。(6) また、太田愛之が指摘しているように、「食糧消費の単位」であるということは、同時に「労働力を生産する単位としての意味」を持っていて、(7)「家口」とは「最小労働単位」のことでもあった。本来は血縁関係を持たない人々であったとしても、「口」ならぬ共食によって結ばれた家の構成員が「家口」であり、食を与えられた見返りとして労働力を提供していたのだと考えられるのである。

したがって、「家口」でもない隣の老人を「使人の分を欠きて」養うことは、「農営」や「産業」に支障があるという「使人」の論理は正論であり、食べるばかりで労働提供をしない耆嫗は、「家の児」であって「家口」ではない。家に所属するが労働力ではなかったために「家の児」と呼ばれ、「家口」とは区別されていたのだろう。

つまり、ヤマトにおいて労働は、あくまでも「食」を介して疑似家族となった結果提供されるものであり、労働提供は同じ家に属するという所属の問題と無関係にはない。それは共同体における人々の関係であり、その根底には人と人の結びつきがある。そしてその共同体を支えるものが共食であった。

これに反して『遺老説伝』第三一話では、労働は「八貫」の見返りとしてなされており、労働力とは貨幣で購入できるモノ、すなわち売買の対象でもあった。労働という共同作業は、同じ共同体に属しているからなされるのではなく、貨幣を介して結ばれた契約に基づいてなされるのである。ヤマトにおいては、共同体が社会を構成する基盤であったが、琉球においては、貨幣による契約関係が社会を支えているということなのだろう。すなわち、「共食」を介して築かれる疑似的血縁関係と、「貨幣」を媒介に成立する契約関係ということになろうか。それは農耕社会と貨幣経済社会の違いでもあった。

このように、「往古の世」として語りだされた、しかも「説伝」と呼ばれる説話の中にすら、琉球の貨幣経済は影を落としている。単に貨幣による売買が成立していたということではなく、貨幣価値によって社会が形成されていることを『遺老説伝』の二つの説話は語っていたのである。貨幣によってはかられるのは、モノとしての価値のみならず労働でもあって、時には社会的モラルさえも貨幣価値に換算してしまうのではなかろうか。琉球においては、社会を定義するものとして、あらゆるものの価値をはかる尺度として貨幣はあった。

二　労働力と交換される貨幣

では、このように貨幣経済が発達していた琉球で、貨幣は具体的にどのような場で語られているのだろうか。『遺老説伝』の中からさらに例を挙げて考えてみたい。

『遺老説伝』第三五話

…後亦安谷屋村に一夫婦有り。常に農業を為し、倹勤兼ね全うす。然れども五穀登らずして、賦税欠くこと多し。是に于て婦、夫に請ひて曰く、妾、身を他家に売り、以て賦税を完うせん。若し一点の暇時を得れば、以て紡績に便し、以て其の身を償はん。請乞す、良人、力を田畝に尽くし、以て家資に供せよ。若し天、洪慈を賜ひて介祉を降し来り、以て贖身を為せば、再び夫婦と為り、偕老の契を結び、以て天年を終へんと。夫婦涙を流して別る。即ち身を首里に売り、以て人の婢と為る。時々髪を剪りて髢を為り、之れを市上に売り、以て祭品を買ひ、毎夜普天間に到りて梵香許願す。三四年を歴閲するの九月の間、一夜独身普天間に赴き、結彩門（俗に鳥居と呼ぶ）辺に行き到るのとき、偶々一老人に逢ふ。婦女、驚駭して退去せんとす。老人曰く、驚異を為す勿れ。吾、汝に托して欺の物を看守せしめんと。婦女曰く、妾は人の婢女為り。今、心に情願有り。一点の間暇を偸み得て、神社に拝謁す。若し速やかに去るに非ざれば、恐らく其の罪を獲ること有らんと。再三固辞す。老人、之れを強ひ之れを勧めて、婦女に寄在す。婦女、已むを得ずして守護す。老人、遂に去り、其の之く所を知らず。之れを奈何ともする無く、便ち其の物を携へて首里に回り至る。厥の後、屢々其の物を携へて去き、之れを還償せんとするも、並して老人に再見せず。婦女、竟に其の老人に遇はんとして、社に謁して許愿す。其の夜、之れに夢告する有り、曰く、神、汝に賜はんとして、特に此の物を来して汝に托在すと。時に暁雞翅を拍ち、人の好夢を驚かす。覚め来れば未だ明らかならず。次夜、復念願を為すに、果然見る夢、昨夕の夢と、稍しも相異ならず、賜給することを明告す。焉に於て、開封して之れを見るに、内に黄金数塊有り。其の黄金を将て、速やかに贖身せんとするも、奈んせん家主、奴婢有ること無く、以て償去し難し。亦二秋を歴る。終に其の神より賜はるの事を以て、細さに家主に告げ、即ち黄金を以て贖ふ。既にして大いに還願を為し、以て石龕を造り、観音を其の中に奉安す。漸次家資殷富し、子孫繁栄し、夫婦偕老す。是れに由りて遠近の人、遍く其の事を聞き、皆此に到りて祈祷す。…

ある夫婦は勤勉であるにもかかわらず貧しかったので、妻はその身を売って税を払うことにした。天の恵みがあったなら身を買い戻し、再び夫婦となって暮らそうと二人は約束して別れた。首里で婢となった妻は、髪を売って祭品を買い、毎夜普天間宮に詣でて願かけをした。三、四年たったある夜、妻は一人の老人に出会い包みを預かった。妻はその包みを返そうと普天間に通うのだが、その老人に会うことができない。再び会うことを普天間宮に願ったその夜、夢の中でその包みは神が妻に与えたものだと告げられる。次の夜も同じ夢を見たので包みを開封してみると、それは黄金の塊であった。すぐにその身を買い戻そうと考えたものの、主人の家には他に奴婢がいなかったため去りがたく、二年が過ぎてからその身を買い戻した。その後、夫婦は普天間宮の観音のために石の厨子を作り、富を得て子孫は繁栄したという。

これは普天間宮の縁起譚で、貧困のあまり身を売るしかなかった夫婦が、信仰の篤さゆえに黄金を与えられたという話である。一般的に神とは、童もしくは老人の姿をかりて現れるものであり、したがってここに登場する老人もまた、夢告で語られる「神」であり、かつ普天間宮の観音であった(8)。興味深いのは、神とありながら観音でもあることで、ここに神仏が習合されていく過程を見出すことができるだろう。そのような神仏習合は『日本霊異記』が描くところでもあり、信仰心ゆえに観音から銭貨を与えられるような話は、『日本霊異記』にも残されている。

『日本霊異記』中巻第二十八縁

聖武天皇のみ世に、奈羅の京の大安寺の西の里に、一の女人有りき。極めて窮りて、命を活くるに由无くして飢ゑたり。流聞ならく、「大安寺の丈六の仏は、衆生の願ふ所を、急に能く施し賜ふ」といふなり。花香油を買ひて、以て丈六仏の前に参ゐ往き、白し奉りて言さく、「我、昔世福因を修せず。現身に貧窮の報を受け取る。故に、我に宝を施し、窮れる愁を免れしめよ」とまうす。日を累ね月を経、願ひ祈りて息まざりき。常の如くに福を願ひ、花香燈を献じ、家に罷りて寐て、明くる日起きて見れば、門の椅の所に、銭四貫有りき。之に短籍を著けて、注して謂はく、「大安寺の大修多羅供の銭」といふ。女人恐りて、急に之を以て寺に送りき。時に宗の僧等、銭を入れたる蔵を見るに、封印誤たず、唯し銭四貫のみ無し。故に、取りて蔵に納れき。

女、又丈六の前に参ゐ向き、花香燈を献じ、家に罷りて寝て、明くる日起きて庭の中を見れば、銭四貫有り。又短籍に注して謂はく、「大安寺の常修多羅供の銭」といひき。女、以て寺に送りき。宗の僧等、銭の器を見るに、封誤たず。開き見れば、唯し銭四貫のみ无し。之を怪しびて蔵に封ず。

女先の如く丈六の前に参ゐ往き、福分を願ひ白し、家に罷りて寝て、明くる日戸を開きて見れば、閫の前に銭四貫有り。短籍を著けて謂はく、「大安寺の成実論宗分の銭」といふ。女、以て寺に送る。宗の僧等、銭を入れたる器を見るに、猶し封誤たず。開きて之を見れば、唯し銭四貫のみ无し。

爰に六宗の学頭の僧等、集ひ会して之を怪しび、女人に問ひて曰はく、「汝何の行をかしつる」といふ。答へて曰はく、「為す所无し。唯し貧窮に依り、命を存くるに便無く、帰するところ無く、怙むところ無し。故に、我是の寺の釈迦の丈六の仏に、花香燈を献じ、福分を願ひつらくのみ」といふ。衆僧聞きて、商量ひて言はく、「是は仏の賜へる銭なり。故に、我蔵めじ」といひて、女人に返し賜りぬ。女、銭四貫を得、増上縁とし、大きに富み財に饒に、身を保ち命を存めき。諒に知る、尺迦丈六の不思議の力、女人の至信の奇しき表なる事を。

この『日本霊異記』中巻第二十八縁は、貧しい女が仏に福を願い与えられたという話である。これと同工異曲の中巻第四十二縁では、貧しい女が千手観音に「福分」を願い、銭百貫が与えられたと語られる。これらの二つの説話は、普天間宮縁起譚と同じようなプロットを持ってはいるものの、貧困からの脱出を直接仏に願っている点において、それとは大いに異なっている。

『日本霊異記』では仏に願って「福」を手に入れているのに対し、『遺老説伝』では貧困を解消する手段としてまず身売りをしている。それは人身売買の習慣が当時の琉球に広くあったことを示すと同時に、貧しいならば施しをうけようとする『日本霊異記』のような発想がないことを示しているのだろう。貧しければまず身を売るのであって、しかもその売買は身体ではなく労働力の提供であった。観音から施しを受けるという同じ説話構造であっても、『遺老説伝』においては、施しはあくまでも身を売った上でなされるものであった。

あるいは、老人から預かった包みの中から黄金が出てきても、自分より他に労働力がなければさらに二年間家主のもとで働いたとあり、その人身売買には二年の契約期間があったようにも見える。もしかしたらこの身売りとは契約期間付きの労働提供のことであって、当時の琉球には、すでにそのような労働提供のシステムがあったのかもしれない。

つまり琉球では人身売買がなされる背景に、労働力は売買し得るものであるという考えがある。形あるモノばかりが売買の対象になるのではない。労働力に対しても貨幣は支払われ、労働力をも貨幣に換算してしまう社会を見出すことができるのであった。

三　貨幣が象徴するもの

琉球において貨幣とは労働力をも換算してしまう価値尺度であり、生活のあらゆる価値をはかり得るものであったが、そのように高度に経済が発達した社会では貨幣は非人間的で非情なものとして捉えられ、成熟した貨幣経済は人間を疎外しかねないものである。しかし次に挙げる『遺老説伝』の二つの説話では、貨幣は人間を疎外するものとして語られてはいない。では貨幣はどのようなものとして捉えられているのだろうか。

『遺老説伝』第一八話

一、往昔の世、行旅の人、十貫岩の辺に行き過るのとき、忽ち驟雨に遇ひ、雨を其の岩に避く。行人、其の帯ぶる所の銭十貫を以て、其の岩に遺在して開船回去す。数年を歴至し、其の人亦来りて、此の路に行き過り、往きて以て之れを視るに、此の銭、旧に依りて猶ほ在り。故に之れを名づけて十貫瀬と曰ふ。

これは十貫瀬の地名起源譚である。ある旅人が雨宿りをした際、その地に十貫を置いていった。数年後再びその辺りを通りかかると十貫はまだそのままそこにあったので、それに因んで十貫瀬と名づけられたという。ここで問題となるのは「遺在す」という言葉であり、旅人は十貫の銭を置き忘れたのか、それとも敢て置いていったのか、解釈のわかれるところである。単なる置き忘れであったなら、たとえそれが貨幣であったとしてもそのまま残し置いたという人々の善良さを語る話となり、それは地名起源にもなりうるほどの出来事ではあるまい。

一方故意に置いていったとしたならば、それは奉納したことになり、この説話は俄かに違った様相を呈しはじめる。十貫瀬の比定地を調べてみると、その近くには「七ツ墓」という墓所があり[9]、元来そこは祖先を祭る聖所であった可能性がある。そのような聖所に残し置かれたとすると、その旅人とは一体どのような人物であったのだろうか。その地に縁もゆかりもない旅人が、先祖祭祀のために銭を奉納したとはとうてい考えられない。

「開船回去す」とあることからすると、おそらくその旅人は船を使って交易を行っていた商人であり、「数年を歴至し」という文脈からすると、頻繁にこの辺りを往来していたわけではないだろう。想像逞しくするのであれば、数年に一度しか訪れないその商人は、ヤマトや中国など遠隔地との交易を行うものであり、そのような対外貿易よって少なからず利潤を得たに違いない。もしかすると十貫はその利潤の一部であり、そのような利潤を得た感謝の印としてこの地に残し置かれたのかもしれない。永藤靖によれば、この十貫は十八世紀初頭の人夫の十日分の賃金にあたり、決して少ない額ではなく、しかも十貫分の鳩目銭となれば相当の量と重さになるというのだから[10]、偶然忘れることはありえないだろう。

つまり、故意に残し置かれた十貫は、交易によって得られた利潤という「富」であり、そのような「富」とは共同体に属さない旅人によってはじめて生じるものであった。しかも、墓所というものが一般的に外部と接するところにつくられることからすると、まさに境界的な場に「富」は出現したことになる。先に挙げた『日本霊異記』中巻第二十八縁でも、銭四貫ははじめ橋のたもとに、次に庭に、最後に敷居にと、いずれも境界に置かれていたではなかったか。そしてそこでは、銭が観音から授けられたとあるように、「富」はあくまでも人の力を超越した神秘的なものとして幻想されている。したがってここでも、十貫は境界に残し置かれることによって「富」を象徴するものとなったのであり、十貫が十貫のまま残されてあることに意味があったのだ。

『遺老説伝』第一三六話にも、貨幣が埋蔵された話がある。最後にそれについて考えてみたい。

『遺老説伝』第一三六話

一、往昔の世、兼城間切糸満村の北に一岩有り。名を白銀岩と曰ふ。往昔、幸地村の人美殿なる者有り、此の村に遷居す。倭人の銀を借り、数次限に違ひて償はず。一日、倭人来り索むるに、其れ家に在らず。倭人怒りて徧く尋ね、竟に美殿を其の岩下に得。便ち刀を抜きて之れを殺さんとす。美殿哀求して曰く、我豈敢て長く隠れて汝を騙さんや。奈んせん目下、力の償ふべき無く、今又信を失ひ、心深く之れを慚ぢて隠るるのみ。懇求す、寛恩、死を免ぜられんことを。来年は、敢て再びは違はず。古人言ふ有り、心怒れば、則ち手を動かす勿れ、手動けば、則ち当に戒心すべしと。請ふ、其れ之れを思へと。倭人、之れを聞き、甚だ理有りと為し、乃ち限を寛くして去る。倭人帰国し、半夜家に到り、暗かに門戸を開きて入る。只々見る、其の妻、奸夫と相抱きて寝るを。即ち怒り、抜刀手に在るのとき、忽ち美殿の戒を思ひ、乃ち火を挙げ照し視て、方めて母の伴寝たるを知る。従来其の母、子の遠出毎に、奸人の其の妻を逼瀆することと有るを恐れ、暗地、男粧に扮作し、相伴ひて寝る。伊の倭人、其の戒を聞くに因りて、母妻の命を全うし、感激已まず。嗣後、又琉球に到り、酒を携へて之れを謝す。時に、美殿も銀子を預備して償還し、各々恩に感ず。而して倭人受くるを肯んぜず、美殿亦固く請ふ。竟に其の銀帰する所無く、乃ち之れを岩下に埋め、其の志を表す。倭人、因りて名づけて白銀岩と曰ひ、遂に威部と為して尊ぶ。

これは糸満に今尚存する白銀堂の由来譚である。美殿は倭人から銀を借りるが、それを返済することができずにいる。逃げ隠れるも、返済を迫る倭人に白銀岩の下まで追いつめられ、逃げ隠れたのは返せぬことを恥じてのこと、来年は必ず返済すると約束した。それとともに、「心怒れば、則ち手を動かす勿れ、手動けば、則ち当に戒心すべし」という格言も教えた。帰国した倭人は、姦通したと思い込んで妻を殺そうとしたところを、この格言を思い出すことによって思いとどまった。その後倭人は琉球にもどり、格言によって母と妻を殺さずに済んだ礼を美殿に述べた。美殿もまた借りた銀を返済しようとするのだが、倭人はそれを固辞して受け取らない。宙に浮いたその銀は白銀岩の下に埋められ、それ以来白銀堂というようになったという。

二人の男がそれぞれ相手に危機を救われ、互いに感謝しあっているという話である。この説話の細部をみると、琉球ならではの人物設定や物語の展開があることに気づかされる。美殿が銀を借りた倭人は、琉球とヤマトを往復している商人に違いなく、翌年の返済を約束するのであるから、その往来は一年に一回の周期であった。

また、倭人が美殿に貸した銀を受け取らなかったのは、美殿が与えた格言によって母と妻の命が救われたからであり、見方を変えれば、母と妻を殺さずに済んだ感謝の気持ちが、美殿に貸した白銀と同じくらいの価値であったことを意味している。ここにあらゆる価値基準を「貨幣」ではかる琉球社会を見出すことができるだろう。

そして今問題としている貨幣に関していえば、どちらの所有ともならなかった銀は、流通経済からはみ出たものとして白銀岩の下に埋められた。当然のことながら、貨幣とは流通してはじめてその価値が生じるものである。流通しなければ、それはただの銀の塊でしかない。そのモノとしての価値以上の付加価値を貨幣が帯びるのは、人々によってそれだけの価値が認められて流通するからであり、埋められた銀には「貨幣的な価値」は存在しない。

しかし、それは埋蔵されたまま忘れさられた貨幣に関しての話である。この説話では銀が埋められたことによって、その地は白銀岩という聖地になった。それは永藤が指摘しているように貨幣に聖性があるからであり、埋められた白銀は「貨幣としての機能を失い、それは一端死んで、あらたなる聖なるものとしていきはじめる」のであった。(11)流通社会にあっては、モノの交換の場でしか用いられなかった銭貨が、実際の事物ではなく恩や感謝をはかる価値基準として機能しはじめるということでもあり、それはまさに琉球社会を象徴する「貨幣」の誕生でもあった。

このように『遺老説伝』において貨幣とは、価値尺度であると同時に「富」を象徴するものとして存在している。労働力すら貨幣に換算してしまう一方で、貨幣ではかりきれない価値を象徴するものとしての「貨幣」が機能する。あらゆる価値を貨幣ではかることは、かえって象徴的な行為となるのではないか。否、人間を疎外しかねない貨幣経済が、人々を疎外することなく人間らしい社会であるために、貨幣は象徴的な「貨幣」として生活空間のあちらこちらに埋められているのかもしれない。白銀堂地名起源譚の貨幣は、人間疎外どころか人と人とを固い絆で結んでいる。美殿と倭人を固い絆で結んだ貨幣は、埋められることで「貨幣」として幻想されはじる。流通貨幣ではない「貨幣」、「富」の象徴としての「貨幣」が、十貫瀬や白銀堂地名起源譚では語られているのであった。

むすび

以上考察してきたように、琉球において貨幣とはあらゆる価値をはかり得る基準であり、その背後には高度に発達した貨幣経済があった。それと同時に説話において、貨幣は「富」を象徴するものとして幻想されていた。高度に発達した貨幣経済においても、貨幣は単なる流通貨幣ではなく、価値の尺度、富を象徴するものとして幻想され続けていると、『遺老説伝』は語っているのだろう。貨幣について語る伝承において、貨幣は単なる流通貨幣ではなく、もっと根源的な貨幣の機能を象徴するものとして、人々の間で幻想されているのだという発想の逆転が『遺老説伝』にはある。この根源的なものを捨て去ることなく残し伝えていくことが、正史『球陽』の外巻としてのあり方であったのかもしれない。

注

（1）小峯和明「〈遺老伝〉から『遺老説伝』へ―琉球の説話と歴史叙述―」（『文学』第九号巻三号）、岩波書店、一九九八年。
（2）永藤靖「遺老説伝の研究―歴史叙述から物語へ―」（『明治大学人文科学研究所紀要』第六十号）、二〇〇七年。
（3）木村淳也「『遺老説伝』に描かれた「巫」」（『古代学研究所紀要』第四号）、明治大学古代学研究所、二〇〇七年。
（4）東恩納寛惇『南島通貨志の研究』（『東恩納寛惇全集巻第四』）、第一書房、一九七九年。
（5）富島有希世編「『遺老説伝』注釈（2）」（『明治大学大学院文学研究科研究論集』第二十六号）、二〇〇六年十一月。
（6）吉田孝「律令時代の氏族・家族・集落」（『律令国家と古代の社会』）、岩波書店、一九八三年。また、「共食に象徴される「生活空間」も「生業（ナリハヒ）」の協同と同じく集団構成の原理として機能していた」としている。
（7）太田愛之「揺籃期の「家」―『日本霊異記』の説話にみえる「家」の構造モデル―」（『社会経済史学』57-4）、一九九一年十一月。
（8）『日本霊異記』中巻第十六縁でも、隣に住む老夫婦はこっそり夜中に飯を炊いても来たというのだから、おそらく彼らは人間ではなかった。伝承後半でも、彼らに施しをしなかったために、使人はあの世で飢え渇き、口から火をふいている。
（9）（4）に同じ。伝承によれば十貫瀬のあった牧志村に住む人はなく、墓地が点在していたという。その域内には徐葆光『中山伝信録』に見える七星山があり七ツ墓が残る。
（10）永藤靖「『遺老説伝』と風土記の研究」（『明治大学人文科学研究所起用』第六十六冊）二〇一〇年三月。尚、永藤もまた同じく第一三六話も取り上げて「貨幣」の問題を論じており、論旨も似ているのだが、本論の初出は二〇〇七年九月であり、大学院のゼミでの研究成果を反映しているための重複と考え、大幅な削除や修正を行わなかったことを記しておく。
（11）（10）に同じ。

第三章　『遺老説伝』と交易　―その発生のメカニズム―

はじめに

市はどのようなところに発生するのであろうか。

石原潤『定期市の研究』によれば、定期市を生み出した地域の共通の条件は①小農的な定着農耕民社会であること、②「市場の平和」を保証する一定の政治的組織を持つこと、③一定以上の人口密度をもつことの三つであり、農村部に定期市が簇出した時期があるという[1]。

石原のいう市とは定期市など狭義の市であるから、右の条件を市全般に当てはめて考えることには問題がある。しかしこれら三つの条件は、市というものについて考える上でも大変示唆的であろう。特に農耕民社会であることが条件の筆頭にあるように、市の発生に農耕が深く関わっていることを、私たち現代人は忘れがちである。

市と農耕社会の関係を「里」と「山」の関係に置き換えれば、柳田国男[2]や最上孝敬[3]といった民俗学者が、周縁においやられた非農民が農村にきて物乞いをすることに、交易の起源を求めていることに繋がるだろう。「山の民」という非農民は、繁忙期に山からおりてくる季節労働者であったとし、その閑散期に生計をたてるべく物乞いをする、または行商をするのだと考えるのである。しかし果たしてそのような意味で石原は、市を生み出した条件の一つとして「小農的な定着農耕民社会であること」を考えているのだろうか。

あるいは、文化人類学では、交易とは遠距離の商品入手や運搬であるという定義がポランニーによってなされている。(4) 勿論交易には物流という側面もあるのだから、商品の運搬がその発生に深く関わっていることを否定はしない。しかしながら、交易とはそのような物流においてのみ生じたのだろうか。

この章では、『遺老説伝』をテキストとし、その中で交易がどのようなものとして描写されているのか、その発生について考えてみたい。当時の琉球は有数の海洋国家であり、中継貿易によって利潤を得た貿易立国であった。その貿易立国において交易とは死活問題であり、その発生にはヤマトにはない動機もあるだろう。

一　市が成立する場

『遺老説伝』の中で「市」という言葉が登場するのは、第三五話、第七七話、第一〇七話、第一二五話の四話であり、そのうち品物の売買がなされている場としての「市」は、第三五話と第一〇七話に描かれている。その二話の本文を以下に示そう。

第三五話

…後亦安谷屋村に一夫婦有り。常に農業を為し、倹勤兼ね全うす。然れども五穀登らずして、賦税欠くこと多し。是に于て婦、夫に請ひて曰く、妾、身を他家に売り、以て賦税を完うせん。若し一点の暇時を得れば、以て紡績に便し、以て其の身を償はん。請乞す、良人、力を田畝に尽くし、以て家資に供せよ。

若し天、洪慈を賜ひ介祉を降し来り、以て贖身を為せば、再び夫婦と為り、偕老の契を結び、以て天年を終へんと。夫婦涙を流して別る。即ち身を首里に売り、以て人の婢と為る。時々髪を剪りて髢を為り、之れを市上に売り、以て祭品を買ひ、毎夜普天間に到りて梵香許願す。…

第一〇七話

一、昔、那覇の呉氏比嘉親雲上の妻、名を諸樽と叫び、其の力甚だ大なり。乃ち力士鄭大夫の妹なり。其の夫家貧なれば、諸樽日々首里市に販し、以て日を度る。晩に回りて浮縄美御嶽前を過ぐるに及び、忽ち強盗数人有りて来り、其の貨を劫奪す。…

第三五話は普天間宮の起源譚である。税を払うために身売りをした妻は、自らの髪で作った髢を売り、祭品を買い求めて夫婦再会を願ったのであるが、その時売買を行った場所が首里の市であった。第一〇七話でも、鄭大夫の妹は貧しいあまり市で商売をして生計をたてていたとあり、十八世紀当時首里において市が開かれ、髢や祭品など日常生活に必要なものが売買されていたことがわかる。首里は琉球王国の首都であれば人もモノも多く集まり、市が盛大に開かれていたとしても何の不思議もない。

しかし、それは現代の話である。本来市とは、都という中心に開かれるものではなかった。交易は外部との接触があってはじめて成立するものであって、共同体外部との接点である境界において、市は開かれるものであった。ヤマトの例ではあるが、『万葉集』には「海柘榴市の八十の衢」（巻十二・二九六三）とあり、道の交差する衢に市は開かれていた。あるいは『出雲国風土記』嶋根郡条で、朝酌の促戸《せと》の渡りで市が開かれるのは、そこが海へと通う道の渡し場であったからで、交通の要衝に市がたっていたことがわかる。それら市が開かれたところは幹線道が交差するターミナルであって、決して都市の中心ではない。

それに反し『遺老説伝』において、市は外部との接点ではなく首里という中心に開かれており、古代の原始的な市とは異なっているように見える。例えば『中山伝信録』（一七二一年）には、「一評價司掌評定物價上下分買支給等事」とあり、七司のうちの「評價司」は冊封使が持ち込んだ品物の評定を行っていたという。[5]中国皇帝から国王に任命する詔勅が授けられる冊封の儀式に便乗して、役人達はいわば国家規模で貿易を行っていたのだろう。因みにこの「評價司」は冊封使が宿泊していた「天使館」のそばにあったとされており、当時その辺りは商業地区であった。このように琉球では、冊封貿易という特殊な売買ではあるけれど、外国との交易に国家が関与していたらしい。市は「境界」的なものではなく「中心」において経済を活性化するものとして機能していたのであり、政府によって管理統括された市は、もはやアジール性を失ったかのようだ。

とはいえ、市にはまだ呪的な力も秘められていた。第一二五話では、ある男は市で朋友と出会っている。

第一二五話

一、往古の世、真壁郡宇江城邑に、一個の人有り。名を久嘉喜鮫殿と曰ふ。夜々海辺に出で、魚を以て営と為す。一夜、人有り来りて魚を取る。何処の人為るやを知らず。日往き月来り、遂に以て肝胆の交りを結び、毎夜相共に漁を以て営と為す。容貌時に変ずる有り。言語も亦常ならず。此れより鮫殿意に謂へらく、彼の人は人間に非ず、鬼変じて人間と為れるならん。久しくは交はるべからず。若し久しく相交はらば、恐らくは之れが為に害を被らんと。一夜、漁畢り、将に家に帰らんとす。窃かに其の往く所を窺ひ見るに、直ちに当山（本邑の前に在り）に往き去り、化して一株の桑樹に入り、而して其の跡を見ず。是の桑樹を見るに、千古を歴経し、甚だ老木為り。妖魔に変ずべきこと、決然疑無し。鮫殿、心中大いに驚きて家に回り、婦に説知すること一遍。遂に婦をして其の出漁の時を窺ひ、尽く桑木を焼かしむ。是れより妖魔、住居する所無く、即ち国頭に往きて住居す。一日、鮫殿事有りて首里に在るのとき、邂逅して朋友に逢ひ、共に酒家に入る。稍々久しく燕宴し、説話するの間、鮫殿、前に桑木を焼き遂に魔を去りし事を以て、朋友に直話す。他の朋友忽ち怒を発し、其の帯ぶる所の小刀を将て、鮫殿の指の間を刺す。奈んせん鮫殿、魔変じて朋友の貌と為るを知らず。遂に金瘡を被りて死す。即ち本邑の属地前原に葬る。鮫殿、其の未だ死せざる時、形体人と異なり、肌鯖鮫の如し。但々其の指の間許、人間の肌の如し。故に他の妖魔、特に鮫殿の指の間を刺すとしか云ふ。

真壁郡に住む鮫殿は、夜な夜な漁にでて生計をたてていたのだが、ある晩、容貌も言葉も常とは異なる男と一緒に漁にでた。その容貌から、きっとその男は人間ではあるまいと思い、その男のあとを追っていくと、一本の古びた桑の樹に入っていった。そこでその男は妖魔に違いないと考え、その出漁の時をねらって妻に桑の樹を焼かせた。帰る所を失った男はその地を離れ、国頭に住むようになった。ある日、鮫殿が首里に行くと偶然市で朋友に出会い、酒を飲みながら桑樹を焼いた話をした。するとその朋友は怒りだし、小刀を鮫殿の指の間につきたてた。それが刀傷となって鮫殿は亡くなり、前原に葬られた。実は鮫殿も普通の人とは異なり、肌は鮫のようであったが、ただ指の間のみ普通の人間のようであったため、魔物は指の間を狙ったのだという。

この話で市が語られるのは後半部であり、首里に用事があって出かけた鮫殿は、偶然首里の市で朋友に出会っている。「共に酒家に入る」とあることからすると、市には酒が飲めるような店もあったのだろう。市の賑わいを想像することもできる。そのような雑踏の中で、鮫殿は魔物が変じた朋友に出会うのだが、魔物との出会いが可能であったのは市が境界的な場であったからに他ならない。ここで興味深いのは、そもそも鮫殿自身、その肌が鮫のようであったといい、「常人」ではないことである。市とはまさにそのような「常人」ではない人々が集う場所であったということなのだろう。また、引用は控えるが、第七七話では悪逆無道の張間仁喜也毛屋《ハリマニキヤモヤ》は、遠《オ》曾呂《ソロ》に攻められ市で殺害されたと語られている。市において魔物と出会ったり、殺害がなされたりするのは、市が持っていたアジール性のなせる業であった。市の呪的な力は次にあげる話からもうかがえる。

第一四話

一、往昔の時より、那覇西邑に、一塊石有り、以て竪置を為す。山野の人、牛を売らんとする者、必ず此の地に来りて牛を此の石に繋ぎ、以て買賣を為す。故に此の地を名づけて牛町と曰ふ。牛を繋ぐの石、今に至るも猶ほ存す。

第一七話

一、往昔の世、男女二人有りて、其の身を売らんとし、暫く夷堂の石囲に倚りて站つ。偶々奴僕を買ふの人に逢ひ、価銭を約定し、即ち銭八貫を与へて帯去す。然れども其の奴僕、甚だ不幹なり。此れよりの後、俗に奴僕の不能者を叫びて、皆八貫奴と云ふ。

第一四話は牛町の地名起源説話で、牛を売ろうとする者は必ずこの地にきて牛を石に繋ぐと語られている。なぜ石に繋ぐ必要があるのかといえば、それによってはじめて牛は売買の対象になったからである。市で売買される際には必ずモノについた元の持ち主の魂を無化しなければならず、その無化の作用、市神の機能が、牛を石に繋ぐことであった。(6)

また、「繋ぐ」とあることから、石に繋ぎさえすれば売買が成立したとも考えられ、売り手と買い手が直接接触する必要がなかった沈黙交易を暗示しているようにも見える。続いて挙げた第一七話でも、身売りすることを望んでいる者は夷堂の石囲に寄りかかっていたとあり、「石囲に寄りかかる」ことも「石に繋ぐ」ことも、売買交渉の合図であったのかもしれない。つまり「石」や「石囲」は、神によって守られている市の空間であることを示すだけでなく、かつてそれが沈黙交易であった可能性をも暗示していて、市にはやはりマジカルな力があったのだろう。市は都市の中で開かれ、政府によって管理統括されはじめてはいたけれど、古代的な市の機能は失われずにいたのであった。

二　交易の担い手

それでは、そのような市における交易は、どのような人々によってなされていたのだろうか。次に交易の担い手およびその相手について考えてみよう。

先に挙げた第一四話では、牛を売ろうとしていたのは「山野の人」であり、「那覇西邑」に対しての「山野の人」という構造であった。それはいわゆる「里」と「山」の関係であり、この「山野の人」は那覇の人々からすれば共同体外部の者、すなわち「異人」であって、交易とはそのような「異人」との間でなされるものであった。

また次に挙げる説話では、「舟人」が交易の担い手として登場している。

第一一一話

一、往昔、喜屋武間切束辺名村に、名を樽良知と曰ふ者有り。身材小なりと雖も、力大にして比無し。偶々国頭船有りて、材木を載せ来り、之れを売る。樽良知、一斉に収買せんと欲するも、舟人譲売するを肯んぜず。即ち樽良知、怒りて其の船を沙頭に牽き上げて去る。舟人力を協すも、而も牽き動かすこと能はず。奈んともするなく材を其の宅に搬び、罪を謝して売与す。…

喜屋武間切束辺名《ツカヘナ》村に、材木を売りにきた船があり、「舟人」が「材木」を売買している。「舟人」は船を操っていただけではなく、交易の担い手でもあったらしい。そのように船を利用した商人の姿は、第一三六話にも描かれている。

第一三六話

一、往昔の世、兼城間切糸満村の北に一岩有り。名を白銀岩と曰ふ。往昔、幸地村の人美殿なる者有り、此の村に遷居す。倭人の銀を借り、数次限に違ひて償はず。一日、倭人来り索むるに、其れ家に在らず。倭人怒りて偏く尋ね、竟に美殿を其の岩下に得。便ち刀を抜きて之れを殺さんとす。美殿哀求して曰く、我豈敢て長く隠れて汝を騙さんや。奈んせん目下、力の償ふべき無く、今又信を失ひ、心深く之れを慚ぢて隠るるのみ。懇求す、寛恩、死を免ぜられんことを。来年は、敢て再びは違はず。古人言ふ有り、心怒れば、則ち手を動かす勿れ、手動けば、則ち当に戒心すべしと。請ふ、其れ之れを思へと。倭人、之れを聞き、甚だ理有りと為し、乃ち限を寛くして去る。……

すでに前章で詳しく述べているためここでは簡単に述べると、糸満の美殿が銀を借りた「倭人」とは、琉球と日本を一年に一度往復する商人であった。糸満では十四世紀から十五世紀にかけて、南山王朝による海外交易が盛んに行われており、交易船が出入りする港があった屋号タカジュ（高所）の先祖には、唐船（進貢船）の船子がいたという伝承もあるらしい。(7) そのように中国や日本との交易が盛んであった糸満で、数いる商人の中で裕福なものとして「倭人」が選ばれていることはとても興味深い。もしかしたら「倭人」は商売で得た利潤を元手に、金貸し業のようなこともしていたのかもしれない。いずれにせよ、交易相手として「倭」があったことは確かであり、「倭人」が共同体に属さない人物であったことは、指摘するまでもない。

つまり交易の担い手である「山野の人」「舟人」「倭人」は、そのどれもが共同体外部の人間であり、交易は「外部性」をもった人々によってなされていた。たとえ市が「中心」で開かれ、国家による市の管理統括が行われていたとしても、交易は外部に所属する人々によって支えられていたのであり、しかもそれは時に国境を越えるような広範囲にわたるものであった。

ではその交易の相手として、具体的にはどの地域を考えることができるのだろうか。

第九七話

一、往古、本国未だ鉄匠有らず。下志喜屋村に、免之大親なる者有り。七次、私自に中国に至りて交易し、終に兵乱に遭ひ、留在すること七年。始めて鉄匠を学びて帰る。

ここに「中国に至りて交易し」とあることから、交易国として「中国」を考えることができるだろう。ただし、ここにいう「中国」は現在いうところの国号としての中国ではなく、「夷狄」に対する世界の中心としての意であることを付け加えておく。

また、次に挙げる資料からは、「中国」以外にも交易地があったことがわかる。長くなるため、一部原文を示しながら要約して内容を示すことにする。

第八二話

昔、八重山大浜村の農民の家に二人の兄弟がいた。兄弟は農業で生計をたてていたが、田を耕すにもこの島には「鉄器」がなかった。そこで二人は「東国」に鉄が多いと聞き、小舟を造って「薩州坊津」に到り、その地で「鉄器」を買うことができた。すると白髪の老人が現れて、「貴島、神を信するや否や。予、霊神有り、以て汝に給送せんか」と尋ねる。二人は「吾未だ霊神有らず。願はくは、以て送給せんことを」

と神の霊力によって風を送ってもらうことを願った。そこで老人は二人に「一櫃」を与えるとともに、航海の途中で櫃から声が聞こえるが決して開けてはならないと教え、無事島に帰り着いたなら「伯母・小妹輩をして此の櫃を挖開せしめよ」と告げる。二人は喜び島に向けて帰っていくのだが、航海途中、櫃から響く声を不思議に思い、櫃を開けてしまうが中には何もない。すると、それまで順風であった風が西南の逆風に転じ、船は再び坊津に戻ってしまう。再度老人から島に着くまでは決して櫃を開けないようにと忠告され、二人はそれを守って帰村することができた。その後二人は順風を起こしてくれた神に感謝してその神を祭祀した。今に至るまで村の人々はその神を「済世庇民（崎原神）」として尊信した。

「東国」に鉄器が多いと聞き、「薩州坊津」で鉄器を得たとあることから、交易相手として「薩摩」があったことがわかる。まさに坊津は、古代から江戸中期に至るまで海上交通の要衝であり、奈良時代は遣唐使船（南島路）の寄港地として、室町時代は倭寇や遣明船の拠点として、そして江戸時代になってからは明や琉球を相手とした薩摩藩の密貿易の拠点として栄えていた。その地名由来は、百済に仕えていた日羅が龍厳寺（一乗院）をその地に建てたことによるともいい、中国『武備志』（一六二一年編纂）でも坊津は安濃津（三重県津）、博多津と共に日本三津に挙げられている。(8)

では次の説話からは、どのようなことが読み取れるだろうか。同じく要約して記す。

第六九話

往古の世、宮古山に一神女があり、與那覇勢頭豊見親はこれを尊信して神嶽とした。宮古島は「彈丸の海島」であったので、「耕器欠乏すれば、款を大国に納れ、資用を給足せん」という有様だった。ある夜、白川浜に臨んで壇を沙に築き、恭しく祭品を備へて神に願うことには、自分は小島に生れ深く大国の化を慕うけれども、未だその所在がわからない、どうか大国の所在を教えて欲しい、と。するとまだ願い終わらないうちに東方が明るくなり、祀っていた竿頭の線条が皆北に向って動き、その明星の下、波濤の間に「大国の影形」が見えた。それによって豊見親は東に善国があることを知り、それ以降「中山」に入貢するようになった。これより後、人々は航海の安全をこの嶽に祈り願うようになった。

第六九話では、鉄器が欠乏しているので「大国」に貢納してそれを得たいと願うと、東方に「大国の影形」が見え、それ以来「中山」に朝貢するようになったという。宮古島にとっての交易相手は「中山」すなわち琉球本島であった。このように、琉球本島にとっては中国や薩摩、宮古島にとっては琉球本島が交易の相手国であり、それらが当時の貿易の相手国であった事実と一致する。

また、当時のアジアの情勢は、中国は宗主国、周辺の国々は服属国という関係にあり、服属国の君主には王位につく際、中国の皇帝から国王に任命する詔勅が授けられた。「冊封」とは土地を与えることであり、冊封の詔勅が開読された時点で、それまでの世子は王に変わる。中国は服属国の国王を任命したとはいうものの、その国の主権を冒すことはなく、一方服属国は臣と称して方物（その国の特産品）を朝貢した。その方物に対する賞として、中国は精巧な絹織物などを授け、さらに朝貢使一行が携えてきた貨物を買い上げたため、朝貢は貿易として成立していたらしい。また、冊封使とは中国皇帝の代理となって王位認定のために来訪する使者のことで、その使者には正副二使があり、従人・舟人・護衛兵・諸技術者など数百人を率いて「御冠船」と呼ばれる舟二隻で渡海し、四ヶ月から八ヶ月に及ぶ期間東村の天使館に滞在していたという(9)。

そしてその冊封使が天使館に滞在していた様子が、『遺老説伝』第一五話にも次のように描写されている。

第一五話

一、往昔の世、一蔵を那覇東邑の地に設建す。而して今已に廢す。但々天使來臨の時、必ず平等所を設立し、以て蔬菜・猪羊等の物を収め、毎日中国人に給与するの処と為す。

この説話からだけでは、交易がなされていた様子はわからないが、『中山伝信録』に「天使館旁支應分設七司…　一掌牲所掌羊豕鶏鴨支送等事　一供應所掌館中酒米小菜支送等事」とあり、天使館のそばにあった七司のうち、「掌牲所」では羊、豚、鶏、鴨等を、「供應所」では天使館内の酒、米、野菜等を供給していたことがわかる。また、先に引用した『中山伝信録』では、冊封使によって持ち込まれた品物が天使館において評定されていた様子が描かれていたように、中国が海禁策をとったために自由な交易が制限されていた当時、随行員の目的は琉球人との貿易で利益を上げることでもあったという(10)。

このように『遺老説伝』の説話には、当時の実際の社会や交易の様子が描かれている。琉球にとっての交易相手の筆頭は中国であり、冊封貿易によって仕入れた品物は、その後薩摩へと持ち込まれていったのである。もしかしたら先に挙げた第一三六話の「倭人」は、そのような薩摩との交易を行っていた商人だったのかもしれない。

三　交易の発生

それでは最後に交易がどのように発生したのか、その動機について考えてみたい。『遺老説伝』では具体的に何を求めて交易ははじまっているのだろうか。

これまで取り上げた説話から考えてみよう。第一一一話では交易品として「木材」を考えることができた。また、第六九話と第八二話では、鉄の農具を求めて交易がはじまっており、第九七話で「鉄匠」という鉄の技術がもたらされていることからすると、「鉄」という物質だけではなく、それを加工する技術までが交易の対象となっていたこともわかる。そしてその鉄は、いずれもこちらから求めて出かけて行くことを忘れてはなるまい。その地に鉄製品がないために、それを求めて交易ははじまっているのである。

また、『遺老説伝』の中で「鉄」は、武器ではなくあくまでも農具としての鉄であった。田畑の収穫高をあげるための農具、生産を効率よくする治水灌漑工事のために必要な道具こそが求められていたのである。鉄器は農業にとって革命的な発明品であったから、そのような「鉄」を求めることに交易発生の動機はあったのだろう。

ここで沖縄の農耕に関して述べると、沖縄の最古の稲は玉城の糸数城遺跡から出土した西暦十世紀頃のもので、それより古い稲は発見されていないという。貝塚時代後期（前二〇〇～一一〇〇年）の遺跡からも弥生系土器と鉄器は出土しているが、沖縄における農耕の痕跡のうち最古のものは紀元前八世紀頃のものであり、本格的な農耕社会が沖縄に成立したのは十二世紀頃だとされている。農耕社会が急速に発達していったことが想像でき、その時、農具としての鉄器が必要不可欠であったに違いあるまい。

あるいは中国では、『史記』の平準書や、専売制と均輸・平準を主題とする『塩鉄論』等の関係諸記録は、専売制以前の塩・鉄業経営者を「富商大賈」と表現し、大商人層がこれらの経営者として現れたこと、また作業員が千人に及ぶ大規模な作業場の経営が出現したことを伝えている。中国の鉄器起源は遅くとも紀元前七、六世紀であり、鉄器が日常的な器具として普及し、中国が本格的な鉄器の時代に入るのは戦国期以降だという。このころから専業的に鉄器の生産と販売を経営し、巨富を蓄積した鉄器商人が出現したらしい(11)。つまり、鉄器は農具という単なる道具から、「富」を象徴するものへと変化していったのである。

さらに『魏志』東夷伝弁辰条に「国、鐵を出す。韓、濊、倭《わい》皆従って之を取る。諸の市買は皆鐵を用ゐ、中国の銭を用ゐるが如し、…」[12]とあり、韓、濊、倭の商人は、売買の際に交換の手段として鉄を用いていたことがわかる。[13]どうやら鉄は、「貨幣的なもの」として用いられることもあったようだ。

このように、一般的には交易とは外部者の訪問によってはじまるものだとされているが、『遺老説伝』においては、欠乏しているものを欲するという「内なる欲求」から交易ははじまっていて、交易の発生には能動的な動機があった。そしてその「内なる欲求」を支える交易品が「鉄」であったことは大変多くのことを示唆している。「鉄」は農具となって農耕社会を支え、さらにはそれ自身が「貨幣」という価値基準にもなっていく。貿易立国琉球の交易のはじまりに「鉄」が深く関与していたことは、今後国家と交易の問題を考える上でも重要となるだろう。

むすび

そもそも交易とは、ポランニーが指摘するように共同体内部だけでは成立しえないものであり、その発生には必ず外部者が介在していて、交易には外部性が付きまとっていた。したがって交易は内部と外部の接点である「境界」、すなわち衢でなされるのが一般的であった。しかし、琉球においては、多くの人やモノが集まることから首里という「中心」で市が開かれるようになり、その時、市は本来の呪術的な場としての意味やアジール性を失い、国家によって統括管理される「市場」が形成されはじめるのであった。

売買されるものは主に農作物や生産品、家畜などであったと考えられるのだが、前章で明らかにしたように、『遺老説伝』ではそのようなモノの売買ばかりではなく人身売買もなされており、その労働力としての人身売買に、ある一定の契約期間を想定するのであれば、それは賃金労働者に等しいだろう。

また交易の発生の瞬間を考えると、『遺老説伝』に描かれる交易とは、受動的な発生起源をもつものではない。欠乏しているものを積極的に求めることから、交易ははじまっていた。さらにその交易品が生活必需品でなければなおのこと、交易によって生じる利潤は大きかったに違いない。積極的に外部との交渉を持とうとしたのは、そのような利潤を得ようとしたからであり、資源も農作物にも恵まれない琉球の在り方がそこにはあった。それは「海によって閉ざされている」という地理的状況を逆手にとった、「海によってあらゆるところに通じている」という逆転の発想なのだろう。この能動的な姿勢こそが、貿易立国琉球を支えていたのだと思われる。

これらのことを再び冒頭の石原の市の定義に戻し論じるのであれば、「①小農的な定着農耕民社会であること」は農具としての「鉄」を求めて交易が発生していることに該当し、「②「市場の平和」を保証する一定の政治的組織を持つこと」は市が政府によって管理統括していくことにあたる。またこのような過程を経てはじまった交易は、モノが流通していくことにおいて発展していくのであるから、人もモノも多く集まる都市において、より活発に行われる。つまり「③一定以上の人口密度をもつこと」は、交易発達の必要条件である。このよに『遺老説伝』に描かれている琉球の交易は、すでに古代的市の段階にはなく、高度に発達した経済社会の段階にあったと考えられるのであった。

注

(1) 石原潤『定期市の研究』、名古屋大学出版、一九八七年。
(2) 柳田国男「行商と農村　農業と言葉」(『柳田国男集』第十六巻)、筑摩書房、一九六二年。
(3) 最上孝敬「交易の原始形態」(『生業の民俗』)、岩崎美術堂、一九八三年。／「交易の話」(柳田国男編『日本民俗学研究』)、岩波書店、一九三五年。
(4) カール・ポランニー『経済と文明』(ちくま学芸文庫)、筑摩書房、二〇〇四年。
(5) 徐葆光(原田禹雄訳注)『中山伝信録』、言叢社、一九八二年。
(6) 富島有希世編「『遺老説伝』注釈(2)」(『明治大学大学院文学研究科研究論集』第二十六号)、二〇〇六年十一月。
(7) 『糸満市史』資料編12、一九九一年。
(8) 『坊津町郷土誌』上巻、一九六九年。
(9) 高良倉吉『琉球王国』、岩波新書、一九九三年。／高良倉吉『アジアのなかの琉球王国』、吉川弘文館、一九九八年。／赤嶺守『琉球王国』、講談社メチエ、二〇〇四年。
(10) 矢嶋正幸編「『遺老説伝』注釈(3)」(『明治大学大学院文学研究科研究論集』第二十七号)、二〇〇七年六月。
(11) 景山剛「均輸・平準と塩鉄専売」(『岩波講座・世界史』)、岩波書店、一九九八年。
(12) 晉陳壽撰・宋裴松之注『三国志』、中華書局、一九七五年。
(13) 森浩一編『稲と鉄』(日本民俗文化大系3)、小学館、一八八三年。

【参考文献】

栗本慎一郎『経済人類学』、東洋経済新聞社、一九七九年
今鷹真・小南一郎・井波律子訳『三国志』(世界古典文学全集)、筑摩書房、一九八二年
潮見浩「鉄・鉄器の生産」(『岩波講座　日本考古学3』)、岩波書店、一九八六年
和田晴吾「金属器の生産と流通」(『岩波講座　日本考古学3』)、岩波書店、一九八六年
五十川伸矢「鋳造工人の技術と生産工房」(帝京大学山梨文化財研究所編集『中世都市と商人職人』)、名著出版、一九九二年

笹本正治「戦国時代の職人・商人―甲斐の場合―」（帝京大学山梨文化財研所編集『中世都市と商人職人』）、名著出版、一九九二年
網野善彦「中世前期の職人と商人」（帝京大学山梨文化財研究所編集『中世都市と商人職人』）、名著出版、一九九二年
井上俊『贈与と市場の社会学』（岩波講座現代社会学17）、岩波書店、一九九六年
フィリップ・ジェイムズ・ハーミルトン・グリァスン『沈黙交易』、ハーベスト社、一九九七年
村上恭通『倭人と鉄の考古学』、青木書店、一九九八年
永藤靖『日本神話と風土記の時空』、三弥井書店、二〇〇〇年
笹本正治「辻についての一考察」（『怪異の民俗学　境界』）、河出書房新社、二〇〇一年
村上恭通『古代国家成立過程と鉄器生産』、青木書店、二〇〇七年

第四章　『遺老説伝』に描かれた御嶽
——その「市」的な機能——

はじめに

御嶽とは何か。どれほど多くの人がそう問いかけたことだろう。しかしそれに対する明確な答えはいまだ得られていないと言わざるをえない。御嶽とは神の居る場、拝所であれば、ヤマトの神社に似ていると指摘されるものの、それは神社とは似て非なるもの、その発生の仕方や機能を考えれば違いは明らかである。

『遺老説伝』においても多くの御嶽が登場し、調べてみるとそのほとんどが人の墓所から御嶽となっていることがわかる。英雄の死、祝女の死、始祖となった兄妹の死、時には天女の死から御嶽が発生している。その時、骨を祀っているという表現を多く目にするのだが、おそらく骨があることによってその御嶽にまつわる伝承が事実であることを示そうとしているのだろう。現実と繋がっている証が骨ということである。

そのような中にあって次に挙げる第四二話、第一〇五話では、骨が納められている墓所ではなく生前住んでいた家が御嶽となっている。

第四二話

一、昔、南風原間切宮平村に善縄大屋子なる者有り。地を邑外に卜し、大いに家宅を闢きて栖居す。常に漁を以て業と為す。一日、西原郡我謝の海浜に往き、竹を編みて柵を為り、流を絶ちて魚を捕ふ。時に忽ち一大亀の海中より躍り出づるを見る。頃間、一女有りて亦出来す。乃ち大屋子に向ひて曰く、我、汝に此の大亀を賜はん。早く負ひて家に回れと。大屋子大いに之を喜悦し、即ち亀を把り背に負ひて去る。半途に行き至るや、大亀其の首を咬傷し、遂に亀の為に害せられ、気絶して死す。村人之れを哀れみ、已に埋葬を致す。後三日、家人皆俗習に循ひ、墓に往きて之れを視るに、棺中已に屍骸無く、唯々空棺を余すのみ。家人之れを驚疑するの間、只々聞く、空中に一声有りて曰く、他の大屋子、死して去るに非ず。往きて儀来河内に遊ぶなりと。家人大いに怪とし、夢の初めて覚むるが如く、酔の方に醒むるに似たり。忽ち薄茅・真根・胡葉の、尽く其の旧宅に生ずる有り。是れに由りて後人、尊信して嶽と為す（神名、嘉美司嘉美淵威部）。

第一〇五話

一、往古、南風原間切津嘉山村の安平田子、勇にして巨富、家人も亦衆くして、備はらざるは無し。大屋を津嘉山と喜屋武の際に構へて住居す。一日、大宴して以て飲む。時に、具志頭間切の人有り、其の門外に過るや、酒欲即ち動く。遂に辞を托するに口渇を以てし、而して入りて水を求むるに、惟々水を与へて酒を与へず。則ち恨を挟み、讒を時の王に進むるに、其の逆志有るを以てす。王、官軍に命じ、討ちて之れを誅せしむ。未だ幾ばくならざるに、古葉（樹名）・真根（草名）併びに樹木の、其の宅に叢生する有り。其の妻子大いに驚き、別地に遷る。遂に其の宅を以て嶽と為し、之れを名づけて安平田嶽と曰ふ。

前者第四二話は、亀に殺された男の話である。善縄大屋子《ヨクツナ》はいつものように浜辺で漁をしていると、ひとりの女があらわれ、大亀を与えられた。それを背負い家に帰る途中、その亀に咬まれて死ぬ。埋葬したはずの善縄大屋子の屍が棺から消失し、「死んだのではない、ギライカナイに遊んでいる」という声がしたので家人が不思議に思っていたところ、生前住んでいた家にクバなどが繁茂したのでその家を御嶽としたという。ここで注目すべきは、主人公の善縄大屋子は家を村の外に持っていたということと、「大いに家宅を闢き」とあることから裕福であったと考えられることである。

後者第一〇五話は、富を得たために殺された男の話である。安平田子《アヘタノシー》が酒宴を開いていると、そこを通りかかった具志頭間切の人が喉の渇きを訴えた。酒を欲していたにも関わらず水を与えられたので、その人は恨みに思い王に讒言したため、安平田子は官軍によって殺されてしまった。その後家にクバなどが繁茂したのでその家を御嶽としたとある。やはりここでも主人公安平田子は裕福であったと語られ、しかも善縄大屋子同様「津嘉山《ツカヤマ》と喜屋武《キャン》の際」という村の外れに家を構えていたことがわかる。

この二つの説話から、富を得て村の外れに家を構えていた男が死に、やがてその家が聖地となったという共通のプロットを見出すことができるだろう。どうやら富を得ることと家を村の外に構えることが、その男の墓所ではなく家が御嶽となったことに繋がっているようだ。では御嶽となったのが家であることに、一体どのような意味があるのだろうか。

それを考えるにあたり、『遺老説伝』において御嶽がどのようにして発生しているのかを分析し、その機能について考えてみたい。『遺老説伝』という極めて限定的な狭い世界ではあるけれど、御嶽とは何かを考える手がかりともなるだろう。これは第四〇話や第一〇五話の新しい解釈を考えると同時に、御嶽の発生からその機能について考える試みでもある。

一　御嶽の発生

『遺老説伝』において御嶽が語られる説話は全部で四十二話あり、そのうち発生に関わるものは三十三話を数え、発生要因を概観してみると四つの発生パターンに分類することができる。すなわち、①石を祭祀することから御嶽が発生している霊石祭祀（ビジュル信仰）のケース、②聖なる植物とされる竹、クバ、桑、すすきなどが繁茂したことが御嶽の発生と関わる植物繁茂のケース、③神の出現によって御嶽が生まれる神の出現のケース、[1]④人や動物の死から御嶽が発生するケースの四つである。

①霊石祭祀
　a　霊石を祀る　二〇・七八・一三七
　b　石を護り神とする　七〇
②植物繁茂
　a　聖地に竹を植える　四一・七八
　b　クバ・桑の繁茂　四二・一〇五・一〇三
③神の出現
　a　神　六九・七七・八一・八二
　b　異形の子　六一
　c　蛇　六八

④人・動物の死
a　天女　骨あり　三四
　　　　　骨なし　七二
b　祝女・神女　骨あり　六七・一三三・一四〇
　　　　　骨なし　二六・七四・七五
c　始祖（兄妹）　骨なし　七一・一二七
d　英雄・按司・僧　骨あり　四八・四九
　　　　　骨なし　三六・四二・四七・九四・一三一・一三五
e　馬　骨あり　二三

※御嶽発生を語ると思われる説話三十三話を対象としている。

このように御嶽発生の要因を分類してみると、①霊石祭祀と②植物繁茂のケースから、御嶽の土地そのものに霊力があったことがわかる。石が寄りついたり、聖なる植物が繁茂したりする場所はその土地自身に磁場のようなものがあって、そうであればこそ、そこに神が出現するのであろう。③神の出現によって御嶽が発生するその根底には、土地自身に他とは違う大きな力が秘められているのだという信仰があるに違いなく、それが①の霊石祭祀や②の植物繁茂として表現されている。発生としては異なって見える①②③のケースは、実は超自然的な力が働いて御嶽が発生しているものとして捉えることができる。

では四つ目の④人・動物の死から御嶽が発生するケースからは、どのようなことが読み取れるだろうか。一見してわかるように、御嶽が発生する要因の多くは人の死である。祝女や神女、天女などは神に近い存在と言えなくもないが、兄妹始祖や英雄、按司などはあくまでも人である。冒頭でも述べたように人としての証が骨であり、なぜ『遺老説伝』において骨の祭祀が執拗に語られるのかといえば、骨が現実世界と御嶽を結びつけるからに他ならない。それは、骨の存在が語られる場合は実在したと思われる人物で、ない場合はその人がより神に近い存在であると考えられることからも理解できる。骨とは実在を示すものなのである。

そして不思議なことに、実在を保証する骨の有無は人に対してのみ問題となるはずなのに、『遺老説伝』ではやがて天女の骨というものが語られはじめる。

いわゆる天人女房譚とよばれる第三四話では、沐浴している間に衣を隠され人の妻となった天女が、死んだ後にその骨が祀られるようになったという。勿論天人女房譚はヤマトにも多くあり、それらが神社の縁起となることはある。(2) しかし、この説話でヤマトの場合と大きく異なっているのは、天女の骨が語られていることである。骨が存在するということは天女が実在したということであり、天女のような存在でさえ現実世界に生きる存在として捉えられていることがわかる。さらに天女の生んだ娘がその共同体の祝女となっており、子孫の存在によって天女の実在したことが保証されていることは大変興味深い。本来なら祝女の聖性を示すものとしての天女という記号が、ここでは反対に人が神に近いことを示すものとなっているのである。

つまり『遺老説伝』において、神とは特別で遠い存在ではなく、極めて人に近い存在であった。例えば日本人であること（第一三一話）や僧であること（第一三五話）など、そのようなわずかな差異によって他の人々と区別されたならば、人であっても御嶽に祀られ、その後神として崇拝されるようになるらしい。仲松弥秀が、沖縄において神とは祖霊神のことであり、その祖霊神とは祖先神だと述べているように(3)、祖先神とはまさに自分たちと血が繋がっている神であった。そのような感覚があるからこそ、たとえ神であっても骨の有無が問題となるに違いあるまい。赤嶺政信もまた、御嶽に祀られた骨は死霊そのものではなく、浄化しカミ化した祖霊神であると述べている。[4]祖先神を祀る沖縄においては、骨という実在した証拠が御嶽には必要不可欠で、骨の持つ現実性が御嶽発生の契機と不可分に結びついているのである。そのようなところに沖縄の霊骨信仰や洗骨の習慣は息づいているのであり、[5]御嶽に象徴されている異界は、現実世界と非常に近いところに存在しているのであった。[6]

このように御嶽の発生の四つのパターンには、土地に霊力があって御嶽ができる場合と、兄妹始祖などその土地と関係深い人の死から御嶽が発生する場合とがあって、そのどちらにも共通していることは、御嶽とは生命力溢れる聖地だということである。そのように御嶽の発生を考えて第四二話や第一〇五話をみてみると、植物が繁茂するほどの生命力があり、かつ人の死を契機として御嶽が発生していて、まさに御嶽発生の二要素を兼ね備えていることがわかる。

ところがこの二つの説話では、主人公たちの実在を示すものとして骨が語られることがない。第一〇五話では安平田子の死が語られるのみであり、第四二話では善縄大屋子の屍は埋葬されたはずの棺から消えたと語られる。人であれば当然あるはずの骨の有無が語られないばかりか、死を明らかにする屍自身が無くなってしまうのである。その屍消失は何を意味するのだろうか。

二　異界の入り口としての御嶽

『遺老説伝』には屍消失の話が三話あり、そのうちの第七二話では天女の娘であればこそ屍も消えてしまったのだと論理づけられ、第九六話においては屍が消失した力持ちの男は神仙として祠に祀られるようになったとある。屍の消失は、彼らが御嶽に祀られる印、神聖さを示すものとして語られていることは明らかである。

しかしそのような屍の消失は、彼らの神聖さを示しているばかりではない。第四二話に「死んだのではない、ギライカナイに遊んでいる」という声がしたとあるように、彼らは異界の住人として生き続けていると考えられていた。(7) 屍の消失は死の未確定を意味し、それぱかりか彼らが別世界で生きていることを示しているのであって、その今もなお生き続けているという意識が、墓所ではなく生前住んでいた家を御嶽とするのだろう。家が嶽となるのは彼らが異界で生き続けていると考えられていたからであり、そこが生きた聖地として機能しているからなのである。その時御嶽に象徴されているのは、墓所に示されるような「死」ではなく家に象徴される「生」であった。ヤマトの神社が現実世界とは繋がらない、断絶した聖域であることとはなんと異なっていることか。そのような「生」へのまなざしがここにはある。

また、第四二話では善縄大屋子が姿を消した棺からギライカナイへと繋がっていたことになり、異界への入り口が現実世界にむけてぽっかりと口をあけていることがわかる。永藤靖が指摘するように、御嶽となった家は「ギライカナイとこの世のコレスポンダンスした場所」、すなわち異界への通路であり、そのような土地の持つ磁場がクバなどの繁茂として語られているのであろう。(8) 次に挙げる第一〇一話でも御嶽が異界への入り口となっている。

第一〇一話

一、昔、西原間切棚原村に、一祝女有り。名を稲福婆と曰ふ。曾て諸祝女と、金鼓を鳴らし神歌を唱ひて、本村の上嶽に遊ぶ。独り稲福婆のみ、忽然として見えず。其の子孫、聞きて大いに驚き、東尋西訪すれども、並しも踪影無し。後三年、我謝村に、鍛冶屋大主なる者有り。出でて魚を釣るのとき、忽ち死屍海に漂ひて来るを見る。撈して之れを視るに、頭禿げ髪無く、貝螺体に付き、其の気未だ絶せず。即ち粥湯を用ひて以て救ふも、未だ即には言ふこと能はず。人聚りて之れを視る。其の子孫亦来るも、何人為るやを知らず。良々久しくして自ら言ふ、我は乃ち稲福婆なり。前年偶々海底に遊び、龍宮（俗に儀来河内と叫ぶ）に進み、食を賜ふに塩螺の類を以てすと。言畢りて、吐く者色黄なり。是に于て人始めて儀来婆と号す。其の子孫、龍宮の事を問ふに、婆諱みて話さず。時に王、之れを問はんと欲す。婆、奉神門外に至る。人聚り争ひて視るに、只々見る、其の手を両腋に収むるや、忽然として見えざるを。子孫四もに尋ね、竟に之れを其の上嶽に得たり。婆八十余歳にして死す。曰く、婆は嘉靖年間に死すと。或は曰く、万暦年間に死すと。

御嶽で他の祝女とともに神遊びをしていた稲福婆《イナフク》は忽然と姿を消し、三年後海上に漂っているところを助けられた。あまりに変わり果てた姿であったので誰だかわからずにいると、自ら稲福婆だと名告り、龍宮（ギライカナイ）に遊んでいたと語った。龍宮の話を聞きたいと王が招いたところ、稲福婆は王宮の門で再び姿を消し、探すと御嶽の上にいたという。

この説話でも稲福婆は、御嶽から姿を消した後ギライカナイに暮らしていた。第四二話に同じく行き先はギライカナイであり、その次に稲福婆が姿を消した門もまた境界を示すものであれば、王宮の門や御嶽は別世界への入り口として機能していることがわかる。御嶽のそのような機能は、第一二三話で御嶽と御嶽の間の深淵で船が遭難することからも理解でき、遭難した船がある晴れた日にあたかも幽霊船のように海上に浮かんでいたと語られるのは、その深淵が異界と繋がっているからである。それは御嶽に植物が繁茂するほど生命力が溢れていることとも無関係ではなく、そのような土地の磁場ゆえに、御嶽の下に生えていた稲から味のよい米が多くとれたという第九一話のような言説も生まれるのだろう。その土地に磁場があるのはその地が異界への入り口であるからであって、そのようなところに豊饒幻想も生まれるのであった。

また忽然と姿を消す話は第五七話でも語られていて、祝女との関係を怪しまれた補陀落僧が櫃の中から消えている。

第五七話

一、昔日、仲城郡津波村に、一個の和尚有り。其の名を知らず、但々補陀落僧と叫ぶ。恒に与喜屋祝女と、嘗て和友為り。一日、偶々祝女の家を訪ふ。祝女、他を延きて座に入れ、茶を奉ず。時に、八歳の女子、薄裙を穿ちて身体を露出し、座中に出で、僧前に遊戯する有り。祝女之れを見て曰く、汝、何を以て無礼にも出でて此の座に戯るるや。即ちに駆け出でて外に去けと。女子憤恨して出で去き、適々父の外より回り来るに値ふ。遂に前事を将て父親に説知す。父親之れを聞き、心甚だ疑ふ有り。深く之れを鞫して曰く、汝と悪僧とは私通するや、何故に小女を外に遂ひ出すやと。祝女答へて曰く、妾は今祝女為り。能く神祀を司る。安んぞ人と私通するの理有らんや。但々幼女の讒言を聴き、辱罵して妾を賤しむ。更に何の面目有りて人世に立たんやと。罵、口を絶たず。遂に自ら乳を囓みて死す。他の僧も、亦汚穢の名を蒙るを愧ぢ、即ち本寺に帰り、尽く有る所の黄金を発して、津灞・糸蒲の嶽中に埋蔵し、櫃中に躍り入る。未だ時刻を移さざるに、寺中火起る。小僧等之れを見、急ぎ寺内に進み、其の櫃を担ひて外に出で、蓋を開きて之れを視るに、屍骨を見ず。唯々空櫃を余すのみ。

補陀落僧が祝女のもとを訪れた時、祝女の八歳の娘が体を露出してその座中に出てきたので叱られた。そのことを父親に話したので、祝女の夫（父親）は祝女と補陀落僧との関係を疑い、それに憤慨した祝女は自ら乳房を噛み切って死んでいった。汚辱を恥じた補陀落僧は黄金を御嶽に埋蔵して櫃に入り、時同じくして寺中より火が出たのですぐに小僧が櫃を寺の外に出して開けてみたが、中身は空《から》であったという。

この説話の補陀落僧は死んだわけではないけれど、櫃から姿を消している点で第四二話の善縄大屋子に同じである。この僧が呪的な力を保持していることは、補陀落僧と呼ばれていることにすでに暗示されていて、その特別な能力を用いて僧は櫃から姿を消したのだろう。説話内ではその行く先について言及されることはないものの、おそらく僧は異界へと消えていったに違いあるまい。実在したとはとても考えられない天女の骨が、自分たちと繋がっていることを保証するものとして積極的に語られていく一方、生身の人間として生きた補陀落僧の屍は消失することによってその呪的力や異界性を示している。正反対のベクトルを持つこの両話は同じように異界との近さを語っているのである。

そしてここで注目すべきは、姿を消す直前に黄金を御嶽に埋蔵したということである。一見関係がなさそうに見える御嶽と黄金の間には、どうやら深い関係があるようだ。

三　御嶽の「市」的な機能

御嶽と黄金の関係について考えるために、第一〇八話を取りあげてみよう。温厚で忠実な那覇親雲上《ペーチン》は御嶽で老人に出会い炭二包を与えられた。家に帰って燃やそうとすると、その炭は黄金にかわっていて、巨富を得たという話である。

第一〇八話

一、明の弘治年間、久米村に、三十六姓の一の後有り。姓は鄭、名は玖、俗に与那覇親雲上と名づく。生性聡俊、人と為り忠厚、性善事を行ふ。曾て王に朝するの日に当り、五更正に浮縄美御嶽前の路に過るや、忽ち一老人に遇ふ。馬匹を牽きて来り、鞍に繋ぐに火炭二包を以てす。乃ち玖の袖を扯きて曰く、吾遠く来りて公に見ゆ。且つ時刻太だ早し。請ふ、必ず家に回らんことをと。玖、其の人を異とするも、同に家に回り到る。老人曰く、公、常に善を行ひ、広く財を施し、以て窮困を済ふと。吾、其の徳を慕ひて来る。公其れ弥々之れに勉めよと。言ひ訖り、乃ち炭二包を賜ひて去る。後、家僮をして此の炭を焼かしむるに、僮言ふ、焼けずと。疑ひて之れを視るに、皆黄金なり。以て巨富を致す。

この説話で黄金を与えられた場所が御嶽であったのは、御嶽が異界の入り口であったからであり、黄金とは異界との入り口、すなわち境界で与えられるものらしい。『日本霊異記』中巻第二十八縁においても、貧しい女が仏に祈ったところ、はじめは門の橋に、次に庭に、最後には戸を開けたところに銭四貫が置かれていたとあり、黄金とは橋や戸といった境界、異界への入り口において得られるものであった。黄金とは何にでも変換され流通していくものであればそれ自身が境界的な存在であり、それもまた一つの豊饒幻想なのであろう。

そして異界の入り口で出会い黄金を与えてくれた老人が、神のような異界の住人であることも指摘しておきたい。説話内でしばしば登場する老人は神に等しい存在であり、第三五話で身売りをした妻に黄金を与えたのも老人であった。異界との入り口で異界のものによって与えられた黄金は「富」の外部性を示し、そのような「富」が出現する場として御嶽は語られている。

では御嶽は一方的に富を与えるだけの場なのであろうか。御嶽で強盗に出会う次のような説話もある。

第一〇七話

一、昔、那覇の呉氏比嘉親雲上の妻、名を諸樽と叫び、其の力甚だ大なり。乃ち力士鄭大夫の妹なり。其の夫家貧なれば、諸樽日々首里市に販し、以て日を度る。晩に回りて浮縄美御嶽前を過ぐるに及び、忽ち強盗数人有りて来り、其の貨を劫奪す。諸樽、一人にて数盗を揪到し、大石を将て其の脚を圧す。倶に自らは脱すること能はず。次日に至り、路人皆力もて救ふこと能はず。幸に鄭大夫の首里に事有りて来るを見る。諸盗、命を救はんことを哀求す。大夫、石を挙げ之れを放ちて曰く、吾の妹に非ざれば、之れを動かすこと能はずと。今、此の石を以て、其の嶽前の溝を蓋ふ。伝へて鄭大夫石と叫ぶ。

大変力が強かった諸樽は、その夫の家が貧しかったので首里の市で商売をして生計をたてていた。ある夜市の帰りに御嶽で強盗に出会ったが、彼女の力が大変強かったので、反対に強盗の上に大石をのせて動けないようにした。翌日通りかかった人が力を合わせたがその石を動かすことができず、動かすことができたのはその兄の力士鄭大夫だけであったという。

この説話でなぜ強盗にあう場所が御嶽なのかというと、御嶽が暗くて人が寄りつかない場所だからというそれ以上に、御嶽が異界の入り口であったからである。しかも市の帰りに強盗にあっていることは大変重要で、諸樽の貨幣が奪われることはなかったものの、市で得た貨幣が御嶽で奪われるという「貨幣の循環」をここに見出すことができるだろう。この説話の強盗も黄金を与える老人と同じく、共同体に属さない異界の住人を意味している。御嶽が異界の入り口であるからそこで異界のものと出会い、彼らによって富を得たり失ったりするのである。その根底には、御嶽とは異界への入り口であり、現実世界と繋がっている聖地であればこそ「富の循環」を掌るのだという論理がある。そのような御嶽の機能とはまさに「市」の機能であり、貨幣が歴史上しばしば墓所の中から出土することとも無縁ではあるまい。

今村仁司曰く、死も貨幣もともに聖性と穢れを同時に持っていて、墓所が共同体の周辺に遠ざけられつつ近づけられながら生者の世界の秩序維持に貢献するのと同様に、貨幣もまた人間の周辺に位置しているという[9]。貨幣自身が境界的な存在、異空間を出現させるシステムであり、したがって墓所から発生する御嶽がそのような貨幣行為を行う場として語られるのも当然であろう。「遠ざけられつつ近づけられる」貨幣のような存在が、まさに第四二話と第一〇五話の主人公たちなのである。彼らの家は村の外に位置していたではないか。富の外部性は村の外に構えた彼らの家に象徴されている。彼らが御嶽に祀られたのは裕福であったからであり、裕福であったのは彼らが共同体に属さない異界性や外部性を持っていたからである。裕福であったからこそ殺害されたのであり、彼ら自身が「富の循環」を担っていた。

つまりこの両話が語っているのは、富がどのようにして生まれ奪われていくかであり、そのような「富の循環」を掌るものとして御嶽が機能していることである。「家」に象徴されているのは、植物の繁茂をもたらすような生命力であり富であり、と同時に村の外部に位置する「家」は富の外部性をも示している。富とは常に共同体の外部の問題として捉えられているのであった。

勿論御嶽には、常に人々の崇信を集め、人々を護り豊饒をもたらす機能もある。墓所から御嶽が発生する時、御嶽に祭祀されるのは共同体と血の繋がる祖霊神や兄妹始祖であり、御嶽は共同体に幸をもたらすものとして存在している。しかし御嶽が共同体外部に位置した「家」から発生する第四二話や第一〇五話のような場合、御嶽は富を掌る「市」の機能をもつものとして描かれているのではないか。前者の機能がいわば始祖と繋がっていることを保証する「記憶」であったとするなら、後者は共同体を活性化させる「装置」であり、そのような二つの機能を御嶽は持っているのであった。

むすび

『遺老説伝』において御嶽とは、その多くが墓所から発生した聖地として描かれている。兄妹始祖や英雄の死を語ることによって、共同体が存在する意味は語られていた。それは今なお始祖と繋がっているのだという共同体の「記憶」であり、その生々しい過去と繋がる「記憶」は御嶽におさめられている霊骨によって保証されていた。そのような意味で、御嶽とは「記憶」を支えるものであった。

一方、第四〇話や第一〇五話において主人公たちの家は共同体の外に位置しており、その外部性が彼らの富の由来を暗示していた。外部性や境界性を保有していればこそ富を得ることができたのであり、それはやがて奪われなければならないものでもあった。なぜなら共同体というものはいつでも突出した富の蓄積を許さないからである。そのような「富の循環」を掌り、共同体内を安定した状態に保つ「装置」が御嶽であり、その機能ゆえに富を与えもすれば奪いもするものとして御嶽は描かれる。「富の循環」を促す御嶽、それはまさに「市」の機能であり、あくまでも「生」に眼差しをむけた御嶽であればこその機能であった。

注

（1）ここでの神には異形の子や蛇・老人も含める。
（2）例えば『丹後国風土記』逸文の奈久社伝承などが該当する。
（3）仲松弥秀『神と村』、梟社、一九九〇年。
（4）赤嶺政信「沖縄の霊魂観と他界観」（渡邊欣雄編『祖先祭祀』）、凱風社、一九八九年。

（5）渡邊欣雄によると、死者を一時埋葬しただけでは死霊のままで子孫に病や死をもたらす危険な存在であるが、洗骨をして〈第二の葬儀〉をすることにより子孫に幸福と豊穣をもたらす祖霊となるという（渡邊欣雄『世界の中の沖縄文化』、沖縄タイムス、一九九三年）。

（6）『遺老説伝』における龍宮も現実世界と地続きで極めて近い世界として描写されている（拙稿「『遺老説伝』と竜宮―ヤマトと比較して―」（『文学研究論集』29）、明治大学大学院文学研究科、二〇〇八年八月）。

（7）ギライカナイが死者の赴く他界である証左としてこの説話が引き合いにだされることもあるが、特殊な例であったから説話になったのだと考える赤嶺政信（（4）掲載論文）に従いたい。

（8）永藤靖「『遺老説伝』と風土記の研究」（『明治大学人文科学研究所紀要』第六十六冊）、明治大学人文科学研究所、二〇一〇年三月。

（9）今村仁司「貨幣とはなにか？―経済以前の貨幣―」（『お金の不思議　貨幣の歴史学』）、山川出版、一九九八年。

第五章　黄金神話と王権
―『遺老説伝』と『三国遺事』の世界―

はじめに

琉球の説話集『遺老説伝』[1]には、黄金の瓜が登場する説話がある。久高島由来譚といわれる第七三話後半で、父を知らずに育った少年が黄金の瓜を手に王宮に赴き、王と親子の対面を果たすというものである。黄金の瓜は王に献上される珍しい宝物であり、それを契機として少年の素生が明かされるのだが、なぜそれは黄金の瓜なのだろうか。黄金の瓜が王権を象徴しているとして、一体どのような意味においてそれは王権を象徴するのか。

『遺老説伝』という書物が文学的な研究対象として取り上げられることが少ない中、この第七三話に関しては永藤靖に詳しい論考がある。[2] 全体を五つの話素に分けて解釈し、前半部は久高島の始祖外間家の優位性を語るために代々この家に受け継がれてきた伝承であり、後半部は初穂儀礼など王権農耕祭祀の起源を語ることによって外間家と首里王府の関係の濃密さを説くものだとする。またそれは、一人の男が知恵と笑いによって幸運にも王位についた成功譚として読み解くこともできることから、王権側にとっては疎ましい話であったため、『球陽』という琉球王権の正史には採録されなかったとも述べている。あるいは島村幸一は、久高島行幸のオモロを考察するにあたり、この第七三話をとりあげて『恵姓家譜』に記された「久高島由来記」との比較を行い[3]、末次智も琉球王の久高島行幸や初穂儀礼と王権の関係について論じる際、簡単に第七三話に触れている[4]。しかしそのいずれにおいても、父王との再会を果たす契機となった瓜がなぜ黄金であったのか、黄金にどのような意味が込められているのかということに言及することはなかった。

ところで王権の象徴として黄金が語られることは、韓国の仏教説話集『三国遺事』にも多くある。建国神話では必ずといってよいほど黄金が語られることから、建国の始祖たちが系譜的に太陽や天孫に連なることを黄金は示しているという[5]。金鍾徳もまた、それら神話に用いられる「光が射す」という表現や高句麗の始祖朱蒙の日光感精神話を根拠に、光輝くことこそが王権の象徴だとする[6]。『三国遺事』の黄金は、あくまでも日光の象徴としてであったということなのだろう。それは同じく太陽神の末裔である日本の天皇家が、王権を象徴するものとして「丹（水銀）」を語ることとは異なっている[7]。日本において太陽の色は、いつの時代も朱色（赤）として認識されており、そもそも記紀神話において、いわゆる金の意味としての黄金が語られることはほとんどない。わずかに新羅を修飾する時にのみ「金銀」という表現が用いられ、黄金は新羅の豊かさを示すものとして、いわば外来文化の象徴として捉えられていたと考えることができる。古代の日本においては、自らの王権を象徴するものとして黄金が語られることはなかったのである。

では日本においては王権を象徴しない黄金が、なぜ琉球や韓国では王権と深く関わっているのだろう。それは一方が古代に成立した書物であり、一方が始祖伝承を語るといいながらも中世に成立した書物であるからだろうか。否、成立した時代の問題でも、太陽を何色と捉えるのかという、遺伝子レベルに摺りこまれた色彩感覚の問題でもあるまい。黄金のうちに特別な価値を見出しているからに違いなく、王権を象徴するものとしての黄金を考えるのなら、中国も含めた東アジア圏を視野にいれる必要があるのではないか。太平洋に浮かぶ琉球であれば韓半島との関係も深い。琉球と韓国の説話には類似したプロットをもつものが多く[8]、そのような類似が生じた要因についても考慮すべきだろう。

そこでこの章では『遺老説伝』と『三国遺事』紀異第一・第二に見える黄金神話との比較から[9]、黄金と王権の関係について考えてみたいと思う。

一 『遺老説伝』に描かれた「黄金の瓜」

はじめに『遺老説伝』第七三話の原文を、長くなるが全て示そう[10]。その前半ではいかにして白樽が久高島に渡り始祖になったかが語られ、後半では白樽の娘思樽が巫女となって王宮に仕えるようになった経緯が語られている。

【資料1】『遺老説伝』第七三話

一、往古の世、玉城郡百名邑に、一男人有り、乳名は白樽。賦性至孝にして操心仁義。恒に善事を為し、敢て悪を為さず。玉城按司、深く之れを褒美し、遂に長男免武登能按司の女を以て娶して他の妻と為す。一日、夫婦一同に、野に出で山に登り、光景を玩楽す。忽ち東溟の中に一小島有りて、波濤の間に隠見するを看る。白樽、深く奇とし且つ怪とし、時々其の野に出で行き、用心之れを看る。日晴れ雲散じ風和やかに波静かなれば、則ち一島を現在し、隔海甚だ近し。此の時、威勢相競ひ、干戈未だ弭まず。是に於て、白樽深く此の世の変乱を厭ひ、以て海島に遁去せんとす。夫婦相共に商議し、即ち小舟に乗じ、東に向ひて行く。未だ一瞬息ならずして、早や他の島に至る。舟を繋ぎて上岸し、遍く四境を巡るに、泉甘く土肥え、野曠く山低く、宜しく邑を設け家を構へ、以て栖居を為すべし。而して今、食物有ること没く、日々海辺に出でて螺貝を拾取し、以て日度を致す。是れに由りて夫婦、共に伊敷泊に到り、以て子孫繁衍、食物豊饒を祈る。未だ尽くは祈り畢らざるに、倏ち一白壺の波に随ひて浮び来る有り。白樽、衣を掲げて海に入り、捞せんとするに、其の壺波間に湮没し、肯て看見せず。婦女、屋久留川に至りて其の身を沐浴し、改めて潔衣を穿ち、亦他の浜に行き、衣袖を展開して以て白壺を俟つに、白壺自ら袖上に来る。婦女、喜びて其の壺を執り、其の蓋を挖開するに、内に麦三種（一は小麦、一は葉多嘉麦、一は大麦）・粟三種（佐久和・餅也・和佐）豆一種（俗に小豆と叫ぶ）を戴す。即ち其の種を古間口の地に播く。節、正月に届るや、麦穂出発すること、甚だ常の麦と異なる。白樽、深く之れを奇異とし、之れを禁城に奉献す。二月に至り、其の麦已に熟し、恭しく吉旦を択び、其の麦を奉献す。王深く之れを喜び、而して之れを頂戴し、即ち人をして神酒を醸し、以て各処の森嶽を祭らしめ、次に百工に賜ふ。此れよりの後、五穀豊饒し、子孫繁衍し、遂に以て邑と為る。之れを名づけて久高島と曰ふ。其の長女於戸兼、専ら祝女職に任じ、各嶽の祭祀を掌る。長男真仁牛は、父の家統を襲ぐ。其の子孫、延きて今世に至るまで、外間根人為り。二女思樽、巫女と為り、遂に禁城の巫女に擢でられ、日夜城内に栖居す。其の人と為りや、生質貞静、容貌美麗にして、迥かに凡人に異なる。王、内宮に召し入れ、王夫人と為す。深く寵愛を蒙り、栄光已甚だし。是に於て、思樽懐胎す。是れに由りて諸妾、之れを嫉忌し、敢て相交話せず。一日、思樽夫人、謬りて放屁を致す。諸妾、欣々然として之れを喜び、其の謬事を将て、時々相話し、以て哂笑を為す。思樽夫人、御前に侍し難く、遂に告暇して郷に回る。荏苒の間、数月を歴閲し、已に臨盆の月に当る。思樽、意に想へらく、聖主の後胤を、穢処に生産すれば、恐らくは罪を獲ること有らんと。別に一座（今に至るまで外間根人の家に、其の産座猶ほ存す）を設け、一男を降誕す。名を金松兼と曰ふ。長成して七歳、屢々母に向ひて父を問ふ。思樽兼夫人、只々汝は無父為り、我一身にして出づるのみと答ふ。年已に八歳、頻りに父親を問ひて曰く、天は、陰陽を以てして万物を生育する者なり。況んや人は皆父母有り、何を以て独身のみ父無きや。伏して乞ふ、愚父を悉らし告げよと。思樽夫人、答説すること前の如し。金松兼、再三強ひて問ふも、思樽夫人敢て告知せず。思金松兼曰く、人として父を知らざれば、人為るを得ず。活生する益無し。何ぞ早死せざらんやと。遂に朝夕食を絶ちて痛哭す。是に於て、思樽夫人、深く其の食を絶つを憫み、細さに、寵を蒙り娠まるるの事を告ぐ。始より終に至るまで説知すること一遍。然れども汝素より海島に生る。衣服・容貌、京都に像ず。天顔を拝睹するの願有りと雖も、志を遂ぐること能はざらん。此の故に前日の問訊に、敢て告知せずと。思金松兼之れを聞き、即ち伊敷泊に到り、東方に仰ぎ向ひて曰く、母は、王側に侍し、愚身を懐妊するも、倏ち小過有り、病を告げて郷に回る。今、予鄙邑に長成し、心志安んぜず。伏して祈る、天神地祇、此の悃忱に鑒み、憫を小幼に垂れ、聖主に入朝するを得れば、隆恩既る無しと。毎朝告祈して、敢て懈怠せず。次いで七日清晨に至り、黄金一物の大いに光輝を発し、波に随ひて浮来する有り。思金松兼、深く之れを奇怪とし、亦衣袖を展げて之れを撈するに、即ち黄金の瓜子なり。思金松兼、大いに之れを歓喜し、即ち其の瓜子を懐にし、母に京に赴かんことを告ぐ。即刻起身し、城に入りて朝せんと請ふ。禁城の役人、或はその髪赤く衣粗なるを哂ひ、或は癲童の妄りに城内に進むを責む。思金松兼、容貌蹐々、威儀蕩々、稍しも驚惶の気あらず、専ら入覲して題奏せんことを請ふ。諸役人、深く之れを奇怪とし、遂に之れを内院に聞し、御前に召し入る。思金松兼、直ちに其の瓜子を懐内より出し、以て献上を為して曰く、此の瓜種は、国家の至宝なり、世界の罕有なり。蓋し天甘雨を降らせ、肥土已に湿るの時、特に未だ放屁せざるの女をして此の種を播植せしむれば、則ち蕃衍茂盛し、結実甚だ夥からんと。王、大いに之れを笑ひて曰く、人此の世に生れ、誰か放屁せざらんやと。思金松兼曰く、人放屁する有るも、何の咎むることか之れ有らんと。即ち王、其の言を聴き、深く内院に至り、思金松兼を召し入れ、密かに其の縁由を問ふ。思金松兼、細さに、其の母の放屁して郷に回り、愚身を出産するの由を奏す。王其の事を聞き、以て城内に栖居せしめんとす。然れども東海小島の外夷の孩童、以て急には陞せて男と為し難し。暫く故郷に回し、以て時候を俟たしむ。厥の後、王、世子有ること無し。遂に思金松兼を召し、封じて世子と為す。即ち大位を践む。是れに由りて聖主、二年に一次、親しく久高島に幸す。且つ毎年一次、外間根人並びに祝女、御仲門より、恭しく魚類数品を献ず。則ち祝女を、内院に召し入れ、盛宴及び茶葉・烟草等の物を恩賜す。根人にも亦御玉貫一双を賜ふ。康熙庚子、其の献物を裁去すとしか云ふ。

ある日白樽は山に登り、近くの海上に島を発見した。白樽は争いが尽きないことを厭い、妻とともに舟に乗ってその島へ渡った。その島は土地が肥沃なうえ良い泉もあって住むには適した場所であったが、穀物がないため毎日浜辺で貝を拾う生活をしていた。そこで神に子孫繁栄と五穀豊穣を祈願したところ、たちまち白壺が波間に浮かんでくるのが見えた。その壺を沐浴潔斎した妻には拾うことができ、中を見ると麦・粟・豆の種が入っていた。その種を蒔くと常の麦とは異なって成長が早く、多くの実りを得ることができたのでその麦を琉球王に献上した。王は喜びそれで神酒を作って御嶽に祀り、それ以来五穀豊穣となり子孫が繁栄したことから、その島を久高島と名づけた。白樽の長女於戸兼《オトガネ》は久高島の御嶽を祭祀する祝女に、長男真仁牛《マニウシ》は家を継いで外間根人（創始者）になった。

その二女の思樽《オモタル》は王府に出仕して祭祀を司る女官になり、やがて王の子を身ごもったが、放屁したことを妾たちから揶揄され、いたたまれなくなって王宮を去った。郷里の久高島で生まれた王の子金松兼《カネマツガネ》は父を知らずに育ち、[11] ある日母を問いただしてその出産の経緯を知る。父との再会を神に祈って七日目、「黄金の瓜子」が波間に浮いているのを見つけ、思金松兼はその瓜を懐にして王宮へと向かった。思金松兼はその髪も赤く衣服も粗末であったため役人に見とがめられたものの、堂々とした振る舞いであったので内院に入ることを許された。王の前に進み出た思金松兼は「黄金の瓜子」を懐より取りだして、「これは「国家の至宝」であるが、これを種として植え、放屁しない女が育てればより繁茂し多くの瓜を得ることができる」と言った。その言葉を不思議に思い王が思金松兼に尋ねたところ、思樽が郷里に帰って自分を生んだことを語った。王には子がなかったので、思金松兼がその跡を継いで王になったという話である。

この第七三話は、前半は久高島の島建て神話として、後半は久高島の始祖の血をひく王の誕生物語として読むことができる。一見異なる二つの話が久高島という場所を介して接続されたように見える前半部と後半部には、海の彼方から流れ着く壺や瓜によって富がもたらされるという共通のモチーフがあり、同じモチーフが二度繰り返えされる説話として捉えることができる。[12] 東の海に向かって祈願をするという細部の描写も前後半で共通しており、久高島の始祖から琉球王へという変換が、変奏（ヴァリエーション）のうちに語られている。

またこの説話には、興味深いモチーフが幾つかある。一つは昔話「屁ひり嫁」などにも見られる、放屁が契機となって福を招くというものである。[13] 永藤によれば、屁とは放出された瞬間自分のものではないが、かといって自分以外のなにものでもないという「境界的なもの」であり、それまでの状況をかえてしまう不思議な呪力が屁にはあるという。[14] 放屁は世界の変換や逆転をもたらすものであれば、巫女としての霊力の発顕にかかわる行為として捉えることもできるだろうか[15]。

二つ目は「黄金の瓜種」と呼ばれるモチーフで、『日本昔話通観』に類話が十二通りも併記されているように[16]、沖縄には広く分布しているものである。それはすなわち、放屁したばかりに離縁された妻が生んだ子は、成長して父を探し、黄金の瓜種を売ることで父のあやまちを諭したという父子再会の物語である。

さてここで問題としてとりあげたいのは、説話後半の黄金にかかわる伝承で、鍵となるのは「黄金の瓜」である。本来なら会えるはずもない王にみすぼらしい身なりの思金松兼が会うことができたのは、黄金の瓜のおかげであり、それがとりもなおさず黄金の力なのだろう。黄金という高価なものは王に献上されるべき「国家の至宝」であり、その献上を機に親子の名告りをあげることができた。宝としての黄金は王が所有すべきものだという暗黙の了解がここにはある。

しかし、もし黄金にのみ意味があるのであれば、それは「黄金の瓜子」ではなく単に「黄金」とあってもよいだろう。波間に浮かぶ黄金を見つけ、王に献上したと語るだけでいいはずだ。つまりここで重要なのは「黄金の瓜子」であり、それが献上されたことにより思金松兼は王位につくことができたということである。王位継承の鍵は「黄金の瓜子」にあった。

では一体「黄金の瓜子」には、どのような意味が託されているのだろうか。

二 『三国遺事』に語られる「黄金の櫃」

「黄金の瓜子」に込められた意味について考えるために[17]、次のような『三国遺事』の伝承を取り上げてみよう。

【資料2】『三国遺事』巻第一紀異第一「金閼智 脱解王代」

永平三年庚申一云中元六年。誤矣。中元尽二年而已。八月四日。瓠公夜行月城西里。見大光明於始林中。一作鳩林。有紫雲従天垂地。雲中有黄金櫃。掛於樹枝。光自櫃出。亦有白雞鳴於樹下。以状聞於王。駕幸其林。開櫃有童男。臥而即起。如赫居世之故事。故因其言以閼智名之。閼智即郷言小児之称也。抱載還闕。鳥獣相随。喜躍蹌蹌。王擇吉日冊位太子。後譲於婆娑。不即王位。因金櫃而出。乃姓金氏。閼智生　漢。漢生阿都。都生首留。留生郁部。部生俱道。一作仇刀。道生未鄒。鄒卽王位。新羅金氏自閼智始。

これは金閼智《キムアルチ》の誕生に纏わる話である。紫色の雲が空から垂れ下がり、その雲の中では黄金の櫃が木の枝に掛かっていた。知らせを受けた王がその地に向かい黄金の櫃を開けてみると、一人の男の子がその中に横たわっていた。あたかも赫居世の故事のようだったので、その子を閼智と名づけ太子とした。閼智は後に太子の地位を婆《パ》娑《サ》に譲って王位につくことはなかったが、その子孫は王位についたという。

この話の類話としてはまず思い起こされるのは、本文にもあるように赫居世の神話だろうか。楊山の麓にある蘿井に光がさしていたので行ってみると紫色の卵があり、その卵から生まれた赫居世は王として人々に迎えられたという話である。あるいは駕洛国記でも、天から降りてきた紫色の光の先に「黄金卵」があり、その卵から生まれた子どもが王になったと語られる。どうやら『三国遺事』の中では、王の始祖は卵や櫃から生まれたと考えられていたようだ。

ここで注目しなければならないのは、その概略の類似ではなく、王が生まれ出た卵や櫃の機能であろう。櫃とは中が空洞の入れ物で、その内側に籠ることができるものであり、内側に籠ることができるという点でそれは卵に等しく、子どもが宿るにふさわしいものであった。卵にしろ櫃にしろ、それらはいわば子宮の役割を果たしているのであり、折口信夫がいうところの「うつぼ舟」にあたる。[18]「うつぼ舟」とは中が空洞になった舟のことをいい、その舟に乗って神はこの世界に来臨するという。つまり、卵も櫃も神の子が宿る入れ物にして、神がこの世に来臨する際の乗り物であった。

そしてそれはまさしく、瓜にも当てはまる機能ではなかったか。日本の昔話「瓜子姫」を思い起してみよう。[19]その昔話では、川で洗濯している時に拾われた瓜から女の子が誕生した。瓜は子宝に恵まれない老夫婦の元に贈られた神からの贈り物であり、同時に神の子を宿すものでもあった。それは神から遣わされたものが乗る乗り物でもあり、天上（垂直）から海上（水平）からかというベクトルの違いはあるものの、卵や櫃と変わらぬ機能を果たしている。永藤も、瓜には二つの異なる世界を連結したり切断したりする機能があり、首里王府という天と思金松兼がいた久高島という地上世界の往還を可能にしたのは、そのような瓜に秘められた呪力であったと指摘している。[20]

そのように考えるのであれば、『遺老説伝』の黄金の瓜もまた神の子が宿るものであったと捉えることができる。実際にその瓜から神の子が誕生したわけではないけれど、瓜を拾った思金松兼が神の子としてのスティグマを持ち、やがて王位を継承することを瓜は暗示しているように思われる。「黄金の瓜子」は王誕生の暗喩としてあったのである。

また、神に祈った結果黄金の瓜を得たということは、それが神よりもたらされたものであることを忘れてはなるまい。思金松兼が言うように、瓜は種として更に多くの実りを約束するものであり、富の象徴でもあった。富とは海の彼方からもたらされるものだという幻想そのままに、[21]それはあたかも一艘の小舟のように波間を漂いこの世界にもたらされた。そもそもこの第七三話前半でも、子孫繁栄と五穀豊穣を祈願して得た白い壺には五穀の種が入っていたではないか。瓜も壺も久高島に富をもたらすものとして語られていたのである。そしてはからずも、『三国遺事』巻第一紀異第一・第四脱解王条においても、新羅国東海の阿珎浦に漂着した船の中から櫝が見つかり、その櫝の中から男の子と五穀の種などが入っていたとある。男の子は竜王と積女国の王女との間に生まれた卵から誕生しており、「卵」、「櫝」、「船」が神話としては同じ機能を果たしていることは明らかだろう。海の向こうから漂着する「瓜」や「櫝」に担わされた役割とは、神からもたらされた富を象徴することでもあった。

三 「黄金」が意味するもの

ここでもう一つ考えなければならないことがある。黄金とは王が所有すべき国家の宝であることはすでに指摘したが、黄金が宝であるというだけではこれら黄金神話を真に理解したとはいえないだろう。注意深くテキストを読んでみると、「金」や「黄金」など幾つかの表記があることに気づかされる。ある時は「金」、ある時は「黄金」と語られていて、その表記は異なっている。

『三国遺事』巻第一紀異第一・第二の中で「金」（地名・人名を除く）が登場する話を調べてみると、東扶餘、金閼智、文虎王法敏、万波息笛、水路夫人、元聖大王、四十八景文大王、居陁知、武王、駕洛国記の十一話を挙げることができる。水路夫人条では「故人有言 衆口鑠金」とあって鉄を意味しているが、それ以外の「金」はいわゆる黄金のことを指している。文虎王法敏条では天王寺を視察にきた唐使に「金一千両」を贈って偽りの報告をさせ、万波息笛条では黒い玉帯を献上した竜に「五色錦彩金玉」を褒美として与えている。元聖大王条では日本王が「金五十両」で万波息笛を譲って欲しいと頼み、四十八景文大王条では三つのよいことがあると予言した範教師に「金一百三十両」が与えられた。居陁知条でも、龍に守られた新羅の船を見た唐の皇帝より「金帛」が新羅の使いに下賜されていて、玉や錦などとともに「金」が貨幣的な役割を担っていたことが理解できる。「金」はいわば貨幣であった。

それでは「金」は貨幣のことのみをいうのかといえばそうではなく、元聖大王条では、金色に光る井戸を「金光井」としており、「金」は色を指すこともあった。東扶餘条でも、北扶餘の王が得た子ども「金蛙」は初め「金色蛙」と表記されていて、「金」は「金色」という色の意であったことがわかる。「金蛙」もまた王になったことを考えると、天帝から遣わされた王の印として「金」という表現はなされたのだろう。太陽の色そのままに輝く「金」は、天上界の色、王権の色であったのである。(22)

このように「金」とあればそれは貨幣としての意味を含んでいたが、「金色」という色をいう場合もあり、その時表記は「金」ではなく「金色」とあって、どうやらその表記は区別して用いられていたようだ。となれば、今問題としている「黄金」にも「金」ではなく「黄金」として表記する意味があったことになる。

では一体どのような意味が、「黄金」には込められているのだろうか。次に挙げる武王の物語からその意味を探ってみよう。

【資料3】『三国遺事』巻第二紀異第二「武王古本作武康。非也。百済無武康。」

第三十武王。名璋。母寡居。築室於京師南池辺。池龍交通而生。小名薯童。器量難測。常掘薯蕷。売為浩業。国人因以為名。聞新羅真平王第三公主善花一作善化美艶無雙。剃髪来京師。以薯蕷餉閭里群童。郡童親附之。乃作謡。誘群童而唱之云。善化公主主隠　他密只嫁良置古　薯童房乙夜矣卯乙抱遣去如。童謡満京。達於宮禁。百官極諫。竄流公主於遠方。将行。王后以純金一斗贈行。公主将至竄所。薯童出拝途中。将欲侍衛而行。公主雖不識其従来。偶爾信悦。因此隨行。潜通焉。然後知薯童名。乃信童謡之験。同至百済。出母后所贈金。将謀計活。薯童大笑曰。此何物也。主曰。此是黄金。可致百年之富。薯童曰。吾自小掘薯之地。委積如泥土。主聞大驚曰。此是天下至宝。君今知金之所在。則此宝輸送父母宮殿何如。薯童曰。可。於是聚金。積如丘陵。詣龍華山師子寺知命法師所。問輸金之計。師曰。吾以神力可輸。将金来矣。主作書。幷金置於師子前。師以神力。一夜輸置新羅宮中。真平王異其神変。尊敬尤甚。当馳書問安否。薯童由此得人心。即王位。…

池のほとりに住んでいた母と池の竜との間に生まれた薯童は、イモ（山芋）を売って生計をたてていたが、新羅の真平王の第三王女善花が美しいと聞き、髪を剃り僧侶の姿となって都にのぼった。薯童は携えてきたイモを子どもたちに分け与え、なついた子供たちに「善花王女は嫁に行ったのに、夜になるとこっそり薯童を抱いて寝る」という童謡を歌わせた。すると百官たちが騒いだので王女は島流しになり、流されていく道中薯童がずっと王女の護衛をしたことから、二人の関係は親密なものとなった。百済に辿り着いた時、王女は母の王后から与えられていた黄金を取りだして、これだけあれば百年暮すことができると言った。すると薯童は笑って、このようなものならいつもイモを掘るところにいくらでもあると言う。王女はこの黄金は天下にまたとない宝物であり、もし本当に黄金がある所を知っているのなら父母のいる宮殿に届けて欲しいと頼んだ。知命法師の力を借りて一夜のうちに黄金の山を宮殿に送り届けた薯童は、それによって人々の心を掴み、やがて王位についたという話である。(23)

読んで明らかなように、この伝承では「金」を語るにしても、場面によってその表記に違いがある。遠方に流されていく時に皇后から与えられたのは「純金」であり、「百年之富」であると述べるくだりでは「黄金」と呼ばれている。[24] 前半で「純金」とあったものが後半にきて「黄金」へと変化しているのである。「純金」とはその字義の通り金の素材そのものをいい、「黄金」は黄色に輝く色に注目した表現であるとすれば、王女の手許にあった「純金」は「天下至宝」として薯童にゆだねられ、「黄金」という「色」すなわち王権を象徴するものとなったことになる。「黄金」という表記が登場したことによって、薯童が王になる予兆が示されたということでもあろうか。素材としての「純金」が王権を象徴する「黄金」へと変化していく過程を、この伝承から読みとることができるのである。

そしてそのプロットは、まさに『遺老説伝』の「黄金の瓜子」に同じではないか。「黄金の瓜子」は「国家の至宝」であり、その所有者である思金松兼は後に王位につく。「天下至宝」「国家の至宝」という国の宝は、「黄金」や「黄金の瓜子」であると同時に、やがて王になる薯童や思金松兼自身でもあった。

ではその「黄金」とは、一体どのようなことを意味しているのだろうか。

それは「百年之富」が「黄金」だという王女の言葉のうちに語られているだろう。百年の生活を約束するという「百年之富」は、その黄金が他のモノと交換されていくことを前提としている。もし「黄金」にそのモノとしての価値しかないのなら、薯童が笑ったように、山中ではイモ畑の泥の塊と変わらぬ鉱物の一つでしかない。しかし都に暮しそれが何にでも交換できることを知っていた王女は、薯童にその価値を「百年之富」として教えた。「金」そのものの価値ではなく、交換によって様々なものを入手できること示す時、それは「純金」ではなく「黄金」と表記されているのである。金属としての「純金」に「百年之富」という価値を付加したものが「黄金」なのではないか。つまり富の概念が「黄金」という表記には込められているのであり、素材としての「純金」は貨幣的な価値があるものに変わったその瞬間「黄金」という表記に変化した。反対のいい方をするのなら、宝とは素材でしかないものが貨幣になるということであり、その宝の所有者が王であるとしたら、王によって素材は貨幣になるといってもよいだろう。素材「金」を流通させ、宝たらしめる力が「交易」[25]を促す王の力であり、そのような力が「黄金」という表記に込められていたのである。

改めて『三国遺事』で「黄金」と表記される三例について考えてみると、三例とも王位に関わる話であった。「黄金の櫃」「黄金の卵」からは王の始祖が生まれ、この伝承でも「黄金」の所有者薯童はやがて王位につく。「黄金」が王位につく予兆として語られていることは明らかであり、王こそが「黄金」を所有し、それを流通させていく力を持つ者であった。

四　交換される「黄金」

最後に再び『遺老説伝』に戻って考えてみよう。『遺老説伝』において「黄金」はどのように描かれているのだろうか。

『遺老説伝』中に描かれている「黄金」の例を見てみると、先に挙げた第七三話以外に、第三五話の普天間宮由来譚では神より与えられたものとして、第五七話では補陀落渡海僧の埋納金として、第一〇八話では炭から変じたものとして語られており、そのいずれにおいても黄金は財として描かれている。[26]その中の第三五話では、「黄金」が交換されていく様までが語られている。

【資料4】『遺老説伝』第三五話

一、普天間邑の東に、一洞窟有り。民、常に農器を放在す。一日、観音の磁像有りて、之れを石壇上に安置す。何処の人の其の中に奉安せしやを知らず。即ち隣里の人、大いに之れを奇怪とし、深く尊信を為す。而して求祈の人有れば、必ず此の地に到りて禱祈す。則ち霊験、影響より捷し。後亦安谷屋村に一夫婦有り。常に農業を為し、倹勤兼ね全うす。然れども五穀登らずして、賦税欠くこと多し。是に于て婦、夫に請ひて曰く、妾、身を他家に売り、以て賦税を完うせん。若し一点の暇時を得れば、以て紡績に便し、以て其の身を償はん。請乞す、良人、力を田畝に尽くし、以て家資に供せよ。若し天、洪慈を賜ひ介祉を降し来り、以て贖身を為せば、再び夫婦と為り、偕老の契を結び、以て天年を終へんと。夫婦涙を流して別る。即ち身を首里に売り、以て人の婢と為る。時々髪を剪りて髢を為り、之れを市上に売り、以て祭品を買ひ、毎夜普天間に到りて焚香許願す。三四年を歴閲するの九月の間、一夜独身普天間に赴き、結彩門（俗に鳥居と呼ぶ）辺に行き到るのとき、偶々一老人に逢ふ。婦女、驚駭して退去せんとす。老人曰く、驚異を為す勿れ。吾、汝に托して斯の物を看守せしめんと。婦女曰く、妾は人の婢女と為り。今、心に情願有り。一点の間暇を偸み得て、神社に拝謁す。若し速やかに去るに非ざれば、恐らく其の罪を獲ること有らんと。再三固辞す。老人、之れを強ひ之れを勤めて、婦女に寄在す。婦女、已むを得ずして守護す。老人、遂に去り、其の之く所を知らず。之れを奈何ともする無く、便ち其の物を携へて首里に回り至る。厥の後、屢々其の物を携へて去き、之れを還償せんとするも、並して老人に再見せず。婦女、竟に其の老人に遇はんとし、社に謁して許愿す。其の夜、之れに夢告する有り、曰く、神、汝に賜はんとして、特に此の物を来して汝に托在すと。時に曉鶏翅を拍ち、人の好夢を驚かす。覚め来れば未だ明らかならず。次夜、復念願を為すに、果然見る夢、昨夕の夢と、稍しも相異ならず、賜給すること明告す。焉に於て、開封して之れを見るに、内に黄金数塊有なり。其の黄金を将て、速かに贖身せんとするも、奈んせん家主、奴婢有ること無く、以て償去し難し。亦二秋を歴る。終に其の神より賜はるの事を以て、細さに家主に告げ、即ち黄金を以て贖ふ。既にして大いに還願を為し、以て石龕を造り、観音を其の中に奉安す。漸次家資殷富し、子孫繁栄し、夫婦偕老す。是れに由りて遠近の人、遍く其の事を聞き、皆此に到りて祈禱す。

ある勤勉な夫婦は五穀が実らなかったために税を払うことができなくなり、その妻は夫と別れてその身を他家に売った。妻は髪を売って祭品を買い、毎晩普天間宮に通っていた。ある時老人から荷物を預かったが、老人が戻って来なかったため手許にその荷物が残された。老人に会おうとして普天間宮に詣でたその晩、預かった荷物は神から授けられたものだと夢の中で告げられる。荷物を開けてみると中には黄金が入っており、その黄金で自らの身を買い戻したという。

貧しい妻は信仰心が篤かったので神から黄金を与えられ、自らの身を買い戻すことができたというのであるが、この説話で語られているのは、黄金は神より与えられるという富の幻想のみではないだろう。黄金によって買い戻したとあるように、黄金は貨幣のごとく交換されるものであった。黄金の価値とは、それが他のものと交換されることにあり、交換され様々なものに変わっていくからこそ貴重なものなのである。

そしてそのような交換媒介としての黄金が語られる背後には、高度に経済が発達した社会があることを指摘しよう。琉球とはまさに中国と日本の間で中継貿易を行っていた交易国家であり、そのような琉球の現実がこの話の根底を支えているのであった。

むすび

『遺老説伝』や『三国遺事』において黄金は、王権を象徴するものとして語られている。その色が金色に輝く太陽の色を象徴することから、太陽の子孫である王という意味が黄金には込められていた。あるいは、黄金には宝という概念があり、宝を所有する王という意味もあった。

ところが冒頭でも述べたように、王権を確立するものとして作られた『古事記』では、黄金が語られることがほとんどない。黄金の意味としての「金」が語られるのは神功皇后新羅征伐のくだりで、熊襲征伐を行うのではなく西方にある新羅国にこそ攻め入るべきだという神の託宣の中である。[27]「金銀を本として、目の炎耀く種種の珍しき宝、多にその国にあり」という神の言葉の「金銀」は、新羅国を修飾するものとして語られているのであって、王権を象徴するものとして語られているわけではない。古代日本においては「金(かね)」といえばすなわち「鉄(かね)」を意味していたように、[28]未だ仏教文化が盛んでなかった当時黄金の需要はさしてなく、王の権威を示すものは専ら鉄であった。革命的な技術改善をもたらす鉄こそが人々の間で望まれる宝であり技術革新の象徴であって、黄金は王権を保証するものとして存在してはいなかった。

つまり黄金が王権を象徴するには、黄金を貨幣として流通させる高度に発達した経済がなければならない。東アジア世界の中で東西の架け橋となっていた琉球や韓半島であるから貨幣経済が発達していたのであり、そのような意味において黄金は「交易」を促す王の力、すなわち王権を象徴していた。王権を支える黄金神話の背景には、高度に発達した貨幣経済が存在しているのであった。

最後に誤解を招かぬようつけ加えておくと、古代の韓国において経済が高度に発達していたということを直接示す伝承やモノはない。しかし、中国と地続きであった韓半島が、中国を中心とする東アジア経済圏の外にあったとは思われない。『古事記』において「金銀」が新羅を修飾する言葉であったのも、新羅では「金銀」が宝、すなわち貨幣的な価値があるものとして認識されていたからではなかったか。何よりも『三国遺事』薯童伝承の中で黄金が交換されていくさままでを語っているということ自身、韓半島において経済が発達していた証だと思われるのである。

そしてそれはまた、琉球と韓国の神話や伝承の比較が有意義であることも示している。実は『遺老説伝』第七三話に酷似した伝承が韓国の民譚にも残されている。放屁したために離縁された母から生まれた子は、瓜の種を持って父のもとを訪ね、「放屁しない女が植えなければその種の成長は早くない」と告げたことによって父との再会を果したという。放屁といい、父なし子といい、その再会の契機に瓜があることといい、これほどの類似があるのは単なる偶然ではあるまい。類似した説話が両地域に存在しているのは、それら地域の間に交流があったからに違いなく、それこそまさに「交易」とよぶべきものであった。

注

（1）『遺老説伝』とは、十八世紀に琉球の正史『球陽』の外伝として編纂された漢文説話集であり、王権のイデオロギーや歴史の厳然たる事実性を重視するあまり、『球陽』が排除した口碑や民話などを集録した書物として捉えることができる。また、そのような『遺老説伝』と『球陽』の関係は、韓国における『三国遺事』と『三国史記』の関係を考えるうえで参考になると思われる。

（2）永藤靖「『遺老説伝』・第七十三話を読む—説話と歴史叙述のはざまで—」（『淵民學志』第16輯）、二〇一一年八月。

（3）島村幸一「久高島行幸のオモロ―「久高島由来記」（『恵姓家譜』）とかかわって―」（『立正大学大学院紀要』28号）、二〇一二年。

（4）末次智『琉球の王権と神話―『おもろさうし』の研究―』、第一書房、一九九五年。またこの他に久高島と王権についての研究として、『遺老説伝』第七三話に触れることはないが、琉球の最高神女である聞大君の就任儀礼との関わりから久高島の祭祀を取り上げた倉塚曄子（倉塚曄子「聞得大君論」（『巫女の文化』）、平凡社、一九七九年）、久高島の民俗への王権の関与について論じた比嘉康雄や赤嶺正信の論考を挙げることができる（比嘉康雄『日本人の魂の原郷　沖縄久高島』、集英社新書、二〇〇〇年。／赤嶺正信「王権にまなざされた島―沖縄・久高島」（赤坂憲雄編『現代民俗誌の地平』2）、朝倉出版、二〇〇四年）。

（5）『韓国文化シンボル事典』（平凡社、二〇〇六年）の「金」の項目（金和経）による。

（6）金鍾徳「日本古代文学における「韓国」のイメージ」（『日本古代学』第1号）、明治大学古代学教育・研究センター、二〇〇九年。

（7）丹とは第一義的には水銀のことであるが、丹が朱色の染料であることから、同じく朱色の染料であるベンガラ（酸化鉄）を指すこともある。その使い分けは曖昧で、丹が厳密に水銀のみを指すとは言い切れない（第一部第四章参照）。

（8）例えば『遺老説伝』第七三話で語られる父と子の離別と再会というモチーフは、韓国の神話や巫歌（本解）、民譚などにも広く見られる重要なものであり、『三国史記』にも朱蒙と瑠璃王の父子再会の物語が収録されている。

（9）紀異第一・第二に限ったのは、そこに神話と呼べるものが残されていると考えるからである。

（10）高橋六二によれば、『那覇市史』（一九六七年刊）、『イザイホー調査報告』（一九七九年刊）、『神道大系』（一九八二年刊）などにこの話の異伝が伝えられているが、字句の違いこそあれ内容に大差はないという（高橋六二「久高島由来譚」（『跡見学園短期大学紀要』26）、一九八九年）。

（11）「黄金の瓜子」を手にするまでは「金松兼」、手に入れてからは「思金松兼」とその表記が変化する。なぜそのように表記が変わるのかというと、「思」が貴人の名を示す尊称であったからであり、その表記の変化には「金松兼」が後に王位を継ぐことが暗示されていると思われる。また高橋六二によれば、尚賢王の童名が松金であることなどからマツガネには神に選ばれたもの、神聖を備えたものという意味があるという（（10）高橋六二論文に同じ）。

(12) この物語におけるモチーフの繰り返しは、(10) 高橋六二論文でも指摘されている。

(13) 放屁を理由に里へ返されそうになった嫁が、たまたま通りかかった殿さまに屁で梨を落としたことから褒美をもらい、その褒美欲しさに夫が離縁しなかったという話型である。北は青森から南は鹿児島まで分布が見られる(関敬語『日本昔話大成』八、角川書店、一九七九年)。

(14) (2) に同じ。

(15) (10) 高橋六二論文に同じ。

(16) 稲田浩二・小沢俊夫編『日本昔話通観』第26巻、同朋舎出版、一九八三年。

(17) 『遺老説伝』中に「瓜」が登場するのは第七三話のみである。

(18) 折口信夫「霊魂の話」(『折口信夫全集』3)、中央公論社、一九九五年。

(19) 昔話「桃太郎」にしても、川を流れてきた桃には「瓜子姫」の瓜と同じ機能があったと考えられる。

(20) (2) に同じ。

(21) 琉球では海の彼方にある理想郷ニライ・カナイから富がもたらされると信じられていた。

(22) 「紫卵」の紫もまた最も高貴な色にして、念仏行者臨終の時に仏が乗って来迎する雲のことを紫雲というように天上界を示す色である。このように「黄金の櫃」・「紫卵」の「黄金」や「紫」という色は天上界から降ってきたことを示す記号であった。

(23) 日本ではこのような伝承を「炭焼き長者」という話型に分類する。「炭焼き長者」伝承とはすなわち、山中に暮す男のもとに町から身分の高い女が嫁ぎ、男に金の貨幣的な価値を教えるというものである。このような話型は中国、韓国にも多く見出せる(福田晃・金賛會・百田弥栄子編『鉄文化を拓く　炭焼き長者』、三弥井書店、二〇一一年)。

(24) 薯童に金の価値を説明する時、皇后から与えられた「純金」は「金」という表記になっているが、それは「金蛙」の時でもそうであったように、再度言い換える場合は「金」のみの表記が用いられたと思われる。

(25) 「交易」とは単なるモノの交換ではなく、人々の移動やそれに伴う技術・伝承の伝播であり、それによって築かれる相互関係のことでもあると定義する。

(26) 第一〇八話では老人の姿になって現れた神から黄金が与えられている。第五七話でも補陀落僧が祝女との密通を疑われ、黄金を御嶽に隠し自らは櫃に入り寺に放火したとあり、黄金がその僧の財であったことが理解できる。また「金」という表記はこれ以外の説話にもみられるが、「鳴金（一〇一話・一一一話）」の楽器や「金瘡（一一五話）」の刀傷、あるいは地名・人名としてであり、いわゆる「黄金」の意味を持つ場合も「資金（一三九話）」や「金銀（六〇話）」「金玉（九二話）」「䥫金（九五話）」など熟語的用法に限られている。

(27) 仲哀天皇条。熊襲征伐にきた香椎宮（博多）で神功皇后は神憑りとなり、その時の託宣の言葉。『日本書紀』仲哀八年九月条にも同様の記事がある。

(28) 古代日本において「金（かね）」は鉱物の総称としても用いられる。

【参考文献】

永藤靖『琉球神話と古代ヤマト文学』、三弥井書店、二〇〇〇年
野村伸一『東シナ海祭祀芸能史論序説』、風響社、二〇〇九年
野村伸一『韓国の民俗戯―あそびと巫の世界へ―』、平凡社、一九八七年
福田晃・金賛會・百田弥栄子編『鉄文化を拓く　炭焼き長者』、三弥井書店、二〇一一年

第六章　『三国遺事』と日本神話

―日光感精神話の行方―

一　『三国遺事』の延烏郎細烏女伝承

韓半島で最も早く日が昇るのは、浦項《ポハン》から北に突き出た虎尾串《ホミゴ》と呼ばれる半島である。韓国を一匹の虎に見立てたなら、それはまさに虎の尾にあたるらしい。その湾曲した入江の風景は美しく朝鮮十景にも数えられた名勝であり、古代、その半島のつけ根に柵をしただけの天然の牧場では兵馬が飼育されたという。その一方、都から遠く離れた東端であれば、周縁であるが故の宿命として、政治犯が流された流刑地でもあり、それは同時に外の世界に開かれた場所でもあった。地図を見れば明らかなように、浦項からまっすぐ東に向かえば隠岐に到る。現在出雲との文化交流は盛んであり、虎尾串の南には、明治時代香川から漁師たちが移住してきた九龍浦《グリョンポ》という日本人移民の町もある。古くから日本との交流があったらしく、岩に乗って日本に渡った男が王となった物語、『三国遺事』延烏郎《ヨノラン》・細烏女《セオニョ》伝承の舞台でもあった。

第八代阿達羅《アダラ》王四（一五七）年のある日、東海のほとりに住んでいた延烏郎は、海藻をとっていると乗っていた岩が急に動き出し、日本に辿りつき王になった。残された妻細烏女は、夫が帰ってこないことを不思議に思い海辺を探していたところ、岩の上に夫が脱いだ履物をみつけ、同じようにして日本に運ばれて夫と再会した。ちょうどこの時、新羅では太陽と月の光が消えてしまい、日官（気象を司る役人）に占わせると、太陽と月の精が日本に行ってしまったためだという。そこで新羅王は二人を探し出して帰国を願ったが、延烏郎はこう答えた。自分がこの国にきたのは天がそうさせたからであり、したがって新羅に再び戻ることはできない。そのかわりに妻が織った「細綃《さいしょう》（絹織物）」を天に祭って欲しい、と。果たしてその言葉通りにすると、新羅では太陽と月の光が戻った。そこでその絹を国宝として倉庫におさめ、祭祀したところを迎日《ヨンイル》県、あるいは「都祈野《トキノ》（日の出る所の意）」と名づけたという。

この伝承から誰もが感じるのは、おそらく日本との「近さ」であろう。流された岩は日本海沿岸に辿りつき、延烏郎は人々に望まれて王となった。辿りついた海岸は隠岐とも[1]伯耆ともされているが[2]、その「近さ」とは単に地理的なものばかりではなく、王として迎え入れるという心情的な「近さ」でもある。

二　『日本書紀』に描かれたツヌガアラシト

韓半島から日本に渡ってきたという話は、記紀風土記の神話にも見出すことができる。一番古い渡来伝承としては、スサノヲの伝承を挙げることができるだろうか。『日本書紀』神代第八段一書第四には、高天原から追放されたスサノヲは直接出雲の斐伊川に降るのではなく、新羅国の「曾戸茂梨《ソシモリ》（新羅国号の意で現在のソウルに通じる）」に降臨した後、埴土船を造って出雲に渡り来たとある。それは新羅と出雲の近さを語るものであり、韓国では延烏郎細烏女伝承との類似が指摘されているけれど[3]、延烏郎細烏女伝承の類話としてまず想起されるのは、次に挙げる韓半島より渡来した王子の伝承であろう。以下『日本書紀』垂仁天皇二年是歳条に語られるその伝承の概略を記す。

垂仁天皇の御代、額に角の生えた人が敦賀の気比の浜辺に停泊したので、どこの人かと問えば、「意富加羅《おほから》（大伽耶＝金官国）」の王子ツヌガアラシトだと答えた。そのツヌガアラシトがいうには、日本には聖帝がいると聞き、帰属を願い渡ってきた。初めに漂着した穴門（下関海峡付近）で自らを王と名告る男に出会ったが、人となりを見ると決して王ではないことがわかり、その後浦々を廻って出雲の国を経てこの地に到着したという。聖帝と思い慕ってきた先帝（崇神天皇）は崩御したところであったので、ツヌガアラシトは垂仁天皇に三年仕えていたものの、この年故国に戻ることになった。戻るにあたり天皇はツヌガアラシトに赤絹を与え、先帝の名ミマキノスメラミコトに因んで国の名とせよといった。その時賜った赤絹を自国の蔵に納めたところ、それを新羅人が聞きつけて奪ったため、それ以来二国は争うようになったという。

この伝承のプロットを簡潔に示せば、日本に渡来した王子が日本から赤絹を持ち帰り、それがその国の宝となったということである。確かに、韓半島と日本との往来があり日本から渡った織物が残されているという点では、この伝承と延烏郎細烏女伝承は同じであるといえる。しかし、この伝承を読む限りにおいて、ツヌガアラシトは金官国の王子であって、太陽の化身であった延烏郎のように日本で王になることはない。しかもたまたま乗った岩に導かれて渡来した延烏郎とは異なり、自らの意思で渡来したことになっていて、その聖帝を慕うという理由は儒教的潤色を思わせる。果たしてこの二つの伝承は同根のものなのだろうか。

実はこの記事に続けて、本文異伝として次のような話を『日本書紀』は伝えている。

ツヌガアラシトが本国にいた時、農具を背負わせていた牛が突然いなくなった。その跡を追っていくと郡役所の中で消えた。その時ある老人が教えていうには、村長たちはすでに牛を殺して食べてしまっただろう、もし牛の代償として何が欲しいかと尋ねられたなら、その村で祭っている神が欲しいと答えなさい、と。ツヌガアラシトは教えられたままに答え、村の神である白い石を得た。白い石を持ち帰って寝室の中に置いておくとそれは美しいヲトメとなり、ツヌガアラシトはそのヲトメと交わろうとした。ところが、ツヌガアラシトが外出している間にヲトメはいなくなり、ツヌガアラシトはヲトメを求めて日本に渡ってきた。求めていたヲトメは、難波でヒメコソの社に祭られるアカルヒメになったという話である。

この異伝が語るのは、ツヌガアラシトが渡来するに至ったもう一つの理由である。白い玉から化したヲトメを求めて渡来したと語るのだが、一体その玉から化したヒメコソとは何者なのだろうか。

三　ヒメコソという女神

ヒメコソが何者かを考えるにあたり、『肥前国風土記』に残されているヒメコソ伝承を取り上げてみよう。

昔、山道川の西に荒ぶる神がいて、そこを通る人の半数を生かし、半数を殺していた。その祟る理由をトってみると、筑紫国（現在の福岡県）の宗像郡の人である珂是古《かぜこ》に祀らせたならば祟らないという。そこでその珂是古を呼び幡をたてて祈らせたところ、その幡は風のままに流され、今ヒメコソ神社（佐賀県鳥栖市姫方町）があるところに落ちた。再びその幡は飛び山道川のほとりに落ちたので、珂是古はその神の坐すところを知った。また、その夜珂是古の夢に「臥機《くつびき》（韓国式の織機）」と「絡垜《たたり》（糸繰り道具）」が現れ、その神が女神であることをも知った。やがてその地に神社を建てその神を祀ったので、それより後は交通妨害をすることもなくなったという。

この伝承から、ヒメコソとは何者かが明らかとなるだろう。ヒメコソの「コソ」とは韓国語でまつりの場のことをさし、ヒメコソとはまさに姫神(4)（女神の一般名称）を祀る社の意であった。韓国語で解せるということはその神が韓半島から渡来した神であった証であり、その祭祀の方法が幡を用いたものであることや祭祀者の夢の中に「臥機」と「絡垜」が現れたということからは、この女神が機織女であったことがうかがえる。ヒメコソとは、韓半島から渡来した機織女のことであったのである。

また、珂是古が宗像の人であったということも、ヒメコソのルーツが韓半島にあることを示しているだろう。宗像氏とは九州北部の海域を支配した海人族であり、彼らが奉祭する宗像三女神は、記紀神話でスサノヲがアマテラスと誓約をした時に誕生した女神たちで、玄界灘に浮かぶ沖の島の沖津宮、筑前大島の中津宮、宗像市田島の辺津宮にそれぞれ鎮座している。興味深いことには、その三つの宮を線で結ぶと韓半島との航路が浮かび上がって見え、宗像氏は九州北部の海域の中でも特に韓半島との航路を掌握していたことがわかる。その沖の島の古代祭祀遺跡からはミニュチュアの金銅製の機が発見されており、宗像三女神もまた機織女であった。機織女を奉祭する宗像氏であったからこそヒメコソの荒ぶる心を鎮めることができたのである。

そしてそれは翻って、ヒメコソのもう一つの側面を明らかにするだろう。ヒメコソ伝承に語られた風に靡く「幡」は、風をはらみ進む帆船の「帆」のことではなかったか。「機（ハタ）」は「幡（ハタ）」のことでもあり、「幡」を用いた祭祀とは航海の様を再現したものであったに違いあるまい。

となれば、ますますヒメコソと細烏女は似通って見えてくる。細烏女もまた機織女であり、細烏女が織った織物にしても太陽を取り戻す祭祀に用いられた。岩に乗って日本に渡ってきたという描写は、帆船に乗って渡来したことを示していたと考えられるのである。

四　アメノヒボコと日光感精神話

ところで、この『日本書紀』ツヌガアラシト伝承と同工異曲の物語が『古事記』にも伝えられている。応神記に語られるアメノヒボコ伝承である。

新羅の阿具沼のほとりで昼寝をしていたある賤しい女は、陰部に日光が差し込み妊娠し赤い玉を生んだ。その様子を見ていたある男はその赤い玉を女からもらいうけ、いつも腰につけて持ち歩いていた。ある時この男が耕作人の飲食物を牛に背負わせていると、新羅の王子アメノヒボコに出会い、その牛を殺して食べるのではないかと疑われ、牢に入れられそうになった。そこでその男は腰につけていた玉をアメノヒボコに差し出し、赦された。アメノヒボコが持ち帰った赤い玉は、寝室に置くと美しいヲトメになり、アメノヒボコの妻となった。そのヲトメは常に美味しい食物を用意したが、奢ったアメノヒボコに罵られたので、もとより私はあなたの妻になるべき女ではない、「祖《おや》の国」に行くと言い、密かに小船に乗って難波まで逃げきて、ヒメコソの社に鎮座するアカルヒメとなった。一方アメノヒボコは、ヲトメを追いかけてきたものの難波の渡りの神に遮られて入ることができず、但馬国に留まってその地の豪族の娘を娶り、出石神社に八種の神宝を伝えたという。

この伝承前半部の日光を受けて妊娠するくだりは、いわゆる日光感精神話と呼ばれるものであり、本来は太陽神の子であることを語るものであった。尋常ではない出生は王たるものの聖性を保証し、高句麗の始祖朱蒙《チュモン》もまた、河伯《ハベク》の娘柳花《ユファ》が日光を受けて生んだ卵から誕生したと『三国遺事』では語られる。

東扶余《プヨ》の王位を継いだ金蛙《キムア》は、太白山の南優渤水《ウバルズ》で柳花と出会った。柳花とは、天帝の子解慕漱《ヘモス》と交わったために、この地に流されてきた河伯の娘である。柳花を部屋に閉じ込めておくと日光が彼女を照らし、避けても追いかけてきたのでとうとう柳花は身ごもり、五升もある大きな卵を生んだ。王がその卵を捨てると、犬や豚は食べようとせず、馬や牛はよけて通り、鳥や獣が覆ってあたためようとする。割ろうとしても割ることができなかったのでその卵を柳花に返した。柳花がその卵をあたためると、その中から一人の男の子が生まれた。骨格も外観も人より優れ、七歳にして成人となり、弓を射れば百発百中の腕前であったことから朱蒙といった。その優秀さゆえに妬まれ殺されそうになったので、朱蒙は国外に逃れ、卒本州《チョルボン》で即位して高句麗の始祖となった。

一読してわかるように、卵から誕生した朱蒙は優れた身体能力を持っていた。出生の異常さは人としての優秀さとして語りなおされ、神の子であれば王となるのは必然だという論理がここには働いている。そしてその神の子というスティグマは、太陽神と水神の娘の聖婚の果てに生じたものでもあり、そのような聖婚に注目するのなら、阿具沼のほとりで寝ていた賤しい女もまた水神の娘のなれの果てであったことに気づかされる。日光感精神話とは、太陽神と水神の娘の聖婚として捉えられるものであったのだ。

五　丹塗り矢伝承

このような聖婚モチーフは、記紀ではやがて天皇と水辺のヲトメとの婚姻譚に置き換えられ、降臨したニニギノミコトがコノハナサクヤヒメに出会ったのは笠沙《かささ》の海辺であったという伝承や、雄略天皇が美しいヲトメと出会ったのは美和河や吉野川の畔であったという伝承として語られるようになる。さらに折口信夫はそのヲトメを天皇の禊を助ける巫女と解しているのだが(4)、そのような禊儀礼を想定するかどうかは別として、水辺のヲトメのうちに神に仕える巫女の姿を見出だすことは可能であろう。

例えば、『山城国風土記』逸文の賀茂伝承のタマヨリヒメは、川遊びとしている際女陰に丹塗り矢が刺さり、神の子を身ごもったとされる。「川遊び」の「遊び」とは神を遊ばせる神事のことであれば、もとよりタマヨリヒメは神に仕える巫女であり、ここにも水辺のヲトメと神の聖婚というモチーフがある。その伝承では生まれた子は父を知らずに育ち、成人して神々を招待した七日七夜の宴を張った。父と思う人に酒を捧げよと祖父に言われ、天に杯を捧げようとしたその子は屋根を踏み砕いて天に昇っていった。父は天にいます神であり、父も子も雷神であったという。この伝承で興味深いのは、女陰に刺さるのは日光ではなく丹塗り矢であって、しかもそれは太陽ではなく稲妻を暗示していたことである。

あるいは記紀の三輪山伝承では、神武天皇の后ホトタタライスケヨリヒメは、三輪の神が丹塗り矢となってその母の陰部に突き刺さり誕生した娘だと語られる。なぜ丹塗り矢に変じたかというと、三輪大神の蛇神としての形状が矢の形状に同じであり、男性性器の暗喩でもあったからである。丹塗り矢の「矢」は男性性器そのものであり、ヲトメを身ごもらせるものとして機能していた。

では丹塗り矢の「丹」とは何を意味するのであろうか。「矢」がその形状からヲトメの妊娠を暗示しているのなら、「丹」にも担わされた意味があったはずである。

古代において「丹」は呪的意味を持つものであった。丹はその赤い色から魔除けの役割を果たし、石室や石棺に塗って死体の腐敗を防ぐ防腐剤として用いられていた。『日本書紀』神武天皇東征譚で、神武天皇は宇陀を平定するにあたり、丹を用いた戦勝祈願を行った。丹生川でなされたその祭祀とは、香具山の埴土で作った「天平瓮《あまのひらか》」から「水なし飴《たがね》」を作り、それを川に流して魚がマキの葉のように流れれば土蜘蛛たちは自ずと天皇に従うだろうという誓約であった。果たしてその言葉の如く魚は腹を上に向けて浮かびあがり、服従しない土蜘蛛たちは平定された。明らかにその「水なし飴」は有毒物質としての水銀のことであり、水銀としての「丹」の特性を古代人は知っていたのである。

そのような水銀を用いた戦勝祈願は『播磨国風土記』逸文でも語られていて、丹を塗った矛で海水を掻き混ぜることにより魚や鳥が死に、行く手を遮られることなく新羅国を平定して神功皇后は帰還したとある。あるいは、神功皇后の乗った船は船体下部に丹を塗っており、水に浸った船体の腐敗を防ぐものとして丹を用いていたこともわかる。丹は戦勝祈願の呪術や防腐剤として用いられていたのであり、呪的意味を持つものとして捉えられていた。

そして何よりも丹は染料や顔料であり（先の神功皇后新羅征伐譚でも兵士の衣を染めている）、その赤い色は太陽の色にして太陽神の末裔である天皇を象徴するものであった。難波で苦戦を強いられた神武天皇は「吾は日神の御子として、日に向ひて戦ふこと良からず…今者《いま》より行き廻りて、背《そびら》に日を負ひて撃たむ」（『古事記』神武天皇条）と、東から南への方向転換を太陽の運行に擬えている。神武東征譚でナガスネヒコに痛手を負わされてイツセノミコトが流した血や、宇陀で抵抗したエウカシの流した血が印象的に語られているのも、丹に染まった赤い道こそが神武天皇の辿るべき道だと語りたいからではないか。丹塗り矢の「丹」は太陽の色であり、丹塗り矢こそ日光感精神話における一筋の日の光であった。

しかし、実際の丹塗り矢伝承は朱蒙神話のように王の誕生を語るものではなく、丹塗り矢の正体も三輪大神という蛇神や雷神であって太陽神ではなかった。アメノヒボコ伝承においても、日光を感じて生まれたのはヒメコソという機織女であって、聖婚から生まれた子が直接王権に関わることはない。韓半島において日光感精神話は王権神話であったのに、日本においてそれは神々を祭祀する巫女の伝承へと変容してしまっているのである。

六　日光感精神話の行方

延烏郎細烏女伝承を発端に、アメノヒボコ伝承、朱蒙神話、丹塗り矢伝承、神武東征譚と、『三国遺事』と記紀神話を往来してきた。渡来伝承という点に注目すれば、延烏郎とアメノヒボコは同じく韓半島から渡来した人物であり、延烏郎の中にアメノヒボコの「天から降ってきた神聖な矛」(5)という鉄神としての特性を見出し、延烏郎の「烏」とは太陽に住む鳥であり鉄のことをも意味するのだという解釈が成り立つのかもしれない。(6)さらにそれを一歩進めて、延烏郎がいなくなって失われた太陽とは高炉の光のことであったとする説が登場するのも、(7)延烏郎がアメノヒボコと同一人物だと解するからに他ならない。延烏郎もまた韓半島から渡来した産鉄集団の長であったとする説の背後には、韓半島から日本に製鉄技術や機織技術、航海術さえもたらされたという文化伝播があり、そのような複合文化こそが渡来文化であった。

また、アメノヒボコ伝承の日光感精型の語りは、韓国においては朱蒙神話に、日本においては丹塗り矢伝承に通じていて、それら伝承に登場する女神たちを機織女として読み解けば、細烏女やヒメコソは太陽神に仕える機織女としてのアマテラスに繋がっていく。

あるいは、太陽が船に乗って天界を運行するという太陽船信仰を延烏郎に見るのなら、(8)『播磨国風土記』賀毛郡猪養野《ゐかいの》条に「天照大神の坐せる舟の於《うへ》に」と語られるアマテラスの姿に延烏郎を重ね合せることができるだろうか。(9)太陽船信仰を直接語るものではないけれど、浦項七浦里《チルポリ》の遺跡に残された岩刻画（紀元前二世紀〜二世紀までの青銅器時代の壁画）は、太陽や北斗七星、剣のツカや帆船を描いているように見え、この地の人々が太陽や月を祀り船に乗っていたことがうかがえる。

このように、丹塗り矢の「矢」の形状は蛇に等しく、蛇の形状が矛と同じであれば「矢」はヒボコの「矛」に通じ、一方「丹」は太陽を意味しその乗り物である「船」を想起させる、という具合に連鎖しながら、延烏郎細烏女伝承はアメノヒボコ伝承や丹塗り矢伝承へと繋がっていく。それらは互いにミッシングリンクのように補い合って一つの世界観を示し、太陽神の子孫が王になるという王権神話を語ろうとしている。

しかし、既に述べたように、『三国遺事』と記紀神話では決定的な違いがある。延烏郎が細烏女より先に渡来して王になったことに反し、アメノヒボコはヒメコソを追いかけて日本に渡来したものの、王になることはなかった。丹塗り矢伝承では太陽の子孫として君臨すべき子は、再び天に戻っていくか、神を祭祀する巫女や神たる天皇の后になるのみである。一筋の日の光を受けて誕生したものが王として君臨する『三国遺事』とは明らかに異なるベクトルが、記紀神話には働いている。渡来伝承として、日光感精神話としては同根であったとしても、その後の育まれ方が異なってしまったということか。あくまでもヲトメに焦点を当て続けた記紀神話の特性が、ここに浮かび上がって見えてくるだろう。

その後の日光感精神話の行方を示そう。『三国遺事』にも登場する洛山寺の開祖梵日は、その母が井戸に水を汲みにきて、ひさごに映った太陽もろとも飲みほしたために身ごもり生まれたという。[11] 日光感精型の語りは梵日が選ばれた者であることを語っているのみで、決してその母に焦点が合わされることはない。

一方日本においては、文武天皇の病を平癒した対馬の天道法師は、その母内院女御が放尿している時に日光に感じて妊娠し生まれたとされ、天道法師を祀る天道信仰は母神と子神が相俟ってはじめて完全な信仰形式をなしているという。[12] 母神と童神という母子の関係は損なわれることがなく、その母子の関係はまさに八幡信仰の神功皇后と応神天皇の関係として受け継がれ、日本において日光感精神話は母子神信仰へと変化していくのであった。

むすび

延烏郎細烏女の故郷である浦項は、冒頭でも述べたように、韓半島の東端に位置し最も早く日の出る場所である。その平野部を取り巻く山々には、太陽の位置にあわせて日の出、南中、日没とそれぞれ名づけられた峠があり、延烏郎とは太陽を祀りこの地を治めていた王であったともいう。[13] 迎日湾《ヨンイル》という名も日の出の太陽を迎える意に他ならず、かつて太陽祭祀を行う王がいたことを示しているのだろう。その地が慶州《キョンジュ》を流れる兄弟江の河口にあたるのであれば、[14] 延烏郎が海を渡っていったのは、慶州との戦いに敗れたからだ想像することもできるだろうか。

いずれにせよ、太陽を祀る王が太陽の昇る東へと移動するモチーフは、記紀神話の神武東征譚に同じであり、そのような東遷する王の神話を育んだのは、日本と韓国の間を流れ二国を繋ぐ海流であったことを忘れてはならないだろう。日光感精神話の行方は異なってしまっても、神功皇后の母葛城高顙媛《たかぬか》はアメノヒボコの子孫だと伝えられるように、どこまでも日本と新羅との縁が断ち切られることはなかったのである。

注

(1) 蘇在英(「迎烏細烏説話考」、韓国国語国文学会、一九六七年)によれば、「都祈野」の「都」は「郁」の誤で本来「郁祈《オキ》」すなわち隠岐であったという。
（2）二〇一二年十月六日に浦項で行われた延烏郎細烏女の祭祀において、インタビューした郷土史家の説。
（3）申サング（「〈延烏郎細烏女〉説話の研究史考察」「〈延烏郎細烏女〉日韓国際セミナー」予稿集、二〇一二年）によれば、一九五六年の学会で李弘稙が指摘したという。
（4）『肥前国風土記』（『風土記』（日本古典文学大系）、岩波書店、一九五八年）の頭注。
（5）折口信夫「水の女」（『折口信夫全集』第二巻）、中公文庫、一九八一年。
（6）小島憲之・直木孝次郎他校注・訳『日本書紀』一（新編古典文学全集）、小学館、一九九四年）の頭注。
（7）二〇一二年十月五日に行われた「〈延烏郎細烏女〉日韓国際セミナー：延烏郎細烏女〉神話中心の日韓民間交流史」におけるイ・ヨンヒ教授の発言。
（8）三品彰英『三国遺事考証』上、塙書房、一九七五年。
（9）『播磨国風土記』（『風土記』（日本古典文学大系）、岩波書店、一九五八年）の頭注においては、その船を朝廷派遣の軍船としている。
（10）金ギトク「〈延烏郎細烏女〉の価値と活用法案」（「〈延烏郎細烏女〉日韓国際セミナー」予稿集、二〇一二年）でその存在を知り、二〇一二年十月七日に調査した見解。
（11）黄縷詩「江稜端午祭説話研究」（『口碑文学研究』第十四集）、韓国口碑文学会、二〇〇二年。／任晳宰『韓国口伝説話　江原道篇』平民社、一九九〇年。
（12）鈴木棠三「対馬神道記」（『対馬の神道』）、三一書房、一九七二年。
（13）（2）に同じ。
（14）兄弟江という名の由来は、王が死んで龍に生まれかわり、天に駆け昇っていく際にかつて一つの山であった山を二つに踏み砕き（兄山・弟山）、その間に川を通したからだという。その龍が天に昇っていく様は、丹塗り矢伝承の子神の姿を彷彿とさせるのだが、それ以上に興味深いのは、そのような山を砕いた治水灌漑伝承が、兵庫県西部を北流して日本海に注ぐ円山川河口にも伝わっており、その山を砕いたのはアメノヒボコであると伝えられていることである。

第七章　龍と王権
――二つの龍神話――

はじめに

『三国遺事』には龍が登場する伝承が幾つか残されている。[1] その中で龍は水神にして王権を擁護するものとして語られているのだが、それはおそらく、古来中国において龍とは王権を象徴する聖獣であったからであろう。それはまたその発生において、「龍」という漢字の成り立ちや図像が示すように、角が生えた動物であり、雲を呼び雨を降らせる雨乞の神であった。[2]

では日本において龍は、どのように描かれているのだろうか。その神話において龍が登場することはなく、八俣の大蛇のように水神は大蛇の姿となって現れる。勿論時代がくだれば水神としての竜神は存在するし、日本各地の伝承の中で天空に駆け上っていく龍が語られることはある。あるいは、中世の日本国地図には日本をとりまくようにして龍が描かれていて、龍に大地を支えるもの、国を護るものとしてのイメージもあった。[3]

しかしそれは、韓国における龍のイメージに繋がっているようには思われない。王権を擁護し象徴するものとしての龍が、日本において描かれることはないのである。なぜ韓国と日本では龍のイメージが異なるのだろう。

韓国において龍が象徴しているものは何か、あくまでも『三国遺事』の伝承を中心に、日本神話との比較を行うことから考えてみたいと思う(4)。

一　水神としての龍

『三国遺事』巻第二紀異第二に、聖徳王（新羅三十三代王）代のこととして、次のような伝承が伝えられている(5)。

【資料1】『三国遺事』巻第二紀異第二「水路夫人」

聖徳王代。純貞公赴江陵太守。今溟州。行次海汀昼饍。傍有石嶂。如屏臨海。高千丈。上有躑躅花盛開。公之夫人水路見之。謂左右曰。折花献者其誰。従者曰。非人跡所到。皆辞不能。傍有老翁。牽牸牛而過者。聞夫人言。折其花。亦作歌詞。献之。其翁不知何許人也。便行二日程。又有臨海亭。昼饍次海龍忽攬夫人入海。公顛倒躃地。計無所出。又有一老人。告曰。故人有言。衆口鑠金。今海中傍生。何不畏衆口乎。宜進界内民。作歌唱之。以杖打岸。則可見夫人矣。公従之。龍奉夫人出海献之。公問夫人海中事。曰七宝宮殿。所饍甘滑香潔。非人間煙火。此夫人衣襲異香。非世所聞。水路姿容絶代。毎経過深山大沢。屢被神物掠攬。衆人唱海歌詞曰。亀乎。亀乎。出水路。掠人婦女罪何極。汝若悖逆不出献。入網捕掠燔之喫。老人献花歌曰。紫布岩乎。辺希執音乎手母牛放教遣。吾肸不喩慚肸伊賜等。花肸折叱可献乎理音如。

純貞公が江陵に大守として赴任する途中、海辺で昼食をとっていると、海にそそりたつ岩の上に躑躅が咲き乱れていた。公の夫人である水路夫人がその花をとってきてほしいと願うと、従者たちはとても近寄れるような場所ではないと尻込みし、牛を牽いて通りかかった老人がその花を手折ってきた。その二日後、また海辺で昼食をとっていると突然龍が現れ、夫人を海の中にさらっていった。するとまた老人が来て、「多くの人の言葉は金をも溶かす」という諺があるように、大勢で歌をうたって岸を杖でたたくなら、夫人を見つけ出すことができると告げた。果たしてその言葉通りにすると、龍が夫人を奉じて海から姿を現した。公が海中での様子を尋ねると、七宝でつくった宮殿があり、その料理はどれも美味しく良い香りがしたと答えたという。

ここで夫人が龍にさらわれたのは、『三国遺事』が伝えているように、その容姿が優れていたからではある。容姿端麗であることは、日本神話でも神が寄りつく印であったように、神と結ばれる存在であることを意味していて、龍が神と同等のものとして描かれていることがわかる。水路夫人が龍に連れ去られた際にうたわれた歌詞、「亀よ、亀よ。水路夫人を差し出しなさい。婦女を掠める罪はどうして尽きようか。もし畏れて姿もみせず夫人も返さないとしたら、網をうって捕まえて、焼いてくってしまうぞ。」というのも、三品彰英の指摘の通り、もともとは神隠しの際に行われた儀礼においてうたわれた問答形式の呪歌であり、「掠人婦女罪何極」は後からの挿入であって、強請的に神霊の出現を要求するものであったのかもしれない[6]。とすれば、本来水路夫人は水神に捧げられた人身御供であったと考えることができ、そもそも夫人の名「水路」も彼女が龍の妻となるべき存在であったことを暗示しているのだろう。「水路」には水の流れ出る場所にして水神がすまう聖地の意味がある。

さて、この伝承に類似した日本神話を挙げるとするなら、龍に夫人がさらわれたことに注目して、出雲神話の八俣の大蛇退治を挙げることになろうか。その伝承では、天上界から出雲に降臨したスサノヲは、人身御供を要求する八俣の大蛇を退治し、生贄に捧げられそうになったヲトメ、クシナダヒメと結ばれる。八俣の大蛇は出雲に流れる斐伊川のことだともいわれるように、氾濫を繰り返す大河がそのモデルであり、大蛇の退治ならぬ川の治水に成功したスサノヲが、稲の化身であるクシナダヒメを得るという構造になっている。洋の東西を問わず、複数の頭を持つ大蛇は暴れ河のことであり、灌漑など治水工事によってそれを多くの実りを約束する水源にかえた者が、その土地を支配する王となった。[7] 政治の「治」はそのような河川を管理すること、天下を治めるとは水を治めることであって、[8] 例えば中国の『史記』夏本紀には、治水に成功した禹が堯の死後帝位についたとある。このように、大蛇や龍の退治とは治水のことであり、それによって農地が拡大される農耕文化がその背景にはあった。

しかし、水路夫人に生贄としての姿を読み取ることはできたとしても、救ってくれた老人と夫人との間に特別な関係が生じることはなく、水神と結ばれるべきヲトメを掠奪して王となる物語にはなっていない。王の物語にならないばかりか、治水や農耕に繋がるなにものをもその背後に見出すことができないのである。それをどう解すればよいのか。『三国遺事』に描かれている、他の用例から探ってみよう。

二　木に変じる龍

『三国遺事』巻第五神咒第六恵通降龍条で龍は、王女にとりついて病気を引きおこしたり人々を苦しめたりと、水路夫人条の龍と同じく邪悪なものとして描かれている。

【資料2】『三国遺事』巻第五神咒第六「恵通降龍」

釈恵通。氏族未詳。白衣之時。家在南山西麓銀川洞之口。今南澗寺東里。一日遊舎東渓上。捕一獺屠之。弃骨園中。詰旦亡其骨。跡血尋之。骨還旧穴。抱五児而蹲。郎望見驚異久之。感嘆躕躇。便弃俗出家。易名恵通。往唐謁無畏三蔵請業。蔵曰。嵎夷之人豈堪法器。遂不開授。通不堪軽謝去。服勤三載。猶不許。通乃憤悱立於庭。頭戴火盆。須臾頂裂声如雷。蔵聞来視之。撤火盆。以指按裂処。誦神咒。瘡合如平日。有瑕如王字文。因号王和尚。深器之。伝印訣。時唐室有公主疾病。高宗請救於三蔵。挙通自代。通受教別処。以白豆一斗。咒金器中。変白甲神兵。逐祟不克。又以黒豆一斗。咒金器中。変黒甲神兵。令二色合逐之。忽有蛟龍走出。疾遂瘳。龍怨通之逐己也。来本国文仍林。害命尤毒。是時鄭恭奉使於唐。見通而謂曰。師所逐毒龍帰本国害甚。速去除之。乃与恭以麟徳二年乙丑還国而黜之。龍又怨恭。乃托之柳。生鄭氏門外。恭不之覚。但賞其葱密。酷愛之。及神文王崩、孝昭即位。修山陵。除葬路。鄭氏之柳当道。有司欲伐之。恭恚曰。寧斬我頭。莫伐此樹。有司奏聞。王大怒。命司寇曰。鄭恭恃王和尚神術。将謀不遜。侮逆王命。言斬我頭。宜従所好。乃誅之。坑其家。朝議。王和尚与恭甚厚。応有忌嫌。宜先図之。乃徴甲尋捕。通在王望寺。見甲徒至。登屋、携砂瓶、研朱筆。而呼之。見我所為。乃於瓶項抹一画曰。爾輩宜各見項。視之、皆朱画。相視愕然。又呼曰。若断瓶項。応断爾項如何。其徒奔走。以朱項赴王。王曰。和尚神通。豈人力所能図。乃捨之。王女忽有疾。詔通治之。疾愈。王大悦。通因言。恭被毒龍之汚濫膺国刑。王聞之心悔。乃免恭妻孥。拝通為国師。龍既報寃於恭。往機張山為熊神。惨毒滋甚。民多梗之。通到山中。諭龍授不殺戒。神害乃息。……

唐の王女にとりついた病魔は、新羅僧恵通が黒豆一斗を金の器に盛って呪うと、蛟龍となって飛び出した。その後龍は新羅にやってきて害をなしたので、鄭恭が恵通を唐まで迎えに行き、龍は再び恵通に追い払われた。龍は鄭恭を怨み、柳となって鄭氏の家の門の外に生え出ていた。神文王が崩御し、その山稜までの葬路を整えようとすると、鄭氏の柳が道を塞いでいる。伐ろうとすると鄭恭が、たとえ自分の頭を斬ってもこの木を伐ってはならないと反対したため、怒った孝昭王が鄭恭の頭を斬って殺し、その家を穴埋めにした。朝議で、鄭恭と通じていた恵通こそ遠ざけるべきだということになり、甲兵が恵通のもとに向かっていくと、恵通は神通力で甲兵を追い返したので、王もそのまま捨て置いた。まもなく新羅の王女が病気になり、それを治療した恵通は、鄭恭が毒龍の害を被って罰せられたことを伝えると、王は悔いて鄭恭の妻子の罪を免じ、恵通を国師に任じた。鄭恭への怨みをはらした龍は、山に入って熊の神となり人々を苦しめたが、山中に入っていった恵通に諭され鎮まったという。

ここに描かれているのは、時に王女に取りつき発病させ、時に山中で人々に害をなす龍の姿である。それはあたかも疱瘡神のように、人々に災いをもたらすものでしかなく、山に入れば熊神という山の神にもなることからすると、まさに荒ぶる神そのものでもあった。その荒ぶる神の片鱗が、美女をさらう龍の姿に引き継がれているとして、水神でありながらも山の神にもなるということは一体何を意味しているのであろうか。

おそらくそれを解く鍵は、龍が変じた木にある。鄭恭への怨みを晴らすためならば、柳の木に変じ、それが葬路を防いだことから鄭恭が罰せられるという、回りくどい方法をとる必要はあるまい。王女にとりついたように、病魔となって鄭恭を苦しめればよいだろう。なぜ龍は柳に変じたのか。

『三国遺事』巻第四義解第五にも、中国での修行の後、新羅へ帰国しようとした僧宝壌が西海の龍の宮中に招かれ、金羅の袈裟一揃いと璃目という龍の子を与えられた話が伝えられている。その「宝壌梨木」と題された伝承では、日照りが続いたある年、璃目が宝壌に命じられ雨を降らせると、天帝がそれを怒って璃目を誅しようとした。宝壌は璃目をかくまって床下に隠し、代わりに梨の木を指差したので、天使はその木を雷にうたせて天に昇っていった。雷は天から落ちてくるものではなく、大地から木を伝い天へと駆けのぼっていくと人々は考えていたのだろう。木は雷が天へとのぼっていく際の媒介であった。

そのように天へと駆けあがる雷の描写は、古代日本の伝承である、『山城国風土記』逸文の賀茂伝承にも描かれている。

【資料3】『山城国風土記』逸文「賀茂社」

…賀茂建角身命、丹波の国の神野の神伊可古夜日女にみ娶ひて生みませるみ子、名を玉依日子と曰ひ、次を玉依日売と曰ふ。玉依日売、石川の瀬見の小川に川遊びせし時、丹塗矢、川上より流れ下りき。乃ち取りて、床の辺に挿し置き、遂に孕みて男子を生みき。人と成る時に至りて、外祖父、建角身命、八尋屋を造り、八戸の扉を竪て、八腹の酒を醸みて、神集へ集へて、七日七夜楽遊したまひて、然して子と語らひて言りたまひしく、「汝の父と思はむ人に此の酒を飲ましめよ」とのりたまへば、即て酒坏を挙げて、天に向きて祭らむと爲ひ、屋の甍を分け穿ちて天に升りき。乃ち、外祖父のみ名に因りて、可茂別雷命と号く。謂はゆる丹塗矢は、乙訓の郡の社に坐せる火雷神なり。

水辺で遊んでいたタマヨリヒメは川上から流れてきた丹塗り矢を拾い、その矢を寝所に置いたところ妊娠して男の子を産んだ。その子が成人した折、その祖父が宴をひらいて自分の父と思う神に盃を捧げよと告げると、その子は天に向かって杯を捧げ、屋の瓦を踏み抜いて天にのぼっていった。その後その子神はホノイカツチノカミ（火雷神）として上賀茂社に祀られたという。

ここに登場する丹塗り矢とは、記紀神話の三輪山伝承からもわかるように[9]、蛇神の仮の姿であり、その形状の類似から男性性器をも象徴していて、そうであるからタマヨリヒメは、その丹塗り矢の神の子を身ごもった。水辺で遊ぶタマヨリヒメは、海辺で昼食をとっていた水路夫人に同じく水神と結ばれる存在であり[10]、その水神との間に生まれたホノイカツチノカミは天にのぼっていく雷神で、屋敷の屋根は天空と大地を結ぶものであった。

あるいは、『日本霊異記』上巻第三縁でも、ある時農夫が耕作していると雨が降り出したので木の下に隠れ、鉄の杖を地面に突きたてて立っていると、小さな子供の姿をした雷が落ちてきた。雷は、楠で水槽をつくって水をいれ、竹の葉を浮かべてくれたなら農夫に子供を授けると約束し、あたり一面に霧をおこして天にのぼっていった。その後農夫の家に生まれてきた子供の頭には、蛇が二巻きし、蛇の頭と尾は後ろに垂れていたという。この伝承から、雷神とは子供の姿をかりて現れるものであり、降臨する際は鉄の杖を伝っていることがわかる。生まれてきた子供の頭に蛇が巻きついていたとあるのも、雷神が蛇神でもあったことを示しているのだろう。

このように考えてみると、木は龍が天へと昇っていくために必要な依り代であり、その時、龍は雷神であった。恵通降龍の伝承前半でも、なかなか修行を許されなかった恵通が、それを怒り頭に火鉢をのせ庭におり立つと、しばらくして雷のような音とともに頭が裂けた。師の三蔵がその傷口を繋ぎ合わせたものの傷はそのまま残り、「王」という文字のようであったので、またの名を王和尚というとある。恵通自身にも雷のような属性があって、その性質ゆえに龍を顕すことができたのだろう。説話の暗黙の了解として、退治される者は退治する者と類似し、その後限りなく二つは同化して語られるようになるのだが、ここでも雷を操る恵通であればこそ、雷神である龍を懲らしめることができたのであり、雷と木の関係を考えれば、龍が山の神となる縁はあったことになる。つまり、水神としての龍は、風や霧を起こし、雨を降らせる雷神でもあって、雷が木を伝って天にのぼっていくさまから、荒ぶる山の神へと変じたと考えられるのである。

しかし、ここでもやはり、龍の中に直接農耕に繋がるようなものはなにも見出せない。雷神とは雨を降らせるものであり、『日本霊異記』では「農夫が耕作していた時」と農耕を示す表現があるのに、『三国遺事』においては、雷神でもある龍が雨を降らせ、田畑を潤すことはなかった。

三　王権を擁護する龍

ところで、韓国の説話の中で龍は、荒ぶる姿ばかりが描かれているわけでない。むしろ王権を擁護する聖獣として語られることの方が多いといえる。次に『三国遺事』巻第二に収められている万波息笛伝承を取り上げてみよう。

【資料4】『三国遺事』巻第二紀異第二「万波息笛」

第三十一神文大王。諱政明。金氏。開耀元年辛巳七月七日即位。為聖考文武大王。創感恩寺於東海辺。（寺中記云。文武王欲鎮倭兵。故始創此寺。未畢而崩。為海龍。其子神文立。開耀二年畢。排金堂砌下。東向開一穴。乃龍之入寺旋繞之備。蓋遺詔之臓骨処。名大王岩。寺名感恩寺。後見龍現形処。名利見台。）明年壬午五月朔。（一本云天授元年。誤矣。）海官波珍喰朴夙清奏曰。東海中有小山。浮来向感恩寺。随波往来。王異之。命日官金春質。（一作春日。）占之。曰。聖考今為海龍。鎮護三韓。抑又金公庾信乃三十三天之一子。今降為大臣。二聖同徳。欲出守城之宝。若陛下行幸海辺。必得無価大宝。王喜以其月七日。駕幸利見台。望其山。遣使審之。山勢如亀頭。上有一竿竹。昼為二。夜合一。（一云。山亦昼夜開合如竹。）使来奏之。王御感恩寺宿。明日午時。竹合為一。天地振動。風雨晦暗七日。至其月十六日。風霽波平。王泛海入其山。有龍奉黒玉帯来献。迎接共坐。問曰。此山与竹。或判或合。如何。龍曰。比如一手拍之無声。二手拍則有声。此竹之為物。合之然後有声。聖王以声理天下之瑞也。王取此竹。作笛吹之。天下和平。今王考為海中大龍。庾信復為天神。二聖同心。出此無価大宝。令我献之。王驚喜。以五色錦彩金玉酬賽之。勅使斫竹出海時。山与龍忽隠不現。王宿感恩寺。十七日。到祇林寺西渓辺。留駕昼饍。太子理恭。（即孝昭大王。）守闕聞此事走馬来賀。徐察奏曰。此玉帯諸窠皆真龍也。王曰。汝何知之。太子曰。摘一窠沈水示之。乃摘左辺第二窠沈溪、即成龍上天。其地成淵。因号龍淵。駕還以其竹作笛。蔵於月城天尊庫。吹此笛。則兵退病愈。旱雨。雨晴。風定波平。号万波息笛。称為国宝。至孝昭大王代天授四年癸巳。因夫礼郎生還之異。更封号曰万万波波息笛。詳見彼伝。

文武大王は倭兵を鎮めようと願い感恩寺を創建したが、それが完成しないうちに崩御して海龍となった。その金堂のきざはしの下には東向きに穴があり、その穴から王の化身である龍が寺の中に入ってくるように用意されていた。文武王の後を継いで神文王が即位した翌年、東海の海上に小山が出現し、その山の上には、昼間は二つにわかれているが夜になると一つに合わさる竹が一本生えていた。王がそれを観察すべく感恩寺に行幸すると、翌日、竹が合わさって一つになり、天地は振動して風雨が激しくなって、それが七日間も続いた。その八日目になって風雨がおさまったので、王は舟に乗ってその山に足を踏み入れると、そこには龍がいて玉で飾った黒い帯を王に献上した。王が龍にその山や竹が二つに割れたり一つになったりするわけを尋ねたところ、手は両方あってよく響くものであるように、わかれていたものが一つとなってはじめて天の声は聞こえるのであり、これは聖王が天下を治める瑞兆で、その竹から笛をつくり吹いたならば天下はよく治まるだろう、と龍は答えた。そう答えるや山も龍も姿を消し、二度と現れることはなかった。龍が語ったように、王は竹でもって笛をつくり、それを天尊庫におさめた。その笛を吹くと敵兵は退き、日照りには恵みの雨が降り、長雨の時は晴天がもたらされ、風もおさまり波が凪いだので、その笛を万波息笛と名づけたという。

この伝承で注目すべきは、亡き文武王が龍となって国を護っていることであろう。文武王はその生前から、護国の大龍となって仏法を崇奉し邦を護りたいと願っていた。龍とはいえ畜生であると臣下に言われても、それも因果応報の報いであると王は答える。当時、すでに龍は仏法を守護する動物として認識されていたのであり、『三国遺事』巻第四義解第五関東楓岳鉢淵薮石記条や巻第五神呪第六明郎神印条でも、寺院創建に関連して龍が語られている[11]。

そもそも仏教において龍は、仏陀を豪雨から護った話が伝えられているように[12]、早くから仏法を守護するものと信じられていた。あるいは、天・龍・夜叉・乾闥婆・阿修羅・迦楼羅・緊那羅・摩睺羅迦からなる八部衆（天竜八部衆）は、古代インドでは邪神であったが、釈尊に教化され仏法を守護するようになったといい、中でもその一つ、八大竜王はその眷属の竜達とともに釈迦の教えに耳を傾け、悟りをひらいて護法の神となるに至ったという。『三国遺事』巻第三塔像第四洛山二大聖条にも、龍が玉[13]（如意珠）を献じ、それを奉じて七日間の斎戒を行ったところ、真身仏の姿を拝むことができたという話が残されている。また、同じく塔像第四の皇龍寺九層塔条では、神人が現れ、「隣国からの侵略に悩まされている新羅は、女帝であるから威厳がなく侮りをうけるのであり、自分の長子である龍が護法している皇龍寺に九層の塔を建てたなら、その憂いはなくなる」と告げ、玉を奉じて姿を消している。美術工芸品などに見られる多くの龍の図像が、玉とともに描かれているように、どうやら仏法を護る龍の力とは、玉に象徴されうるものであった。

ではその玉には、一体どのような意味があるのだろうか。『三国遺事』の伝承に探ってみよう。

四　龍と玉

『三国遺事』巻第二紀異第二元聖大王条の後半に、唐の使いによって小さな魚に変えられた龍を、元聖大王がその聡明さと徳によって助けたくだりに続いて、玉にまつわる次のような伝承が語られている。

【資料5】『三国遺事』巻第二紀伊第二「元聖大王」

…王一日請皇龍寺。注或本云。華厳寺又金剛寺。是蓋以寺名経名交混之也。釈智海入内。講華厳経五旬。沙弥妙正毎洗鉢於金光井。因大賢法師得名。辺有一亀浮沈井中。沙弥毎以残食餽而為戯。席将罷。沙弥謂亀曰。吾徳汝日久。何以報之。隔数日亀吐一小珠。如欲贈遺。沙弥得其珠。繋於帯端。自後大王見沙弥愛重。邀致内殿。不離在右。時有一匝干。奉使於唐。亦愛沙弥請与倶行。王許之。同入於唐。唐帝亦見沙弥而寵愛。丞相左右莫不尊信。有一相士奏曰。審此沙弥。無一吉相。得人信敬。必有所持異物。使人検看。得帯端小珠。帝曰朕有如意珠四枚。前年失一个。今見此珠。乃吾所失也。帝問沙弥。沙弥具陳其事。帝内失珠之日。与沙弥得珠同日。帝留其珠而遣之。後人無愛信此沙弥者。…

王が宮中に智海を招き、五週間に渡り法華経を唱えさせていた間、見習いの少年僧は残った食べ物を井戸の中の亀に与えていた。食べ物を恵んだ礼に何をくれるのかとその少年僧が尋ねたところ、五、六日してその亀は小さな玉を一つ吐き出した。少年僧がそれをいつも帯の端に繋いでいると、大王はもとより、唐の皇帝やその大臣までもが少年僧を可愛がった。ある時、一人の人相見がその相を見ていうには、この少年僧には吉兆らしいものが見出せないのに、これほどまでに寵愛されるということは、何か怪しいものを所持しているに違いない、と。そこで人を遣わして調べてみると、帯の端に繋いだ小さな玉が見つかった。その玉は、帝が持っていた四つの如意珠のうちの一つで、ちょうどそれが無くなった日に少年僧は亀から与えられていたことがわかった。王がその玉を取り戻すと、それ以来、その少年僧を可愛がる者はいなくなったという。

この伝承で亀は、それが井戸の住人であったことから考えて、水神であったと思われる。そういえば冒頭でとりあげた水路夫人でも、老人がうたった歌詞では龍ではなく亀に対して呼びかけていたではなかったか。それについて三品も、水神としては亀の方が原古であったと述べている。[14] 亀の方が原古であったかどうかはさておき、亀という水神から与えられたものが玉であり、この時その玉は如意珠といって、ひとたび手中にすればいかなる願望も成就できる魔法の玉であった。それは海中に棲む怪魚マカラもしくは龍王の脳中より採れるものであり、衆生を利益して限りないとされている。[15]

ではなぜ玉はいかなる願いも叶えてくれるのだろう。その本来持っている力とは何であろうか。

残念ながら『三国遺事』において、それより先のことは語られていない。その答えを求めて、再び日本神話をたずねることにしよう。

日本神話において玉といえば、魂に通じることから呪的力があるものと信じられていた。具体的には首飾りや髪飾りなど装身具として語られることが多いのだが、『古事記』上巻の海幸彦・山幸彦伝承では、鹽盈珠・鹽乾珠という水を掌る二つの玉が語られている。どのような伝承か簡単に概略を示すと、海での漁を得意とする兄海幸彦と、山での猟を日々の生業としている弟山幸彦は、ある時、その持ち物を交換して、それぞれいつもとは異なる漁場・猟場に出かけていった。山幸彦は一匹の魚を釣ることができなかったうえに、兄の大事な釣り針をも失くしてしまう。自分の刀をつぶして釣り針をつくっても、兄はもとの釣り針でなければだめだといい、困り果てた山幸彦が海辺に佇んでいると、シホツチ神（潮路を掌る神）が現れ、海神の宮に行ってその娘に相談するとよいと告げた。山幸彦はその言葉通り海神の宮に向かい、一目で海神の娘トヨタマヒメと通じあい結ばれた。海神の宮で暮らしていたある日、山幸彦が深いため息をついたのでトヨタマヒメがその理由を尋ねると、釣り針を失くしたこと、それを返せと兄に迫られていることを語った。そこでトヨタマヒメは海の大小の魚を集め、その中のタイの喉から失くした釣り針を見つけた。その時、海神は山幸彦に次のように言った。

【資料6】『古事記』上巻・海神宮訪問譚

「この鉤を、その兄に給はむ時に、言りたまはむ状は、『この鉤は、おぼ鉤、すす鉤、貧鉤、うる鉤。』と云ひて、後手に賜へ。然してその兄、高田を作らば、汝命は下田を営りたまへ。その兄、下田を作らば、汝命は高田を営りたまへ。然したまはば、吾水を掌れる故に、三年の間、必ずその兄貧窮しくあらむ。もしそれ然したまふ事を恨怨みて攻め戦はば、鹽盈珠を出して溺らし、もしそれを愁ひ請さば、鹽乾珠を出して活かし、かく惚まし苦しめたまへ。」

果たして海神の言葉通りに、鉤を後ろ手にして呪言とともに兄に返したところ、兄は貧しくなって山幸彦のもとに攻めてきた。そこで山幸彦は鹽盈珠を出して溺れさせ、許しを求めたので鹽乾珠を出して助け、それ以来兄は弟に仕えるようになったという。

この伝承に語られる鹽盈珠・鹽乾珠は、「兄が高田を作ったなら下田を作り、兄が下田を作ったならば高田を作れ」と海神が教えていることからすると、田を潤す水を自由に操るものであった。この文脈においては、そう読むことができる。しかし、その次に攻めてきた兄を溺れさせたとあり、田を潤す以上の水量を山幸彦が操っていることが示されている。そもそもその玉の名にある「鹽」とは潮のことに他ならず、となればこの二つの玉が操っているのは、水といっても海水のことであり、海水を自由に操る力のことではなかったか。

古代においていかに潮を操ることが重要であったか、それは新羅から来朝したアメノヒボコが日本に伝えた「八種の玉津宝（神宝）」の中に、祭具としての玉や鏡にまじって「浪振る領布」「浪切る領布」「風振る領布」「風切る領布」があることにもうかがえる。あるいは『日本書紀』仲哀天皇二年七月条でも、新羅征伐に向かう神功皇后は、豊浦津（山口県）で如意珠を海中から得たとあり、その如意珠に願われていたのは、神功皇后の新羅での戦勝のみならず、潮を自由に操る力であったことがわかる。つまり、山幸彦に海神から与えられた二つの玉とは、農耕民にとっては田を潤す水を操るものであったが、海に生きる海人にとっては潮を操るものであって、海中から採取される玉には、自由に海を渡ることのできる力、すなわち航海術が象徴されていたのであった。

このように玉を解するのであれば、『三国遺事』巻第二紀異第二真聖女大王条において、居陁知が乗った船を龍が護衛していることも腑に落ちる。その伝承では、新羅遣唐使が鵠島で風待ちをしていると、弓矢の達人をその島に残したならばすぐによい風が吹くだろうという占いがでた。くじ引きで選ばれた居陁知が一人残されて池の傍に佇んでいると、池の中から老人が現れ、自分は西海の海神であるが、日の出のたびに沙弥が天から降ってきて自分たちの子や孫の肝を食べてしまう、どうかその沙弥を弓で射て欲しいと願った。そこで居陁知が沙弥を射たところ、それは老狐であった。その返礼として海神は娘を居陁知に与え、二匹の龍に命じて居陁知を先に船出した遣唐使船に送らせ、さらに唐まで護衛させたという。玉ではなく龍の能力ということにはなるけれど、龍にも船を安全に航海させる力があったことがわかるだろう。

また、「万波息笛」の笛の効能には、波を越え押し寄せる外敵（具体的には倭）を退かせる力があるという解釈や、さらにその「波」には「津波」の意もあったという興味深い説もある。[16]「万波息笛」が自由に操れるのは、単なる波ばかりでなく津波でもあるという指摘で、先に挙げた山幸彦の鹽盈珠にしても、兄を溺れさせるほどの水量からすれば、洪水を引き起こしたのだと捉えることもできるだろうか。[17]洪水という点に関していえば、『三国遺事』巻第一紀異第一太宗春秋公条で宝姫が見た夢の中で西岳から放尿すると都が水浸しになったとあることや、[18]記紀の神功皇后伝承に新羅の王都が津波によって水没したとあるのも、当時津波の被害が多かったことの証であろう。そういえば津波の害に悩まされていた琉球には、波打ち際の海陸の境界を定める呪術が、龍宮から来た神女によって伝えられたという伝承が残されている。[19] 龍の自由に水を操る力とは、航海術のみならず、自然災害を食いとめる呪術であったのかもしれない。

いずれにせよ龍や玉に象徴されているのは、波を自由に操る力、海洋民族に必要な能力であり、『三国遺事』に描かれている龍に、このような海との関係深さを見出すことはできる。一方、民間伝承に多く見られる雨乞いの神としての姿や、[20] 日本神話の八俣の大蛇のような稲作農耕との関わりを、『三国遺事』の龍伝承に見出すことはできない。『三国遺事』をみてきた限りにおいては、龍を退治し王となる物語は語られないのである。それはなぜだろう。

今ここで仮にこの二つの系統を、海洋民族が持っていた龍の神話すなわち母系的龍の神話と、稲作農耕民が持っていた龍退治の神話すなわち父系的龍の神話と名づけてみよう。前者は龍との異類婚が語られ、その混血が王となっていく神話であり、後者はあくまでも氾濫を繰り返す河川の象徴として龍が退治され、それを制圧し支配することで王となって君臨していく神話である。勿論ここで提案しているのは一つのモデルにすぎず、すべての龍がこのどちらかに分類できるとは考えていないし、母系（女性的）・父系（男性的）という分類も少し乱暴で例外も多いとは思う。そうではあるけれど、龍にはこのような二系統の龍があると仮定するのなら、日本においてはその両方の姿を見出すことができるのに、[21] 『三国遺事』においては前者しか見出せない。雷神としての性質を龍の中に見出せたとしても、その雨が田を潤す水とは結びつかないのである。それはおそらく、韓国において王権を擁護する龍に求められていたのは、農耕に不可欠な治水の力ではなく、外敵の攻撃から自国を護る力、すぐれた航海術や津波を防ぐ力であったからではなかろうか。日本において、いかにして川を支配し稲作を行うのかということに主眼があったのとは対照的に。それが韓国という国の風土であり、歴史的背景であったと想像する。

むすび

最後に、龍の血を引く始祖伝承を、『三国遺事』の中から紹介してむすびとしよう。巻第一紀異第一「新羅始祖赫居世王」には、次のような話が語られている。

蘿井のそばに白馬が現れ、礼拝をするような仕草をしたのでその先をみると卵があり、その卵から赫居世王が生まれた。ちょうどその頃、閼英井のそばに鶏龍（一説に龍）が現れ、左の腋から女の子が生まれた。容姿は美しかったが唇がくちばしのようになっていたので、月城の川で産湯をつかわせたところ、そのくちばしはとれ、二人はやがて結婚して夫婦となり、新羅を建国したという話である。

この伝承で語られているのは、王の始祖が龍から生まれたことであり、先にふれた居陁知の老狐退治でも、居陁知はその礼として龍の娘をもらい結ばれている。興味深いことに、それと同工異曲の高麗始祖伝承では、作帝建は狐を退治して龍女と結ばれ、龍宮に戻る時の姿を決して見ないという約束を破ったために、龍女は龍と化して井戸に入ってしまったという。[22] 龍宮の住人は女性となって現れ、この世の男と結ばれ子孫を残していくものらしい。

このように『三国遺事』においては、始祖誕生には龍との混血が必要で、そのような「外部」の血は王の特異性、正当性を保証するものでもあった。龍が老人の姿をかりて現れることもあり、常に龍が女性であるとは限らないのだが、韓国の王権神話において、水神としての龍の原型には、母なる海のイメージがあるように思われてならないのである。

注

(1) 龍が登場する伝承として、「新羅始祖赫居世王」、「文虎王法敏」、「万波息笛」、「水路夫人」、「元聖大王」、「処容郎望海寺」、「真聖女大王居陁知」、「皇龍九層塔」、「洛山二大聖」、「宝壌梨木」、「関東楓岳鉢淵藪石記」、「恵通降龍」、「明郎神印」がある。
(2) 林巳奈夫『龍の話―図像から解く謎―』、中公新書、一九九三年。
(3) 黒田日出男『龍の棲む日本』、岩波新書、二〇〇三年。
(4) 『今昔物語集』など『三国遺事』と同時代の日本の説話集との比較を行うべきではあるが、この論文では「はじまり」に注目して韓日神話の比較を主眼とするため、あえて日本神話との比較を行った。また、日本神話において龍は登場しないため、龍に同じく水神として信仰されていた蛇の神話をとりあげて論じていることを断っておきたい。
(5) 『三国遺事』の本文引用は、以下すべて三品彰英『三国遺事考証』(塙書房)による。
(6) 三品彰英『三国遺事考証』中巻(塙書房、一九七九年)紀異第二水路夫人のくだり。また「亀乎」とあるのも本来は「龍乎」であって、水神としては亀の方が原古の観念であったと解している。
(7) 荒川紘(『龍の起原』、紀伊國屋書店、一九九六年)によれば、シュメールの龍は、ティグリス・ユーフラテス川をモデルとして誕生したといい、それは王権によって制圧し退治されなければならないもので、悪神視されていたという。
(8) (7)論文に同じ。
(9) 蛇神とされる三輪山の神は、丹塗り矢になって美しいヲトメの陰部をつき子をなした。
(10) タマヨリヒメという名には魂が寄りつく意があり、その名からも神と結ばれるべき存在であったことがわかる。
(11) 「関東楓岳鉢淵藪石記」では、教法を受けた真表律師が金山寺を創建しようとして山を下ると、龍王が現れ玉袈裟を捧げて真表律師を護衛し、多くの人々が集まってきて日ならずして寺が完成したとあり、「明郎神印」では、明朗は唐での修行の後、新羅に帰国するにあたり龍宮に秘法を伝えたので、黄金千両を施されたとある。
(12) 『仏教辞典』、岩波書店、一九八九年。
(13) 厳密に言えば、珠は真珠など貝類の体内に産するものであり、真珠も含む宝石全般をいう玉とは異なるものであるが、ここでは託された機能に注目し、それが同じであると考え、表記を「玉」に統一して用いることにする。

(14) 三品彰英『三国遺事考証』中巻、塙書房、一九七九年。

(15) (12)に同じ。

(16) 松本真輔「『三国遺事』の護国思想と万波息笛説話の「波」―新羅を襲った津波と神功皇后説話―」(袴田光康・許敬震編『『三国遺事』の新たな地平』)、勉誠出版、二〇一三年。

(17) 依田千百子「神々の競争―朝鮮創世神話とその構造―」(『朝鮮神話伝承の研究』)、瑠璃書房、一九九一年。

(18) 「洪水」には、神話的記号として世界を始原にリセットする意味もある(第四部第八章参照)。

(19) 『遺老説伝』第六二話。尚、琉球の龍宮伝承に関しては、拙稿「『遺老説伝』と竜宮―ヤマトと比較して―」(『文学研究論集』29、明治大学大学院文学研究科、二〇〇八年八月)に詳しい。

(20) 依田千百子「朝鮮の龍と蛇の信仰―王権と水神、富と怨霊のシンボル―」(アジア民族造形文化研究所編『アジアの龍蛇―造形と象徴―』)、雄山閣、一九九二年。/『韓国文化シンボル事典』、平凡社、二〇〇六年。

(21) 龍ではなく、ワニもしくは大蛇という形をとっているが、海洋民族の龍の神話の系譜としては日向神話のトヨタマヒメ伝承が、農耕民族の龍の神話の系譜としては出雲神話の八俣の大蛇伝承が該当すると考える。

(22) 依田千百子「朝鮮中世の王権神話―高麗王朝起源伝説とその神聖性の源泉―」(『朝鮮神話伝承の研究』)、瑠璃書房、一九九一年。またこの結末は、日本の日向神話でトヨタマヒメが本当の姿を見られ、海神国に帰っていく結末に等しい。

【参考文献】

孫晋泰『朝鮮の民話』、岩崎美術、一九六八年
金烈圭『韓国の神話・民俗・民談』、成甲書房、一九八四年
金相鉉『韓国史研究』34、一九八九年一月
小島瓔礼編『蛇の宇宙誌』、東京美術、一九九一年
谷川健一『蛇　不死と再生の民俗』、冨山房インターナショナル、二〇一二年

第八章　神話と夢

―始原を創造する力―

はじめに

洋の東西を問わず、夢は現実とは異なるもう一つの世界であると考えられてきた。そして多くの場合夢の世界の住人が神々であることから、夢とは神からのメッセージであり、夢自身が神話であるともされている。[1] 例えばオーストラリアのある土着民が神話時代をDreamtimeと呼んでいたように。

日本の記紀神話においても神々は夢をみない。はじめて記紀に夢が登場するのは人の代、初代神武天皇の時代になってからである。記紀で夢が語られるのは、[2] いくつかの例外を除けば天皇の窮地を救い天災を鎮めるべく神が現れる場面であり、[3] その打開策を夢の中で神が語るというプロットになっている。夢を見るのはあくまでも人であって人に夢を見させるのが神であり、神は言葉そのものとして認識されていたということになろうか。言葉にしたことがすべて現実になると考えていた日本古代の言霊信仰からすると、神が言葉として理解されるのは当然のことではある。そしてそれらは決して個人的な夢ではなく、国家全体に関わるようないわば公的にみる夢であった。

おそらく神話そのものが夢だという考えの根底には、夢が現実世界と切れているようで繋がっているという認識がある。夢はまた、現在の窮地を打破していくと同時に近い将来の現実ともなり、今生きている私たちの世界と始原の時空である神話が遠い過去で交差しているように、神話も夢も現実とひと続きのものであった。西郷信綱はそれをもうひとつの「うつつ」と定義する。(4) 夢とは現実世界の延長線上に存在する世界であり、かつ、あちらの世界とこちらの世界を繋ぐ交信回路でもあって、(5) 夢自身が「異界」とも呼ぶべき世界だということなのだろう。

もちろん神々の世界と繋がるような、公的な夢ばかりが夢ではない。夢に恋人をみれば相手が自分を想ってくれているからだと考え、せめて夢の中だけでも逢いたいと願う人々の姿を、『万葉集』の中に見出すことができる。ここに集団的公的夢から個人的私的夢への変遷をみることもできるだろうか。(6) やがてそのような個人的な夢は王朝文学に引き継がれて夢に対する信仰や文化を生み、近代に至ってはフロイトやユングのように深層心理を知るものとして夢は分析され解釈されるようにもなる。夢の研究は文学分野にとどまらず、歴史学、宗教学、自然科学の分野にまで広がっていて、人々の夢に対する興味関心は強い。

この章で試みるのは、そのような広域にわたる夢の変遷を語ることでも、あるひとつの夢を解釈することでもない。夢とは神話のことだという原点に立ち、日本の『遠野物語』と韓国の『三国遺事』に描かれた夢から、夢の機能について考えることである。これは日韓文学の比較において夢を捉えなおし、神話とは何かということを問いなおす試みでもある。

一　神話表現としての夢

柳田国男によって書かれた『遠野物語』の第二話に、次のような話がある。

大昔に女神あり、三人の娘を伴ひてこの高原に来たり、今の来内村の伊豆権現の社ある処に宿りし夜、今夜よき夢を見たらん娘によき山を与ふべしと母の神の語りて寝たりしに、夜深く天より霊華降りて姉の姫の胸の上に止まりしを、末の姫眼覚めてひそかにこれを取り、わが胸の上に載せたりしかば、つひに最も美しき早池峰の山を得、姉たちは六角牛と石神とを得たり。

（『遠野物語』第二話）

大昔、女神とその三人の娘がいた。遠野三山すなわち早池峰山、六角牛山、石神山を望む高原にきたある晩のこと、よい夢を見た娘によい山を与えようと母神が言い、三人の娘たちは床についた。夜中に天から霊華が降りてきて姉の胸の上に止まったので、末娘はその霊華をひそかにとって自分の胸の上に載せておいたところ、末娘が最も美しい早池峰山を得、姉たちはそれぞれ六角牛山と石神山を得たという。

一読して、この話は夢見によって山が与えられた遠野三山の鎮座由来譚であることがわかるだろう。よい夢をみたから末娘は最も高い山を得たのであるが、よく読むとこの話には腑に落ちないところがある。一般的には霊華が姉娘の胸の上に降りてくるところまでを夢にみたと解しているもの(7)の、母神が娘たちに語るところから末娘が早池峰山を得るまでが一文であるため、姉娘の胸に霊華が降ったところまでが夢なのか、それとも末娘が姉から霊華を盗んだところまでが夢なのかはっきりしない。現実に起こった姉娘への霊華の降下を末娘が夢で知ったというだけなら吉夢による鎮座由来譚にはなり得ないし、吉夢であったから早池峰を得たと読むべき話の、その吉夢の内容が明確ではないのである。一体この説話では何が夢に託されているのだろう。

それを考える手がかりは、活字化された作品とは別に柳田が毛筆で書き記した初稿本にあった。初稿本を見てみると、夢見の結果でよい山を与えると母神が語る部分がない。つまり柳田国男が佐々木喜善から話を聞いた時点では、この説話には夢という言葉は語られていなかったことになる。ではなぜ柳田は夢のモチーフを書き加えたのか。

柳田が夢を書き加えた理由を、霊華を盗むという行為が神らしくないからだとする考えがある。人にとってさえ盗みは恥ずべき行為なのに、ましてや神が盗みをはたらくことなどあってはならず、それゆえに夢中の出来事としたというのである。例えばこの第二話に類似した鹿児島県徳之島の昔話の中では(8)、花を盗んだ神の名は忘られてしまっていて、盗みという行為が罪悪感をともなって語られている。しかし、そのような解釈は現実の盗みと神話表現としての盗みを混同してしまった結果であり(9)、道徳的な倫理観から夢が書き加えられたとは思われない。

そもそも夢見によってどの山を与えるか決めると言った母神の言葉がなければ、末娘が姉の胸から霊華を盗む動機は存在しない。よい山を得たいという一心で姉の霊華を盗むのでなければ、この話の焦点はぼやけてしまうだろう。ここで夢が語られるのは、なぜ盗みをしたのかという動機を語るためでもあったのではないか。しかも盗みは夢中の出来事となることによって、憎むべき悪ではなく許される行為として正当化さえされている。どうやらここに語られている「盗み」とは、現実世界の盗みとは違う次元のものらしい。

そしてその末娘の盗みが現実世界とは異なる「盗み」となるために、夢は用意されていた。本来悪である盗みがその動機を語ることによって納得され、夢の出来事であると語ることによって積極的に容認される。そのような価値観の転換が夢に託されているのであり、今度は反対に、そのような価値観の転換によってこの説話は神話へと変化を遂げている。夢とは神話の語りを手に入れる装置でもあったのである。

二　夢と交換

それではそのような神話世界の「盗み」とはどのようなものなのだろうか。

神の世界に属するものが人間世界のものとなる時、説話表現では「盗み」というモチーフをもつことが多く、神話世界における「盗み」とはあるモノが一方から一方へと動いていく単なるモノの移動だと捉えることができるという。[10]それは神が一方的に人間に与えるのみでその見返りを一切要求しない「純粋贈与」の別名ということにもなろうか。[11]一方的に与えられるということは、与え手からみればその対価を全く支払わない盗みに等しい。そのように考えれば「盗み」とは交換の一種であり、その交換の原理によって世界というものは成り立っているといえる。記紀神話冒頭でアマテラスとスサノヲが互いに所持していた刀と玉を交換した誓約から神々が誕生したように、世界創造には「交換」が必要不可欠なのだろう。ここでの末娘の「盗み」にも遠野三山への鎮座という遠野世界の創造があり、その「盗み」を生じさせるものとして夢は語られていた。

そのような夢の交換によって幸せを得た妹の話は、『三国遺事』にも伝えられている。

初文姫之姉宝姫。夢登西岳捨溺沵満京城。旦与妹説夢。文姫聞之謂曰。我買此夢。姉曰。与何物乎。曰。鬻錦裙可乎。姉曰諾。妹開襟受之。姉曰。疇昔之夢伝付於汝。妹以錦裙酬之。

（『三国遺事』巻第一紀異第一　太宗春秋公）

ある時姉の宝姫は、西岳に登って放尿し都一面を満たした夢をみた。翌朝その夢のことを妹の文姫に語ったところ、文姫はその夢を錦の衣と引き換えに姉から買ったという話である。

この話には後日譚があって、夢を買った文姫は春秋公すなわち第二十九代武烈王の后になったという。この姉妹の兄である金庾信が故意に春秋公の衣を踏んで破いてしまい、それを妹に縫わせたことがきっかけとなったのだが、[12]買夢によって幸せを得た妹の成功譚としてこれを読むことができる。

確かに予兆としての夢を判じることができるのは特殊能力が備わったシャーマンのようなものだけであり、しかも誰でもが吉夢をみることができたわけではない。多くの買夢譚がそうであるように、[13]ここでも姉にとっては単に恥ずかしくて意味のわからなかった夢が、その隠れた意味を知り得た妹によって吉夢となったのだと解することはできる。[14]問題となるのは誰が夢をみたかではなく、どのように夢を解釈したかということである。

しかし、もしはじめから妹がその夢をみ、夢の売買がなされなかったのだとしたら、この夢は果たして吉夢となり得たのだろうか。

おそらくその答えは否である。凶夢は人に売った途端吉夢に転じるとする習俗があるではないか。売買されなければこの夢は意味のわからぬものでしかなかったに違いあるまい。例えばこの世からあの世に入れば神となりあの世からこの世へと入れば人間になると考えられているように、夢と現実との間には反転現象があって、[15]この夢が現実の幸せとなるためには交換という行為が必要であった。姉にとっては恥ずかしい夢でしかなかったのに、売買という交換によって妹のもとへきた時、それは王の后となる予兆となった。夢はひとところに留まることなく交換されたために吉夢となったのであり、交換されることによってその価値を認められたのである。

ここで少し寄り道をして、『三国遺事』に描かれた夢について考えてみよう。『三国遺事』には夢に関わる説話が幾つかある。紀異第一東扶余条では、子孫が降り建国するので東海の浜へ国を移動させるようにという天帝の言葉を宰相の阿蘭弗が夢に聞き、同じく紀異第一長春郎条では、百済との戦いで戦死した新羅の二人の武将が新羅王太宗の夢に現れて、唐の将軍蘇定方の後ろにつき従うだけでは悔しいと訴えた。これらの説話から、神や死者の言葉を伝えるものとして夢が機能していることがわかる。夢はまさにあちらの世界との交信回路であった。

あるいは紀異第二元聖大王の説話では、王がまだ角干[16]であった時、「脱幞頭。著素笠。把十二絃琴。入於天官寺井中。」と、幞頭[17]を脱いで素笠をかぶり、十二絃の琴を持って天官寺の井の中に入っていく夢をみた。はじめ占師は、幞頭を脱ぐということは失職することであり、十二絃の琴は首枷のことで井すなわち獄に繋がれる夢だとする。しかしその夢を信じて外出しようとしなかった王を訪ねてきた阿飡[18]の餘三は、幞頭を脱ぐということはそれより上位のものがいないということであり、粗末な笠は王冠をかぶる兆しであって、十二絃の琴は十二代続いて王位を継承する意、井に入るとは宮廷に入る吉兆だと解く。果たして餘三の夢解きの通り、宣徳王の死後元聖大王が王位につくことになった。夢に神の言葉が直接語られ、神の言葉がそのまま現実となっていく上記の場合とは異なり、ここで王がみた夢は不可解であれば夢解きが必要となっていて、しかもその解釈は二度試みられなければならなかった。夢の解釈をしなおすということは夢を活性化することに等しく、それは文姫の夢の交換と同じであった。不可解な夢は交換されたり、解釈しなおされたりすることによって吉夢となりえたのである。夢というものがもはや神との交信を行う直接的なツールではなくなった時、夢は活性化されてはじめて神意を伝えるものとなり、そのような夢を活性化する力、夢を解釈する能力こそが王の証でもあった。そのように王権と深く関わる夢を『三国遺事』の説話の中に見出すことができる。

とはいうものの、やはり夢は神意を伝えるものであり、説話の中で夢が果たす役割とは神話表現を獲得することであった。『遠野物語』第二話において夢に託されているのは神話の語りとなることであり、『三国遺事』太宗春秋公の説話でも、夢によって神意がはたらいていることが示されている。神々の話ではなく第二十九代武烈王の物語であれば、夢を語ることによって王の治世が神々の世界に繋がっていくことを示したかったのではないか。もしかしたら春秋公が王位を継いで武烈王となったのも、神のメッセージを受け取ることのできた文姫を后に迎えたからかもしれない。そのような神話表現として夢は描かれているのであった。

三　始原を創造する夢

ところで、文姫が買った夢に関してもう一つ注目したいことがある。それは西岳に登って放尿するというくだりである。

尿で都が満たされてしまったことからすると、放尿は洪水を意味していると考えることができ、洪水が何を意味しているのかといえば、それは世界が始原へと戻ってしまったことであろう。洪水は世界をゼロに戻すリセット機能であり、旧約聖書の創世記でも、人間の悪をみかねた神は洪水をおこして人間を滅ぼし、ノアの方舟から世界は再びはじまっている。神話世界における洪水とは、始原へと時空を戻すことでもあった。

この説話においても放尿という洪水には、世界をはじまりの時点に戻す機能があった。しかも山の頂という境界からの放尿には世界を反転させるような力があり、偉大な王の誕生を予見させる。まさにこの文姫の夫となった武烈王とは、在位中に百済を滅ぼして三国統一の基盤をなし、新羅太祖の廟号を贈られた王である。しかも韓国において初めて廟号を受けた王であれば、この武烈王から新しい時間が紡ぎだされたといえる。武烈王の息子文武王によって統一新羅が誕生する、その前夜としての武烈王には、世界をリセットすることが求められていたのであり、それが放尿という洪水に表現されているのだろう。つまり世界をはじまりの時空に戻すことが放尿に込められた神話的な意味であり、神話の始原はいつでもそのようにして創造されるのである。

ここではからずも思い起されるのは、『遠野物語』の冒頭である。『遠野物語』第一話において、遠野の地理について述べたその次に、かつて遠野地方は湖底であったと語られる。遠野が山々に囲まれた盆地であることからすると、隆起現象によって湖が干上がったという事実を語っているとは思われない。もちろん川の流れがかわって湖がなくなってしまったわけでもないだろう。湖底であったというのはあくまでも遠野の人々が抱いた幻想であり、そこに示されているのは世界のはじまりとしての始原の時空である。(19) そしてその始原の時空はこの物語を支えている通奏低音であった。それは洪水が神話の中で果たす役割に同じであり、湖底幻想であれ洪水であれそこに込められているのは、始原の時空の創造なのである。また、始原の時空の創造には夢があわせて語られていて、夢に託された神話の語りとは私たちを始原の時空へと誘うことでもあった。

最後に、『遠野物語』第二話を語る時には必ず引用される、次のような『日本書紀』の伝承を紹介したい。

天皇、豊城命・活目尊に勅して曰はく、「汝等二の子、慈愛共に斉し。知らず、曷をか嗣とせむ。各夢みるべし。朕夢を以て占へむ」とのたまふ。二の皇子、是に、命を被りて、浄沐して祈みて寝たり。各夢を得つ。会明に、兄豊城命、夢の辞を以て天皇に奏して曰さく、「自ら御諸山に登りて東に向きて、八廻弄槍し、八廻撃刀す」とまうす。弟活目尊、夢の辞を以て奏して言さく、「自ら御諸山の嶺に登りて、縄を四方に絚へて、粟を食む雀を逐る」とまうす。則ち天皇相夢して、二の子に謂りて曰はく、「兄は一片に東に向けり。当に東国を治らむ。弟は是悉く四方に臨めり。朕が位に継げ」とのたまふ。

（『日本書紀』崇神天皇四十八年春正月）

御諸山に登り、東を向いて槍と刀を掲げた夢を見た兄は東国を治め、注連縄を四方に張って稲の祭祀を行う夢をみた弟が父のあとを継いで天皇となったという話である。皇位継承を夢占で決めたのであるが、遠野三山の鎮座由来譚で三姉妹が競いあうこととなんと似ていることだろう。誰がどこを治めるのかを決める際には、夢によって神意を尋ねなければならないという暗黙の了解があるかのようだ。ここでは夢をみるために身を清めていて、夢が神の言葉を聴く回路として考えられていたこともわかる。このようにして得られた夢は神によって与えられた啓示であり未来であり、夢は公的な機能を持つものとしてあった。

そして記紀で語られる夢のほとんどが神の言葉を聴くためのものであった中で、この夢が天皇によって解釈されていることは大変重要である。天皇が神の言葉を解する唯一の人であり、天皇自身が神そのものとして存在していることを示しているからである。

また、東に向かって武器を掲げた兄が東国経営にあたり、四方に気を配って稲の祭祀を行った弟が皇位についたということは、神武東征以来東を指向して移動してきた天皇家にあっては大きな転換であった。それまで東へ移動することによって勢力拡大を行っていた天皇は、ここに至って大和を本拠地として支配をはじめたことになる。そういえば崇神天皇とは祭祀を重視した天皇ではなかったか。祭祀の重視とはすなわち統治をすることであり、天皇家が征伐から統治へと政策転換をしたことがこの伝承から理解できるのである。

ではなぜここで夢占による皇位継承が行われたのだろう。それは崇神天皇がある意味で始祖とよぶべき存在として位置づけられていたからに違いあるまい。夢を語ることによって想起されるのは始原の時空である。したがって夢は、その始原の時空と崇神朝とが繋がっていることを示している。夢が登場する伝承が崇神朝に集中することも考えあわせると、崇神朝は始原の時空の再現を試みているのだろう。始原の時空を創造することにおいて天皇の神聖さは増すのであり、夢に託されたのはそのような天皇の神聖さを保証する始原の創造でもあった。

むすび

『遠野物語』の夢について考えることからはじまって、『三国遺事』との比較を行うことにより、夢とは神話表現でありその機能は始原を創造することだという考えに至った。いつでも夢は始原の時空を創造する装置としてあり、神話世界と現実が繋がっていることを示すものであった。それは交換されることにおいてより多くの富を与えることから、世界を創造し活性化する、いうなれば神からの「贈与」として捉えることもできる。

そうであるから夢はまた、王朝をささえる言説ともなりえた。『日本書紀』の皇位継承譚で夢占が語られるのは、夢を語ることにおいてそれが始原の時空と繋がっていることを示すからであり、王の神聖さはそのような神話表現によって保障されていた。

神話とは何か。改めてここで問うことではないが、あえて問うなら、神話とは現実世界を支えるもう一つの世界、すなわち「異界」のことだと答えよう。そしてその神話の語りを手に入れるために、夢は語られていたのである。

注

(1) 西郷信綱『古代人と夢』、平凡社、一九七二年。

（2）『古事記』では五か所、『日本書紀』では十二か所に夢が登場する。

（3）河東仁『日本の夢信仰』、玉川大学出版部、二〇〇二年。また例外とは本論で取り上げる崇神紀四十八年条の皇位継承に関わる夢、垂仁記・紀のサホヒコ反乱に関わる夢、神功摂政紀六十二年条の葛城襲津彦の妹がみた夢、仁徳紀の菟餓野の鹿がみた夢の合計五ヶ所である。

（4）（1）に同じ。

（5）古川哲史『夢　日本人の精神史』、有信堂、一九六七年。

（6）菅原昭英「古代日本の宗教的情操（1）―記紀風土記の夢の説話から―」（『史学雑誌』78‐1）、東京大学文学部、一九六九年二月。

（7）藤井貞和は美しい花が姉の胸の上に降ったという現実が、夢の中で与えられたと捉えている（「『遠野物語』と夢」（『深層の古代』）、国文社、一九七八年）。

（8）大林太良によれば、統治権をめぐって花咲かせ競争をし、花の咲かなかった方の神が咲いた花を盗んで競争に勝ったというような世界のはじまりに関わる起源神話が、奄美から八重山にかけての南島一帯や韓国（巫歌）に多く分布しているという（「ミルクポトケとサクポトケ」（『伊波普猷全集』第九巻月報）、平凡社、一九七五年）。

（9）三浦佑之『村落伝承論』、五柳書院、一九八七年。

（10）（9）に同じ。

（11）また西郷信綱も、吉夢そのものが神から人間への贈り物だと述べている（（1）に同じ）。

（12）金庚信が王族と婚姻関係を結ぶためにわざと踏んだのだと考えることもできる。

（13）例えば「味噌買い橋」という、広くヨーロッパにも分布する買夢譚の話型では、夢そのものが吉なのではなく夢を判じることができる人にのみ成功は保証されている。

（14）大林太良「民話における夢」（木村尚三郎編『夢と人間』）、東京大学出版、一九八六年。

（15）井本英一『夢の神話学』、法政大学出版、一九九七年。

（16）新羅十七等官位の第一位。

（17）貴人がかぶる頭巾のこと。

（18）新羅十七等官位の第六位。阿尺干あるいは阿粲ともいう。
（19）拙稿「遠野のはじめの物語」（『文芸研究』第99号）、明治大学文学部紀要、二〇〇六年。

【参考文献】

三品彰英『三国遺事考証』上巻、塙書房、一九七五年
金思燁訳『完訳　三国遺事』、明石書店、一九九七年
江口孝夫『日本古典文学　夢についての研究』、風間書房、一九八七年
カラム・ハリール『日本中世における夢概念の系譜と継承』、雄山閣、一九九〇年
大久間喜一郎「恋と夢」（『解釈と鑑賞』36‐11）、一九七一年十月
大久保広行「夢」（『国文学　解釈と教材の研究』17‐6）、一九七二年五月

あとがき

　決して短いとはいえない十数年のブランクの後、再び研究者を目指しはじめた最初のレポートは「富と穢れの発生」というものだった。そのとき、明治大学大学院のゼミで『遺老説伝』を読んでいたため、『風土記』を中心としつつも『遺老説伝』や『日本霊異記』との比較を行うという、実に気の多いものだった。それを中心にして、記紀における「交換」や「贈与」について考察し、修士論文「古代日本文学と貨幣」を書き上げた。四〇〇枚を超える大作である。空白の期間はすっかり文学から遠ざかっていたから、ともかく書くことが楽しかった。わずか一年足らずで四〇〇枚もの原稿を書くことは、今の私にはとてもできないだろう。勢いがあったといえば聞こえがいいが、無知のあまりの暴走だと言えなくもない。今読み返してみると、気どりすぎているのに文章は稚拙、論証も雑であることは否めない。とはいえ、記紀と『日本霊異記』の比較から、共同体に関わる「穢れと富」が、個人の「罪と財」へと変化していったことを指摘できたのは大きな成果であるし、古代文学とは無縁な「貨幣」や「交易」の視点から古代人の世界観を捉えるという、今の研究テーマを得ることができたのも確かである。研究者としての私は、そこからはじまっている。

　正直に告白すると、「貨幣から交易へ」というテーマに至ることができたのは、恩師永藤靖先生のおかげである。否、その策略にまんまとはめられたという方が的確か。当時『遺老説伝』の研究に没頭していた先生の講義を繋げていけば、誰もが「貨幣」や「交易」という視点を得たはずであり、先生が紹介してくださった参考文献のいくつかが、そのまま修士論文の骨格となった。吉本隆明や岸田秀に改めて出会い、栗本信一郎やポランニーを知った。そこまでいけばマルセル・モースやサーリンズ、今村仁司、網野義彦に至るのは必定で、そのような研究者の著書から、「貨幣」と「交易」というキーワードを導き出した。

文学は「隙間産業」だとも教えられた。歴史学や考古学が見落としてしまいがちの「隙間」を見つけ、常識をうち破るような新しいパラダイムをどう提示するか、そこに文学研究の醍醐味があるという。「隙間産業」とは先生のアイロニーで、「史実」に縛られない文学だからこそ、自由な発想ができるということであり、「真実」は人々の心に寄り添うところにあるという意味だと私は思っている。人々の心に寄り添わなければ文学ではなく、寄り添うためには文学を育んだ風土を理解しなければならない。実際に文学が生まれた風景を自分の目で見、肌でその風土を感じることの大切さも恩師から学んだ。調査から帰れば、生意気にも先生と競うようにして論文を書き、そのようにして書くことを訓練していった。私の文学の中で、恩師の存在は大きい。

私の文学に影響を与えたのは、恩師ばかりではない。『三国遺事』の研究をともに行ってきた仲間にも支えられている。その研究会の代表者は王朝文学の研究者で専門とする時代が異なるが、文学が語り合える貴重な友人でもあり、韓国延世大学との共同研究に参加できたのも彼のおかげである。延世大学の先生にも大変お世話になった。延世大学主催の国際学会に毎年のように参加し、その学会誌に投稿したことによって、日本を外側から眺めることができるようになった。「関係」とは、両方向からみてはじめて見えてくるものであり、韓国側の見え方を知ることで、それまで見落としていた多くのことに気づくこともできた。この本に収録されている『三国遺事』関係の論文は、そのような研究成果に他ならない。

また、古代日本文学といえば、畿内を中心とした狭い世界を対象とすることが多く、せいぜい韓半島に触れるくらいであるけれど、『遺老説伝』を研究の対象としたことにより、東シナ海まで視野を広げることもできた。視野を広げることができたばかりではない、宮古島や奄美大島の調査の経験を通して、風土と密接な関係があるがゆえに、生半可な覚悟で文学を語ってはならないことも学んだ。かつて古代日本文学の研究者の間で、沖縄には日本の古代があると幻想したが、それは大いなる誤解である。「詩」や「文学」の発生のモデルとして沖縄の文学を参考にするのはよいが、沖縄の文学はその風土に育まれたものであり、ヤマトの文学とは根本的に異なるものである。人々の心に寄り添うのが文学であるとするなら、その心に土足であがるようなことを決してしてはならない。それは韓国文学の研究にもいえることであり、現地に骨を埋める覚悟をしている郷土研究家とは異なった、自分なりの立場や距離感を持たねばならないと身に染みて感じた。

そのような様々な経験を通して、今ようやく自分の文学にたどり着いたように思う。

そして何よりも私の研究を現実的に助けてくれたのは、文部科学省科学研究費補助金であることを述べておきたい。二〇一〇年から二〇一一年までの二年間は研究活動スタート支援（課題番号22820063「古代日本文学における「交易」の研究―日本海地域を中心に―」）、二〇一二年から二〇一五年までの三年間は基盤研究C（研究課題番号25370235「古代日本文学における河川交流の研究―日本海と瀬戸内海を繋ぐもの―」）で助成をうけたことにより、さまざまな国や地域に実際に出かけていき、その風土を確かめることができた。私の論文の多くは、そのような現地調査なくしては生まれなかっただろう。調査に出かけることを、快く許してくれた家族にも感謝している。

さらに本書の出版にあたり、平成二十八年度研究成果公開促進費の助成（JSPS科研費16HP5029）もうけていることを付しておく。その助成をうけるにあたり、三弥井書店の吉田智恵氏には大変お世話になった。的確な助言をしてくださったのみならず、初めての著書の時から同じ女性として応援してくださったことに、心からお礼申し上げる。

二〇一六年八月

堂野前　彰子

初出一覧

序章　川の文学　書き下ろし

第一部　瀬戸内海と王権神話

第一章　日向神話の「韓国」―その背景としての日韓交流―

原題「日向神話の「韓國」―『三国遺事』に描かれた「倭」と比較して―」（『冽上古典研究』第47輯）、冽上古典研究会（韓国）、二〇一五年十月

第二章　「箕」の機能―海幸彦・山幸彦伝承と隼人―　書き下ろし

第三章　移動する神と人―『風土記』に描かれた「餅の的伝承」―

原題「移動する神と人―風土記を中心に―」、（吉村武彦・日向一雅・石川日出志編『交響する古代―東アジアの中の日本―』）、東京堂出版、二〇一一年三月

第四章　神武の来た道―丹と交易―

原題「神武の来た道―丹と交易」（『文芸研究』第118号）、明治大学文学部、二〇一二年十月

第五章　歌垣考―杵島曲の伝播と海流―

原題「歌垣考―速総別王の逃避行から」（『文化継承学論集』第9号）、明治大学大学院文学研究科、二〇一三年三月

第二部　日本海と琵琶湖水系

第一章　『古事記』と交易の道―小浜神宮寺「お水送り」神事―
原題「『古事記』と交易の道―小浜神宮寺「お水送り」から―」（『文芸研究』第115号）、明治大学文学部、二〇一一年十月
第二章　「角鹿の塩」―古代日本海交易の様相―
第三章　播磨への道―オケ・ヲケ皇子の逃避行―
原題「播磨への道―オケ・ヲケ皇子の逃避行」（『文化継承学論集』第10号）、明治大学大学院文学研究科、二〇一四年三月
第四章　鉄をめぐる古代交易の様相―楽々福神社の鬼伝承―
原題「鉄をめぐる古代交易の様相―楽々福神社鬼伝承を中心に―」（『文化継承学論集』第8号）、明治大学大学院文学研究科、二〇一二年三月

第三部　東国と蝦夷
第一章　知多半島稲の道―二つのハズ神社―　書き下ろし
第二章　遠江の道―三つの「東」―
二国間共同セミナー（於静岡大学、二〇一三年十二月）の発表原稿（原題「古代文学と東海の道」）をもとに加筆。
第三章　『常陸国風土記』の倭武天皇―在地の王としての英雄像―
原題「『常陸国風土記』に描かれた倭武天皇」（『茨城県史研究』98号）、茨城県立博物館、二〇一四年三月
第四章　倒立する託宣―『常陸国風土記』鹿島神の託宣と蝦夷征伐―
原題「倒立する託宣―『常陸国風土記』香島郡鹿島神の託宣をめぐって―」（『古代学研究所紀要』9）、明治大

学大学院文学研究科、二〇〇九年二月
第五章　『遠野物語』と蝦夷―北上川水系―
原題「『遠野物語』と蝦夷」（明治大学リバティアカデミーブックレット「『遠野物語』を読む2」）、明治大学リバティアカデミー、二〇一五年三月三十一日

第四部　東シナ海と交易
第一章　琉球説話集『遺老説伝』の世界―「移住」と「往来」―
原題「琉球説話集『遺老説伝』の世界―「移住」と「往来」―」（『淵民學志』第16輯）、韓国延世大学、二〇一一年八月
第二章　『遺老説伝』と貨幣―琉球貨幣経済の様相―
原題「『遺老説伝』と貨幣」（『文学研究論集』27）、明治大学大学院文学研究科、二〇〇七年九月
第三章　『遺老説伝』と交易―その発生のメカニズム―
原題「『遺老説伝』と交易―その発生について―」（『古代学研究所紀要』6）、明治大学古代学研究所、二〇〇八年二月
第四章　『遺老説伝』に描かれた御嶽―その「市」的な機能―
原題「『遺老説伝』に描かれた御嶽―その「市」的な機能―」（『奄美沖縄民間文芸学』11）、奄美沖縄民間文芸学会、二〇一二年三月
第五章　黄金神話と王権―『遺老説伝』と『三国遺事』の世界―
原題「黄金神話と王権―琉球説話集『遺老説伝』と『三国遺事』の比較から」（『淵民学誌』第20輯）、韓国延世

大学、二〇一三年八月
第六章　『三国遺事』と日本神話―日光感精神話の行方―
原題『三国遺事』と日本神話―日光感精神話の行方―」（袴田光康・許敬震編『三国遺事』の新たな地平）、勉誠出版、二〇一三年十一月
第七章　龍と王権―母系と父系、二つの龍神話―
原題「龍と王権―『三国遺事』の説話から」（『洌上古典研究』第42輯）、洌上古典研究会（韓国延世大学）二〇一四年十二月
第八章　神話と夢―始原を創造する力―
原題「神話と夢―日韓の比較から―」（『淵民學誌』第17輯）、韓国延世大学、二〇一二年二月

地名索引

あ行

か行

さ行

た行

な行

は行

ま行

や行

わ行

神・人名索引

あ行

か行

さ行

た行

な行

は行

ま行

や行

ら行

わ行

キーワード索引

あ行

か行

さ行

た行

な行

は行

ま行

や行

わ行

引用書物一覧

出雲国風土記

播磨国風土記

豊後国風土記

肥前国風土記

山城国風土記・逸文

伊勢国風土記・逸文

播磨国風土記・逸文

豊後国風記・逸文

肥前国風土記・逸文

続日本紀

日本霊異記

魏志・倭人伝

古今著聞集

丹後旧事記

丹後国式内神社取調書

宮津府志

遠野物語

遠野物語拾遺

遠野のくさぐさ

綾織村郷土誌

上郷村郷土教育資料

遺老説伝

三国遺事

三国史記

著者略歴

堂野前　彰子（どうのまえ　あきこ）

1966年生まれ。神奈川県出身。明治大学大学院文学研究科博士後期課程修了。博士（文学）。現在、明治大学経営学部兼任講師。

著書に『日本神話の男と女―性という視点』（三弥井書店、2014年7月）。

主な論文に「「一夜孕み」を探る」（『國文学　解釈と教材の研究　風土記を読む』54-(7)、学燈社、2009年4月）、「『古事記』と交易の道―小浜神宮寺「お水送り」から―」（『文芸研究』115、明治大学文学部、2011年10月29日）、「『遺老説伝』に描かれた御嶽―その「市」的な機能―」（『奄美沖縄民間文芸学』11、奄美沖縄民間文芸学会、2012年3月26日）、「『三国遺事』と日本神話―日光感精神話の行方―」（『『三国遺事』の新たな地平』（袴田光康・許敬震編）勉誠出版、2013年11月25日）、「『常陸国風土記』に描かれた倭武天皇」（『茨城県史研究』98号、茨城県立博物館、2014年3月31日）、「『遠野物語』と蝦夷」（明治大学リバティアカデミーブックレット「『遠野物語』を読む2」、2015年3月31日）など。

古代日本神話と水上交流

2017年1月10日　初版発行

定価はカバーに表示してあります。

発行者　吉田　栄治

発行所　株式会社 **三弥井書店**

〒108−0073東京都港区三田3-2-39

電話03-3452-8069

振替00190-8-21125

ISBN978-4-8382-3311-3 C0021　整版・印刷 エーヴィスシステムズ